Mallorca

Hans-Joachim Aubert

Gratis-Download: Updates & aktuelle Extratipps des Autors

Unsere Autoren recherchieren auch nach Redaktionsschluss für Sie weiter. Auf unserer Homepage finden Sie Updates und persönliche Zusatztipps zu diesem Reiseführer.

Zum Ausdrucken und Mitnehmen oder als kostenloser Download für Smartphone, Tablet und E-Reader.
Besuchen Sie uns jetzt!
www.dumontreise.de/mallorca

Reise-Taschenbuch

Inhalt

Mallorca persönlich	6
Lieblingsorte	12
Schnellüberblick	14

Reiseinfos, Adressen, Websites

Informationsquellen	18
Wetter und Reisezeit	20
Anreise und Verkehrsmittel	21
Übernachten	25
Essen und Trinken	28
Aktivurlaub, Sport und Wellness	31
Feste und Unterhaltung	34
Reiseinfos von A bis Z	36

Panorama – Daten, Essays, Hintergründe

Steckbrief Mallorca	42
Geschichte im Überblick	44
Vielfalt im Verborgenen – Flora und Fauna auf Mallorca	48
Bäume statt Beton!	52
Ballermann und Golf-Resort	56
Eine deutsche Kolonie – oder der Versuch der Selbstbehauptung	60
Finca und Palau – historische Bauten auf Mallorca	63
Klotzen statt Kleckern	66
›Pirat‹, Bankier, Kunstmäzen – die Karriere des Juan March	70
Weinbau – Domäne selbstbewusster Frauen	74
Matadore des Kochlöffels	78
Mallorca in der Literatur	81

Inhalt

Unterwegs auf Mallorca

Palma und Umgebung	86
Palma	88
Die Altstadt	89
Die Neustadt	101
Entlang der Küstenpromenade	107
An Palmas Stränden entlang	119
Portixol und Ciutat Jardin	119
Platja de Palma	119
S'Arenal	120
Die Küste westlich von Palma	122
Cala Mayor	124
Illetes, Bendinat, Portals Nous	125
Palmanova und Magaluf	127
Santa Ponça, Costa de la Calma	129
Peguera	130
Mit dem Rad von Peguera durch die Berge	130
Port d'Andratx	132
Andratx, Sant Elm	134
Wanderung zum Kloster Sa Trapa	134
Serra de Tramuntana (Serra del Norte)	140
Der Westen und das Zentrum	143
Estellencs	143
Banyalbufar	144
Valldemossa	149
Die Güter des Erzherzogs Salvator und Kloster Miramar	150
Deià	151
Sóller	156
Port de Sóller	162
Fornalutx und Biniaraix	164
Auf dem Weg nach Sa Calobra	165
Sa Calobra und Torrent de Pareis	168
Zu Fuß von der Cala Tuent zum Mirador de ses Barques	169
Santuari de Lluc	169
Am Ostrand der Tramuntana	172
Von Peguera nach Sa Granja	172
Von Alaró via Orient nach Bunyola	172
Von Campanet nach Pollença	178

Inhalt

Badia de Pollença und Badia de Alcúdia   180
Pollença   183
Cala Sant Vicenç   187
Port de Pollença   189
Zu Fuß durch das Bóquer-Tal   189
Die Halbinsel Formentor   195
Alcúdia   196
Die Halbinsel Victòria   201
Auf schmalen Wegen Richtung Kap   202
Port d'Alcúdia   203
Platja d'Alcúdia   207
Can Picafort und Son Bauló   208
Der Ostteil der Badia de Alcúdia   211

Es Pla – die Zentralebene   212
Rund um Sa Cabaneta   215
Santa Maria del Camí   215
Binissalem   216
Inca   217
Panoramatour zum Santuari de Lluc   219
Sa Pobla   219
Durch die Ebene von Sa Pobla   221
Sineu   223
Costitx   224
Algaida   224
Puig de Randa und Randa   225
Llucmajor   229
Porreres   229
Sant Joan und Umgebung   230
Petra   231
Ermita de Nostra Senyora de Bonany   232
Manacor   233

Die Südküste   234
Cala Pi   236
Sa Ràpita und die Platja des Trenc   237
Colònia de Sant Jordi   240
Illa de Cabrera   243
Das Hinterland   243

Die Ostküste   248
Santanyí   250
Die Buchten südlich von Santanyí   253
Cala Figuera   254
Cala Mondragó   256
Portopetro   256

Inhalt

Cala d'Or	257
Portocolom	261
Felanitx	264
Santuari de Sant Salvador	266
Cales de Mallorca/Cala Murada	267
Porto Cristo	267
S'Illot und Sa Coma	270
Cala Millor und Cala Bona	270
Artà	272
Capdepera, Cala Mesquida	276
Cala Rajada	277
Sprachführer/Kulinarisches Lexikon	282
Register	288
Autor/Abbildungsnachweis/Impressum	292

Auf Entdeckungstour

Sa Seu – Palmas Kathedrale	94
Sa Dragonera – die Dracheninsel	138
Sa Cartuja de Valldemossa – Ort musikalischer Inspiration	146
Auf den Spuren des Erzherzogs – Wanderung über der Küste	152
Nostalgische Bahnfahrten – mit Rotem Blitz und Tramvía	160
Sa Granja – Leben auf dem Land vor 200 Jahren	174
Parc Natural de s'Albufera	204
Puig de Randa – Refugium früher Eremiten	226
Capocorb Vell – Wohnkultur vor 4000 Jahren	238
Die Höhlen bei Porto Cristo – unterirdische Kathedralen	268

Karten und Pläne

s. hintere Umschlagklappe

▶ Dieses Symbol im Buch verweist auf die Extra-Reisekarte Mallorca

Liebe Leserin, lieber Leser,

an den ersten Aufenthalt auf Mallorca erinnere ich mich noch sehr genau. Beladen mit Vorurteilen landete ich an einem Frühjahrsmorgen in ›Malle‹. Als weit gereister Schreiberling und Fotograf war ›Komasaufen‹ auf dem ›Teutonengrill‹ wirklich nicht mein Ding. Und dann passierte es: Ein Abend außerhalb von Sant Elm unter Pinien mit Blick auf die Insel Dragonera bei einem Glas Rotwein genügte, um eine Liebesbeziehung mit der Insel einzugehen, die bis heute anhält. Kein Wunder, dass ich die Stelle, wo alles begann, immer wieder aufsuche – in diesem Buch übrigens festgehalten auf S. 136.

Ich merkte sehr schnell: Mallorca auf das Ziel für einen Badeurlaub an Pool und Strand zu reduzieren, würde der Baleareninsel nicht gerecht. Sie offenbart sich vielmehr als ein Kosmos der Urlaubsfreuden, in dem sich jeder seinen persönlichen Traum erfüllen kann. Der Wanderer, der hoch oben in der Tramuntana auf das tiefe Blau des Meeres blickt, fühlt sich ebenso beglückt wie der Sonnenanbeter am Strand, der Radler, Segler oder der Golfer.

Als »Insel der Stille« wurde Mallorca Ende des 19. Jh. bezeichnet, lange bevor der Massentourismus einsetzte. Umso erstaunlicher, dass man diese Stille trotz der jährlich 10 Mio. Urlauber noch immer zu finden vermag – sicherlich nicht an den weiten Sandstränden während des Hochsommers, aber im Frühjahr oder Herbst bei abgelegenen Eremitagen, zwischen den Windmühlen der Ebene von Sa Pobla oder an einer der felsigen Buchten der Ostküste.

Kommen Sie, wenn die sommerlichen Sonnenanbeter wieder zu Hause sind, die Herbstsonne die Landschaft und das Meer in ihr warmes unvergleichliches Licht taucht, die Nebenstraßen leer sind und ein Platz im Fischrestaurant sicher. Und wandern Sie ein Stück durch die Tramuntana, das Meer tief unter sich, umgeben von Korkeichen und Pinien – dann fühlen Sie sich wie einst Erzherzog Salvator: »Man lässt dann wohl allerhand Bilder aus fernen Zonen in seiner Phantasie aufsteigen, und wenn man schließlich aus seinem Traume erwacht, so preist man sich glücklich, in diesem gesegneten Erdenwinkel verweilen zu dürfen«. Ja, Mallorca besitzt, bis heute, ein hohes Suchtpotenzial!

Ihr

Vom Landgut Son Marroig bietet sich ein grandioser Ausblick auf die Westküste

Leser fragen, Autoren antworten
Mallorca persönlich – meine Tipps

Nur wenig Zeit? – Mallorca zum ersten Kennenlernen

Die Insel ist relativ klein und gut erschlossen, sodass viele Ziele als Tagesausflug unternommen werden können. Ganz oben steht der Besuch von **Palma,** der quirligen Inselmetropole mit ihrem ganz besonderen Flair aus historischer Bausubstanz und einem modernen Jachthafen, der sich viele Kilometer die Bucht entlangzieht.

Landschaftlicher Höhepunkt ist eine Fahrt entlang der Gebirgskette **Tramuntana**. Da nur wenige Linienbusse verkehren, ist ein Mietwagen ratsam oder aber ein von fast allen Hotels angebotener Pauschalausflug.

Auch bei wenig Zeit sollte zudem eine Fahrt mit der historischen Eisenbahn **»Roter Blitz«** von Palma nach Sóller auf dem Programm stehen, sie bietet grandiose Ausblicke gepaart mit nostalgischem Reisegefühl. Zurück in Palma ist man dann wieder schnell mit dem Bus.

Welche Sehenswürdigkeiten sollte man nicht verpassen?

Mallorca auf diese ›Highlights‹ reduzieren zu wollen, täte der Insel Unrecht – zwei Wochen wären nicht genug, um all die sehenswerten Orte zu erkunden! Das ehemalige Kloster in **Valldemossa** zum Beispiel, bekannt durch Chopin, der hier mit seiner Ge-

Die wichtigsten Sehenswürdigkeiten

Valldemossa liegt eingebettet in einem Hochtal der Serra de Tramuntana

liebten einen weniger erfreulichen Winter verbrachte. **Kloster Lluc** hingegen ist nach wie vor Hort religiöser Spiritualität, aber auch beliebter Ausgangspunkt für anspruchsvolle Wanderungen.

Wer es maritim mag, kann von einem der schicken Restaurants in **Port de Pollença** das Treiben am und auf dem Wasser beobachten. Eher unter Einheimischen ist man in **Artà** im Norden oder im kunstsinnigen **Santanyí** im Süden. Dies nur als kleine Auswahl – also bitte weiterblättern zum Reiseteil!

Was sind die kulturellen Highlights der Insel?

Für Kulturinteressierte bietet Mallorca ein breites Spektrum. Eine der schönsten und größten Kathedralen Europas dominiert die **Altstadt von Palma**, umgeben von prächtigen Stadthäusern mit ihren charakteristischen Innenhöfen. Relikte einer weit zurückreichenden Epoche findet man in den noch immer rätselhaften Bauten der Talaiot-Kultur von **Capocorb Vell**.

Auch die Neuzeit ist vielgestaltig vertreten. Man kann einen Blick in das Atelier des genialen Malers **Miró** werfen, die Museen des Bankiers und Mäzens **Juan March** (s. S. 71) besuchen, die sich Werken von Salvador Dalí und Pablo Picasso, aber auch etwa von Juan Gris widmen, sowie im großartigen **Museum Es Baluard** in Palma oder in der **Fundación Yannick i Ben Jakober** bei Alcúdia moderne Kunst bewundern.

Wer das Ungewöhnliche sucht – Sightseeing einmal anders

Wer mallorquinisches Lokalkolorit abseits der üblichen Touristenpfade sucht, dem seien die vielen kleinen **Wochenmärkte** ans Herz gelegt. Auf den bekannteren Märkten wie in Alcúdia (Di und So), Andratx (Mi) oder Inca (Do) findet man vor allem ein auf Urlauber zugeschnittenes Angebot. Doch die Märkte in kleineren Ortschaften (s. S. 37) sind weiterhin wichtige Versorgungsquelle für die ansässigen Bewohner, die sich hier vormittags mit Obst, Gemüse und Fleischwaren eindecken. Einen Besuch lohnen beispielsweise die Märkte in **Santanyi** (Mi), **Sineu** (Mi) und – mein besonderer Favorit – in **Sa Pobla** (So, s. S. 220).

Mallorca persönlich – meine Tipps

Mein ganz persönlicher Ausflugstipp!

Gewiss, die Fahrt entlang der Tramuntanastraße Ma-10 mit ihren Blicken über das tief unten liegende Meer ist kaum zu überbieten, mein momentaner Favorit aber ist die sehr schmale, kurvenreiche und deshalb von Ausflugsbussen gemiedene Verbindung zwischen dem Badeort **Peguera** im Süden und dem Museumslandgut **La Granja**.

Als Ma-1012/1032/1101 verläuft sie durch mehrere Längstäler der Tramuntana, berührt den kleinen Ort **Es Capdellà**, das von Künstlern bevorzugte **Galilea** und das ansehnliche **Puigpunyent**. Mehrere kleine Pässe sind zu überwinden, von denen man einen großartigen Blick auf die Orte und das Galatzo-Massiv hat, ehe man am Parkplatz von La Granja wieder auf das ›touristische Hauptfeld‹ trifft.

Was sind die besten Standorte abseits der Touristenhochburgen?

Wer weder einen Strand vor der Haustür benötigt noch Abendunterhaltung gleich um die Ecke, kommt in Mallorca durchaus auf seine Kosten, wenn auch nicht zu Dumpingpreisen und alles inklusive. Wanderfreunden sei **Esporles** in der Tramuntana empfohlen, und natürlich die eine oder andere Finca im Landesinnern. Auch das zauberhafte Tal von **Orient** verspricht traumhafte Tage fern jeder Hektik. Will man mobil sein, benötigt man allerdings einen Mietwagen. Das historische **Alcúdia** mit seinen Boutique-Hotels und nahen Stränden bietet sich ebenfalls als Standort fern der ›Hotelpaläste‹ an.

Unterwegs mit öffentlichen Verkehrmitteln?

Mallorca verfügt über ein gutes öffentliches Verkehrsnetz. Zentrum ist der unterirdische Busbahnhof an der Plaça d'Espanya in Palma. Städte und größere Ortschaften werden regelmäßig angefahren, kleinere hingegen nur ein oder zwei Mal pro Tag. Überdies gibt es zwei Bahnlinien. Der nostalgische »Rote Blitz« (s. S. 160) verbindet Palma mit Sóller, eine moderne Schnellbahn fährt in Richtung Nordost über Inca und Manacor nach Petra.

Welche Strände sind besonders zu empfehlen?

Mallorca verfügt über mehr als 150 Strände, vom handtuchgroßen Flecken an einer abgeschiedenen Bucht bis zu kilometerlangen, gut erschlossenen Küstenstreifen, gesäumt von Hotelanlagen, Promenaden, Kiosken und Restaurants. Bei deutschen Urlaubern, die auf Abwechslung jenseits des Strandlebens Wert legen, steht nach wie vor die **Platja de Palma** vor den Toren der Hauptstadt hoch im Kurs. Wer es etwas beschaulicher mag, ohne auf schönen Strand zu verzichten, ist in **Peguera** gut aufgehoben.

Sehr lange Strandabschnitte mit entsprechender Infrastruktur findet man an der Ostküste in **Cala Millor** und an der Bucht von **Alcúdia** im Nor-

Ausflugstipp: Fahrt durch die Täler des Tramuntana-Gebirges

Mallorca persönlich – meine Tipps

den. Der Natur ein gutes Stück näher ist man am langen Strand von **Es Trenc** im Süden, der bisher noch von Hotelpalästen verschont ist.

Nicht alle Strände eignen sich allerdings für Kinder. Manche wie etwa **Arenal** sind sehr laut, bei anderen ist man sofort im tiefen Wasser (z. B. **Port d'Andratx**), wiederum andere wie beispielsweise Es Trenc liegen weit ab und bieten jenseits des Badevergnügens wenig Abwechslung für die Kleinen.

Ambitionen finden in der Tiefebene Es Pla, entlang der **Nordost-** und **Südwestküste** ein Netz von Wirtschaftswegen und kleinen Straßen für genussvolle Ausflüge. Eine weitaus größere Herausforderung stellt die **Tramuntanastraße Ma-10** zwischen Andratx und Pollença dar.

Wegen der großen Sommerhitze eignen sich am besten die Monate März bis Mitte April sowie September/Oktober für einen Aktivurlaub. Vor allem im Frühjahr bevölkern oft ganze Trupps von Radrennfahrern die Straßen. Auch für die nicht selten recht anstrengenden Wanderungen sind die Temperaturen dann ideal.

Baden, Wandern, Radfahren

Was bietet die Insel Wanderern und Radfahrern?

Mallorca verfügt mittlerweile über ein gut ausgebautes und hervorragend ausgeschildertes Netz von Wanderwegen und Radstrecken. An markanten Punkten gibt es detaillierte Informationstafeln über den Verlauf der Rad- und Wanderrouten. Bevorzugtes Wandergebiet ist die **Sierra Tramuntana,** die sich entlang der Westküste zieht. Der **Fernwanderweg GR 221** folgt ihr in der gesamten Länge, kann aber auch in einzelnen Abschnitten begangen werden (s. S. 144). Radfahrer ohne Tour-de-France-

Wo kann man gut einkaufen?

Mallorca ist ein Paradies für Shopping-Freunde, die hier ungehemmt auf ›Jagd‹ gehen können: angefangen bei hochwertigen Weinen über leckere Würste, handgewebte Stoffe bis zu exquisiten Lederartikeln. Die beste Auswahl bietet **Palma,** haben hier doch alle bedeutenden Geschäfte ihren Standort. Wer speziell nach Lederwaren sucht, sollte nach **Inca** fahren.

Liebhaber großer Shoppingzentren dürften im Einkaufskomplex **Festival Park** vor den Toren Palmas ganz auf ihre Kosten kommen (s. S. 216). Geschickt wird diese Mall als Erlebnislandschaft vermarktet: Neben zahlreichen Restaurants und Imbissständen locken ein IMAX-Kino, Public-Viewing-Leinwände mit Sportübertragungen sowie ein »Monkey-Park« für die kleinen Besucher.

Ist Essengehen in Mallorca teuer?

Um mit Radio Eriwan zu sprechen – muss nicht, aber kann. Mallorca verfügt über die größte Dichte von Spitzenrestaurants im Mittelmeerraum. Wer in Deià oder im Nobelhafen Portals Nous speist, muss mit einem

Die Insel ist ein Paradies für Radfahrer, wie hier nahe Alcúdia

dreistelligen Euro-Betrag pro Person rechnen. Um den Geldbeutel zu schonen und dennoch vorzüglich zu speisen, sollte man auch einen Blick auf die von allen Restaurants angebotenen Mittagsmenüs *(menú del día)* werfen. Nicht selten bekommt man für 12 € ein Drei-Gänge-Menü, und selbst im Sterne-Restaurant Aromata (s. S. 114) zahlt man kaum mehr.

Unschlagbar günstig sind die ›kulinarischen Schmankerl‹, die jeden Dienstag und Mittwoch von 19.30 bis gegen 24 Uhr in den Gassen nahe der Plaça Mayor in Palma auf der **»Ruta Martiana«** angeboten werden. In zahlreichen kleinen Bars und Restaurants erhält man dann eine Tapa und ein Getränk für gerade mal 2 €. Man sollte sich bei dem Bummel durch die Gassen Zeit lassen, denn immer wieder werden neue Tapas nachgelegt, von denen einige natürlich sehr begehrt sind.

Was tut sich Neues in Mallorca?

Angesichts der prekären wirtschaftlichen Lage in Spanien bemüht sich die Inselregierung nunmehr mit Nachdruck, ihre Haupteinnahmequelle, den Tourismus, mit entsprechenden Strukturmaßnahmen nicht nur am Leben zu erhalten, sondern weiter anzukurbeln. So wurden die illegalen Bauten am Strand von Es Trenc jetzt endgültig abgerissen. Und wer einmal durch die verlassene Feriensiedlung Es Guix beim Kloster Lluc fährt, hat keinen Zweifel, dass auch hier bald die Abrissbirnen zum Einsatz kommen.

Bei der sehr aufwendigen Sanierung und Umgestaltung der Hotelzone von Arenal kommt man dank privater Initiative langsam voran. Und auch die lange vernachlässigten Küstenabschnitte **Ciutat Jardin** und **Portixol** sind zu neuem Leben erwacht – weniger als Ziel für Badeurlauber als für Liebhaber exquisiter Kochkunst.

NOCH FRAGEN?
Die können Sie gern per E-Mail stellen, wenn Sie die von Ihnen gesuchten Infos im Buch nicht finden:
aubert@dumontreise.de
info@dumontreise.de
Auch über eine Lesermail von Ihnen nach der Reise mit Hinweisen, was Ihnen gefallen hat oder welche Korrekturen Sie anbringen möchten, würden wir uns freuen.

Sant Elm – abendlicher Blick auf Sa Dragonera, S. 136

Xocolateria Ca'n Joan de S'Aígo, S. 98

Lieblingsorte!

Sa Pobla – Markt der Einheimischen, S. 220

Die Mühlen bei Campos, S. 247

Sa Calobra – Schlucht des Torrent de Pareis, S. 166

Cala Rajada – ein Nachmittag am Leuchtturm Capdepera, S. 278

In der Altstadt von Palma einen Kaffee schlürfen, sich vom abendlichen Licht und dem Blick auf die Dracheninsel zum Träumen verleiten lassen oder das Abenteuer auf dem Weg durch den Torrent de Pareis suchen. Auf dem Markt von Sa Pobla den mallorquinischen Alltag erleben und vielleicht per Rad die Windmühlen in den Marjals de sa Pobla besuchen. Schön, dass es Flecken wie die Bucht S'Amarador oder den Leuchtturm von Capdepera gibt – und dass man sich auf der Mole in Port de Pollença wie auf einem Boot fühlen kann, ohne den festen Boden unter den Füßen zu verlieren.

Cala S'Amarador – Natur pur, S. 258

Port de Pollença – am Ende der Mole, S. 190

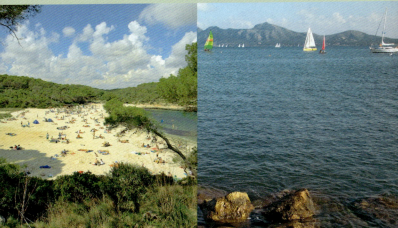

Schnellüberblick

Serra de Tramuntana (Serra del Norte)
Fruchtbare Täler und schroffe Felsklippen mit Blick bis zum Cap de Formentor, idyllische und wehrhafte Dörfer, die arabische Terrassenlandschaft von Banyalbufar, Klöster wie Valldemossa oder Lluc, erzherzögliche Landgüter und schlichte Einsiedeleien – das ist die Tramuntana. S. 140

Die Küste westlich von Palma
Strände, Buchten und Berge, die bis zum Meer drängen, gleichermaßen beliebt bei Touristen, wohlhabenden Jachteignern und Besitzern mondäner Villen. Wellness-Spas und Wasserrutschen, Frittenbuden und exquisite Restaurants liegen nur einen Steinwurf auseinander. S. 122

Palma und Umgebung
Mallorcas Einfallstor gibt sich selbstbewusst, schick, modern und doch im traditionellen Gewand. Es locken eine grandiose Küstenpromenade am Jachthafen, ein Gewirr enger Gassen um die Kathedrale Sa Seu und das vielfältige Nachtleben in Palma und in den Strandorten. S. 86

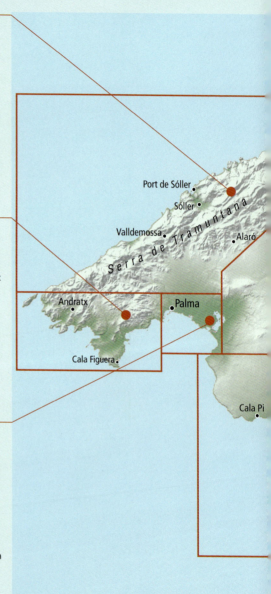

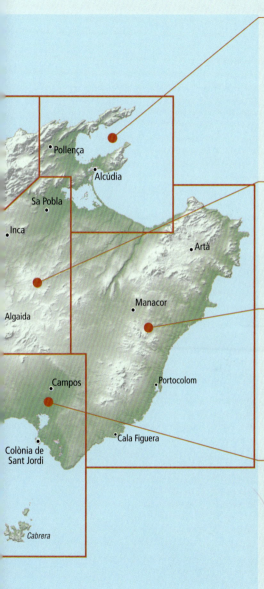

Badia de Pollença und Badia de Alcúdia
Im Nordwesten die Bucht von Pollença, Paradies der Segler und Surfer, angrenzend das bei Badeurlaubern beliebte Can Picafort an den Sandstränden bei Alcúdia, einem der hübschesten Orte der Insel. S. 180

Es Pla – die Zentralebene
Das ländliche Mallorca mit Weideland, Plantagen und Ackerflächen rings um Dörfer wie aus einer anderen Zeit – bewacht vom Puig de Randa mit seinen Klöstern. S. 212

Die Ostküste
Die zerklüftete Küste lockt mit Buchten, den Stränden von Cala Millor und dem herrlich gelegenen Cala Rajada. In den Bergen des Hinterlands warten Klöster, Höhlen und wehrhafte Ortschaften. S. 248

Die Südküste
Mallorcas ruhigste Ecke, lange Sandstrände an der Südspitze, Pinienwälder, Salinen und ein Radwegenetz versprechen Erholung. In Capocorb Vell blickt man auf prähistorische Zeiten zurück. S. 234

Reiseinfos, Adressen, Websites

Hippiefeeling am langen Naturstrand Sa Canova

Informationsquellen

Infos im Internet

Im Internet ist Mallorca mit unzähligen, meist kommerziellen Websites vertreten, die in erster Linie Flüge, Unterkünfte und Mietwagen anbieten. Doch gibt es auch genug Informationen zu Land und Leuten, etwa zu Sehenswürdigkeiten, Märkten, Festen, Stränden und Veranstaltungen.

Nicht immer einfach ist es, die Website eines Hotels zu finden, da die Eingabe des Hotelnamens zunächst auf die Seite eines Vermittlers führt, dem nicht daran liegt, den Zugang zur Quelle offenzulegen. Darüber hinaus sind manche Sites veraltet, so etwa die des ältesten Fremdenverkehrsverbandes der Welt (1905), www.foment mallorca.org. Etliche der ergiebigsten Seiten sind nur in Spanisch und Katalanisch verfügbar, einige bieten aber eine (zuweilen kuriose) deutsche Übersetzung.

www.infomallorca.net
Auf den nachhaltigen Tourismus jenseits von Ballermann und all inclusive spezialisierte Website mit vielen Tipps für Naturliebhaber (spanisch, deutsch, englisch, französisch).

www.seemallorca.com
Sehr ausführliche Seite mit zahlreichen Unterkategorien zu allen wichtigen Themenkreisen. Zu den Sehenswürdigkeiten und Stränden gibt es jeweils einen Link zu google maps (englisch).

www.mallorcatipps.com
Sehr gute Website vor allem für Mallorca-Neulinge. Ausführlich die Warnungen vor den nicht ungefährlichen Feuerquallen und Spinnenfischen.

www.mallorcamagazin.net
Aktuelle Online-Ausgabe der bedeutendsten deutschsprachigen Inselzeitung. Vor allem News, die für Residenten interessant sind: Welche Promis sind da oder reisen an? Wo darf nicht mehr gebaut werden? Ganz ähnlich die ebenfalls deutschsprachige Mallorca Zeitung, www.mallorcazeitung.es.

www.balearsculturaltour.net
Hervorragend gestaltete Seite mit Schwerpunkt Kultur. Bilder, Tonbeispiele, interaktive Karten – ein Augenschmaus.

www.beach-inspector.com
Sehr ausführlicher Führer zu den Stränden der Welt. Selbst die kleinen Buchten Mallorcas sind aufgelistet, bewertet und mit google maps verlinkt.

www.digamemallorca.com
Allgemeine Infos zu Stränden, Restaurants, Nightlife usw.

www.inselradio.com
Aktuelle Lokalnachrichten (FM 95.8), auch über Web-Radio und mittels App für iPod/iPhone. Zahlreiche Links.

Apps

Es gibt zahlreiche hilfreiche Apps, sowohl für Apple-Geräte als auch für Android verfügbar.
http://maps.me: Programm zur Offline-Nutzung von Karten.
http://mallorca-app.de: Das Portal bietet u. a. eine App zum Fahrplan der Busse.
Zumbs Mallorca: u. a. Veranstaltungen, Strände, Restaurants, Nightlife.

Informationsquellen

Fremdenverkehrsämter

... in Deutschland
Spanisches Fremdenverkehrsamt Berlin
Lichtensteinallee 1, 10787 Berlin
(in der Botschaft)
Tel. 030 882 65 43
berlin@tourspain.es

Turespaña Frankfurt/Main
Myliusstr. 14, 60323 Frankfurt/Main
Tel. 069 72 50 33
frankfurt@tourspain.es

Turespaña München
Postfach 151940, 80051
kein Publikumsverkehr
Tel. 089 53 07 46 11
munich@tourspain.es

... in Österreich
Turespaña Wien
Walfischgasse 8
1010 Wien 1
Tel. 0043 15 12 95 80
viena@tourspain.es

... in der Schweiz
Turespaña Zürich
Seefeldstr. 19
8008 Zürich
Tel. 0041 442 53 60 50
zurich@tourspain.es

Alle Fremdenverkehrsämter sind in der zentralen Website **www.spain.info** zusammengeschlossen, dort aber nicht einzeln erreichbar.
Informationen erhält man des Weiteren unter **www.tourspain.es**, der Website des Ministerio de Industria, tourismo y commerció.

Fremdenverkehrsbüros auf Mallorca
Jede größere Stadt besitzt ein örtliches oder staatliches Fremdenverkehrsbüro (s. Orte unter »Unterwegs auf Mallorca«). Die Mitarbeiter sind mehrsprachig und meist sehr bemüht und gut informiert. Hilfreich sind die in den Büros ausgelegten Flyer und Prospekte örtlicher Veranstalter, Restaurants, Hotels und Geschäfte.

Lesetipps

Die Fülle der Mallorca-Literatur ist unerschöpflich.
Robert (von Ranke) Graves: Geschichten aus dem anderen Mallorca. Bielefeld/Westerstede 2012. Zwölf Kurzgeschichten über die Insel und ihre Bewohner. Das Kultbuch des Protagonisten des Deià-Mythos, auch als E-Book erhältlich.
George Sand: Ein Winter auf Mallorca. Frankfurt/M., München 2010. Der Klassiker über den Winteraufenthalt von George Sand und Frédéric Chopin im Jahre 1838/1839 (s. S. 146); auch als E-Book erhältlich.
Stefan Keller: Papa ante Palma – Mallorca für Fortgeschrittene. Berlin 2011. Amüsanter, ehrlicher und zuweilen anrührender Blick auf Mallorcas Touristen, auch als E-Book erhältlich.
Marie Roth: Ein Jahr auf Mallorca – Reise in den Alltag. Freiburg 2009. Eine nette Lektüre für die Ferientage auf der Insel. Im Vordergrund stehen Beschreibungen von Land und Leuten abseits der Touristenhochburgen.
Andreas Schnabel: Im Mittelpunkt der sehr unterhaltsamen Krimireihe – u. a. »Tod unter Pinien« (2016), Poolposition« (2014) und »Tod auf Cabrera« (2012) – stehen Comisario Cristobal García Vidal und sein deutscher Freund Michael Berger.
DuMont Wanderführer Mallorca: Ostfildern 2013. Susanne Lipps zeigt auf 35 Touren die grüne Seele Mallorcas.
 Weitere Texte aus und über Mallorca s. S. 81.

Wetter und Reisezeit

Klima

Heiße, trockene Sommer und kühle, regnerische Winter sind Kennzeichen des auch für die Balearen typischen gemäßigten Mittelmeerklimas. Die Temperaturen auf Mallorca schwanken zwischen 15 °C im Januar/Februar und über 30 °C bei meist wolkenlosem Himmel im Juli/August. Zu den milden Wintern trägt das Tramuntana-Gebirge bei, das die Insel vor den vom Festland kommenden kalten Winden abschirmt.

Trotz der geringen Größe der Insel variieren die Niederschläge erheblich. Im Südosten bei Colònia de Sant Jordi fallen im Durchschnitt 350 mm pro Jahr, in der Tramuntana 1500 mm. Am regenreichsten sind die Monate September bis November, in denen 40 % des Jahresniederschlags fallen. 25 % fallen zwischen März und Mai, weitere 25 % zwischen Dezember und Februar, im Sommer hingegen nur 10 %.

Der weltweite Klimawandel macht sich auch auf den Balearen bemerkbar. So übersteigen die Sommertemperaturen mittlerweile immer häufiger die Marke von 40 °C, während im Oktober durch Anstieg der Wassertemperaturen ausgelöste Wirbelstürme zu erheblichen Schäden führten. Insgesamt sind klimatische Störungen häufiger geworden und die milde, ruhige winterliche Wetterlage, die *calmes*, ist keine Garantie mehr.

Reisezeiten

Frühjahr
Bereits ab Februar blühen die Mandelbäume, gefolgt von der Aprikosen- und Orangenblüte. Die meisten Unterkünfte in den Badeorten sind dann noch geschlossen. Die Hotels in Palma und etliche Fincas und Landhotels haben jedoch geöffnet, wobei man auf das Vorhandensein einer Heizung achten sollte. Auch für Wanderungen eignet sich der Frühling, insbesondere ab März, hervorragend. Regenkleidung sollte aber im Gepäck sein.

Sommer
Bedingt durch die Ferien bei uns und in Spanien, sind die Sommermonate die Hauptreisezeit. Strahlend blauer Himmel, hohe Temperaturen, gemäßigt durch fast stetigen leichten Wind, sowie angenehm warmes Wasser führen zu oftmals beängstigender Fülle am Strand, und auch die Preise erreichen ihr Maximum. Wanderer und Radfahrer kommen jetzt ins Schwitzen.

Herbst
Wie das Frühjahr ist auch der Herbst ideale Reisezeit. Bis in den Oktober ist das Wasser zum Baden warm genug.

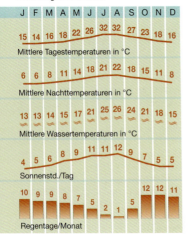

Klimadiagramm Palma

	J	F	M	A	M	J	J	A	S	O	N	D
Mittlere Tagestemperaturen in °C	15	14	16	18	22	26	32	32	27	23	18	16
Mittlere Nachttemperaturen in °C	6	6	8	11	14	18	21	22	18	15	11	8
Mittlere Wassertemperaturen in °C	13	13	14	15	17	21	25	26	24	21	18	15
Sonnenstd./Tag	4	5	6	7	9	11	11	12	9	7	5	5
Regentage/Monat	10	9	9	8	7	5	2	1	5	12	12	11

Nachts ist es angenehm frisch, tagsüber sonnig, aber erträglich und für Wanderungen ideal. Ab Oktober muss man mit kurzen heftigen Unwettern rechnen.

Winter
Nicht von ungefähr ist Mallorca ein beliebtes Ziel zum Überwintern. Die Temperaturen sinken selten unter 10 °C, mit Regenschauern muss indes gerechnet werden.

Kleidung und Ausrüstung

Die optimale Bekleidung hängt in erster Linie von der Art des Urlaubs und der Reisezeit ab. Wer im Sommer zum Baden kommt, benötigt leichte Kleidung, wobei für die Abendstunden auf einer Terrasse ein Pullover angebracht ist. Wer gern mal sein Outfit wechselt, hat in den Urlaubsorten reiche Auswahl an T-Shirts und luftiger Bekleidung.

Im Frühjahr, Herbst und Winter gehören wärmere Sachen in den Koffer und ein Anorak gegen den dann häufiger auftretenden Regen.

Wanderer müssen sich mit festem Schuhwerk, funktionaler Kleidung, einem Sonnenhut, Trinkflasche und Stöcken auf die zuweilen anspruchsvollen Touren einstellen.

Anreise und Verkehrsmittel

Einreisebestimmungen

Für die Einreise nach Spanien benötigen Deutsche, Österreicher und Schweizer einen gültigen Reisepass oder Personalausweis. Auch Kinder benötigen unabhängig vom Alter ein eigenes Reisedokument. Deutsche und Österreicher können sich beliebig lange in Spanien aufhalten, Schweizer ohne Visum bis zu drei Monate. Zum Anmieten eines Fahrzeugs sollten Pass oder Ausweis noch mindestens drei Monate gültig sein.

Zollvorschriften
Innerhalb der EU gelten folgende Höchstmengen: 800 Zigaretten, 400 Zigarillos, 200 Zigarren oder 1 kg Tabak, 60 l Schaumwein, 10 l Spirituosen. Geschenke sind bei Flug- und Schiffsreisen bis 430 € zollfrei. Zu beachten sind für den Flug die international geltenden Vorschriften hinsichtlich der Mitnahme von Flüssigkeiten im Handgepäck.

Mitnahme von Haustieren
Für die Mitnahme von Hunden und Katzen ist ein EU-Heimtierausweis mit einem gültigen Tollwutimpfeintrag vorzuweisen. Darüber hinaus muss eine Tätowierung oder ein Chip das Tier eindeutig identifizieren. In den meisten Hotels sowie in Taxis, Bussen und Bahnen werden auf Mallorca Haustiere allerdings nicht akzeptiert.

Anreise und Ankunft

… mit dem Flugzeug
Im Liniendienst wird Mallorca von der spanischen Iberia und der Lufthansa angeflogen. Da die Preise deutlich über denen der anderen Fluggesellschaften liegen und nur von wenigen deutschen Flughäfen gestartet wird, dürfte diese Option kaum in Frage kommen. Spezialisiert auf die Verbindungen nach Mallorca von Deutschland aus haben sich die Gesellschaften LTU, Condor und Germanwings, sodass der Flughafen von Palma von fast

Reiseinfos

allen deutschen Flughäfen direkt angeflogen wird. Nach der Insolvenz von Air Berlin bleibt abzuwarten, wer die dadurch entstandene Lücke wie füllen wird. Die Gesellschaften arbeiten mit den wichtigsten Reiseveranstaltern zusammen, bieten aber auch Flüge für den Individualtouristen, wobei je nach Buchungstermin und Saison erhebliche Preisunterschiede bestehen. Von Österreich aus fliegt Niki Palma an. Übergreifend kann man sich unter **skyscanner.de** über alle Billigfluglinien informieren, die Mallorca ansteuern.
Condor: www.condor.com
Eurowings: www.eurowings.com
TUIfly: www.tuifly.com
Ryan Air: www.ryanair.com
Swiss: www.swiss.com
Niki: www.flyniki.com

Der **Flughafen von Palma** (Aeroport de son San Juan, www.aena.es, nur auf Spanisch) liegt 8 km östlich vom Stadtzentrum Palmas und hat Autobahnanschluss. In der Ankunftshalle, die man nach langem Fußmarsch von den Gates erreicht, gibt es Niederlassungen der wichtigsten Autovermieter und ein Touristenbüro (Tel. 971 78 95 56). Hat man keinen (Miet-)Wagen am Flughafen, kann man per Bus oder Taxi weiterfahren.

Die Haltestellen liegen vor dem Hauptterminal. **Bus No 1** fährt über die Plaça d'Espanya nach Portopi (6–1.30 Uhr), **Bus No 21** nach Arenal (7–0.30 Uhr, www.emtpalma.es). Seit Sommer 2017 bestehen auch Verbindungen nach Cala Bona/Cala Millor **(A 42)**, Cala d'Or über Llucmayor **(A 51)**, Alcudia/Can Picafort **(A 32)** und Paguera **(A 11)**, Näheres unter www.tib.org, Stichwort Aerotib.

Taxis können mit der Kreditkarte bezahlt werden. Man erkundige sich vor Abfahrt nach den Tarifen, insbesondere wenn man zu entfernteren Orten unterwegs ist. Möglicherweise ist ein Mietwagen billiger (siehe auch www.taxi-mallorca.com).

... auf dem Land- und Seeweg

Die Anreise mit dem eigenen Fahrzeug lohnt sich aufgrund der hohen Kosten von Benzin, Autobahngebühren und Fähre erst bei einem längeren Aufenthalt. Es bestehen regelmäßige Schiffsverbindungen mit Barcelona, Valencia, Eivissa (Ibiza) und Menorca.

Zwischen dem Festland und den Inseln verkehren die Schiffe von:
Acciona-Trasmediterranea: www.trasmediterranea.es (auch in Deutsch, mit Buchungsmöglichkeit)
Balearia: Muelle Comercial s/n, 07410 Alcúdia, Tel. 902 160 180, www.balearia.com. Die Gesellschaft bedient die Strecke Alcúdia–Ciutadella auf Menorca.

Verkehrsmittel auf der Insel

Mietwagen

Die Voraussetzungen für das Mieten eines Autos oder eines Motorrads über 125 ccm sind ein gültiger, mindestens ein Jahr alter Führerschein sowie ein Mindestalter von 21 bzw. 23 Jahren. Überdies benötigt man eine Kreditkarte, selbst wenn man das Fahrzeug bereits in Deutschland gebucht hat. Wer das Fahrzeug bereits über einen deutschen Reiseveranstalter anmietet, kommt in den Genuss der hohen deutschen Deckungssummen. Ansonsten muss man sich eine sogenannte **Mallorca-Police** besorgen (z. B. beim ADAC), die die Differenz abdeckt. Einige deutsche Autoversicherungen schließen diese Police bereits ein.

Üblicherweise wird der Wagen mit Vollkasko ohne Kilometerbegrenzung vermietet. Bei Buchungen über das

Anreise und Verkehrsmittel

Internet ist etwas Vorsicht geboten, da sich etliche unseriöse Anbieter auf dem Markt tummeln. Und weil bei diesen Buchungen die Vorauszahlung des gesamten Mietpreises üblich ist, könnten sich ernsthafte Probleme ergeben. Kleine lokale Anbieter versuchen häufig, den Klienten Zusatzversicherungen abzupressen, selbst wenn dieser eine Vollkasko abgeschlossen hat.

Bei Vorausbuchung kann man den Wagen bereits am Flughafen übernehmen, sollte jedoch bedenken, dass viele Charterflüge erst spät in der Nacht eintreffen und man meist für den gesamten Tag zahlen muss. Bei einer Pauschalreise ist man unter Umständen besser beraten, den ohnehin eingeschlossenen Transfer in Anspruch zu nehmen und sich den Mietwagen an das Hotel bringen zu lassen, ein Service, der bei längerer Mietdauer kostenlos ist. Die Preise schwanken saisonabhängig erheblich. Einen Preisvergleich gibt es unter www.mietwa genmarkt.de.

In Anbetracht der starken Konkurrenz versuchen viele Firmen, dem Kunden zusätzliche Euro zu entlocken. Sehr beliebt ist die Abbuchung einer kompletten Tankfüllung, selbst wenn der Tank noch halb gefüllt ist. Spätere Reklamationen von zu Hause aus haben kaum Aussicht auf Erfolg.

Bei einer Panne wendet man sich zuerst an den Autovermieter.

Verkehrsregeln

Auf Mallorca wird recht schnell gefahren, sodass eine defensive Fahrweise angeraten ist. Große Vorsicht ist auf den engen, von Mauern gesäumten Nebenstraßen geboten. Langsame Traktoren und Radfahrer, die im Pulk nebeneinander fahren, können urplötzlich hinter einer Kurve auftauchen.

Während der Rushhour sind die Autobahnen um Palma hoffnungslos verstopft. Auf Leuchttafeln wird an einigen Stellen die voraussichtliche Zeit in Minuten bis zur nächsten Ausfahrt angezeigt. Überholt wird auf den Autobahnen grundsätzlich auch rechts! Die Autobahnen sind gebührenfrei, eine Maut wird derzeit nur für den nach Sóller führenden 2 km langen, noch privat betriebenen Tunnel erhoben (5,05 €); sie soll aber (Stand: September 2017) demnächst entfallen.

Die Höchstgeschwindigkeiten betragen innerhalb von Ortschaften 50 km/h, auf Landstraßen 90 km/h, auf Schnellstraßen 100 km/h und auf Autobahnen 120 km/h. Die Promillegrenze liegt bei 0,5 Promille. Es muss im Fahrzeug eine gelbe Warnweste mitgeführt werden.

An gelben Linien herrscht innerorts Parkverbot. Man darf maximal 2 Minuten anhalten, der Fahrer darf aber nicht aussteigen. An blauen Lini-

Unterwegs mit dem Mietwagen

Die Zeit billiger Mietwagen ist seit einigen Jahren vorbei. Die Flotte wurde ausgedünnt, um dem sommerlichen Verkehrsinfarkt entgegenzuwirken. Man sollte sich vor allem in der Hauptreisezeit früh um einen Wagen kümmern. Außerhalb der Saison ist es ratsam, vor Ort zu buchen, und sonst eher das Angebot der großen Reiseveranstalter wahrzunehmen. Zwar sind die Distanzen relativ gering – kein Ort ist mehr als 85 Straßenkilometer von Palma entfernt –, doch sind Touren abseits der als Autobahnen oder Schnellstraßen ausgebauten Hauptverbindungen sehr zeitraubend. Die Straßen sind oftmals sehr schmal und kurvenreich, die Ortsdurchfahrten eng. Und wer Palma auf der Rückfahrt von einem Ausflug am späten Nachmittag durchqueren will, sollte sich auf Staus einstellen.

Reiseinfos

en darf man parken. In größeren Städten gibt es Parkautomaten (während der Siesta-Zeit zwischen 13.30 und 16.30 Uhr benötigt man oftmals keinen Parkschein!). Strafzettel müssen auch von Ausländern gezahlt werden. Die Beträge werden von der Mietwagenfirma über die Kreditkarte des Fahrers abgebucht.

Bahn
Mallorca verfügt über zwei Bahnlinien: Sóller wird seit 1919 mehrfach täglich von Palma aus mit dem historischen Roten Blitz angefahren, einem gemächlich dahinzuckelnden Museumszug (s. S. 160), der einen eigenen Bahnhof an der Plaça d'Espanya besitzt. Inca, Manacor und Petra sind mit einer Schnellbahn erreichbar, die zwischen 6 und 22 Uhr etwa alle 30 Min. vom unterirdischen Bahnhof an der Plaça d'Espanya abfährt (www.tib.org).

Bus
Der zentrale Busbahnhof von Palma liegt ebenfalls unteridisch an der Plaça d'Espanya, neben dem Zugang zum Bahnhof. Busse verschiedener Linien verkehren von hier regelmäßig in alle größeren Orte der Insel. Fahrpläne findet man ebenfalls unter www.tib.org sowie unter www.emtpalma.es. Überdies gibt es regionale Linien, über deren Fahrpläne die Fremdenverkehrsämter Auskunft erteilen. Auch die Hotels halten Fahrpläne bereit.

Taxi
Alle Taxis sind mit Taxametern ausgerüstet. An den Taxiständen sind die jeweils gültigen Tarife als Anhaltspunkt angeschlagen. Die Grundgebühr liegt bei ca. 3 €, pro Kilometer sind zusätzlich 0,80 € fällig. Zuschläge werden für Fahrten zum Flughafen, für Nacht- und Wochenendfahrten erhoben (s. o., www.taxi-rechner.de, www.taxi-mallorca.com). Ein Funktaxi kann man überall auf Mallorca unter Tel. 971 75 54 40 rufen (Taxi Radio), in Palma unter Tel. 971 40 14 14 (Taxi Palma Radio). Für längere Ausflüge erweist sich ein Mietwagen als günstiger.

Schiff
Während der Sommermonate werden regelmäßig Ausflugsfahrten zu den Inseln Sa Dragonera (s. S. 138) und Cabrera (s. S. 243) angeboten. Entlang der Ostküste (zwischen Cala Rajada, Porto Cristo und Cala Millor, http://starfishboat.com) und der Nordwestküste (zwischen Port Alcúdia und Cap Formentor, www.tmbrisa.com) verkehren während der Saison Schiffe.

Die alte Tramvía verkehrt noch zwischen Sóller und Port de Sóller

Übernachten

Die großen Strandhotels

Mehrstöckige Großhotels machen bis heute den Hauptteil der Unterkünfte Mallorcas aus. Der Kombination von enger Bebauung und Hochhausstil, die zwangsläufig zu einer innenstadtartigen Atmosphäre führt, verdankt Mallorca seinen Ruf als kollektive Ferienfabrik. S'Arenal gehört noch immer dazu, und auch Santa Ponça, Cala Millor und Can Picafort ›schmücken‹ derartige Viertel aus Bettenburgen. Wer hier seine Wahl trifft, sucht vor allem das Leben draußen am Strand, auf der Promenade, in Disco und Kneipe.

Die Hochhausbauten gibt es in vielen Varianten, denn nicht jedes ›Strandhotel‹ liegt auch am Strand. Die billigeren zwängen sich zwischen belebter Straße und dunklem Hinterhof mit Blick zur Stadtautobahn, von den teuren hat man, das richtige Zimmer vorausgesetzt, eine unverbaute Fernsicht und einen schattigen Garten zum Durchatmen. Nicht selten hat ein solches Hotel eine ruhige Sonnenseite mit Meeresblick und eine weniger ansehnliche zur Straße hin. Bei Buchungen sollte man auf die Lage der Zimmer achten und sich die gewünschte Kategorie bereits vorab zusichern lassen.

Allen Großhotels gemeinsam ist eine recht unpersönliche Atmosphäre, ein ständiges Kommen und Gehen, die der Empfangshalle einen bahnhofsartigen Charakter verleihen. Auf Massenbetrieb ist auch die Küche dieser Häuser ausgerichtet, die überwiegend Büfettkost zur Selbstbedienung bietet. Für sportliche Aktivitäten wie Tennis und Surfen ist ebenso gesorgt wie für mehr oder minder geschmackvolle Unterhaltung.

200 Ferienanlagen werden bereits als All-inclusive-Hotels geführt, ein im Hinblick auf die lokale Gastronomie durchaus als zwiespältig zu betrachtender Service. Eigeninitiative ist weder gefordert noch gefragt. Nicht zuletzt werden dies all jene bevorzugen, die anonymen Urlaub ohne Zwänge verbringen wollen.

Kleine Strandhotels

Die kleineren, in den Reiseprospekten angebotenen Strandhotels gehören meist einer preiswerteren Kategorie an, können das Fehlen von Luxus jedoch zuweilen durch ganz eigenen Charme und eine persönliche Atmosphäre wettmachen. Die meisten besitzen einen Pool und einen kleinen Garten. Erwähnt seien z. B. das Hostal Bahia direkt an der Promenade von Port de Pollença (s. S. 192) oder das Hostal Los Pinos in Cala Sant Vicenç (s. S. 188).

Hotels im Landesinnern

Die schönsten Hotels der Insel liegen ohne Zweifel abseits der Strände in der Bergwelt der Serra Tramuntana. Immer gehören ein großer, zuweilen fast parkähnlicher Garten, ein Pool und ein exquisites Restaurant dazu. Die abendliche Unterhaltung tritt in

> **Betriebsferien**
> Badeurlaub macht man üblicherweise in der wärmeren Jahreszeit. Aus diesem Grund hat das Gros der Hotels in den mallorquinischen Strandorten zumeist im Winter bis kurz vor Ostern geschlossen.

Reiseinfos

> **Zimmerpreise**
> In den meisten Hotels auf Mallorca bucht man in der Regel Zimmer mit Frühstück. Daher beinhalten die im Reiseteil genannten Doppelzimmerpreise, wenn nicht anders angegeben, immer das Frühstück.

den Hintergrund. Wer hierher kommt, sucht Entspannung und Ruhe in gepflegter Umgebung, etwa in La Residencia in Deià (s. S. 155), L'Hermitage in Orient (s. S. 176) und Es Reco de Randa in Randa (s. S. 225). Die meisten dieser luxuriösen und ausgesprochen individuellen Unterkünfte können auch pauschal gebucht werden.

Appartements

Wohnungen für Familienurlaub mit der Möglichkeit zur Selbstverpflegung werden in großer Zahl angeboten. Eine gewisse Vorsicht ist jedoch angesagt – es gibt etliche schwarze Schafe. Ähnlich den Hotels, mit denen sie nicht selten verbunden sind, reicht ihre Bauweise vom Betonsilo bis zur villenartigen Anlage. Bei größeren Komplexen ist ein Pool vorhanden oder die Benutzung des benachbarten Hotelpools erlaubt.

Fincas und Granjas

Der Urlaub auf einer **Finca** wird gern als die mallorquinische Variante der Ferien auf dem Bauernhof bezeichnet. Ganz jedoch trifft dieser Vergleich nicht zu, da der Gast zwar in einem historischen Bauernhaus, aber nur selten noch unter einem Dach mit dem Bauern logiert. Die wenigsten der mallorquinischen Fincas sind noch aktiv in die Landwirtschaft eingebunden. Sie liegen meist abseits der Strände im Landesinnern, zuweilen sogar in einiger Entfernung vom nächsten Ort. Die Bettenkapazität ermöglicht die Unterbringung von zwei bis acht Personen. Rechnet man noch die Verpflegung hinzu, so gehören Finca-Ferien nicht gerade zum billigsten, dafür aber sicherlich zum schönsten Vergnügen.

Hinter der Bezeichnung **Granja** (Herrenhaus) verbirgt sich eine Symbiose aus Finca und Hotel. Man lebt in einem Landhaus, wird jedoch wie in einem Hotel umsorgt und umpflegt. Dieser individuelle Luxus hat natürlich seinen Preis, der etwa dem eines 4-Sterne-Strandhotels entspricht.

Hostales

Unter dem Begriff werden Unterkünfte unterschiedlicher Kategorien zusammengefasst. Sie reichen von der schäbigen Absteige in einer lauten Straße Palmas bis zum luxuriösen Landgut in den Bergen. Die einfacheren Häuser befinden sich meist außerhalb der Hotelurbanisationen in gewachsenen Städten wie Pollença, Felanitx und Palma, die Hostales der gehobenen Ansprüche hingegen auf dem Land inmitten großer Gärten, womit sie eigentlich zur Kategorie der Granjas gehören (s. o.).

Privatunterkünfte

Die Zahl der privat meist über das Internet angebotenen Betten soll die der Hotels übertreffen. Der Regierung ist dies ein Dorn im Auge. 2017 hat sie mit der Überprüfung illegaler Vermietungen begonnen und nicht nur den Vermietern, sondern auch den Buchungsportalen wie Airbnb empfindliche Strafen angedroht.

Aber auch Interessenten müssen auf der Hut sein. Existiert nur eine Mailadresse oder eine Mobilnummer,

Übernachten

verbunden mit einer hohen Vorauszahlung, ist Vorsicht geboten.

Camping

Trotz erheblicher Fährkosten finden zunehmend auch Wohnmobile ihren Weg auf die Insel. Entsprechende Campingplätze sind bis auf Kloster Lluc bisher unbekannt, aber man kann problemlos ein Plätzchen finden. Eine Ver- bzw. Entsorgestation gibt es auf einem Parkplatz im Norden von Inca.

Klöster und Eremitagen

Gern von Wanderern wahrgenommen werden die Unterkünfte in Klöstern und Eremitagen, die mit ihren Preisen (ca. 20–35 €/Person) die preisweiteste Übernachtungsmöglichkeit auf Mallorca darstellen. Die Zimmer sind naturgemäß sehr einfach: Meist verfügen sie nicht über ein eigenes Bad, selten sind sie mit Heizung ausgestattet und nicht immer wird Verpflegung geboten. Der eigene Schlafsack ist von Vorteil. Man kann die Unterkunft in einigen Klöstern auch pauschal buchen unter www.klosterreisen.de.

Castillo de Alaró: einfaches Restaurant, Tel. 971 18 21 12, s. S. 173.
Ermita de Nostra Senyora de Bonany: keine Heizung, kein Restaurant, Tel. 971 82 65 68, urantia@airtel.net, s. S. 232.
Puig de Maria: keine Heizung, einfaches Restaurant, Tel. 971 18 41 32, s. S. 185.
Santuari de Lluc: über 100 Zimmer, Heizung, Café, Restaurant, populär, Tel. 971 87 15 25, www.lluc.net, s. S. 225.
Santuari de Monti-sion: Restaurant, Tel. 971 64 71 85, s. S. 97.
Santuari de Nostra Senyora de Cura: Restaurant, Tel. 971 12 02 60, www.santuariodecura.com, s. S. 225.
Franziskanerinnen-Kloster, Pina: sehr abgeschieden, Infos/Buchung: sege@hijasdelamisericordia.com, Zimmer 30 €.

Nützliche Internetadressen

Es gibt unzählige Buchungs- und Bewertungsportale für Unterkünfte. Einen Überblick mit Bewertungen findet man unter www.testberichte.de/testsieger/level3_reiseveranstalter_online_portale_fuer_ferienunterkuenfte_2115.html. Der Autor selbst hat sehr gute Erfahrungen mit www.booking.com gemacht.

www.rusticbooking.com: Portal der in der Associació Agroturisme Balear zusammengeschlossenen Fincas und Landhotels.
www.fincaferien.de: Großes Angebot an Fincas, Finca-Hotels (Granjas) und Ferienwohnungen.
www.fincamallorca.de: Auf Vermietung von Fincas spezialisierter Vermittler. Sehr ausführliche, bebilderte Beschreibungen der Objekte.
www.holidaycheck.de, www.tripadvisor.de: Hier geben Urlauber Bewertungen über bestimmte Hotels ab. Mit Vorsicht zu behandeln, insbesondere dann, wenn nur ein oder zwei Einträge verzeichnet sind.
www.mallorca-world.com: Informationen und Links zu einigen luxuriösen Hotels und Fincas.
www.booking.com, www.hotel.de, www.hrs.de, www.trivago.de: Etablierte Buchungsportale.
www.airbnb.de, www.wimdu.de, www.9flats.com, www.fewo-direkt.de: Vermittler von Privatunterkünften. Es gibt etliche weitere Portale. Bevor man sich entscheidet, sollte man die Bewertungen der Unterkunft im Internet ansehen! Immer wieder kommt es zu Betrügereien. Da sich die Portale der Unterkünfte nur als Vermittler verstehen, ist es schwer, das Geld ggf. vom Vermieter zurückzuholen. Auf keinen Fall Kreditkartennummern vorab per E-Mail übermitteln!

Essen und Trinken

In der Küche der Touristenhochburgen, die sich gern als Internationale Küche bezeichnet, bringen allenfalls Paella und Sangría etwas Abwechslung in die importierte Schnitzel- und Frittenkultur. Es gibt Besseres auf der Insel, ein Blick auf folgende Website genügt: http://mallorcarestaurants.net. Auch Vegetarier und Veganer müssen nicht mehr am Hungertuch nagen. Unter http://vegipedia-mallorca.com finden sie eine reiche Auswahl.

Tafeln wie Gott in Spanien

Mallorcas zunehmende Anziehungskraft auf alle Bevölkerungsschichten hat sich auch in der Gastronomie niedergeschlagen. Es dürfte derzeit kaum einen Flecken im Mittelmeerraum geben, an dem so viele Top-Restaurants auf engem Raum um die Gunst verwöhnter Feinschmecker buhlen. Viele von ihnen liegen versteckt im Landesinnern, zuweilen verbunden mit einem noblen Hotel. Auch kleine Restaurants, bei denen kein Starkoch am Herd steht, bieten positive Überraschungen zu günstigen Preisen – vor allem, wenn man Nutzen aus den spanischen Gesetzen zieht, die jedem Restaurant einen preisgünstigen Mittagstisch (inklusive Wein) vorschreiben. So kommt doch ein Drei-Gang-Menü ab ca. 12 € auf den Tisch.

Zugegebenermaßen fehlt der einheimischen Küche die Raffinesse Frankreichs oder der Einfallsreichtum Italiens, dafür werden eher deftige Landkost und Meeresfrüchte in vielerlei Variationen geboten. Und nicht zu vergessen das oft einzigartige Ambiente, sei es eines Fischlokals mit strohgedeckter Terrasse am Meer oder eines Weinkellers tief unter der Erde.

Für die Bewohner Mallorcas bedeutet das Essen weit mehr als die Befriedigung eines Grundbedürfnisses. Mag das Frühstück noch spartanisch ausfallen, beim Mittagessen und mehr noch am Abend lässt man sich Zeit und tafelt genussvoll im Kreis von Freunden, Verwandten oder Bekannten. Wer abends ein Restaurant betritt, darf nicht erwarten, dass ein besetzter Tisch an diesem Tag noch frei werde. Da die Spanier spät essen, oft nicht vor 21 Uhr, hat man nur Chancen, wenn man früh kommt. Je populärer das Restaurant, desto wichtiger die Reservierung.

Einheimische Küche – frisch und deftig

Die Grundlagen mallorquinischer Küche bilden Schweinefleisch, Gemüse, Zwiebeln, Knoblauch und Olivenöl. Nationalgericht ist nicht etwa die *paella*, die eigentlich aus Valencia stammt, sondern der Eintopf. Die einfachste Variante, Reminiszenz an ärmliches Bauerndasein, heißt *sopes mallorquines* (s. Kasten links). Am anderen Ende der Skala steht die *caldereta de llagosta*,

---

Sopes mallorquines
Bei *sopes mallorquines* handelt es sich keineswegs um eine Suppe im herkömmlichen Sinn. Kohl, Lauch, Zwiebeln, Tomaten, Hammel- und Hühnerfleisch und dünne, mit Knoblauch belegte Brotscheiben, die *sopa* genannt werden, vereinen sich zu einem rustikalen Mahl. Die Zutaten werden in einen Tontopf geschichtet, die Brotscheiben zuunterst, und im Ofen gegart.

Essen und Trinken

Zum Gläschen Wein die deftigen mallorquinischen Eintöpfe genießen

eine Gaumenfreude aus Langustenfleisch und Muscheln, für die man den Gegenwert einer Übernachtung in einem Mittelklassehotel hinblättern muss. Bescheidener gibt sich der *arròs brut*, der ›schmutzige Reis‹, bei dem sich Schweine-, Lamm- und Hühnerfleisch mit Gemüse zu einem kräftigen Eintopf verbinden. Diese Hausmannskost kann durchaus höhere kulinarische Weihen erhalten.

Schweinefleisch ist aus der mallorquinischen Küche nicht wegzudenken. Beliebt ist es nicht zuletzt in Form eines Spanferkels (*lechona asada*) oder als Bestandteil der *sobrassada*, einer mit Paprika gewürzten Streichwurst. Nicht jedermanns Sache dürfte der *frit mallorqí* sein, der überwiegend aus Innereien besteht, denen Kartoffeln und Gemüse beigegeben wurden.

Wer es lieber vegetarisch mag, kann auf den *tumbet* zurückgreifen, eine Art Gemüseauflauf, bei dem alle Zutaten einzeln zubereitet und dann übereinandergeschichtet werden.

Auch die richtigen Suppen sind nicht zu verachten und bieten als *sopa de verdures* einen Querschnitt durch den mallorquinischen Gemüsegarten, als *sopa de peix* (*sopa de pescado*) durch die Mittelmeerfauna, wobei der Fisch überwiegend vom Festland oder aus Fanggründen im Atlantik angeliefert wird. Selbiges gilt für die Tintenfische (*calamars*) und Muscheln (*musclos/mejillones*), die teils auf dem Luftweg nach Mallorca gelangen. Vorsicht ist geboten, wenn der Kellner fangfrischen Fisch des Tages anpreist. Nicht selten ist er doppelt so teuer wie der auf der Karte.

Nicht zu vergessen sind die kleinen Leckereien am Rande, die beliebten *tapes* (*tapas*), die man mit einem Glas Wein oder einem Sherry in einer Bar genießt. Die Appetithappen können

Pa amb oli
Spanische Brotzeit. Eine Scheibe geröstetes Brot aus Mehl und Wasser wird mit Knoblauchzehen berieben und mit Olivenöl beträufelt, darauf kommen Tomatenscheiben mit etwas Salz und zur Verfeinerung noch *jamón serrano* (luftgetrockneter roher Schinken).

Reiseinfos

> **Spanische Kaffeevariationen**
> **Café con leche:** Kaffee, aufgefüllt mit heißer Milch
> **Cortado:** kleiner Espresso mit Milch
> **Café solo:** kleiner Espresso schwarz
> **Café carajillo:** Espresso mit einem Schuss Weinbrand
> **Café americano:** schwarzer Kaffee
> **Descafeinado:** koffeinfreier Kaffee

aus gefüllten Oliven, marinierten Sardinen, Sardellen, Anchovis, Muscheln, Krabben, Garnelen, Tintenfischringen oder Fleischbällchen bestehen. Es gibt nicht wenige Restaurants, die allein den Tapas ihren Ruf verdanken. Jeden Dienstag- und Mittwochabend offerieren die Bars an der Placa Salvador de Coll in der Altstadt von Palma besonders preisgünstige Tapas.

Unter den süßen Gaumenfreuden behauptet die *ensaimada* unangefochten den Platz des Nationalgebäcks. Als Grundlage dient ein in Schmalz ausgebackener, mit Puderzucker überzogener, lockerer Hefeteig. In dieser Urform wird er gern zum Frühstück gegessen, existiert aber auch in Variationen mit Pudding-, Kürbis- oder Schokoladenfüllung, die kuchenförmige Ausmaße annehmen können und auch als beliebtes Mitbringsel dienen.

Alkoholisches

Bei den Einheimischen erfreut sich **Wein** nach wie vor großer Beliebtheit und darf bei keinem Essen fehlen. Leider sind die Zeiten vorbei, als Banyalbufar seinen Namen Kleiner Weingarten am Meer noch zu Recht trug, da der Weinanbau seit über 100 Jahren stark zurückgegangen ist. Auf den Weinkarten der Lokale findet man die Inselweine deshalb nur selten, obwohl sie einen Versuch wert sind und sogar manchen Festlandswein in den Schatten stellen (s. S. 74). Die meisten Restaurants servieren im Übrigen einen preiswerten, offenen Hauswein (*vi de la casa, vino de la casa*).

Der **Sangría** hingegen wird kaum ein Tourist entgehen, einer oftmals dubiosen Mischung mit bösen Folgen. Die authentische Rotweinbowle enthält außer Wein nur etwas Weinbrand, Zucker, Limonade, Orangen und Pfirsiche.

Bier fließt in Strömen, wobei in den Hochburgen deutscher Gemütlichkeit kein Tourist auf den Gerstensaft heimischer Provenienz verzichten muss. Dabei braucht sich das einheimische Bier (*cervesa*) durchaus nicht vor deutscher Braukunst zu verstecken.

Zur Verdauung der oftmals schweren Kost empfiehlt sich einer der meist grünen Kräuterliköre, **Hierba** genannt, die es in den Varianten *dolç* (süß), *seca* (trocken) oder *mezclades* (halbtrocken) gibt. Man könnte natürlich auch einen **Palo de Mallorca** versuchen, einen Klosterlikör, der seine braune Farbe und seinen Geschmack dem karamellisierten Rohrzucker verdankt, seinen Namen hingegen der Chinarinde (*palo quina*), die, mit Enzian gemischt, als probates Mittel gegen die früher auf Mallorca grassierende Malaria galt.

Die Fettnäpfchen

Deutsche Bierzeltkumpanei ist dem Spanier fremd. Man setzt sich nicht zu jemandem an den Tisch, sondern wartet, bis man vom Oberkellner platziert wird. Trinkgeld gibt man nicht beim Bezahlen, sondern lässt es am Tisch zurück. Wenn die Rechnung höher ausfällt als erwartet, nicht gleich Krach schlagen. Die Preise auf der Speisekarte enthalten meist keine Mehrwertsteuer (VAT). Die Mitnahme von Tieren ist generell verboten.

Aktivurlaub, Sport und Wellness

Golf

Nicht zuletzt durch den Zuzug vermögender Ausländer hat sich Mallorca zu einem Paradies für Golfer entwickelt, von dem auch interessierte Gäste profitieren, haben sich doch etliche Hotels auf diese Klientel eingestellt. Eine detaillierte Übersicht der mallorquinischen Golfpätze bieten www.golf-mallorca.com und www.golfmotion.com. Golfhotels listet www.vivamallorca.com.

Mallorca verfügt zurzeit über folgende Plätze:

Alcanada: Port d'Alcúdia, www.golf-alcanada.com. 18 Loch.
Andratx: Camp de Mar, www.golfdeandratx.com. 18 Loch.
Bendinat: Bendinat, Calvià, www.realgolfbendinat.com. 18 Loch.
Canyamel: Canyamel, www.canyamelgolf.com. 18 Loch.
Capdepera: Artà–Capdepera, www.golfcapdepera.com. 18 Loch.
Pollença: Pollença, www.golfpollensa.com. 9 Loch.
Poniente: Cala Figuera (Calvià–Magaluf), www.ponientegolf.com. 18 Loch.
Pula: Son Servera–Capdepera, www.pulagolf.com. 18 Loch.
Rotana Greens: La Reserva Rotana, Manacor, www.reservarotana.com. 9 Loch.
Santa Ponça I–III: www.habitatgolf.es. Santa Ponça I und II je 18 Loch. Die Plätze Santa Ponça II, III sind nur für Mitglieder.
Son Antem Ost und West: Llucmajor, www.marriot.com/PMIGS. 18 Loch.
Son Gual: bei Manacor, www.son-gual.com. 18 Loch.
Son Muntaner: Palma, www.sonmuntanergolf.com. 18 Loch.
Son Quint: Palma, www.sonquintgolf.com. 18 Loch.
Son Servera: www.golfsonservera.com. 18 Loch.
Son Termens: Bunyola, www.golfsontermes.com. 18 Loch.
Son Vida: Palma, www.sonvidagolf.com. 18 Loch.
Vall d'Or: Cala d'Or/S'Horta, www.valldorgolf.com. 18 Loch.

Wandern/Wanderreisen

Seit vielen Jahren schon versteht es die Insel, sich als Wanderparadies zu vermarkten, obwohl es dem Touristen nicht immer leicht gemacht wird, die Landschaft auf Schusters Rappen zu erkunden. Mit Verbotsschildern und Zäunen versuchen die Landbesitzer, allen voran die allmächtige Familie March, aber auch zugereiste Prominente, ihre oftmals riesigen Besitzungen gegen Wanderer abzuschotten und damit das alte Gesetz des Wegerechts auszuhebeln.

Ganz unschuldig daran sind die Wanderer nicht, lassen doch viele die Gatter offen oder nutzen den Weg als Deponie für leere Keksschachteln und Zigarettenkippen. Einige Wege wurden bereits gesperrt, so das Stück zwischen Esporles und Valldemossa oder der ehemals beliebte Aufstieg zum Teix (s. S. 154). Andererseits hat die Wanderbewegung zum Ausbau längst vergessener Wege geführt. Durch Initiative der Fodesma wurden zwei Routen ausgeschildert, der ehemalige Prozessionsweg Artà–Santuari de Lluc **(GR 222)** und die 120 km lange Route durch die Tramuntana von Andratx nach Pollença **(GR 221)**.

Viele Wanderungen sind als Tagesausflug möglich, für einige an-

Reiseinfos

Wanderkarten und Wanderführer

Alpina-Karten: 1:25 000. Aktuelle Wanderkarten des spanischen Verlags Alpina insbesondere über die Tramuntana, erhältlich vor Ort.

Mallorca – Serra Tramuntana: 1:35 000. Marc Schichor/Kirsten Elsner (map.solutions GmbH). Sehr detailliert, mit Gattern, Rastplätzen und Berghütten.

GR 221 – Sierra de Tramuntana: 1:50 000. Hervorragende Beschreibung der klassischen Route in 9 Etappen, ebenfalls von Marc Schichor.

DuMont Wanderführer Mallorca: siehe Lesetipps S. 19.

Wandertipps im Internet

www.gpsies.com: Ausgezeichnete Sammlung von privaten Bike- und Wanderrouten mit GPS-Koordinaten – sehr umfangreich und detailliert, verlinkt mit hike and bike open street maps, auch als App.

http://idd02ucg.eresmas.net/wanderwege.htm: Hervorragender Überblick, insbesondere zu GR 221 und GR 222, aber auch zu gesperrten Wegen.

www.wandertouren-magazin.de: Acht gut beschriebene Routen, allerdings nicht ganz aktuell.

www.conselldemallorca.net: Wenn man als Sprache Deutsch wählt, findet man die wichtigsten Routen unter »Trockenmauerbau und Wandern«.

www.senderosdemallorca.com: Detaillierte Beschreibungen von 13 Touren, teils mit Karten, leider nicht ganz aktuell.

www.olidemallorca.es7de/category/wanderrouten: Vier kurze Touren durch pittoreske Olivenhaine.

www.illesbalears.es: zahlreiche z. T. ausgefallene Routen mit kurzen Beschreibungen und guten Karten, zu finden unter »Sport und Tourismus«.

spruchsvolle Touren benötigt man dagegen mehrere Tage.

Zur **Ausrüstung** gehören feste Schuhe, Trinkflasche, etwas Verpflegung, Sonnen- und Wetterschutz. Anhand etlicher Spezialreiseführer (siehe links) kann man Wanderungen selbst planen oder sich einer geführten Gruppe anschließen.

Mit über 200 Wanderreisen allein auf Mallorca ist das Reisebüro **Schreiner und Stein** in Aschaffenburg (www.wanderreisen.de) einer der größten Spezialanbieter. Wer sich erst vor Ort entscheidet, kann sich an den Wanderservice **Mar y Roc** wenden. Man kann die Touren in einigen Hotels buchen oder direkt bei Mar y Roc, Av. del Bulevar de Peguera 66, L10 E 07160 Peguera (MARPLE SL), Tel. 971 235 853, www.maryroc.de. Ein Verzeichnis der Wanderhütten findet man bei **ibanat.caib.es,** Unterpunkt »Refugios« (nur Mallorquin und Spanisch).

Radfahren/Radreisen

Nicht erst seit die deutschen Radprofis Mallorca zu ihrem Trainingslager außerhalb der heimischen Saison erkoren haben, reisen Urlauber mit dem eigenen Fahrrad im Gepäck auf die Baleareninsel oder schwingen sich auf das Mietrad. Aufgrund der wachsenden Verkehrsdichte und Unübersichtlichkeit der oft engen Straßen ist diese Art körperlicher Betätigung nicht ganz ungefährlich. Sportliche Fahrer wird es vor allem in die Gebirgsregion der Tramuntana ziehen, die erhebliche Anforderungen an die Kondition stellt, Genussradler haben eine reiche Auswahl auch an wenig befahrenen Routen durch den flacheren Teil der Insel.

Viele Straßen, so etwa um Can Picafort, zwischen S'Arenal und Palma oder an der Küste zwischen Arenal

Aktivurlaub, Sport und Wellness

und Colònia de Sant Jordi sind mit Fahrradspuren versehen, die ein gefahrloses Radeln ermöglichen. Überdies befindet sich ein ausgeschildertes Radwegenetz im Ausbau. Einen sehr guten aktuellen Überblick findet man unter www.il-lesbalears.es (Stichwort »Sport und Tourismus«), Fahrradvermieter unter www.seemallorca.com/shops/cycling/).

Viele Hotels in den Badeorten bieten einen Service für Radfahrer, haben etwa abschließbare Fahrradkeller, verfügen über eine Werkstatt oder veranstalten geführte Ausflüge. Fahrräder aller Kategorien kann man an den meisten Urlaubsorten leihen, aber auch sein eigenes Rad als Sondergepäck (vorher anmelden) im Flugzeug mitbringen. Da es nur zwei Campingplätze gibt und freies Campieren nur eingeschränkt möglich ist, haben individuelle Radwanderer mit geringem Budget auf Mallorca einen schweren Stand, zumal Unterkünfte bei Buchung vor Ort meist teurer sind als für Pauschalurlauber. Einige Tourenvorschläge mit Karte und Höhenprofilen findet man unter www.roadbike.de und www.ciclismoenmallorca.com.

Zur Ausrüstung für Radwanderer gehören ein Helm, Flickzeug, gefüllte Trinkflasche und Kabelschloss.

Radreisen und Mountainbiketouren werden von mehreren Veranstaltern angeboten, aufgelistet unter: www.fahrradreisen.de. Für Radwanderer empfiehlt sich die Kompass-Karte 1 : 75 000.

Wassersport

Naturgemäß steht Wassersport ganz oben auf der Skala aktiver Urlaubsgestaltung. Mutige können sich mit einem Gleitschirm (Lenkdrachen) hoch über den Strand und die Bucht ziehen lassen (Kitesurfen), die Bucht von Port de Pollença ist das Dorado der Segelneulinge, während erfahrene Skipper die Möglichkeit zur Umrundung der Insel mit Charterbooten haben, die in vielen Häfen angeboten werden.

Es gibt mehrere deutschsprachige Segelschulen, bei denen man alle Scheine erwerben kann. Einen sehr guten Ruf genießt **Sail & Surf Pollença** in Port de Pollença, www.sailsurf.de.

Canyoning und Caving (Höhlentauchen) ist bei www.sport-und-mallorca.de zu finden. Vor allem die felsige Küste zu Füßen der Tramuntana zieht mit ihren Höhlen und Abbrüchen die Taucher an. Einen umfassenden Überblick über Tauchschulen und Tauchbasen fidet man unter www.mallorca-tauchen.info. Genannt sei die Tauchschule **Scuba Activa** in Sant Elm, Tel. 971 23 91 02, www.scuba-activa.com (deutsche Leitung). Sehr populär vor allem in der Bucht von Pollença ist das Kite-Surfen. Die Kitesurf-Schule **KiteMallorca** hat ihren Sitz in Palma (www.kitemallorca.com). Von Cala Sant Vicenç aus kann man mit Seekajaks die Küste erkunden (www.mondaventura.com).

Wellness

Es ist kaum verwunderlich, dass der Wellness-Trend auch vor Mallorca nicht haltgemacht hat. Selbst kleinere, eher bescheidene Unterkünfte möchten auf diese gewinnbringenden ›Zusatzleistungen‹ nicht verzichten. Es gibt aber auch etliche auf Wellness spezialisierte exklusive Hotelanlagen, darunter das Font Santa Hotel in Campos, das Mallorcas einzige Thermalquelle nutzt, in der bereits die Römer vor über 2000 Jahren kurten. Einen Überblick findet man unter www.mallorca-wellness.eu und www.abc-mallorca.de/spas-und-wellness-auf-mallorca/.

Feste und Unterhaltung

Feste und Traditionen

Mallorca hat eine reiche Festtagstradition, vor allem an religiös begründeten Festen. Neben Prozessionen an katholischen Feiertagen werden Wallfahrten *(romerias)* veranstaltet, die in Verbindung mit einem Heiligtum stehen. Aber auch weltliche Veranstaltungen mit historischem oder folkloristischem Hintergrund *(festes, fires)* sind verbreitet, ergänzt durch ein reichhaltiges Musik- und Theaterangebot, im Folgenden eine Auswahl (Weiteres auch bei einzelnen Orten):

Festa del Corpus (Fronleichnam)

Wie auch andernorts wird das Fest zu Ehren des Sakraments des Abendmahls am dritten Sonntag nach Pfingsten mit Prozessionen begangen. In Palma wird die mit 4517 kg größte Glocke der Kathedrale, die N'Eloi, geläutet. In Pollença begleiten zwei Mädchen in Adlerkostümen den Umzug mit symmetrischen Tanzschritten – 1615 soll ein Adler am Festtag über die Stadt geflogen sein. Wer in Palma weilt, sollte einen Blick in die dann geöffneten Innenhöfe vieler Stadtpaläste werfen, teils werden dort Konzerte veranstaltet (Infos im Fremdenverkehrsbüro).

Festa de Moros i Cristians

Das Fest der Mauren und Christen erinnert an die Zeit der Piratenangriffe. In Port de Sóller wird Mitte Mai beim Fest Ses Valentes Dones der tapferen Frauen gedacht, die einen Angriff abwehrten, in Pollença am 2. August mit der Festa de Moros i Cristians eines ähnlichen Ereignisses 1561. Die Städte werden zum ›Schlachtfeld‹: Die zerlumpten Piraten fallen von See her ein, beschmieren die Zaungäste mit schwarzer Farbe und stürzen sich mit den ebenfalls fantasievoll kostümierten Verteidigern ins Kampfgetümmel. Das Spektakel gibt es auch in Valldemossa (1. Samstag im Oktober) und in Pollença (Anfang August).

Ostern

Die Osterwoche, *setmana santa*, bildet auch auf Mallorca den Höhepunkt des katholischen Kirchenjahres. Vielerorts stellen Prozessionen den Leidensweg Christi nach, am aufwendigsten und sehenswertesten in Palma anlässlich der **Processó del Sant Crist de la Sant**. Kapuzenvermummte Büßer der *confraries* (christliche Bruderschaften) tragen die Statue des blutenden Christus aus der Spitalkirche Capella de la Santíssima Sang vorbei an Tausenden von Schaulustigen durch die Stadt. Das Spektakel dauert bis in die frühen Morgenstunden des Karfreitag.

Revetla de Sant Antoni

Am 16./17. Januar werden vielerorts zu Ehren des hl. Antonius große Feuer angezündet, um die maskierte Menschen tanzen, bis sie eine Puppe des *dimoni* den Flammen übergeben. Das Ritual – am spektakulärsten in Sa Pobla – verkörpert den Kampf gegen Ausschweifung und Versuchung. Der Einsiedler, der im 3. Jh. in Ägypten lebte, soll sich mit Feuer gegen weibliche, vom Teufel veranlasste Versuchungen geschützt haben.

Schiffsprozessionen

Ende Juni bis Ende Juli wird in vielen Hafenorten die hl. Jungfrau oder Petrus geehrt. Am ausgiebigsten wird in Port d'Andratx (Mitte Juli) und Port d'Alcúdia (Ende Juni) gefeiert. Das reich geschmückte Boot mit der

Feste und Unterhaltung

Heiligenfigur fährt, begleitet von der Fischereiflotte, zu einem Gottesdienst aufs Meer. Anschließend werden Boote und Fanggeräte gesegnet.

Aktuelle Events

Informationen über Feste und Veranstaltungen enthält das monatlich in Spanisch und Englisch erscheinende Heftchen Guía del Ocio (an Zeitungskiosken erhältlich). Eine ausführliche Auflistung aller Events findet man unter www.conselldemallorca.net (auch in Deutsch) sowie in der Mallorca Zeitung (www.mallorcazeitung.es).

Nachtleben

Zu den Hochburgen nächtlicher Ausgelassenheit gehört Palma mit Discos und Bars, die sich vor allem nahe der Kathedrale und im Viertel Terreno konzentrieren. Magaluf wartet mit einer Disco, Dinnershows und einem Kasino auf. Die Deutschen feiern am liebsten an der Platja de Palma, wo Tanzschuppen und Biergärten wie Oberbayern, Almrausch und Bierkönig Heimatgefühl vermitteln. Eine Liste findet man unter www.mallorca.de und im Mallorca Magazin (www.mallorcamagazin.com).

Feste im Jahresablauf

Januar
Revetla de Sant Antoni: 16./17. 1., u. a. in Artà, Sa Pobla, Manacor, s. S. 34.
Sant Sebastià: 19./20.1., Fest zu Ehren des Schutzheiligen von Palma mit Livemusik auf vielen Plätzen.

Februar
Festa dels Ametllers florits: 12. Feb., Mandelblütenfest in Petra.

April
Setmana Santa: Karwoche, sehenswert in Palma, Artà, Sineu, Pollença.

Mai
Ses Valentes Dones: s. S. 34, 164.

Juni
Festa del Corpus: s. S. 34.
Sant Pere: 29. 6., Schiffsprozession und Feuerwerk in den Häfen von Palma, Alcúdia, Andratx, Sóller und Cala Rajada.

Juli
Nit Mallorqí: Anfang Juli, eine Nacht mit Musik, Volkstanz etc. zu Ehren des lokalen Schutzheiligen, u. a. in Alcúdia, Binissalem, Santanyí und Muro.
Mare de Déu del Carme: Juni/Juli, Schiffsprozession zu Ehren der Schutzheiligen der Fischer, in Hafenstädten.

August
Marxa des Güell a Lluc a Peu: 1. Sa/So im Aug., s. S. 171.

September
Festa del Meló: 2. So im Sept., Melonenfest, in Vilafranca de Bonany.
Festa des Veremar: Letzter So im Sept., Weinfest in Binissalem.

Oktober
Festa des Botifarró: 1. So im Okt., Blutwurstfest, in Sant Joan.
Festa des Bunyol: Letzter So im Okt., Spritzkuchenfest in Petra.

Dezember
Cant de sa Sibilla: 24. Dez., Mysterienspiele im Santuari de Lluc.

Reiseinfos von A bis Z

Apotheken

Die Apotheken, *farmàcia*, haben alle üblichen Medikamente vorrätig. Die Notdienste werden an jeder Apotheke bzw. in der Tageszeitung angezeigt.

Ärztliche Versorgung

Überall auf Mallorca findet man Deutsch sprechende Ärzte. Im Notfall wendet man sich am besten an die Hotelrezeption. Gesetzlich Versicherte sollten darauf achten, dass sie die EHIC – Europäische Krankenversicherungskarte haben. Sie erlaubt nur den Besuch einiger Kassenärzte, insbesondere der Klinik Son Dureta in Palma.

Wer in der Arztwahl unabhängig sein will, sollte eine private Reisekrankenversicherung abschließen, am besten über das Reisebüro oder über www.reiseversicherung.com.

AOK und Techniker Krankenkasse haben Kooperationsabkommen mit Clinica Juaneda bzw. Policlínica Miramar. Die AOK hat eine Zweigstelle in Palma: Pasaje Juan XXIII. 3, Los Geranios, Tel. 971 71 41 72, 971 71 04 36, info@aok-mallorca.com.

Staatliche Krankenhäuser
Hospital Son Llatzer: Ctra. Manacor, km 4, Palma, Tel. 871 20 20 00, 871 20 20 70 (24 Std.), www.hsll.es.
Son Espaces: Carretera de Valldemossa, Palma, Tel. 871 20 50 00, www.hospitalsonespases.es.
Juaneda: Über 50 Zentren, Tel. 900 22 10 22 (gebührenfrei), 971 22 22 22, 971 73 16 47, www.juaneda.es.

Alltag pur – auf dem Wochenmarkt in Santanyí

Reiseinfos von A bis Z

Diplomatische Vertretungen

Konsulat von Deutschland
Edifició Reina Constanza, 3. Stock, Portopí, 8, Palma, Tel. 971 70 77 37, Notfallnummer 659 01 10 17, www.palma.diplo.de, Mo–Fr 9–12 Uhr.

Honorarkonsulat von Österreich
Avenida Jaume III, Entresuelo, 29, 07012 Palma, Tel. 971 42 51 46, consuladoaustriapalma@mmmm.es.

Konsulat der Schweiz
Antonia Martínez Fiol, 6, 3°A, 07010 Palma, Tel. 971 76 88 36, palmamallorca@honrep.ch.

FKK

›Oben ohne‹ wird an den öffentlichen Stränden und am Hotelpool toleriert. FKK-Anhängern vorbehaltene Strände gibt es nicht, aber viele, an denen sie sich bevorzugt treffen.

Geld

Der Euro ist Zahlungsmittel. **Geldautomaten**, an denen man mit der Geldkarte Bargeld abheben kann, gibt es reichlich, meist auch mit deutschsprachiger Bedienerführung. Zu beachten sind die Auslandsgebühren.

In den meisten Hotels und den größeren Restaurants kann man mit **Geld- oder Kreditkarte** zahlen. Wer einen Wagen mietet, benötigt eine Kreditkarte.

Kinder

Die meisten Urlaubsorte sind auf Familien mit Kindern eingestellt und bieten in ihren größeren Hotelanlagen Kinderplanschbecken, teils sogar ein eigenes Unterhaltungsprogramm. Nicht alle Strände sind kinderfreundlich. Beliebt sind Can Picafort und Cala Millor mit seicht abfallenden, breiten Sandstränden.

Märkte

Montag: Calvià, Manacor, Montuïri, Cala Figuera
Dienstag: Artà, Alcúdia, Campanet, El Arenal, Portocolom, Porreres, Santa Margalida
Mittwoch: Andratx, Bunyola, Capdepera, Llucmayor, Petra, Port de Pollença, Santanyí, Selva, Sineu, Vilafranca
Donnerstag: Campos, El Arenal, Inca, Sant Llorenç, Ses Salines, Sóller
Freitag: Algaida, Binissalem, Can Picafort, El Arenal, Llucmayor, Inca, Maria de la Salut, Son Servera
Samstag: Alaró, Bunyola, Cala Rajada, Campos, Costitx, Esporles, Lloseta, Palma, Portocolom, Santa Margalida, Magaluf, Santanyí, Soller
Sonntag: Alcúdia, Santa María, Felanitx, Inca, Llucmajor, Muro, Pollença, Porto Cristo, Sa Pobla, Santa Maria, Valldemossa

Medien

Fernsehen und Radio

Die meisten Touristenhotels verfügen über Satellitenfernsehen, sodass die Gäste nicht auf Sat 1 und RTL verzichten müssen. Das Inselradio Mallorca (www.inselradio.com) informiert und unterhält tgl. 14–24 Uhr auch mit Mallorca-Themen auf UKW 95,8.

Zeitungen und Zeitschriften

Die deutschprachige Wochenzeitung Mallorca Magazin (www.mallorcamagazin.com) unterrichtet über die Ereignisse auf der Insel. Überdies gibt es die deutsche Mallorca Zeitung (www.mallorcazeitung.es). In allen Touris-

Reiseinfos

tenorten gibt es die wichtigsten deutschen Tages- und Wochenzeitungen.

Notfall

Notruf: Tel. 112 (auch auf Deutsch)
Polizei: Tel. 091 (Policía Nacional), 092 (Policía Local), 062 (Guardia Civil)
Feuerwehr: Tel. 062
Ambulanz: Tel. 061; 24 85 57
Abschleppdienst: Tel. 20 59 12 (8–21 Uhr)
Sperrung von Handys, Geld- und Kreditkarten: Tel. +49 116 116

Öffnungszeiten

Banken: Mo–Fr 8.30/9–14, Sa nur bis 13/13.30 Uhr.
Behörden: Werktags 9–12, 15–17 Uhr.
Geschäfte: Keine regelmäßigen Öffnungszeiten, meist 9–13, 17–20 Uhr oder später. Sonntags sind die meisten Läden geschlossen, außer in dem großen Einkaufszentrum Festival Park (s. S. 216). In den Urlaubsorten haben die Geschäfte nicht selten bis 23 Uhr geöffnet.
Museen: Meist Mo geschl., die genauen Zeiten finden Sie im Reiseteil.
Post: Mo–Sa 9–13 Uhr.

Rauchen

Auch auf Mallorca gilt das spanische Antitabakgesetz, das Rauchen in öffentlichen Räumen untersagt. Auf den Balearen wurde es sogar so verschärft, dass in sämtlichen Gaststätten nur noch in separaten Räumen geraucht werden darf – im Gegensatz zum Festland, wo sich das Verbot lediglich auf Lokale mit über 100 m² Fläche bezieht. Ausgenommen von dieser Regelung sind Diskotheken, Nachtclubs und Cocktailbars. Zigaretten gibt es nur noch an Automaten und in Tabakläden, nicht mehr im Supermarkt.

Reisekasse und Preise

Die Preise für **Unterkünfte** variieren sehr stark, abhängig von der Saison und der Kategorie. Für die Nacht im Doppelzimmer zahlt man im einfachsten Hotel etwa 30 €, im 4-Sterne-Hotel ab ca. 100 €. Es sei nochmals betont, dass die Buchung als Pauschalarrangement im heimischen Reisebüro meist günstiger ist als die individuelle Hotelsuche vor Ort.

Der **Restaurantbesuch** ist außerhalb der Touristenorte preiswerter als in Deutschland, vor allem, wenn man das Mittagsmenü wählt, das man bereits für 7–8 € (ohne Wein) erhält. Ansonsten zahlt man für ein Hauptgericht in einem Mittelklasserestaurant ca. 12–18 €, in Spitzenrestaurants 25–40 €. Eine Auswahl an Tapas erhält man für 3–5 €, ein Bier oder ein Glas Wein kosten ab 2 €.

Das Preisniveau für **Lebensmittel** im Supermarkt entspricht etwa dem in Deutschland.

Relativ preiswert sind Fahrten mit den öffentlichen **Verkehrsmitteln** und die Gebühren für Mietwagen (ab ca. 20 €/Tag inklusive Versicherung).

Reisen mit Handicap

Über die Website www.natko.de lässt sich die vom Consell de Mallorca erstellte Broschüre »Cap a una Mallorca per a tothom« (mehrsprachig, auch Deutsch, Englisch) herunterladen. Sie bietet Informationen zum barrierefreien Reisen auf der Insel.

Sicherheit

Diebstahl und Betrug: Berühmt-berüchtigt sind die sogenannten **Blumenmädchen** in Palma; unter dem Vorwand eine Rose verkaufen zu wollen, greifen diese dem Touristen

Reiseinfos von A bis Z

trickreich in die Geldbörse. Schlechte Erfahrungen machen auch Gäste, die sich auf der Straße zu billigen als **Ausflüge** getarnten Verkaufsfahrten überreden lassen. In letzter Zeit häuft sich auch der Betrug an **Geldautomaten**. Die Betrüger bieten an manipulierten Automaten ihre Hilfe an: Niemals die PIN weitergeben!

Vorsicht ist beim **Autofahren** und vor allem **Radfahren** geboten. Es wird sehr schnell gefahren und Überholverbote werden nicht immer beachtet.

Jedes Jahr kommt es auf Mallorca zu tödlichen **Badeunfällen.** Bitte beachten Sie die Warnsignale der Strandaufsicht.

Touristensteuer (Ecotasa)
Seit 2016 wird von Touristen eine Steuer erhoben, die sich nach der Kategorie des gebuchten Hotels richtet. In Pensionen und Berghütten zahlt man 1 €, in Fincas und Hotels bis 3 Sterne 2 €, ab 4-Sterne-Superior-Hotels 4 €, jeweils pro Tag und Person. Zwischen November und April sowie ab dem 9. Tag in der selben Unterkunft gilt der halbe Satz. Unter www.inselradio.com/touristensteuer-rechner kann man den Betrag ermitteln.

Souvenirs

Das Angebot an Andenken ist kaum noch zu überschauen. Beliebte Mitbringsel sind Lederwaren, Keramik, Glas, Kunstperlen und der Kräuterlikör Hierba. Eine inseltypische Besonderheit sind die *siurells* (s. S. 215), archaischen Figuren nachempfundene Keramiken.

Telefonieren/Internet

Vorwahl Deutschland: 00 49
Vorwahl Österreich: 00 43
Vorwahl Schweiz: 00 41
Vorwahl Spanien: 00 34

Bei Telefonaten von Spanien folgt auf die jeweilige Landesvorwahl die Ortsnetzvorwahl (ohne 0) und dann die Nummer des Teilnehmers.

In Bezug auf **Ferngespräche** gehört Spanien zu den teuersten Ländern. Aus Telefonzellen telefoniert man mit in Tabak- und Zeitungsläden erhältlichen **Telefonkarten** *(targetes telefòniques).*

Das **Mobiltelefonnetz** ist gut ausgebaut. Dank der EU-Tarifordnung dürfen seit Juni 2017 keine Roaming-Gebühren für die Handy-Nutzung in den Ländern der EU mehr erhoben werden.
Internet: In Palma und vielen anderen Orten gibt es *hotspots* für freien Internetzugang. Mit freien WiFinder-Apps lassen sie sich lokalisieren.

Trinkgeld

Die meisten Bediensteten der Hotels und Restaurants sind auf ein Trinkgeld angewiesen. Im Restaurant sind 10 % der Rechnungsendsumme üblich. Im Hotel sollte man den Zimmermädchen zwischendurch etwas Geld geben und im Hotelrestaurant am Ende der Reise in die allgemeine Kasse zahlen.

Umgangsformen

Feilschen: Bei den Angeboten auf den Touristenmärkten gehört Feilschen durchaus zum Ritual, in Supermärkten und Geschäften hingegen gelten feste Preise.
Kleidung: Der Spanier legt, sofern er nicht seinem Freizeitvergnügen nachgeht, Wert auf dezente Kleidung.
Siesta: Die Mittagspause, etwa 13–16 Uhr, gilt vor allem in den Sommermonaten als heilig.

Panorama – Daten, Essays, Hintergründe

Auf dem alten Postweg zwischen Esporles und Banyalbufar steht der Wehrturm Ses Animes

Steckbrief Mallorca

Lage und Fläche: Mallorca liegt als größte Insel der Balearen im westlichen Mittelmeer. Die Fläche beträgt ca. 3680 km², die größte Ausdehnung ca. 100 km Länge und 77 km Breite.
Hauptstadt: Palma
Amtssprachen: Kastilisch und Katalanisch
Einwohner: Knapp 800 000, fast die Hälfte davon lebt in der Hauptstadt.
Ausländer/Residents: Etwa 100 000
Währung: Euro
Zeitzone: MEZ, im Sommer MESZ

Geografie und Natur

Die Insel gliedert sich in drei Großlandschaften: die bis über 1400 m hohe Cordillera del Norte (Serra del Norte/Serra Tramuntana) an der Nordwestküste, ihr südöstlich vorgelagert das gewellte Tiefland, Es Pla (Llanura del Centro), und die Südostküste, die von einem weiteren Gebirge, der Serra de Llevant, geprägt ist. Mallorcas Küste weist eine Länge von über 500 km auf, die von weit geschwungenen Stränden bis zu felsumschlossenen Buchten verschiedene Formationen aufweist.

Diese Landschaften bieten noch immer seltenen Tieren (Vögeln) und Pflanzen einen Lebensraum. Doch daneben gibt es auch durch menschlichen Einfluss veränderte bzw. geschaffene ›Natur‹ – von Macchia und Carrigue bis hin zu Mandelbaumplantagen.

Geschichte

Die früheste Besiedlung Mallorcas lässt sich bis in das 5. Jt. v. Chr nachweisen. Eindeutige, bis heute erhaltene Zeugnisse in Gestalt monumentaler Steindenkmäler hinterließen aber erst die Vertreter der Talaiot-Kultur, deren Anfänge in das 14. Jh. v. Chr. reichen.

Die Handelsmacht der Punier, auch Phönizier genannt, hatte Stützpunkte für ihre Handelsfahrten angelegt. Ihr folgten im 2. Jh. v. Chr. die Römer, und seit der Eroberung Spaniens durch muslimische Heere im Jahre 902 pulsiert auch arabisches Blut in den Adern der Inselbevölkerung. Bis 1229 prägten die Muslime das ökonomische und kulturelle Bild der Insel, dann wurden sie durch Jaume I., König von Aragón, vertrieben, und Mallorca wurde wieder christlich. Zwischen 1279 und 1349 genoss es eine kurze Epoche als selbstständiges Königreich und fiel dann wieder an Spanien zurück, zu dem die Insel bis heute gehört.

Staat und Verwaltung

Die Balearen genießen, wie insgesamt 17 Regionen Spaniens, seit 1983 einen weitgehenden Autonomiestatus; Verteidigung, Außenpolitik und Justiz nimmt allerdings die Zentralregierung in Madrid wahr, die auch die Koordination der autonomen Regionen überwacht. Die Verwaltung der Inseln liegt in Händen des Govern Balear, des Balearen-Parlaments, das etwa zur Hälfte mit mallorquinischen Abgeordneten besetzt ist. Die Verwaltung der 53 Gemeinden wird hingegen vom Consell Insular (Inselrat) wahrgenommen, wodurch es immer wieder zu Kompetenzrangeleien zwischen der Zentralregierung in Madrid, dem Balearen-Parlament und den Gemeinden kommt.

Den bisherigen Höhepunkt erreichte die Konfrontation im Herbst 2017, als die katalanische Regionalregierung gegen den Willen Madrids ein Referendum durchsetzte, in dem die Mehrzahl der Wähler für die Unabhängigkeit stimmte. Sollte es dazu kommen, wären die Folgen für Spanien und die EU wohl unabsehbar.

Wirtschaft und Tourismus

Rund 63 % des Bruttoinlandsprodukts (BIP) erwirtschaftet der Tourismus (ca. 10 Mio. Gäste pro Jahr, davon ca. 5 Mio. Deutsche, ca. 1500 Hotels mit insgesamt 280 000 Betten). Etwa drei Viertel der Bevölkerung beziehen ihr Einkommen direkt oder indirekt aus dem Tourismus. Das Pro-Kopf-Einkommen (brutto pro Jahr ca. 19 000 €) liegt etwa ein Drittel über dem spanischen Landesdurchschnitt.

Eine nach wie vor bedeutende Rolle spielt auch die Landwirtschaft, wobei hochwertige Produkte wie Mandeln, Frühgemüse für die Märkte Mitteleuropas und Südfrüchte im Mittelpunkt stehen. Auch die traditionellen Ölbäume sind nach wie vor eine wichtige Einnahmequelle. Zunehmende Bedeutung hat die Lederindustrie, insbesondere die Herstellung hochwertiger Schuhe, die sich in Inca konzentriert und auch für den internationalen Markt produziert.

Bevölkerung

Die Insel zählt etwa 800 000 Einwohner, von denen ca. 20 % vom Festland zugewandert sind. Die Bevölkerungsdichte beträgt über 200 Einwohner/km². Da sich etwa die Hälfte der Bewohner auf den Großraum Palma konzentriert, fällt die im Vergleich zum Festland hohe Dichte kaum auf. Die Zahl der ständig oder über längere Zeit auf Mallorca lebenden Deutschen wird auf ca. 40 000 geschätzt. In ihrer Hand befinden sich mehr als 10 % des Grundbesitzes.

Sprache

Vor allem seit Erlangung des Autonomiestatus gewinnt die katalanische Sprache immer mehr an Bedeutung. Die meisten Straßen wurden umbenannt, und auch die Veröffentlichungen der Behörden sind vorwiegend in Katalanisch verfasst.

Religion

Ca. 98 % der Bewohner sind römisch-katholisch. Sehr ausgeprägt ist die Heiligenverehrung, die in Festen und Wallfahrten ihren Ausdruck findet, darunter der nächtlichen Wanderung »La Marxa des Güell a Lluc a Peu« von Palma zum Kloster Lluc.

Geschichte im Überblick

Frühzeit

Ca. 6000–5000 v. Chr.	Erste Besiedlung durch neolithische Höhlenbewohner unbekannter Herkunft.
Ca. 1400 v. Chr.	Ankunft der Seevölker aus dem östlichen Mittelmeer, Beginn der Talaiot-Kultur.
654 v. Chr.	Gründung einer karthagischen Kolonie auf Eivissa (Ibiza).
264–241 v. Chr.	Erster Punischer Krieg mit dem erstarkenden Rom, das den Karthagern die Vormachtstellung im westlichen Mittelmeer streitig macht. Die Balearen bleiben unter dem Einfluss Karthagos. Mallorquiner kämpfen als Söldner.
219–201 v. Chr.	Zweiter Punischer Krieg. Karthago verliert seine außerafrikanischen Besitzungen und seine Flotte. Die Mallorquiner nutzen das Machtvakuum zur Seeräuberei.
123 v. Chr.	Besetzung der Balearen durch die Römer. Die Infrastruktur, wird ausgebaut, Palma und Pollentia werden gegründet, und durch die Ölbaumkultivierung erlebt Mallorca einen wirtschaftlichen Aufschwung.
3. Jh. n. Chr.	Zerfall des römischen Reiches, Christianisierung der Balearen.
455–534	Besetzung und Zerstörung Mallorcas durch die Vandalen.
534	Die Balearen gelangen unter byzantinischen Einfluss.
798	Schutzvertrag mit Karl dem Großen gegen arabische Angriffe.
859	Überfall der Normannen.

Die arabische Herrschaft

902	Eroberung der Balearen durch Isman al Jaulani.
902–1012	Die Balearen werden als Teil des Kalifats von Córdoba durch Statthalter verwaltet.
1014–1076	Mallorca ist Provinz der Emire von Dénia, die sich 1009 von Córdoba losgesagt haben.
1076–1115	Unabhängige arabische Emire regieren über Mallorca, Aufleben der Piraterie.

1113–1115	Strafexpedition eines christlichen Flottenverbandes auf Mallorca, Belagerung und Eroberung Palmas, danach Rückzug.
1115–1203	Almoraviden aus Marokko übernehmen die Herrschaft.
1203–1229	Nordafrikanische Gouverneure der Almohaden-Dynastie herrschen auf den Balearen und unterdrücken den christlichen Glauben, Aufblühen von Handel und Landwirtschaft.

Das unabhängige Mallorca

Sept. 1229	Landung eines katalanischen Flottenverbandes unter Jaume I. auf Mallorca, Beginn der Reconquista und Herrschaft Jaumes I. (1229–1276).

Übergabe Mallorcas an Jaume I., Bildnis aus der Wallfahrtskirche von Artà

1235	In Palma wird Ramón Llull geboren, Missionar und Begründer der katalanischen Prosaliteratur.
1276	Jaume II. tritt die Nachfolge an und übernimmt auch die Besitzungen in Südfrankreich (Perpignan und Montpellier). Seinem Bruder Pere fällt als Pedro III. die Herrschaft über das spanische Festland zu (Aragón, Valencia, Barcelona).
1279	Pedro III. erhebt Anspruch auf die Balearen, kann ihn jedoch zunächst nicht durchsetzen.
1311–1324	Regentschaft König Sanç I.
1324–1349	Herrschaft von König Jaume III., unter ihm erlebt der Seehandel einen Aufschwung.
1349	**Das spanische Mallorca** Schlacht von Llucmajor, Tod König Jaumes III., Mallorca fällt an den König von Aragón.
1391	Bauernaufstand, Zerstörung des Judenviertels von Palma.
1479	Einigung Spaniens durch Heirat (1469) Isabellas I. von Kastilien und Ferdinands II. von Aragón.
1484	Beginn der Inquisition und Vertreibung der jüdischen Bevölkerung lösen wirtschaftlichen Niedergang aus.
1502	Erster türkischer Piratenangriff auf Pollença, dem zahlreiche weitere folgen.
1541	Misslungener Feldzug der Spanier gegen die Piratenhochburg Tunis, Befestigung mallorquinischer Städte und Bau von Wachttürmen (talaias/atalayas) gegen Überfälle der Seeräuber.
1571	Sieg über die Türken in der Schlacht von Lepanto.
1701–1713	Spanischer Erbfolgekrieg – engere Bindung Mallorcas an Spanien. Mallorquinische Piratenüberfälle auf Schiffe von Engländern/Franzosen.
1713	Geburt Josep Miquel Ferrers (Juníper Serra), des bedeutenden Missionars der amerikanischen Westküste, in Petra.
1780	Zuwanderung französischer Emigranten.

1838	Säkularisierung der Klöster nach dem Regierungsantritt Isabellas von Spanien. George Sand und Frédéric Chopin verbringen den Winter im Kloster von Valldemossa.
1869–1874	Revolution: Proklamation Amadeos zum König (1871), Ausrufung der Republik (1873), Wiedergewinnung spanischer Oberhoheit unter Alfonso XII. (1874).

20. Jahrhundert und jüngste Entwicklungen

1936–1938	Spanischer Bürgerkrieg. Die Balearen sind Hochburg und wichtiger Stützpunkt der Truppen General Françisco Francos und seiner deutschen und italienischen Alliierten.
1939–1975	Totalitäre Herrschaft General Francos.
1956	Beginn des Tourismus mit Eröffnung des ersten Flughafens.
1962	Die Urlauberzahl übersteigt die Millionengrenze.
1975	Tod Francos. Einführung der konstitutionellen Monarchie unter König Juan Carlos I., Beginn des Demokratisierungsprozesses.
1983	Die Balearen erhalten den Autonomiestatus zugesprochen.
1993	Die katalanische Partei Partit Popular (PP) gewinnt die Parlamentswahlen.
1999	Erstmals seit 16 Jahren regiert eine aus Sozialisten, Kommunisten und Grünen bestehende Koalition.
2007	Große Protestaktion gegen die ungezügelte Bauwut. Das Mitte-Links-Bündnis geht erneut als Sieger aus den Parlamentswahlen hervor.
2011	Wahlsieg der konservativen Partido Popular unter José Ramón Bauzá.
2014	Verschärfte Benimmregeln für Playa de Palma.
2015	Wahlsieg der sozialistischen PSOE unter Francina Armengoi. Koalition mit der linkspopulistischen Podemos.
2016	Einführung der Touristensteuer (Ecotasa).
2017	Proteste der Bevölkerung gegen einen ausufernden Massentourismus.

Vielfalt im Verborgenen – Flora und Fauna auf Mallorca

Sie sind selten und zum Teil vom Aussterben bedroht: die Mönchsgeier, die Rotmilane, Grasmücken, Sturmtaucher und Orchideen. Doch dank engagierter Umweltschützer haben sie auf Mallorca mittlerweile ihre Refugien gefunden.

Mit einer Fläche von 3680 km² ist Mallorca die größte und landschaftlich bei Weitem abwechslungsreichste Insel der Balearen. Immerhin erreicht ihre Ost-West-Ausdehnung zwischen dem Capdepera an der Cala Rajada und der Punta Negra bei Sant Elm rund 100 km, zwischen dem Cap de Formentor im Nordosten und dem Cap de ses Salines im Süden beträgt die Distanz noch ca. 77 km.

Die Griechen nannten die Insel Gymnesias – Ort, an dem man nackt umherläuft –, in Anlehnung an die griechische Bezeichnung für die Stätte antiker Körpererziehung, *gymnasion*. Der Grund war weniger die Vorahnung vom textilfreien Treiben an den Stränden heutzutage als vielmehr die Tatsache, dass es damals keine größeren Siedlungen gab und die Natur noch die Oberhand hatte.

Ländliches Idyll auf Mallorca

Mit Einsetzen des Massentourismus begann der bis heute andauernde Kampf zwischen dem Investor, der auf das schnelle Geld aus ist und jede Brachfläche als potenziellen Baugrund für Hotels, Golfplätze, Appartements sieht, und dem Naturschützer, der Flora und Fauna in ihrer Ursprünglichkeit bewahren möchte (s. auch S. 52).

Dass Mallorca nach wie vor eine ungewöhnliche Vielfalt an Pflanzen- und Tierarten besitzt, erschließt sich dem Reisenden nicht ohne Weiteres, ist aber angesichts der unterschiedlichen Landschaftsformationen verständlich.

Mallorquinisches Landschaftsmosaik

Deutlich lassen sich auf Mallorca drei Großlandschaften unterscheiden. Wie das Rückgrat eines urzeitlichen Fossils säumt die zerklüftete Serra del Norte, bekannt als Tramuntana, die Nordwestküste über die gesamte Länge zwischen Sant Elm und dem Cap de Formentor. Das geschlossene, in sich stark gegliederte Kettengebirge, das Höhen von über 1400 m erreicht, ist überwiegend aus Kalkstein aufgebaut und wird nur von wenigen, kurvenreichen Straßen gequert. Das weiche Gestein hat zur Bildung zahlreicher Höhlensysteme geführt, die heute als Touristenattraktionen erschlossen sind und schmale Canyons entstehen lassen. 2011 wurde die Tramuntana von der UNESCO zum Weltkulturerbe erklärt.

Im Südosten ist dem Gebirge das gewellte Tiefland, Es Pla (Zentralebene) vorgelagert, das von flachliegenden Sedimenten geprägte Herzstück des bäuerlichen Mallorca. Als Gegenstück zum nördlichen Gebirge zieht sich die Serra de Llevant die Südostküste hinab, erreicht aber weder die Höhe noch die Geschlossenheit der Serra del Norte.

Mönchsgeier

Mallorcas Natur im Web
www.vulturefoundation.org
Mit großem Engagement widmet sich die Aufzuchtstation »fundació voltores« auf der Finca Son Pons bei Campanet den sehr selten gewordenen Bartgeiern. Ein Besuch ist überaus lohnend. Die Stiftung ist zunehmend auf Spenden angewiesen.
www.gobmallorca.com
Website des Naturschutzverbandes der Balearen (GOB) mit sehr guten Dokumentationen über den Schutz einzelner Arten, auch in holprigem Deutsch.
www.igoterra.com
Schwedische Tier-Datenbank mit zahlreichen Fotos und Beschreibungen für alle Regionen der Welt. Ein Muss für jeden engagierten Tierfreund.

Die Küstenformationen Mallorcas könnten vielfältiger kaum sein. Weit geschwungene Strände verleihen der Südwest- und Nordostküste Gestalt, bilden nachgerade natürliche Standorte für weiträumige Hotelurbanisationen. Schmale, fast fjordartig wirkende Einschnitte finden sich an der Ostküste, winzige, fast allseitig von Felsen umschlossene Buchten säumen die steil ins Meer abfallende Tramuntana-Kette. Einige sind auf halsbrecherischen Straßen zu erreichen, viele nur zu Fuß und somit vor einem Massenansturm gefeit.

Lebensräume bedrohter Flora und Fauna

Innerhalb der Großlandschaften lassen sich etliche Naturräume unterscheiden, z. B. die Salinenlandschaft im Südosten, wo Mallorca den geringsten Niederschlag empfängt. Eine dem hohen Salzgehalt des Bodens angepasste Flora und Fauna hat hier ihr Refugium. Gewissermaßen das Gegenstück bildet die Sumpflandschaft von S'Albufera an der Nordwestküste, Heimat zahlreicher Amphibien und bevorzugtes Winterquartier der Zugvögel. An der regenreichen Westabdachung der Tramuntana ziehen sich Bergwälder von Meereshöhe bis auf über 1000 m und bilden den idealen Standort für Orchideen, von denen auf Mallorca über 20 Arten heimisch sind. Hier können – abseits aller Touristenrouten – die seltenen Mönchsgeier ungestört ihren Nachwuchs aufziehen. Bis auf wenige Exemplare waren die mit 2,70 m Spannweite größten Vögel Europas Anfang der 1980er-Jahre ausgerottet. Dann nahmen sich private Vogelfreunde, unterstützt von Regierung und Stiftungen, ihrer an. Heute ziehen wieder über

100 der mächtigen Geier ihre Kreise im Aufwind über der Tramuntana.

Zu den seltenen Exemplaren gehören auch die Rotmilane. Da sie in der Nähe der bewohnten Gebiete siedeln, sind sie in besonderem Maße den Gefahren der Zivilisation ausgesetzt. Die wenigen noch lebenden Rotmilanpaare wurden mit Sendern versehen, sodass man jederzeit über ihren Aufenthalt informiert ist und Vorsorge gegen das Auslegen des tödlichen Gifts treffen kann.

Nicht so spektakulär, aber in ihrer Artenvielfalt einzigartig sind die kleineren Vogelarten, die ständig auf der Insel leben oder sie im Winter aufsuchen. Über 200 wurden bisher gesichtet. Die Balearengrasmücke und der Balearensturmtaucher kommen sogar nur auf Mallorca vor.

Nicht zu vergessen: die Gewässer rings um die Insel. Fernab touristischer Strände sonnen sich die Mönchsrobben und vor der Küste spielen Delfine.

Wer sich abseits ausgetretener Pfade bewegt, dem offenbart sich Mallorca als erstaunliches Naturparadies. Ein nicht geringer Verdienst gebührt der sehr engagierten GOB (Grup Balear d'Ornitologia i Defensa de la Naturalesca), denn erst auf ihre Initiative hin wurden einige Regionen unter Naturschutz gestellt und entwickelten sich so zu Refugien der von Menschen bedrohten Tier- und Pflanzenwelt. Auf www.gobmallorca.com (s. Kasten S. 50) findet man unter »mapa de conflictes« einen regionalen Überblick.

Macchia, Ölbaum und Orangen

Aufgrund der weit zurückreichenden Besiedlung und des ständig wachsenden Bevölkerungsdrucks ist die Naturlandschaft Mallorcas einer fortwährenden Änderung unterworfen, die allerdings nicht nur zu Lasten des Erscheinungsbildes geht. Zur ursprünglichen Flora haben sich Mandel-, Oliven- und Obstplantagen gesellt, die der Insel vor allem zur Blütezeit einen ›verzauberten‹ Charakter verleihen und die Landschaft durchaus bereichert haben.

Sofern nicht mit Hotels und Privathäusern zugebaut, sind die felsigen Küstenabschnitte mit Aleppokiefern (*Pinus halepensis*) bestanden, die Sandbuchten hingegen werden von Strandhafer (*Ammophilia renaria*) und den spitzen Stranddisteln (*Erynigium maritimum*) gesäumt.

Im Hinterland der trockenen Regionen des Tieflandes, insbesondere im Südwesten, hatten wilde Oliven-(*Olea europaea v. oleaster*) und Johannisbrotbäume (*Ceratonia siliqua*), Rosmarin (*Rosmarinus officinalis*) und Heidekraut (*Erica multiflora*) ihren natürlichen Standort, wurden jedoch von Mandelbaumplantagen weitgehend verdrängt.

An den Hängen der Gebirge sind Aleppokiefern (*Pinus halepensis*) und in den höheren Lagen auch Steineichen (*Quericon ilicis*) noch recht verbreitet. In den tieferen Regionen bestimmt allerdings die Macchia das Landschaftsbild, eine buschartige, durch die Einwirkung des Menschen und durch Ziegenfraß verkümmerte Vegetation, die im gesamten Mittelmeerraum zu finden ist. Ab ca. 1200 m geht die Bewaldung dann in Grasland über, durchsetzt mit Zwergsträuchern und Polstergewächsen. Auch diese als Garrigue bezeichnete Pflanzenvergesellschaftung hat der Mensch herbeigeführt. Sie ist auf unkontrollierte Viehwirtschaft und dabei insbesondere auf die schädigende Auswirkung der Ziegenhaltung zurückzuführen.

Seit sich immer mehr Westeuropäer eine Finca, eine Villa oder ein Appartement auf Mallorca leisten können, sind dem Bauboom kaum Grenzen gesetzt und der Zerstörung der Umwelt Tür und Tor geöffnet.

Der gewinnbringenden Umarmung der Insel durch den Massentourismus vermochten sich die Bewohner und politisch Verantwortlichen Mallorcas kaum zu widersetzen. Allerdings war bei der Landung der ersten Chartermaschine nicht vorauszusehen, welche Touristenwelle alsbald über die Insel branden sollte – heute landen in der Natur. Und so stieg die Bauindustrie nach dem Tourismus zum zweitwichtigsten Wirtschaftszweig auf, nicht zuletzt begünstigt durch eine teilweise beispiellose Korruption. Als Spitze des Eisbergs wurden 2006 die Machenschaften des Eugenio Hidalgo publik, der in Personalunion das Amt des Bürgermeisters, des Baustadtrates, des Bauunternehmers und des Bauträgers in Andratx innehatte. Skrupellos ließ er für die meist deutschen Interessenten Villen und Appartements, gegen eine anständige ›Gebühr‹, in geschütztem Naturraum hochziehen. Die Einheimischen scherte es wenig

Bäume statt Beton!

Palma pro Monat mehr Passagiere als im ganzen Jahr 1961! Um der sprunghaft wachsenden Nachfrage gerecht zu werden, setzte ein Bauboom ein, der allein vom Ziel nach schneller Erweiterung der Kapazitäten getragen war und wenig Rücksicht auf die Natur nahm. Stück für Stück verlor die Insel ihren ursprünglichen Charme, der nunmehr bereits für das ›andere Mallorca‹ steht.

Gewinn um jeden Preis

Ergebnis dieses explosionsartigen Aufschwungs, der bald mit dem Begriff Balearisation belegt wurde, war eine oftmals abstoßende Hochhausarchitektur unter völliger Missachtung und die fremden Grundbesitzer erst, als immer neue Häuser den teuer erkauften Meerblick verstellten.

Eine weitere Einnahmequelle erschloss sich 2012 die damalige konservative Regierung – den Import von Müll für die überdimensionierte Verbrennungsanlage Son Reus bei Palma. Nicht zuletzt aufgrund massiver Proteste der Bevölkerung und der Umweltverbände hat die 2015 gewählte Regierung beschlossen, einen Teil der Anlage stillzulegen, den Rest an einen chinesischen Investor zu verkaufen und den Müllimport zu stoppen. Dass die Schlacke des verbrannten Mülls zum Ausbau eines neuen, für 2018 geplanten Terminals für Kreuzfahrtschiffe in

Dicht bebauter Hang in Port d'Andratx

den Hafen geschüttet wurde, war den Betreibern von Son Reus nur recht, hat doch die Aschedeponie ihre Kapazitätsgrenze erreicht. Die Reaktion der Bevölkerung und der Umweltverbände hat aber auch hier nicht lange auf sich warten lassen. Im Juli 2017 verfügte die Umweltdezernentin die Einstellung der Lieferungen.

Ein Teil des Müllproblems muss aber auch der einheimischen Bevölkerung angelastet werden, die nach wie vor einen recht sorglosen Umgang mit der Abfallbeseitigung pflegt und kaum Verständnis für die auf Druck der EU verordnete Mülltrennung aufbringt.

Die langsamen Mühlen der Gesetzgebung

Seit Beginn der 1990er-Jahre versucht der Staat, der zügellosen Bebauung der Küstenzonen Einhalt zu gebieten und Mallorca von seinem Image der ›billigen Badewanne‹ zu befreien. Aber erst die verschärften Bauvorschriften der seit 2015 regierenden Koalition bereiteten dem ausufernden Bauboom ein vorläufiges Ende. So muss für jedes neu gebaute Hotel ein altes abgerissen und für jedes neue Hotelbett 60 m² Grünfläche ausgewiesen werden. Fincas auf dem Lande müssen mindestens ein Grundstück von 5000 m² aufweisen, das mit nur einem Wohnhaus mit nur einer Küche bebaut werden darf.

Wasser – der bedrohte Lebensquell

Mallorcas geografische Lage in der mediterran-semiariden Klimazone beschert der Insel nicht nur ihren Strom sonnenhungriger Touristen, sondern durch die relativ geringen und überdies noch ungleichmäßig über das Jahr verteilten Niederschläge darüber hinaus akute Probleme mit der Wasserversorgung. Der Jahresniederschlag schwankt zwischen 1400 mm in der Tramuntana, die als Regenfänger wirkt, und 400 mm in den Ebenen jenseits des Gebirges. Intensive Bewässerung der Felder, die Anlage immer neuer Golfplätze, die riesigen Süßwasserpools der Hotelanlagen und nicht zuletzt der ungehemmte Wasserverbrauch der Touristen (er liegt pro Person auf Mallorca etwa dreimal so hoch wie in der Heimat) hat bereits 1995 zu einem dramatischen Notstand geführt, der in den Sommermonaten den Wasserimport vom Festland mit Tankschiffen notwendig machte, verbunden mit einem erheblichen Anstieg des Wasserpreises.

Ließ sich vor 50 Jahren noch mit von Windmühlen betriebenen Pumpen der Grundwasserspiegel anzapfen, so vermögen heute nur noch starke Elektroaggregate das Wasser aus immer größerer Tiefe zu fördern, wobei sich obendrein eine zunehmende Versalzung bemerkbar macht. Trotz der Misere wird bisher nur ein sehr geringer Betrag in die Erneuerung der maroden Netze und neuer Kläranlagen gesteckt.

Die Initiativen der Umweltschützer

Aber es gibt auch Positives zu berichten. Das Naturschutzgesetz, das gut einem Drittel der Inselfläche zugute kommen soll, hat bereits zum Abriss illegal errichteter Appartements an der Platja des Trenc geführt, und an der Nordwestküste hat der Staat vor einigen Jahren das Areal der Finca Son

Real aufgekauft und damit die Anlage eines weiteren Golfplatzes nebst Appartements und Hotels vereitelt. Die Salinen im Hinterland von Es Trenc wurden zum Naturpark erklärt. Zusätzlich hat man mehreren Touristenzentren eine Schönheitskur verordnet. Hervorzuheben sind die Strandpromenaden in Platja de Palma und Palma Nova sowie die Einrichtung von Fußgängerzonen in etlichen Badeorten. Sogar eine Straßenbahnlinie zwischen Palma und S'Arenal ist im Gespräch.

Die konservative Regierung hatte, wie bereits das Müllproblem beweist, den Kommerz in den Vordergrund gestellt. So wollte sie beipsielsweise am naturbelassenen Strand von Es Trenc einen gewaltigen Hotelkomplex nebst Golfplatz verwirklichen, frühere Maßnahmen zur nachhaltigen Sanierung wurden nur unvollkommen oder gar nicht umgesetzt. Glücklicherweise wurde das Projekt im Sommer 2013 durch Gerichtsbeschluss vereitelt. Wie die Wiedereinführung der Ökosteuer (s. S. 39) und verschärfte Bauvorschriften zeigen, ist es der momentanen Regierung durchaus Ernst mit nachhaltigem Tourismus und Umweltschutz.

Seidenreiher

Einsatz für die Natur

Gar nicht hoch genug einzuschätzen sind die Aktivitäten des 1973 gegründeten Grup Balear d'Ornitologia i Defensa de la Naturalesa (GOB; s. S. 51). Der Verein begnügte sich nicht mit dem Studium der Natur und der Vogelbeobachtung, sondern griff schon früh aktiv in die Landespolitik ein. Mit Unterstützung der Royal Society for the Protection of Birds, dem World Wildlife Fund und der Zoologischen Gesellschaft in Frankfurt nahm die 7000 Mitglieder zählende Organisation ihren Kampf auf und hat seither erhebliche Erfolge zu verzeichnen. Ihr ist es zu verdanken, dass die Bucht von Mondragó naturbelassen blieb, die Inseln Dragonera und Cabrera sowie die Serra de Llevant unter Naturschutz gestellt und verfallene Wege als Wanderrouten ausgewiesen wurden. Da sie im Gegensatz zu Villen- und Fincabesitzern keine Racheakte befürchten muss, bringt sie jedes Jahr etwa 100 Umweltverstöße zur Anzeige.

Zwar hatten auch die Politiker die vom Massentourismus ausgehenden Gefahren schon früh erkannt, waren aber, wie der Fall Andratx zeigt, aufgrund der Verflechtung privater und politischer Interessen nicht fähig und willens, die erforderlichen Gegenmaßnahmen einzuleiten.

Ballermann und Golf-Resort

Tourismus ist für Mallorca wie ein warmer Regen, der regelmäßiges Einkommen, ja Wohlstand sichert. Aber der Preis ist hoch. Mit Mietwagen verstopfte Straßen, hässliche Hotelbauten, knappes Wasser verschwendende Golfplätze sind die Kehrseite.

Tourismus – Quelle des Wohlstands

Sieht man von den bekannten Protagonisten ab – George Sand, die 1838/1839 zusammen mit dem kränkelnden Komponisten Chopin einen Winter auf der Insel verbrachte und kein gutes Haar an Mallorca ließ, sowie Erzherzog Salvator von Österreich, der sich ein halbes Jahrhundert später in die Landschaft verliebte und gleich die halbe Küste aufkaufte –, begann der Tourismus zaghaft erst zu Beginn des 20. Jh., als vor allem bildungsbeflissene Briten mit Kreuzfahrtschiffen in der Bucht von Palma vor Anker gingen, das Gran Hotel in Palma seine Tore öffnete und sich verarmte Künstler in Deià niederließen. So kam der argentinische Schriftsteller Jorge Luis Borges 1919, weil es »billig und schön war und es außer uns kaum Touristen gab«.

Erst die nach dem Zweiten Weltkrieg durch Anlage eines Flughafens (1960) und die Propagierung des Pauschaltourismus einsetzende Reisewelle befreite Mallorca aus der Armut und führte zu einer bis heute ungebrochenen touristischen Monokultur, getragen vor allem von den Deutschen, die etwa ein Drittel der Besucher ausmachen. Dank der regelmäßig wie die Zugvögel einfliegenden Reisenden darf sich Mallorca nunmehr als reichste Provinz

Spaniens rühmen und hat somit allen Grund, seinen katalanischen Nationalstolz, sehr zum Leidwesen Madrids, ganz offen zu demonstrieren.

Der Tanz um das Goldene Kalb

Bedauerlicherweise waren die Verantwortlichen zunächst zu schnell den Verlockungen des leichten Geldes erlegen und säumten die schönsten Strände der Insel mit Hotelbauten, die in erster Linie der Maximierung der Bettenzahl und somit des Umsatzes dienten.

1970 besuchten bereits über 2 Mio. Urlauber die Sonneninsel, heute ist die Zahl auf über 10 Mio. hinaufgeschnellt. Allein an einem Tag werden bis zu 300 000 Gäste durch den riesigen Flughafenterminal geschleust.

Damit die Insel diesem Ansturm Herr werden kann, ist nicht nur eine ausgeklügelte Infrastruktur vonnöten, sondern auch eine Heerschar dienstbarer Geister, die im Gefolge der Touristen als Saisonarbeiter vom Festland die Bevölkerungszahl in den Sommermonaten sprunghaft ansteigen lässt.

Der Inselrat scheut keine Mühen, um vom warmen Euro-Regen möglichst lange verwöhnt zu werden, und spendiert den Touristen aufwendige Promenaden entlang der Küste und verkehrsberuhigte Fußgängerzonen für den Shopping-Bummel. Einkaufen ist nämlich längst zum bevorzugten Urlaubsevent geworden. Erlesene Olivenöle und Weine stehen ebenso auf der Wunschliste der Touristen wie schicke Schuhe und Accessoires. Dank billiger Flüge hat sich Palma sogar den Ruf eines günstigen Einkaufsparadieses erworben, dem es durch ein riesiges Shopping-Center mit dem bezeichnenden Namen Festival Park Rechnung trägt.

Der Traum vom Edeltourismus

Weitaus internationaler als in den Enklaven deutscher oder britischer Pauschaltouristen geht es dort zu, wo Klasse statt Masse propagiert wird. In den edlen Unterkünften, meist fernab der bevölkerten Strände, gibt man sich polyglott, zumal es an grenzübergreifenden Gesprächsstoffen wie Börse, Segeln und Golf nicht fehlt. An herrlich gelegenen Fincas, exquisiten Stadthotels und romantischen Villen herrscht ebenso wenig Mangel wie an Spitzenrestaurants. Vor allem jener Klientel ist es freilich zu verdanken, dass der ökonomische Niedergang des Zentrums aufgehalten wurde.

Etliche der besten Hotels, etwa das L'Hermitage oder La Reserva Rotana, haben hier ihren Standort und auch die meisten Fincas, hervorgegangen aus ehemaligen Bauernhöfen, wären ohne den Tourismus verfallen. Gleiches gilt für viele historische Stadthäuser, die in exquisite Hotels umgewandelt wurden und somit im alten Glanz erstrahlen. Insbesondere Palma profitiert davon.

Nach dem Motto »Klasse statt Masse« würde die Regierung zu gern nur diese zahlungskräftige Kundschaft ins Land lassen, hat diesen Zeitpunkt aber schon längst verpasst. Denn heute hängt schon fast jeder zweite Arbeitsplatz auf Mallorca direkt vom Tourismus ab. So hat man denn auch die 2002 eingeführte Ökosteuer von 1 € pro Tag und Person zunächst wie-

der abgeschafft, als der Strom der preisbewussten Pauschaltouristen merklich nachließ. Unter dem neuem Namen »Ecotasa« (s. S. 39) wurde die Steuer 2016 in modifizierter Form wieder eingeführt, ohne dass sich dies bisher negativ auf die Besucherzahlen ausgewirkt hätte.

Touristen als Umweltproblem

Die Erwartung aber, dass der Edeltourismus umweltverträglicher sei als die Masse der weniger bemittelten Sonnenanbeter, ist ein Trugschluss. Eine Untersuchung der Ruhr-Universität

Jachten gehören zum Bild des Luxustourismus auf Mallorca einfach dazu

Bochum kam zu der Feststellung, dass der ›Landschaftsverbrauch‹ des Massentourismus weitaus geringer ist als beim Prestigetourismus. Denn mit dem Einkommen steigen auch die Ansprüche an das Ferienziel. Statt in bienenwabenartigen Hochhäusern wohnt man lieber in einem kleinen Hotel, besser noch in einem Resort, freilich auf einem Grundstück, das ansonsten für drei Touristenhotels gereicht hätte, und der Pool gehört einfach zur Finca, auch wenn dort maximal vier Personen unterkommen können. Man begnügt sich auch nicht damit, einfach am Strand zu liegen oder als Wanderer unterwegs zu sein, ein Golfplatz sollte schon in der Nähe sein. Und davon gibt es bereits über 20! Dass man für seine Greenfee (Platzgebühr) auch einen makellos grünen Rasen erwartet, versteht sich von selbst. Wen kümmert es, dass sich dafür im Sommer die Beregnungsanlagen Tag und Nacht drehen müssen, während die Felder nebenan verdorren und kostbares Trinkwasser mit Schiffen vom Festland angeliefert werden muss.

Ein weitaus größeres ökologisches Problem sind allerdings die vermögenden Residenten, Zugereiste aus dem Ausland, denen Umweltschutz nur jenseits ihres oftmals illegal bebauten Grundstücks am Herzen liegt – damit wenigstens ihnen der unverbaubare Blick erhalten bleibt.

Eine deutsche Kolonie – oder der Versuch der Selbstbehauptung

Seit Jahrzehnten ist Mallorca der Deutschen liebste Insel. Den einen genügt die regelmäßige Wiederkehr für einen schönen Strand- und Erholungsurlaub, doch nicht wenige beschlossen, hier ihr Domizil aufzuschlagen. Durchaus nicht immer zur Freude der Einheimischen, die diese Überfremdung mit Skepsis betrachten – und sich überdies noch gegen die Bevormundung aus Madrid zu wehren haben.

Spötter bezeichnen Mallorca gern als Deutschlands 17. Bundesland, und wer im Sommer durch S'Arenal streift oder sich am Strand von Peguera oder Cala Millor bräunt, möchte dies gern glauben. Auf kaum etwas muss der Besucher verzichten: deutsches Bier, deutsche Würstchen, die BILD-Zeitung, deutsche Schilder und sogar ein Oktoberfest mit Blasmusik (in Peguera) – alles wie zu Hause, nur wärmer.

Aber wir Deutschen sind nicht die Einzigen, die Mallorca am liebsten in ihr Land eingemeinden würden. Wer nach Magaluf fährt, sollte des Englischen mächtig sein, *fish and chips* zu seiner bevorzugten Nahrung zählen und das dunkle bittere Guinness Stout einem Pils oder Kölsch vorziehen.

Ehe man also die Gettobildung türkischer Mitbewohner in der Bundesrepublik beklagt, sollte man sich einmal sein eigenes Verhalten im Ausland vor Augen führen! Es ist eben nicht jedermanns Sache, sich vorbehaltlos einer fremden Kultur auszusetzen und sich in die Sprache zu vertiefen. »Un vino tinto, aber 'nen Roten bitte und das pronto!« darf kaum als gelungener Integrationsversuch gewertet werden. Es ist einigermaßen verwunderlich, dass Touristen, die seit Jahren die Insel regelmäßig besuchen, außer *gracias* und *buenos dias* nichts gelernt haben.

Touristen und Residents

Eigentlich müssen sich die Einheimischen vor allem in den Sommermonaten wie Fremde im eigenen Land fühlen. So wird man den Verdacht nicht los, dass viele Hotels und Restaurants im Winter nur deshalb schließen, weil die Mallorquiner sich wieder selbst finden müssen.

Den Touristenstrom ließ man dennoch bisher klaglos über sich ergehen, ja sehnte ihn sogar herbei, bringen die Urlauber doch erhebliche Euro-Beträge ins Land, die Mallorca zur reichsten Provinz Spaniens gemacht haben. Seit 2016 jedoch regt sich Unmut. Unter der Woge der Touristen droht die Insel zu ersticken und es kam zu ersten Protesten. Somit ist verständlich, dass man auch den Residenten sehr reserviert gegenübersteht, die sich Mallorca als zweite Heimat erkoren haben. Zwar liegen diese dem Staat nicht als Sozialhilfeempfänger auf der Tasche, lassen die Einheimischen aber zuweilen um ihre Selbstständigkeit fürchten. Etwa 10 % des Grundbesitzes sollen sich bereits in deutscher Hand befinden, und mit 40 000 Bewohnern stellen die Deutschen gut 5 % der Inselbevölkerung. Im Vordergrund steht schon lange nicht mehr die Suche nach der preiswerten Bleibe unter südlicher Sonne, sondern der Wunsch, sich einzureihen in die illustre Gesellschaft der Eigenheimbesitzer wie Boris Becker oder Claudia Schiffer. Dass die Einheimischen diese Kolonisierung durch den Geldadel mit Stirnrunzeln zur Kenntnis nehmen, ist kaum verwunderlich – auch wenn sie an den Neubürgern gut verdienen.

Dass es eine deutsche Zeitung gibt, einen deutschen Radiosender und einen deutschen Buchladen, dass deutsche Altenheime existieren, damit kann sich ein Mallorquiner abfinden. Aber als der deutsche, seit 30 Jahren auf Mallorca ansässige Wurstfabrikant Horst Abel einst ankündigte, mit seiner Partei Amigos Alemanes in España (Deutsche Freunde in Spanien) bei den Kommunalwahlen 1999 zu kandidieren, ging diese ›Eindeutschung‹ den meisten dann aber doch entschieden zu weit.

Der Traum von der Selbstbestimmung

Mallorca kämpft aber nicht nur gegen teutonische Invasoren, auch mit dem Festland, genau genommen mit der Zentralregierung in Madrid, liegt man seit jeher im Clinch.

Selbst Reisenden, die sich nicht allein für das Strandleben und die kulturellen Sehenswürdigkeiten interessieren, wird kaum bewusst, dass sich hinter dem Staatsgebilde Spanien vier unterschiedliche Kulturen mit eigenen, noch immer lebendigen Sprachen verbergen. Beim ersten Zusammenschluss zwischen Kastilien und Aragón im Jahre 1479 wurde dies noch berücksichtigt, im Laufe der Jahrhunderte die Autonomie der Teilstaaten jedoch immer weiter beschnitten. Erst nach dem Tod des spanischen Diktators Franco wurde der historische Autonomiestatus aller Provinzen in der Verfassung von 1978 erneut verankert.

Zwar hatten es die kastilischen Machthaber verstanden, die politische Einheit Spaniens aufrechtzuerhalten, nicht aber, eine nationale Identität zu schaffen. Die Folge war zunächst der verbissene Kampf der Basken. Im Herbst 2017 kam es dann auch zum Aufstand des reichen Kataloniens, das gegen den massiven Widerstand der Zentralregierung ein Referendum durchführte, in dem die Mehrzahl der Wähler für eine Unabhängigkeit stimmte. Es kam zu Gegendemonstrationen auch in Barcelona. Die Fronten sind verhärtet, der Ausgang ungewiss. Die Abspaltung wäre eine Katastrophe für alle Beteiligten. Wohl auch die Balearen wären betroffen. Zwar haben sie einen eigenen Autonomiestatus, fühlen sich aber durch die gemeinsame Sprache Katalonien eng verbunden. Dabei sind sich die Inseln nicht einmal untereinander einig und tun sich schwer, die gewonnenen Rechte gegenüber der Regierung in Madrid sinnvoll zu nutzen. Wesentliches Kriterium der Autonomie ist die Eigenständigkeit im Bereich Kultur und Erziehung, wodurch die Sprache, das Katalanische, einen großen Stellenwert im Kampf um die kulturelle Selbstverwirklichung erhält.

Katalanisch – Ausdruck der Autonomie

Katalanisch, die Ursprache der Balearen mit ihrem Dialekt Mallorquin, gewinnt seit Ende der 1990er-Jahre zunehmend an Bedeutung und hat sich in allen katalanischen Provinzen Spaniens neben Kastilisch als Amtssprache durchgesetzt. Die meisten Orts- und Straßenschilder tragen der Rückbesinnung auf die historischen Wurzeln und dem zunehmenden Selbstbewusstsein bereits Rechnung. Statt *plaza* heißt es nun *plaça*, statt *puerto port* und *calle* wurde zu *carrer*, und einige Gemeinden benutzen auf ihren Websites ausschließlich Katalanisch.

Damit man nicht vergisst, dass man in Spanien ist, muss nunmehr auch die Werbung auf Plakaten, an Geschäften und Restaurants in Kastilisch und Katalanisch erfolgen – eine gute Gelegenheit, sich auch als Besucher einmal mit der einheimischen Sprache etwas näher zu befassen!

> **Sprachen lernen auf Mallorca**
> Anerkannte Sprachkurse in **Spanisch** bietet u. a. Dialog in Palma (www.dialog-palma.com), die größte deutschsprachige Buchhandlung Spaniens (s. S. 117).
> **Katalanisch** kann man mit Unterstützung der Gemeinden studieren (»caib«, »portal de llengua catalana« ins Suchfeld des Browsers eingeben), man sollte dazu aber zumindest Grundkenntnisse in Spanisch mitbringen.

Finca und Palau – historische Bauten auf Mallorca

Längst kann man in Mallorca nicht nur in Hotels und Ferienwohnungen nächtigen, auch historisches Gemäuer lockt mit individuellem Ambiente und bringt den Gast hautnah in Kontakt mit der traditionellen Architektur.

Die Finca – das rustikale Gehöft

Mit dem Begriff *finca* verbindet sich heute vor allem eine gepflegte Unterkunft für Individualisten – fernab des Massentourismus in ländlicher Umgebung.

Ursprünglich aber verbirgt sich dahinter ein rustikales Bauerngehöft mit Ländereien für Ackerbau und Viehzucht, nicht mehr, eher weniger als der gute alte Bauernhof bei uns. In ihrer einfachsten Form trägt sie den Namen *finca rustica*, auf dem Festland auch als *casa de campo* bekannt.

Der Bau war rein funktional auf die Bedürfnisse des Eigentümers abgestimmt, der vornehmlich als Selbstversorger lebte. Außer dem Wohnbereich verfügte die Finca über Stallungen und Lagerräume und hatte zumeist eine Zisterne zur Speicherung des Regenwassers oder, wenn das Gelände es zuließ, einen eigenen Brunnen.

Die Wände bestanden aus Bruchstein in teilweise mehrschaliger Bauweise. Besondere Aufmerksamkeit galt der Konstruktion des Dachs, das auf Hartholzstämmen ruhte und mit Kohle in Lehm abgedichtet wurde.

> **Sehenswerte Fincas und Palaus**
> **Jardin de Alfabia:** Herrlicher Garten mit barockem Gutshaus (s. S. 177).
> **Sa Raixa:** Herrschaftlicher Landsitz, derzeit im Umbau (s. S. 178).
> **Els Calderers:** Auch dieses Landgut bei Sant Joan ist heute ein Museum, www.elscalderers.com (s. S. 230).
> **Sa Granja:** Zum Volkskundemuseum umgestaltetes Landgut in der Tramuntana, www.lagranja.net (s. S. 174).

Hauptraum des Wohnbereichs war die Küche, die gleichzeitig als Aufenthaltsraum diente, dominiert von einem mächtigen Herd. Die Fenster waren klein, um sommerliche Hitze und winterliche Kälte fernzuhalten.

Mit dem Niedergang der Landwirtschaft und dem Erblühen des Tourismus nach dem Zweiten Weltkrieg gewann die *finca rustica* eine neue Bedeutung, wandelte sich vom Aschenputtel zur Prinzessin, war mit einem Male begehrt bei zivilisationsmüden Wohlstandsbürgern Westeuropas.

Unzählige Fincas in privater Hand gibt es heute auf Mallorca, jede individuell umgestaltet und modernisiert, ohne den mediterranen Charme zu verlieren. Der Blick in das Internet und die Reisekataloge beweist ihre zunehmende Beliebtheit als Ferienunterkunft.

Herrenhäuser des Landadels

Bereits im 18. Jh. entwickelte sich die Sehnsucht wohlhabender Städter nach ländlicher Idylle, freilich nicht in der einfachen Form eines simplen Bauerngehöfts. Man verpflanzte den Komfort der Stadtpalais in das repräsentative Landhaus, das ja nicht zuletzt auch als Prestigeobjekt zu dienen hatte. Neben dem Weinkeller gehörten Bäder, Ankleideräume, ein Speisesaal und ein Musikzimmer zur notwendigen Ausstattung. Im Gegensatz zum einfachen Bauerngehöft lagen die Wirtschaftsgebäude vom Wohnhaus meist getrennt.

Neben den Ländereien durfte bei diesen Herrenhäusern auch ein liebevoll angelegter Garten nicht fehlen. Es gibt nur noch sehr wenige in ihren Ursprüngen erhaltene Palaus dieser Art, etwa das Landgut Sa Raixa, ehemals im Besitz Kardinal Despuigs aus dem 18. Jh., oder das benachbarte Alfàbia, das im 13. Jh. dem arabischen Gouverneur von Pollença gehörte und mit seinem üppigen Garten (Jardins d'Alfàbia) noch immer die islamische Vorstellung vom Paradies erkennen lässt.

Andere große Güter wurden in Freilichtmuseen umgewandelt, am bekanntesten ist Sa Granja, das sogar über einen Folterkeller verfügte, oder Son Marroig, wo Erzherzog Salvator von Österreich residierte.

Der Palau

Auch die Städte hatten ihren traditionellen Baustil, der einerseits vom Klima, aber auch von der ständigen Piratengefahr geprägt war. Wer aufmerksam durch Palmas Altstadt schlendert, wird bemerken, dass sich selbst die Stadtpalais (*palau*) nach außen hin unscheinbar geben, weder durch aufwendigen Fassadenschmuck noch durch große Fenster beeindrucken wollen. Die Parallele zur nordafrikanischen Medina-Bauweise ist offenkundig und ein bis heute deutliches Zeichen der islamischen Epoche. Allein in den Innenhöfen, an den Emporen und Treppen konnte der Architekt sein Können unter Beweis stellen und der Eigentümer seinen Reichtum demonstrieren.

Die Stadthäuser der weniger Begüterten verfügten meist über zwei Stockwerke und einen verschließbaren Eingangshof, auf den die kleinen Fenster blickten.

Hauptraum war wie auf dem Lande die Wohnküche, bezeichnenderweise *casa* (Haus) genannt mit gemauerten Bänken entlang der Wände und dem Herd unter einem Abzugskamin. Die oberen Räume hingegen dienten dem Schlafen und, da einigermaßen vor Nagetieren sicher, als Lagerplatz für Feldfrüchte wie Mais, Bohnen und Johannisbrot.

Wie die Fincas sind heute vor allem die großen Stadtpalais, einst Sitz von Klerus und Adel, bevorzugte Objekte der Immobilienmakler mit dem Ziel, sie in luxuriöse Appartementwohnungen oder aber nostalgische Hotels umzugestalten. Allein in Palma gibt es eine Handvoll dieser gefragten kleinen Boutique-Hotels. Man findet sie unter www.myboutiquehotel.com/en/boutique-hotels-palma-de-mallorca, www.greatsmallhotels.com und anderen Hotelportalen im Internet.

Typischer Innenhof eines historischen Stadthauses: Casal Solleric in Palma

Klotzen statt Kleckern

In Bezug auf Kunst und Kultur braucht sich Mallorca nicht zu verstecken. Es darf sich sogar rühmen, eine der schönsten Kathedralen Europas zu besitzen. Aber auch auf dem Gebiet moderner Kunst versucht man in der Oberliga mitzuspielen, und das nicht ohne Erfolg.

Dass die Kunst auf Mallorca weniger der eigenen Erbauung diente, sondern wie auch anderswo auf der Welt als Ausdruck ausgeprägten Selbstbewusstseins eine repräsentative Funktion erfüllte, zeigt sich bereits in der frühen Talaiot-Kultur. Sie hat uns nicht nur ihre monumentalen Natursteinbauten von Capocorb Vell und Ses Paises hinterlassen, sondern in Gestalt der *caps de bou* aus Costitx überlebensgroße bronzene Stierköpfe, wahre Meisterwerke früher Gießkunst aus dem 5. Jh. v. Chr.

Römisches und arabisches Erbe

Die Römer, bekannt für ihre Monumentalbauten, konnten sich in Mallorca nicht so recht entfalten, da die Insel nur ein unbedeutendes Mosaiksteinchen im riesigen Imperium war. Nur wenige ihrer Bauten und einige Mauerreste in Alcúdia haben die Wirren der Geschichte überdauert.

Auf den ersten Blick sind die Zeugnisse der über 300 Jahre währenden islamischen Herrschaft kaum erkennbar. Weder Moscheen noch Minarette oder Basare gibt es zu bewundern. In der Landschaft jedoch, etwa den Terrassenfeldern von Banyalbufar oder den Gärten von Sa Raixa und Alfàbia, ist die Handschrift der arabischen Eroberer ebenso abzulesen wie in den baumbestandenen Innenhöfen mancher Bauwerke. Auch der Almudaina-Palast in Palma und etliche Festungen lassen in ihrer Grundstruktur noch die maurischen Ursprünge erkennen.

Spielarten der Gotik

Als Jaume I. im 13. Jh. Mallorca zurückeroberte und mit dem Wiederaufbau begann, war die erdverhaftete Romanik bereits von der himmelstrebenden Gotik abgelöst worden, sodass sich nur einige kleine Kapellen in der frühmittelalterlichen, gedrungenen Bauweise finden lassen.

Das 14. und beginnende 15. Jh. bescherten Mallorca einen wirtschaftlichen Aufschwung als wichtiger Umschlagplatz im westlichen Mittelmeer. Noch war der direkte Seeweg von der Atlantikküste um das Kap der Guten Hoffnung nicht entdeckt und die Insel damit Drehscheibe auf dem Seeweg in den Orient. Die goldenen Jahre des Überflusses fanden ihren Niederschlag in repräsentativen Bauten, mit denen die Kaufmannschaft ihre Erfolge feierte. Schönstes Beispiel ist die verspielte

Llotja, die ehemalige Warenbörse in Palma, die 1451 in katalanischer Gotik vollendet wurde. Auch etliche Kirchen entstammen dieser Zeit, etwa Santa Creu und Sant Nicolau, sowie der herrliche Kreuzgang des Klosters Sant Francesc. Die Kathedrale, mit deren Bau bereits 1269 begonnen worden war, ließ ebenfalls Fortschritte erkennen. Bereits 1389 war ihr südliches Portal Porta del Mirador fertiggestellt, ein Juwel spätmittelalterlicher Steinmetzkunst. Dass die Kirche bis heute zu den größten Kathedralen der Welt zählt, unterstreicht nur Mallorcas Hang zum Außergewöhnlichen auch in der Kunst.

Renaissance – Vornehme Zurückhaltung

Im 16. Jh. beendeten Überfälle maurischer Seeräuber, die von der nordafrikanischen Küste aus operierten, die glücklichen Jahre. Erst als dem Unwesen mit der Seeschlacht von Lepanto (1571) ein Ende gemacht wurde, erholte sich Mallorca und nahm die Bautätigkeit, nun im Zeichen der Renaissance, wieder auf. Ihren Reichtum dokumentierten die Kaufleute nunmehr durch geräumige *palaus*. Ihren ganzen Zauber offenbaren diese Stadtpaläste mit den meist schmucklosen, festungsartig wirkenden Fassaden erst, wenn das breite Tor den Blick freigibt in die *patios*, die aufwendig gestalteten Übergangszonen zwischen Öffentlichkeit und Privatsphäre. Insbesondere im 17. Jh., als Palmas Kaufleute durch den florierenden Handel mit Italien wieder zu Wohlstand gekommen waren, versuchten sich die Palaisbesitzer mit möglichst prunkvoller Ausgestaltung der Innenhöfe, die früher immer offen standen, gegenseitig zu übertrumpfen. Säulen, Bögen und kunstvoll geschwungene Treppen mit schmiedeeisernen Geländern bereicherten nunmehr die Höfe. Nur selten gewähren heute offene Tore Passanten den Blick ins Innere, es sei denn sie schlendern in der Woche der Patios, im Mai, durch die Stadt, wenn die Eigentümer großzügig einen Blick hinter die Mauern ihrer Besitzungen gewähren.

Modernisme – Spaniens Jugendstil

Die spanische Variante des Jugendstils, der Modernisme, fand schon recht früh seinen Weg nach Mallorca. 1897 belebte Pedro Aguiló Forteza die maurische Tradition der Kachelherstellung wieder und gründete vor den Toren Palmas die Keramikfabrik La Roqueta. Bald arbeiteten hier Dutzende von Jugendstilkünstlern, und es wurde zur Mode, sich sein Haus mit La Roqueta-Kacheln zu verschönen. So war es nicht verwunderlich, dass zu Beginn des 20. Jh. die Stadtväter für die Gestaltung des neuen Gran Hotels, das den Tourismus auf Mallorca einläutete, als Architekten einen Schüler des berühmten Antoni Gaudí gewannen und La Roqueta die Kacheln lieferte. Ergebnis war ein Meisterwerk der neuen Stilrichtung, das heute zwar nicht mehr als Hotel dient, mit seiner renovierten Fassade aber eines der herausragenden Beispiele der Belle Époque verkörpert. Nicht nur zahlreiche wohlhabende Bürger ließen sich vom Gran Hotel zu Neubauten inspirieren, auch der große Antoni Gaudí selbst kam 1904 auf die Insel, um mit der Fertigstellung der Kathedrale dem Modernisme auf Mallorca einen weiteren Akzent hinzuzufügen.

Jugendstilfassade des Can Fortezza Rei in Palma

Moderne Kunst

Nach dem Zweiten Weltkrieg verlagerte sich das Kunstschaffen von der Architektur auf die bildenden Künste. Joan Miró wurde zum Aushängeschild, gewissermaßen zum Botschafter des guten Geschmacks jenseits von Ballermann und Co. In seinem Schatten arbeiten auf Mallorca zahlreiche weitere Künstler, die vor allem Kunstliebhabern und Sammlern bekannt sind. Zu erwähnen sind Miquel Barceló, der mit seinem kontrovers diskutierten Monumentalwerk »Die Speisung der Fünftausend« in der Kathedrale von Palma Furore machte, oder der Shootingstar der Avantgarde Amparo Sard, eine mit ihren Perforationsbildern mittlerweile weltweit anerkannte Mallorquinerin.

Und auch was die Präsentation von Kunst betrifft, braucht sich die Insel wahrhaftig nicht zu verstecken. Mit fast 40 Museen dürfte sie bereits rekordverdächtig sein und besitzt mit der Fundación March eine Sammlung moderner Kunst von internationalem Rang. Dies aber genügt den Stadtvätern nicht. Da es dank der vielen Touristen

Inca-Markt bzw. die traditionellen Coissers-Tänze thematisieren. In Alcúdia erfreut das »Rote Pferd« von Aligi Sassu die Besucher, im nahen Port d'Alcúdia sind die Jacobers mit dem »Knoten des Leonardo« vertreten, bei der Autobahnausfahrt Sa Pobla leuchtet das weiße »Segel« der Amerikanerin Betty Gold – Mallorca ist inselweit auf bestem Weg, sich als Freilichtmuseum moderner Kunst einen Namen zu machen. Dass es dabei immer wieder zu Kontroversen zwischen Künstlern und den Geld gebenden, nicht immer kunstverständigen Kommunalpolitikern kommt, liegt in der Natur der Sache. So wird zuweilen durchaus heftig über den künstlerischen Wert des einen oder anderen Objekts gestritten – Masse statt Klasse, aber eben repräsentativ.

Trotz der beachtlichen künstlerischen Aktivitäten, zu denen auch die vielen Galerien auf der Baleareninsel ihren Beitrag leisten, ringt Mallorca weiterhin um weltweite Anerkennung, möchte den vermeintlichen Makel der Provinzialität abstreifen, denn internationale Kultur-Events wie Film- und Theaterfestspiele oder Musikfestivals fehlen bisher. Und so hat Mallorca 2007 erstmals die renommierte Kunstmesse Art Cologne nach Palma geholt, wo deren erlesene Werke in dem wenig animierenden Ambiente des ehemaligen Flughafenterminals präsentiert wurden – durchaus ein Prestigeerfolg. Doch leider geht der Wunschtraum der Initiatoren, die damit den Grundstein für ein Zentrum der Kunst im gesamten Mittelmeerraum zu legen hofften, vorerst nicht in Erfüllung. Eine Art Cologne auf Mallorca wird es wohl nicht mehr geben. Damit muss Mallorca einen anderen Weg beschreiten, um dem katalanischen Nationalstolz Rechnung zu tragen und Madrid als Kulturmetropole Spaniens nachzueifern.

an Geld nicht mangelt, versucht man nun – vielleicht auch aus schlechtem Gewissen wegen der ungezügelten Bautätigkeit – die Straßen und Plätze mit Monumentalskulpturen zu verzieren. Schon beim Verlassen des Flughafens trifft man auf das 15 m hohe Werk »Anfora«, eine Arbeit von Ben Jakober und seiner Frau Yannik Vu.

Einige Skulpturen, die man am Straßenrand erblickt, sind rein abstrakt, einige haben Bezug zur Geschichte der Insel, etwa jene am Kreisel der Inca-Autobahn bei Consell und an der Manacor-Straße bei Algaida, die den

Piraten haben in Mallorcas Geschichte immer eine große Rolle gespielt. Als einer der letzten Freibeuter gilt Juan March, der seinen Reichtum allerdings zum großen Teil in Stiftungen und Kunstsammlungen der Allgemeinheit zugute kommen ließ.

March – Synonym für Bank und Kunst

Am Namen March kommt kaum ein Tourist in Mallorca vorbei, verbirgt sich doch dahinter die wichtigste Bank der Insel. Und wer sich ein wenig für Kunst und Kultur interessiert, dem ist

Der Asket Ramón Llull, die gottesfürchtige Catalina Tomàs, der Missionar Juníper Serra – ihnen erweist Mallorca mit Statuen und Gedenkstätten höchste Ehren, über das Leben der wohl ungewöhnlichsten Person aber hüllt man etwas verschämt den Mantel des Schweigens, obwohl sicher manch einer mit Bewunderung auf die Karriere des Juan (Joan) March blickt.

Zum Geschäftemachen geboren

1880 in dem Dorf Santa Margalida in der Nähe von Alcúdia geboren, entwickelt der kleine Juan schon als Kind

›Pirat‹, Bankier, Kunstmäzen – die Karriere des Juan March

der Name ebenfalls vertraut. Nicht nur in Palma, auch auf dem Festland genießt er in Verbindung mit der Fundación Juan March einen außerordentlichen Ruf. Ihre einzigartige Sammlung moderner Kunst wird in den eigenen Museen in Palma, Cuenca und Madrid präsentiert, und zahlreiche junge Künstler kamen und kommen in den Genuss großzügiger Stipendien.

Weniger bekannt dürfte sein, dass sich mit dem Namen March auch eine abenteuerliche Biografie verbindet, wie sie kein Autor hätte besser erfinden können.

Zeugt vom Reichtum der Bankerfamilie – Casa March in Cala Rajada

einen unbändigen, auch vor Skrupellosigkeit nicht zurückschreckenden Geschäftssinn. Bewusst soll er Freunde zum Rauchen verführt haben, nur um ihnen dann Züge aus der Zigarette einzeln zu verkaufen, und schon damals verleiht er das gesparte Geld mit Wucherzinsen an Klassenkameraden.

Noch als Minderjähriger baut er das Schweinemastgeschäft seines Vaters mit großem Erfolg weiter aus und knüpft Beziehungen mit Fabrikanten auf dem Festland, verschafft sich mit großväterlicher Protektion aber auch Zugang zur balearischen Schmugglerszene in Palma, die ihr Geld vor allem mit der Einfuhr von Tabak aus Algerien verdient und damit das Monopol Madrids untergräbt. Schon bald hat March das Geschäft fest in der Hand, kontrolliert den Weg des Tabaks von der Herstellung über die Verschiffung bis zur Verteilung, wobei er geschickt versteht, durch Bestechung die lokalen Behörden auf seine Seite zu ziehen.

Aufstieg zum Großgrundbesitzer

Gleichzeitig nutzt Juan March die Verarmung der Landbevölkerung, kauft den Großgrundbesitzern ihre Ländereien ab, verwandelt sie in kleine Parzellen und veräußert sie mit hohem Profit an landlose Bauern gegen Gewährung von Krediten, die er bald über eine eigene Bank abwickelt. In wenigen Jahren hat der ehemalige Schweinehirt, getrieben von krankhafter Habgier, ein mafiaartiges Imperium aufgebaut, das auch vor Eingriffen in die Weltpolitik nicht zurückschreckt, sofern sie Gewinne

> **Informationen zu Juan March**
> www.march.es
> **Museum in Palma:** Fundación Juan March, Museu d'Art Espanyol Contemporani, Carrer de Sant Miquel, 11, Palma (s. S. 102).
> **Museum in Madrid:** Fundación Juan March, Castelló, 77, Madrid.
> **Museum in Cuenca:** Museo de Arte Abstracto Español Fundación Juan March Casas Colgadas, Cuenca.

versprechen. Ohne Skrupel verkauft March den Rifkabylen Gewehre für ihren Befreiungskampf und rüstet gleichzeitig auf Staatskosten die spanische Kolonialarmee mit Kleidung und natürlich seinem Tabak aus.

Kriegsgewinnler

Der Ausbruch des Ersten Weltkriegs eröffnet neue Möglichkeiten für das begabte Genie. Kurzerhand kauft er alle privaten Reedereien Spaniens auf und vermietet die Schiffe gegen Wucherzinsen an die Alliierten, deren eigene Flotten durch deutsche U-Boote stark dezimiert waren. Die vielen Tausend Ohren der Seeleute unter der Flagge Marchs bedeuteten für die Engländer überdies eine hochwillkommene, wenn auch recht kostspielige Ergänzung ihres Geheimdienstes.

Juan March aber wäre nicht der gerissene Geschäftsmann, wenn er nicht gleichzeitig auch der deutschen Marine so manche Gefälligkeit erwiesen hätte. Insgeheim legt er in den einsamen Buchten der Insel Cabrera Nachschubdepots für deutsche U-Boote an, soll aber auch bedenkenlos deutschen Kapitänen die Positionen der eigenen Schiffe verraten haben, um nach deren Versenkung die Versicherungsprämie zu kassieren.

Fehlstart in die Politik

Nach dem Krieg wendet er sich wieder seiner Lieblingsbeschäftigung, dem Tabakschmuggel, zu, entwickelt ein perfektes Verteilungssystem und bringt das Staatsmonopol zum Erliegen. Als er jedoch in die Politik einsteigen will, hat er den Bogen überspannt. Ein ominöser Mordfall an einem Rivalen und die anwachsende Macht auf Kosten der Armen verbittert die Mallorquiner. Sie wählen links, und die neuen, nicht korrupten Politiker sperren March ins Gefängnis. Die Genugtuung währt nicht lange. Nach einem Jahr bricht March mitsamt den Gefängnisaufsehern aus und setzt sich nach Gibraltar ab.

Im Zeichen der Kunst – Palau March

Im Spanischen Bürgerkrieg kann sich March, ähnlich wie einst die Fugger, wieder als Finanzier betätigen und sich das Franco-Regime gefügig machen. Nach dem Grundsatz *do ut des* (lat.: ich gebe, damit du gibst) mehrt er unter dem Schutz der Regierung seinen Reichtum und kauft die schönsten Ecken Mallorcas. Die Landspitze bei Cala Rajada gehört ebenso dazu wie das Castell dels Reis bei Pollença.

Sammler und Mäzen

Mit der Gründung der Stiftung Fundación Juan March im Jahre 1955 wandelt er sich schließlich zum großzügigen Mäzen, eine Art Ablass der Superreichen für ihre wohl selten ganz legalen Methoden der Gewinnmaximierung. Die großartigste Hinterlassenschaft war lange Zeit der Skulpturengarten der Casa March in Cala Rajada. In herrlicher Umgebung hatten hier Werke von Künstlern wie Auguste Rodin, Henry Moore und Max Bill ihren Platz gefunden. Im Jahre 2001 wurde der Garten jedoch durch ein Unwetter verwüstet und musste für mehrere Jahre geschlossen bleiben. Seit Kurzem aber ist er im Rahmen von Führungen wieder zugänglich (s. S. 280).

Und selbst der Tod scheint sich dem ungewöhnlichen Mallorquiner verpflichtet gefühlt zu haben und verschafft ihm einen drehbuchreifen Abgang: Im Alter von 82 Jahren stirbt der Schmugglerkönig und letzte ›Pirat‹ der Balearen gewaltsam und selbstverschuldet 1962 bei einem Autounfall in seinem luxuriösen Rolls Royce. Beigesetzt wird er auf dem Friedhof in Palma, in einem Pantheon, das er sich bereits zu Lebzeiten hat bauen lassen.

Der Wein kam wohl mit den Römern nach Mallorca, die ja das Mittelmeer nicht nur militärisch beherrschten, sondern auch mit ihrer verfeinerten Lebensart Zeichen setzten, die bis in unsere Tage nachwirken. Heute gibt es eine Reihe ambitionierter Winzer und Winzerinnen auf Mallorca, deren Tropfen selbst anspruchsvollste Gaumen befriedigen.

Seit Jahrtausenden zählt der Wein zu den mediterranen Kulturpflanzen schlechthin. Dennoch bedeutete der Puritanismus der arabischen Eroberer auch für die antike Weinkultur auf 30 000 ha belief sich die Rebfläche, aus der 750 000 Hektoliter gekeltert wurden. Hauptanbaugebiete waren Binissalem und Felanitx. Dem Ort und seinem Hafen Portocolom sieht man noch heute den damaligen Wohlstand an.

1901 hatte die Reblaus den Weg auch auf die Baleareninsel gefunden und dem Weinbau den Garaus gemacht. Mandel- und Olivenbäume waren es, die nun den Platz der Rebstöcke einnahmen. Als dann resistente amerikanische Rebsorten auf den Markt kamen, erholte sich zwar der Weinbau auf dem europäischen Festland wieder,

Weinbau – Domäne selbstbewusster Frauen

Mallorca das Ende, obwohl der islamische Begriff Banyalbufar, der kleine Weingarten, zumindest die weitere Traubenkultivierung nahe legt. Mit der Rückeroberung Mallorcas durch Jaume I. 1229 hielt auch der Weinbau wieder Einzug und entwickelte sich prächtig.

Lausige Zeiten

Als Ende des 19. Jh. aus Amerika die Reblaus *Phylloxera vastatrix* nach Westeuropa gelangte und die Rebbestände in Frankreich dezimierte, profitierte Mallorca zunächst von den Entzugserscheinungen der französischen Weintrinker und wurde für diese zum wichtigsten Lieferanten. Auf mehr als

Mallorca indes nahm am Aufschwung nicht mehr teil. Viele Bauern verkauften stattdessen ihr Land an Fremde, die sich mit einer eigenen Finca Kindheitsträume erfüllten oder damit ihren Sozialstatus aufmöbelten.

Allein im Örtchen Binissalem setzten einige Winzer die Tradition mit zunächst amerikanischem Pflanzgut fort und hielten sich über längere Zeit mehr schlecht als recht über Wasser.

Die Wiederentdeckung einheimischer Weine

Aus dem Dornröschenschlaf verpasster Gelegenheit erwachte die Insel

Weinkeller des Weinguts Ànima Negra

Mein Tipp

Mallorcas beste Tropfen
Ànima Negra: Derzeitiger Kultwein aus Callet- und Manto-Negro-Trauben (Ànima Negra, Felanitx, http://anima-negra.de).
Muskat: Mehrfach ausgezeichneter trockener Muskat (Miquel Oliver, Petra, www.miqueloliver.com).
Ribas de Cabrera: Schwerer Wein aus Manto Negro mit Cabernet Sauvignon, Merlot und Syrah (Bodegues Ribas, Consell, www.bodeguesribas.com)
Mossèn Alcover: Spitzenrotwein aus Callet und Cabernet Sauvignon (Pere Seda Bodegas, Manacor, www.pereseda.com).
Versand mallorquinischer Weine in Deutschland: U. a. über http://mallorca-wein.de, www.elvinito.de und www.mallorquiner.com. Der Inhaber gibt auch den Standard-Weinführer »Mallorca Wein« heraus (in der Ausgabe 2016/2017 werden 55 Bodegas mit ihren Weinen beschrieben).

erst in den 1980er-Jahren wieder, als neben Bier trinkenden Ballermännern immer mehr Genussmenschen den Weg nach Mallorca fanden und die Top-Restaurants deshalb ihre Weinkarten mit einheimischen Produkten anreichern wollten. Heute findet man einheimische Weine selbst in kleineren Restaurants.

Die alteingesessenen Weingüter wie Ferrer, Nadal, Mesquida, Herreus da Ribas und Oliver begannen einerseits mit neuen Sorten zu experimentieren oder holten andererseits alte wieder ans Tageslicht, etwa die Trauben Manto Negro, Gargolassa, Callet und Prensal Blanc.

Bald hatten auch vermögende Ausländer, denen ›meine Villa, meine Jacht, mein Sportwagen‹ nicht genug waren, Mallorca als geeigneten Standort für ihren privaten Winzerbetrieb entdeckt und damit neue Ideen und moderne Technik auf die Baleareninsel gebracht, die bei den einheimischen Weinbauern keineswegs unbeachtet blieben.

Klasse statt Masse – aus Frauenhand

Traditionell waren es Männer, die den Weinbau dominierten, dies lässt sich heute so nicht mehr unbedingt sagen. Und auf Mallorca stehen fähige, innovative Winzerinnen, die ihr Handwerk von Grund auf in Frankreich oder Spanien gelernt haben, an vorderster Front der Renaissance. Sie verstehen es, aus den Besonderheiten des heimischen Bodens, des Klimas und teilweise einheimischen Rebsorten harmonische Kreationen zu schaffen, die mittlerweile weltweit Beachtung finden – Klasse statt Masse lautet das Programm, was schon wegen der begrenzten Anbauflächen von nur 2500 ha und der Konkurrenz vom Festland auch notwendig ist.

Mit 24 Jahren übernahm beispielsweise die experimentierfreudige Bàrbara Mesquida Mora das Weingut ihres Vaters Jaume Mesquida Oliver in Porreres und führt es seither mit vollem Einsatz. Sie setzt die innovative Tradition ihres Vaters, der den ersten mallorquinischen Schaumwein und den ersten Süßwein der Insel produzierte, fort: Bàrbara Mesquida Mora machte als Erste den Cabernet Sauvignon auf Mallorca heimisch, kelterte als Erste Rosé-Wein und markierte die Flaschen mit Blindenschrift.

Und dann ist da noch die selbstbewusste Maria Antònia Oliver, Chefin der Bodegues Ribas in Consell, dem ältesten noch existierenden Weingut der Insel (1711), die sich von niemandem reinreden lässt und deshalb auf das begehrte Siegel Origin de Binissalem verzichtet, das einen bestimmten Anteil einheimischer Sorten vorschreibt. Andererseits kultiviert sie die in Vergessenheit geratene und noch nicht wieder zugelassene Gargolassa-Traube. Ihre Begeisterung hat sie an ihren Sohn weitergegeben, der heute als Önologe die Kellerei mit betreut.

Erst 2004 brachte das traumhaft gelegene, an ein französisches Château erinnernde Gut Son Puig bei Puigpunyent seinen ersten Wein heraus. Auch hier steht mit Isabel Alabern eine junge Frau an der Spitze. Das Kapital stammt von der vermögenden Familie, die Einrichtung von ihrem Bruder, einem Architekten.

Aber auch die männlichen Kollegen weisen Erfolge vor, so das Trio Miquel Àngel Cerda, Pere Obrador und Francesc Grimald, die 1994 ihren ersten Wein in einem gebrauchten Milchtank kelterten und mit ihrem Ànima Negra Furore machen. Sein Geheimnis liegt in der lokalen Traube Callet, die gemäß EU-Richtlinien verschwinden sollte.

Trotz der geringen Rebflächen haben sich Mallorcas junge, innovative Winzer und Winzerinnen in kurzer Zeit einen festen Platz auf dem Markt qualitativ hochwertiger Weine erobert – eine eigene Welt jenseits von Sangría und Gerstensaft.

Weinbau hat auf Mallorca Tradition – Frauen führen inzwischen das Gut ihrer Väter

Matadore des Kochlöffels

In puncto Gaumenfreuden darf Mallorca als Hochburg gelten. Geniale Köche übertrumpfen sich gegenseitig mit immer ausgefalleneren Kreationen. Aber auch die einheimische Küche mit ihren bäuerlichen Wurzeln bietet ein hohes Niveau.

Mallorcas Küche ist von Natur aus bodenständig und rustikal (s. a. www.illesbalears.travel), ganz so wie man es von einer überwiegend ländlichen Bevölkerung erwartet. Erst im Gefolge der Zuwanderung betuchter Ausländer, denen fettige *sobrassadas* und dicke Eintöpfe nicht genügten, etabliert sich eine Haute Cuisine in erstaunlicher Konzentration und Vielfalt. Dass man sie nicht in den Hochburgen des Massentourismus findet, wo man sich vornehmlich von Schnitzel, Pizza und Paella ernährt und diese mit Cola, Bier und Sangría runterspült, versteht sich von selbst.

Oasen der Kochkunst

Palma als quirlige kosmopolitische Hauptstadt ist wichtigstes Zentrum der Kochkunst auf höchstem Niveau. Weitere Konzentrationen feiner Küche finden sich in Port Portals, wo die Jachten der Millionäre das Hafenbecken sprengen, und im winzigen Bergdorf Deià, bevorzugte Künstlerresidenz im Herzen des Tramuntana-Gebirges. Aber auch fern der Küste im Landesinnern schwingen Sterneköche den Kochlöffel.

International wie die Besucher sind auch die Stars am Herd und ihre preisgekrönten Restaurants. Die Zutaten für ihre Kreationen müssen sie nicht einmal importieren. Mallorcas Märkte, allen voran der Mercat Olivar im Herzen Palmas (s. S. 103), bieten frischeste Produkte höchster Qualität. Auch ohne Rezepte im Hinterkopf ist man hier überwältigt. Die Fischhalle kann es mit Deutschlands Tempel kulinarischer Köstlichkeiten, dem KaDeWe in Berlin, locker aufnehmen. Und auf den Weinkarten haben sich die einheimischen Gewächse längst einen festen Platz erobert.

schell hingegen hegt und pflegt seinen Stern im Es Racó d'es Teix seit gut zehn Jahren.

Auch andere haben sich dem Sternewahn, der die Kosten aufgrund hochgezüchteter Erwartungen immer weiter nach oben treibt, entzogen. So hat 2005 Gérard Tétard vom Ses Rotges in Cala Rajada seinen 1977 erworbenen Stern zurückgegeben, geschadet hat es dem Restaurant nicht (s. S. 280). Wie fordernd der Ruhm auf Dauer sein kann, zeigt auch das Beispiel des Briten Marc Fosh, der nicht nur seine renommierte Kochschule in Palma aufgegeben hat, sondern auch seinen Job im Nobelhotel Read's. Zur Ruhe gesetzt hat er sich gleichwohl nicht. In Palma eröffnete er das Marc Fosh sowie das preisgünstigere Simply Fosh und erhielt sofort wieder einen Stern! Seit 2016 nun gibt es nur noch das Marc Fosh in den früheren Räumlichkeiten des Simply Fosh.

Immer mehr Spanier und Mallorquiner mischen mittlerweile in der Oberliga mit, so Tomeu Caldentey de Soler mit seinem Restaurant Es Moli d'en Bou. Er residiert ganz bodenständig in einer restaurierten Mühle bei Sa Coma, umgeben von Werken bekannter Künstler wie Miquel Barceló (s. S. 271). Ebenfalls einen Stern besitzt die junge Macarena de Castro des Familienbetriebs Jardins in Puerto Alcúdia (s. S. 206).

Kampf um Sterne

Wie im Sport geht es auch bei den Köchen um Prestige, um möglichst viele Löffel, Mützen oder Sterne, die von den gefürchteten Testern vergeben werden. Höchste Weihen versprechen die Sterne von Michelin. Sechs dieser Sterneköche arbeiteten bis 2012 auf der Insel. Dann gab Gerhard Schwaiger, der Zwei-Sterne-Koch auf Mallorca, seine Auszeichnung zurück und schloss sein Tristan in Port Portals; bereits 1989 hatte er das Restaurant übernommen, ein Jahr später den ersten Stern erhalten, 1991 den zweiten, den er bis zuletzt souverän verteidigt hatte. Sein Landsmann Josef Sauer-

Mein Tipp

Meine ganz persönlichen Lieblingsrestaurants

Warum immer Sterneküche? Ein Abend in einem urigen ehemaligen Weinkeller von Inca mit Hauswein, Tapas und Spanferkel könnte durchaus länger in Erinnerung bleiben als der Besuch in einem Nobelrestaurant. Die folgenden Tipps beruhen nur auf Vorlieben und Erfahrungen des Autors und sind keineswegs repräsentativ:

Bar Nautilus: Port de Sóller. Der abendliche Blick über die Bucht ist ein Augenschmaus, dazu leckere Tapas und Wein – davon träumt man noch zu Hause, s. S. 164.
Bens d'Avall: Nahe Sóller. Den Weg und den tieferen Griff in den Geldbeutel wert, s. S. 155.
Es Pinaret: Ctra. Ses Salines, Colònia de Sant Jordi. Ein oasenhafter Garten, in dem bei hervorragendem Essen die Zeit unbemerkt verstreicht, s. S. 242.
Celler Sa Premsa: Palma. Uriges Kellerlokal mit ehrlicher einheimischer Kost, s. S. 114.
Plaça: Plaça Ramón Llull, Petra. Schmuckstück mit traditionellen Speisen an wenigen Tischen, s. S. 232.
Sa Botiga: C. del Roser 2, Santanyí. Urgemütliches Restaurant unter deutscher Leitung mit liebevoll zubereiteten Gerichten, s. S. 252.
Stay: Moll Vell, Port de Pollença. Frischer Fisch auf der Mole im Meer in modernem Ambiente, s. S. 192.

Gleich zweier Sterne darf sich Fernando P. Arellano rühmen, der seine Gäste im Zaranda im Luxushotel Son Claret (http://castellsonclaret.com/de) in Es Capdellà verwöhnt. Sein Kollege Rata Sánchez führt das Edelrestaurant Es Fum (www.restaurant-esfum.com/de) in Costa d'en Blanes.

2014 erhielt auch Andreu Genestra die begehrte Auszeichnung für seine Kreationen im Hotelrestaurant Predi (http://andreugenestra.com/de/) in Son Capdepera, ihm gehört auch das preisgünstigere Aromata in Palma (s. S. 114).

Erst jüngst wurden Alvaro Salazar vom Restaurant Argos in Pollença (www.lagoletahoteldemar.com/argos) und Adrian Quetglas von dem nach ihm benannten Restaurant in Palma (www.adrianquetglas.es) für ihre Arbeit belohnt.

Mallorcas Aroma für daheim

Eine schöne Erinnerung an die mallorquinische Küche bietet die eine oder andere der begehrten kulinarischen Spezialitäten der Insel. So wird auf Mallorca unter der Markenbezeichnung Oli de Mallorca Olivenöl hervorragender Qualität produziert. Das beste darf sich mit dem Gütesiegel Denominación de Origen Oli de Mallorca schmücken (www.olidemallorca.es). Sehr zu empfehlen ist auch Flor de Sal, aromatisches, feinstes Salz aus den Salinen von Es Trenc. Und auch Süßmäuler können fündig werden: Die Benediktinerinnen des Monestir de Santa Família in Manacor haben sich auf Marmeladen spezialisiert. Diese Culinaria lassen sich übrigens auch in Deutschland beschaffen, z. B. bei www.mallorquiner.com.

Mallorca in der Literatur

Bibliothek in der Kartause von Valldemossa

»Wes des Herz voll ist, des geht der Mund über« – dieses schöne Bibelzitat von Martin Luther gilt auch für die Literaten, die sich seit der Romantik ja gern von Landschaften bezaubern und inspirieren lassen und somit auch an Mallorca nicht achtlos vorbeigegangen sind.

Kult bis heute – »Ein Winter auf Mallorca«

Merkwürdig allerdings ist, dass die Insel im ersten bedeutsamen Buch über Mallorca, »Ein Winter auf Mallorca«, eher schlecht wegkommt und dieses dennoch bis heute Kultstatus genießt. Die exzentrische Baronin George Sand hat es bereits 1839 verfasst und darin ihre Inselerlebnisse zusammen mit ihrem Geliebten Frédéric Chopin in der Klause von Valldemossa geschildert. Selbstbewusstsein, Wagemut und ein brillanter Geist, gepaart mit melancholischer Schönheit, ließen sie weit über Frauen ihrer Zeit hinausragen und umgaben sie mit einem Zauber, dem viele bedeutende Künstler erlagen, nicht allerdings die Mallorquiner, die dem Paar eher reserviert gegenüberstanden.

Sieht man einmal von der eher wissenschaftlichen Landeskunde des Erzherzogs Salvator von Österreich ab, dem mehrbändigen Werk »Die Balearen«, trat Mallorca erst im 20. Jh. so richtig ins Blickfeld der Autoren schöngeistiger

Beschreibungen und Romane. Zunächst kamen vor allem englischsprachige Autoren, denen die französische Riviera zu teuer geworden war, auf die Insel. Aber auch die ersten Überwinterer aus Deutschland fanden sich ein. Immerhin gab es bereits in den 1920er-Jahren auf Mallorca zwei deutschsprachige Wochenzeitungen.

Die Protagonisten

Anfang des 20. Jh. ließ sich der Katalane Santiago Rusiñol (1861–1931) auf der Insel nieder, ein reicher Bohème, der sich vollständig der Kunst widmen konnte. Bekannt geworden ist er vor allem als impressionistischer Maler und Vorreiter des katalanischen Jugendstils, machte sich darüber hinaus aber auch als Schriftsteller und Verfasser von Theaterstücken einen Namen. Mit »La isla de la calma« (»Die Insel der Ruhe«) hinterließ er 1922 eine poetisch einfühlsame Beschreibung von Land und Leuten. »Das ruhige Leben hat zwei Vorzüge: man lebt besser und man lebt länger«, schrieb er, meinte damit aber wohl nicht sich selbst, war er persönlich doch sehr umtriebig, ungemein produktiv und überdies drogenabhängig.

Während Rusiñol fast in Vergessenheit geraten ist, umgibt den Briten Robert Graves (1895–1985) bis heute ein Mythos. Der Verfasser der Claudiusromane (»Ich, Claudius, Kaiser und Gott« und »Die weiße Göttin«) ließ sich auf Anraten der Autorin Gertrude Stein (»Wenn du das Paradies ertragen kannst, komm nach Mallorca«) 1929 in Deià nieder. Die Tantiemen aus seinen Bestsellern »Good bye to all that« und »Lawrence and the Arabs« ermöglichten es ihm, ein gastfreies Haus zu führen und so Deià zum beliebten Künstlertreffpunkt zu machen, der es bis heute (zumindest in der Werbung) geblieben ist. Während des Spanischen Bürgerkriegs emigrierte Graves vorübergehend in die USA, kam aber 1946 zurück und hielt seine Erlebnisse auf Mallorca in dem lesenswerten Buch »Geschichten aus dem anderen Mallorca« fest.

Aus weiblicher Sicht

In den 1930er-Jahren stattete auch Agatha Christie Mallorca einen Besuch ab und hielt ihre Erlebnisse in Port de Pollença in einer Kurzgeschichte fest (»Problem at Pollensa Bay«). Sie wohnte übrigens in dem noch heute existierenden Hotel Illa d'Or.

Eine weitere Femme fatale, die Mallorca zu einem Platz in der Literatur verhalf, war Anaïs Nin (1903–1977), die sich einst mit Henry Miller zusammengetan hatte und ihren Lebensunterhalt mit erotischer Literatur als Auftragsarbeit verdiente. 1941 lebte sie für ein halbes Jahr in Deià und schrieb Teile der Kurzgeschichtensammlung »Das Delta der Venus«, darunter die Abhandlung »Maria« über ein Fischermädchen, das sich am Strand des Ortes mit einem Touristenpärchen vergnügt.

Deutsche Emigranten

Weit weniger vergnüglich waren die Erlebnisse der deutschen Autoren, die nach der Machtergreifung Hitlers 1933 nach Mallorca flohen und sich irgendwie durchschlagen mussten, ehe der Arm des Franco-Faschismus sie erreichte und 1936 erneut in die Verbannung trieb. Verständlich, dass Faschismus und Nationalsozialismus in den Werken, auch wenn sie Mallorca zum Inhalt haben, eine zentrale Rolle spielen. Zu den ersten Exilanten zählte Albert V. Thelen (1903–1989), ein der Mystik zugewandter Lyriker und Übersetzer, der 1950 in »Die Insel des Zweiten Gesichts« seine Erlebnisse auf Mallorca zwischen 1933 und 1936 in Romanform authentisch dokumentierte und ein facettenreiches Bild des Mallorca der 1930er-Jahre zeichnete. Seinen Lebensunterhalt verdiente er u. a. als Sekretär bei Robert Graves. Bis Kriegsende hielt er sich dann auf dem portugiesischen Weingut seines Freundes, des Dichters und Mystikers Teixeira de Pascoaes versteckt.

Ein weiterer bekannter Flüchtling war Karl Otten (1889–1963), Kommunist und Schriftsteller. In seinem 1937 entstandenen Roman »Torquemedas Schatten« thematisiert er die Auswirkungen des Spanischen Bürgerkriegs auf die mallorquinische Gesellschaft. Bezeichnenderweise gab es damals auch eine Aufspaltung der in Mallorca lebenden ca. 3000 Deutschen in Anhänger von Nationalsozialismus und Faschismus auf der einen und Republikaner, zu denen sich die exilierten Künstler ausnahmslos zählten, auf der anderen Seite.

Auch Harry Graf Kessler (1868–1937), Diplomat, Museumsdirektor, Gründer des Deutschen Künstlerbundes, lebte zwischen 1933 und 1935 auf der Insel und würdigte sie in seinen Tagebuchaufzeichnungen.

Reiseberichte und Krimis

Nach dem Zweiten Weltkrieg rückte die Insel ein wenig ins literarische Abseits. Als Ausnahmeerscheinung einheimischer katalanischer Literatur darf aber die in Palma geborene Schriftstellerin Carme Riera (geb. 1948) nicht unerwähnt bleiben. In ihrem wichtigsten Roman »Dins el darrer blau« (»Ins fernste Blau«) schildert sie die Verhältnisse während der Judenverfolgungen im 17. Jh. auf Mallorca.

In den 1980er-Jahren hat auch Paul Theroux, Amerikas bekanntester Reiseschriftsteller (»Der alte Patagonien-Express«), die Inseln im Rahmen seiner Recherche für das Mittelmeerbuch (»An den Gestaden des Mittelmeers«) besucht. Er nimmt kein Blatt vor den Mund und bekundet seine Aversion gegen Touristen im Allgemeinen und Deutsche im Besonderen unverhohlen.

Das Genre der Kriminalromane hat natürlich auch vor Mallorca nicht haltgemacht. Als Besonderheit darf wohl der Kriminalroman »Der blutige Buchara« von George Scott gelten. Schauplatz ist dessen nobles, mittlerweile aber leider geschlossenes Hotel in Binissalem.

Literaturhinweise
Reinhard Andress: Der Inselgarten – das Exil deutschsprachiger Schriftsteller auf Mallorca. Amsterdam 2001 (derzeit nur antiquarisch).
Bettina Bannasch, Christiane Holm: Erinnern und Erzählen. Der Spanische Bürgerkrieg in der deutschen und spanischen Literatur und in den Bildmedien. Tübingen 2005.
George Scott: Der blutige Buchara. München 2002.
Wilhelm R. Frieling: Marsmenschen auf Malle – Reportagen und Geschichten aus Mallorca. Berlin 2011.
Erzherzog Ludwig Salvator: Märchen aus Mallorca. Berlin 2013.

Unterwegs auf Mallorca

Mitten in der mallorquinischen Zentralebene liegt Porreres

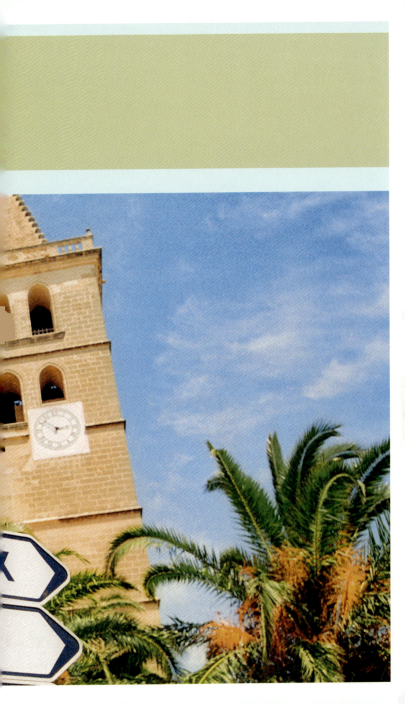

Das Beste auf einen Blick

Palma und Umgebung

Highlight!

Palma: Mit seiner reizvollen Altstadt, den unzähligen Sehenswürdigkeiten, den kulturellen und gastronomischen Angeboten zieht Palma jeden Besucher in seinen Bann. Selbstbewusst blickt die Kathedrale über die Stadt und den Mastenwald der Jachten. S. 88

Auf Entdeckungstour

Die Kathedrale von Palma: Eine der schönsten und größten gotischen Kirchen Europas mit prachtvoller Ausstattung von Gaudí und Barceló. Als Glanzstück gotischer Baukunst überragt das Gotteshaus die Dächer der Altstadt ringsum – und steht für das reiche kulturelle Erbe der Insel. S. 94

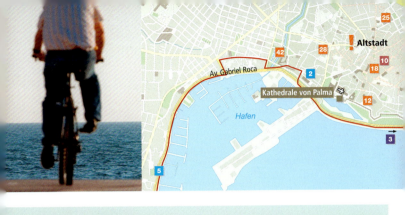

Kultur & Sehenswertes

Innenhöfe: Über 50 historische Bauten mit sehenswerten Innenhöfen, vorwiegend aus der Renaissance, verteilen sich über den Altstadtkern Palmas. In manche kann man einen Blick werfen. 18 S. 100, 28 S. 105

Museum Es Baluard: Moderne Kunst präsentiert sich in einer alten Festung mit großartiger Aussicht über Stadt und Hafen. 42 S. 108

Aktiv unterwegs

Die Küstenpromenade entlang: Für eine Tour entlang der mehrere Kilometer langen, mit einem Fahrradweg versehenen Küstenpromenade gibt es kein besseres Mittel als das Fahrrad. S. 107

Yoga und Wellness am Meer: Der Puro Beach Club ist momentan der angesagteste Ort, um einen Nachmittag dem eigenen Wohlbefinden zu widmen. 3 S. 117

Genießen & Atmosphäre

Banys Àrabs: Die einzigen Reste aus arabischer Zeit, zwei winzige Räume voller Atmosphäre in einem oasenhaften Garten. 12 S. 97

Xocolateria: Hausgemachte Schokolade und Kakao gibt es in der stimmungsvollen Xocolateria Ca'n Joan de S'Aígo mit Jugendstildekor. 10 S. 98

Mercat d'Olivar: Der ›Bauch‹ Palmas lässt jedem das Wasser im Munde zusammenlaufen: Frischer Fisch, leuchtende Zitronen, duftende Schinken ... 25 S. 103

Abends & Nachts

Jazz Voyeur Club: Gepflegte Musik – Latino, Blues, Flamenco und Jazz – in schummerigem Ambiente. 2 S. 117

Tito's: Die aus einem Tanzpalast der 1930er-Jahre hervorgegangene Disco ist nach wie vor der Stern am Himmel nächtlicher Unterhaltung. 5 S. 117

Palma! ▸ C/D 5

In einzigartiger Weise vermag die Hauptstadt Mallorcas alle Vorzüge einer mediterranen Metropole zu vereinen: historische Relikte zahlreicher Epochen, verwinkelte Altstadtgassen und breite Boulevards, urige Kneipen und schicke Restaurants, Möglichkeiten zum Shoppen und ein reges Nachtleben. Schon von ihrer geografischen Lage her ist die Hauptstadt der Balearen privilegiert. Um eine weite Bucht schmiegen sich die Häuser und geben den Blick frei auf die erhöht liegende Kathedrale, mit der sich die Metropole nach der Rückeroberung aus arabischer Hand im Jahre 1229 selbstbewusst als Leuchtfeuer des Christentums im westlichen Mittelmeer etablierte.

Da konnte die Stadt aber schon auf eine über 1000-jährige Geschichte zurückblicken. Im Jahre 124 v. Chr. machten die Römer dem von Mallorca ausgehenden Piratenunwesen ein Ende, besetzten die Insel und gründeten die Siedlung Palmeria (Siegespalme). Ob sie schon damals eine hervorragende Stellung einnahm, ist allerdings nicht erwiesen. Römische Reste jedenfalls sucht man im heutigen Palma vergeblich. Schuld daran könnten die Vandalen sein, die im 5. Jh. ihrem Namen alle Ehre machten und auch Palma in Schutt und Asche legten. Da mochten vielen Bewohnern die arabischen Heere, die 711 das Mittelmeer überschritten und 902 auch Mallorca besetzten, als Befreier erscheinen. Und in der Tat verdankte Medina Mayurca, wie die arabische Hauptstadt nunmehr hieß, den islamischen Eroberern viel. Im Verbund mit der arabischen Provinz al-Andalus an der spanischen Küste und den islamischen Anrainern in Nordafrika erblühte Palma als Drehkreuz des Warenhandels, woran die Juden, die ein eigenes Viertel, die *mela*, besaßen, einen nicht geringen Anteil hatten.

Die christliche Rückeroberung und damit verbundene Plünderung durch Jaume I. im Jahre 1229 beraubte die Stadt zunächst ihrer in Jahrhunderten angesammelten Kulturgüter. Aus den

Infobox

Internet
www.mobipalma.mobi: Alles zu öffentlichen Verkehrsmitteln, Taxis, Parkplätzen und städtischen Mietfahrrädern (nur auf Katalan und Spanisch).
www.mallorcarutes.com: Breites Angebot geführter Touren, meist nur in Spanisch und Katalan.

Officinas de Turisme
Im **Parc de les Estacións** (Plaça d'Espanya), im **Palau Solleric** (Passeig des Born, 27) und am **Parc de la Mar,** jeweils Mo–Fr 9–20, Sa bis 13 Uhr.

Mallorca Pass
Das »Sightseeing Paket« lohnt nur, wenn man alle Angebote wahrnimmt. Zwei Personen zahlen für 7 Tage 239,80 €, ein Rentnerpaar 199,80 € (www.turbopass.de).

Anreise und Weiterkommen
Man sollte wegen der Parkprobleme vermeiden, mit dem Auto ins Zentrum zu fahren. Wer mit dem Bus gekommen ist, sollte bei der Rückfahrt zum Urlaubsort an der Endstation Plaça d'Espanya einsteigen und nicht etwa erst am Parc de la Mar, da die Busse während der Saison hoffnungslos überfüllt sind.

Ruinen erblühte aber recht schnell erneut ein Zentrum der Seefahrt, das Kartografen, Händler und Handwerker anzog und sich sogar mit Barcelona messen konnte. So fand die Gotik schnell ihren Weg auch nach Palma, wo sie mit der Kathedrale (Sa Seu) und der Börse (Sa Llotja) zwei ihrer schönsten Denkmäler hinterließ.

Zu Beginn des 16. Jh. fand der Aufschwung ein jähes Ende, als nordafrikanische Piraten das westliche Mittelmeer beherrschten. Doch nachdem sie in der Schlacht von Lepanto 1571 in die Schranken gewiesen worden waren, erholte sich auch Palma schnell. Und weiterhin meinte das Schicksal es gut mit Mallorcas Metropole, die von dem sich ausweitenden internationalen Seeverkehr im 19. Jh. profitierte. Als dieser sich im 20. Jh. neue Routen suchte und Mallorca links liegen ließ, war es der Tourismus, der ganz neue Dimensionen eröffnete.

So präsentiert sich Palma heute in einer einzigartigen Mischung aus Tradition und Moderne als eine der facettenreichsten Hafenstädte des westlichen Mittelmeers – betriebsam, elegant, international und jung.

Die Altstadt

Der historische Kern der Altstadt, La Portella, die Keimzelle ganz Palmas, erstreckt sich um die Kathedrale mit dem benachbarten Almudaina-Palast und umfasst das Herz der ehemals arabischen Siedlung. Obwohl kaum Überreste aus dieser Epoche vorhanden sind, spiegelt sich im engen Gewirr der Gassen noch heute der Grundriss der früheren Medina. Man kann sie leicht zu Fuß durchstreifen und wird an fast jeder Ecke mit einer Sehenswürdigkeit konfrontiert. Wegweiser helfen, sich im Gassengewirr zurechtzufinden.

Parc de la Mar 1

Traditioneller Ausgangspunkt für die Stadtbesichtigung ist der Parc de la Mar, das gewaltige Wasserbecken zu Füßen der Kathedrale, das den Eindruck längst vergangener Zeiten vermitteln soll, als das Gotteshaus noch unmittelbar am Meer lag. Im Becken und darum herum gruppieren sich bizarre Skulpturen moderner Künstler. Beachtenswerter sind eine **Wandkeramik Mirós** an der Begrenzungsmauer zur Küstenstraße und das **Denkmal für Ramón Llull** 2, den großen Sohn der Insel, auf dem Verkehrskreisel am Beginn der Küstenpromenade. Von der Festungsmauer unterhalb der Kathedrale hat man Zugang ins Ausstellungszentrum **Ses Voltes** mit Gemälden mallorquinischer Künstler (19. und 20. Jh.; Okt.–Mai Di–Sa 10–17.45, Juni–Sept. 10–13.45, 17–20.45 Uhr, So/Fei 10–13.45 Uhr, Eintritt frei).

Palau de s'Almudaina 3

April–Sept. Di–So 10–20, im Winter bis 18 Uhr, 7 €, Rentner 4 €, Mi und Do nachmittags frei für EU-Bürger

Im **S'Hort del Rei**, den Gartenanlagen zu Füßen des Almudaina-Palastes, wurde einer der legendären **Schleuderer** in Bronze verewigt, die die römischen Truppen bei ihrer Eroberung das Fürchten lehrten. Mit ihren Lederschleudern vermochten die Balearenbewohner so geschickt umzugehen, dass die Römer ganze Abteilungen balearischer Schleuderer für ihren Krieg gegen Karthago rekrutierten.

Den Park überragt die strenge Fassade des **Almudaina-Palastes**, der unter arabischer Herrschaft als Sitz des Emirs entstand und damals noch unmittelbar am Meer lag.

Durch ein großes Tor, die Drassana Musulmana, konnte ein Schiff direkt in ein geschütztes Hafenbecken einfahren. Von der arabischen Residenz

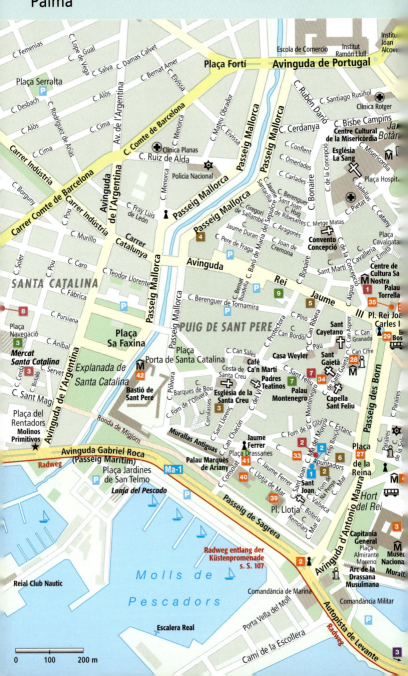

Palma

Sehenswert
1. Parc de la Mar
2. Denkmal für Ramón Llull
3. Palau de s'Almudaina
4. Museu Palau March
5. Sa Seu
6. Palau Episcopal
7. Jardí del Bisbc
8. Can Oms und Can Bordils
9. Can Olesa
10. Museu de Mallorca
11. Almudaina-Bogen
12. Banys Àrabs
13. Convent de Santa Clara
14. Església Monti-sion
15. Cal Marquès de Palmer (Can Catlar)
16. Convent Sant Francesc
17. El Temple
18. Palau de Marquès de Vivot
19. Església Santa Eulàlia
20. Museu de Sa Jugueta
21. Ajuntament
22. Plaça Major
23. Fundación Juan March
24. Església Sant Miquel
25. Mercat Olivar
26. Plaça d'Espanya
27. Plaça de la Reina
28. Casal Solleric
29. Plaça del Rei Joan Carles I
30. Plaça del Mercat
31. Plaça Weyler
32. Rambla
33. Carrer Apuntadores
34. Can Belloto
35. Hotel Born
36. Fundació Barceló
37. Convent de la Puríssima Concepció de M.C.
38. Església Santa Magdalena
39. Sa Llotja
40. Consolat de Mar
41. Plaça Drassanes
42. Es Baluard Museu
43 – 50 s. Karte S. 111

Übernachten
1. Palacio Ca Sa Galesa
2. Hotel III
3. San Lorenzo
4. Jaime III
5. Almudaina
6. Ritzi/Apuntadores
7. Hostal Corona
   s. Karte S. 111

Essen & Trinken
1. Aromata
2. La Paloma
3. Koh
4. Gustar
5. Toque s. Karte S. 111
6. Sa Premsa
7. 13 %
8. Duke
9. Tast
10. Xocolateria

Einkaufen
1. Colmado Santo Domingo
2. Son Vivot
3. Especias Crespis
4. La Pajarita
5. Farrutx
6. Camper
7. Rialto Living
8. Bazar del Libro
9. Majorica
10. Gaia natural

Aktiv
1. Dialog
2. Die Akademie
3. Puro Beach Club

Abends & Nachts
1. Abaco
2. Jazz Voyeur Club
3 – 8 s. Karte S. 111

---

ist nach zahlreichen Umbauten nichts mehr erhalten geblieben. Heute beherbergt der über 20 000 m² große Komplex die **Capitania General** (Militärkommandantur) und ist für Besucher nur teilweise zugänglich.

Sehenswert sind die **Königsgemächer**, die von den spanischen Königen bei Inselbesuchen genutzt werden (nur mit Führung zu betreten, Fotoverbot), die gotische **Capella de Santa Aina** mit schönem romanischem Portal und die **Capella dels Pellaires** im Flamboyant-Stil der französischen Spätgotik.

Museu Palau March 4
Palau Reial, 18, www.fundacionbmarch.es, April–Okt. Mo–Fr 10–18.30, Nov.–März 10–17, Sa ganzjährig 10–14 Uhr, 4,50 €

Im Westflügel des benachbarten Parlaments hat das Museu Palau March seinen Platz gefunden. Zu sehen sind **Skulpturen** von Bildhauern wie Auguste Rodin (1840–1917) über Henry Moore (1898–1986) bis Miguel Berrocal (geb. 1933). Prunkstück aber ist ohne Zweifel die riesige neapolitanische **Weihnachtskrippe** aus dem 18. Jh. Ergänzt wird die Sammlung

Die Altstadt

durch Wechselausstellungen. Die **Dachterrasse** mit Skulpturen von Moore und Rodin, die ehemals das March-Anwesen in Cala Rajada zierten (s. S. 73), ist allein schon das Eintrittsgeld wert.

Sa Seu (Kathedrale) [5]
siehe Auf Entdeckungstour S. 94

Palau Episcopal [6]
Calle de Palau (ohne Nr.), April/Mai, Okt. tgl. 10–17.15, Juni–Sept. 10–18.15, Nov.–März 10–14.15, Sa 10–14.15 Uhr, 3 €
Die Anlage im gotischen Stil beherbergt das Diözesanmuseum, **Museu Diocesà**. Zum schönen, schlichten Hof hat man durch das gotische Tor freien Zutritt. Das Museum selbst zeigt **christliche Kunst**, insbesondere aus der benachbarten Kathedrale sowie von Klöstern und Kirchen der Insel, vor allem aufwendig gestaltete Schnitzaltäre und Retabeln. Hervorzuheben ist die Schnitzarbeit »Crist de Sant Sepulcre« (»Christus vom Heiligen Grab«) aus dem 8. Jh. Ursprünglich hatte sie ihren Platz in der Kirche Sant Jaume in Palma. Von den Gemälden ist vor allem das gotische Bild »Heiliger Georg« von Pere Niart interessant, zeigt es doch im Hintergrund eine Ansicht Palmas aus dem 15. Jh.

Jardí del Bisbc [7]
Mo–Fr 9–15 Uhr, derzeit allerdings meist geschl.
Folgt man dem Schild Banys Àrabs nun durch die Straße Palau, kommt man zum Garten des Diözesanpalastes (Bisbat de Mallorca). Es gibt sogar eine Tafel mit den Standorten und Bezeichnungen der einzelnen Pflanzen.

Herrenhäuser in der S'Almudaina
Der gegenüber dem Park abgehende Carrer Anglada bringt uns zum Carrer de s'Almudaina. Hier kann man einen Blick in die schönen Innenhöfe der Häuser Nr. 7 und 9, **Can Oms** und **Can Bordils** [8], werfen. Beide gehören heute der Stadt und haben unlängst umfangreiche bauliche Veränderungen erfahren. Can Bordils gilt mit seinen aus islamischen Zeiten stammenden Fundamenten als einer der ältesten Adelspaläste Palmas.

Biegt man am südöstlichen Ende der Almudaina nach rechts in die Morei, gelangt man zum prächtigen **Can Olesa** [9], der spätgotisch begonnen und barock erweitert wurde. 2014 ging er für 6,5 Mio. € an ein Schweizer Ehepaar. Von hier sind es nur wenige Meter zum Museu de Mallorca.

Museu de Mallorca [10]
Carrer de la Portella, 5, tgl. außer Mo 10–18, Sa/So 11–14 Uhr, 2,40 €, Senioren und Kinder frei
Hinter der liebevoll restaurierten Fassade des Palau Ayaman aus dem 17. Jh. wird die Geschichte der Insel anhand ausgewählter Stücke präsentiert und durch Wechselausstellungen zu einzelnen Themen wirkungsvoll ergänzt. Die sparsamen Erläuterungen gibt es leider nur in Mallorquin.

Almudaina-Bogen [11]
Folgt man der Straße Portella weiter bergab und biegt kurz vor dem Tor nach links, steht man unter dem Almudaina-Bogen. In römischer Zeit war er Teil der Stadtmauer. In der islamischen Epoche diente er als Zugang zum Almudaina-Palast. Er wurde mehrfach modifiziert und trägt neben islamischen auch gotische Züge. Die Überbauung mit einem Haus stammt ebenfalls aus späteren Zeiten. Der schräge Verlauf erklärt sich wahrscheinlich aus der Neuanlage der Straßen ringsum, nachdem die alte Stadtmauer abgerissen worden war.   ▷ S. 97

Auf Entdeckungstour:
Sa Seu – Palmas Kathedrale

Mallorcas Kathedrale Sa Seu 5 ist als Glanzstück gotischer Architektur weit über die Grenzen Mallorcas hinaus berühmt, und dies nicht nur wegen ihrer einzigartigen Lage über der Bucht von Palma, die dem Stadt-Panorama erst seine Vollendung verleiht.

Info: www.catedraldemallorca.info

Öffnungszeiten: April–Mai, Okt. Mo–Fr 10–17.15, Juni–Sept. 10–18.15, 2. Nov.–März 10–15.15 Uhr, Sa ganzjährig 10–14.15 Uhr, an Sonn- und Feiertagen nur für Besucher der Messe. Achtung: Die Eintrittszeiten können sich zuweilen ändern.

Eintritt: 7 € inkl. Museum

Diese Kathedrale kann man nicht eilig beim Rundgang durch Palma ›abhaken‹. Sie ist ein architektonisches Meisterwerk, das eine eingehende Erkundung verdient. Von außen sieht man dem gedrungenen Bau kaum an, dass er zu den größten Kirchen des Abendlandes zählt, fehlen doch die für gotische Kathedralen so charakteristischen himmelsstürmenden Türme.

Die Grundsteinlegung zu dem Gotteshaus, erbaut in provenzalischer Gotik mit lombardischen Einflüssen, erfolgte 1230 durch König Jaume I. – wenige Monate nach der Eroberung der Stadt – auf dem Platz der ehemaligen Hauptmoschee. Sehr langsam nur machte der Bau Fortschritte, 1338 war das erste Stück der Seitenschiffe fertiggestellt, 1389 das Eingangstor an der Südseite, der Portal del Mirador, erreicht. 1490 stürzte ein Teil der Decke ein. Bis 1587 sollte es noch dauern, ehe die Kirche als geschlossenes, wenn auch längst noch nicht vollendetes Bauwerk geweiht werden konnte. Ihre heutige Form erhielt die Kathedrale erst 1904, und zwar durch den renommierten katalanischen Architekten Antoni Gaudí.

So verwundert es nicht, dass zahlreiche Stilrichtungen beim Bau eingeflossen sind. Begonnen wurde in reiner Gotik nach südfranzösischem und katalonischem Vorbild. Im Almosen-Portal ist bereits spätgotischer Einfluss erkennbar. Vor allem im Innern haben Renaissance und Barock bei der Gestaltung der Altäre ihre Spuren hinterlassen, und durch Gaudís Restaurierung hat auch der Jugendstil seinen Anteil.

Kunstwerke in Stein – die Portale

Die Kirche bedeckt bei einer Außenlänge von 118,4 m eine Fläche von ca. 6600 m². Am beeindruckendsten ist die die dem Meer zugewandte Südseite. Wie ein kostbares Juwel ist das Haupttor **Portal del Mirador** in sie eingebettet – ein Blickfang. Im Halbbogen sind die fünf Propheten (Daniel, Hesekiel, Isaias, Jeremias, Daniel) und die drei Erzväter (Abraham, Isaak und Jakob) angeordnet. Im Giebelfeld thront Gottvater mit Engeln über der Abendmahlszene, den Trennungspfeiler ziert die Figur der heiligen Jungfrau, den seitlichen Abschluss des Eingangstores bilden Figuren der Apostel Petrus, Paulus, Jakobus, Andreas und Johannes.

Trotz des schönen **Portal de l'Almudaina** ist die Westfassade aus dem 17. Jh. insgesamt weniger beeindruckend. Die beiden neogotischen **Türme** entstanden in ihrer heutigen Form erst später – nach einem Erdbeben.

Die schmal wirkende Nordfassade wird vom **Portal del Almoina** (Almosentor) beherrscht. Daneben steht der nur ca. 48 m hohe **Glockenturm**. Die ungewöhnliche Platzierung und die von der Hauptachse abweichende Anordnung lassen vermuten, dass er auf den Fundamenten des Minaretts der ehemaligen Moschee ruht.

Höhepunkte im Innern

Beeindruckender noch als das gelungene Äußere ist die Wirkung des dreischiffigen, 109 m langen und 39 m breiten Innenraums. Mit einer Breite von 19,40 m übertrifft das **Hauptschiff** alle anderen Kathedralen (Mailand 16,40 m, Chartres 14 m, Köln 12,60 m). Dies täuscht den Besucher leicht über die ebenfalls gewaltige Höhe hinweg, die mit 43,14 m unwesentlich hinter den Domen von Mailand (44 m) und Köln (43,60 m) zurückbleibt. Auch die Dimensionen der **Seitenschiffe** (10 m breit, 29,40 m hoch) werden von keiner anderen Kathedrale erreicht. Zur hallenartigen Weiträumigkeit tragen nicht zuletzt die überaus schlanken und 21 m hohen Säulen bei, eine Meisterleistung der Statik und Ästhetik gleichermaßen.

Auch bezüglich der **Rosette** setzt Palmas Kathedrale Maßstäbe. Mit einem Durchmesser von über 11 m ist sie die größte der Welt. Zusammengefügt wurde die geometrische, als Blütendekor gestaltete Rosette aus 1236 grünen, blauen, roten, gelben und grauen Glasstücken bereits im 14. Jh.

Sa Seu

1. Chor
2. Kapelle der Trinität
3. Kapelle St. Peter (Capella de Sant Pere/ Capella del Santíssimo)
4. Kapelle des hl. Antonius von Padua (Capella de Sant Antoni de Padua)
5. Kapelle der hl. Jungfrau mit Krone
6. Kapelle des hl. Martin von Tours
7. Kapelle des hl. Bernhard
8. Portal des Mirador (Porta del Mirador)
9. Kapelle der hl. Jungfrau von der Treppe
10. Kapelle des hl. Herzens
11. Kapelle des hl. Benedikt
12. Taufkapelle
13. Hauptportal (Portal de s'Almudaina)
14. Kapelle der Seelen
15. Kapelle der Unbefleckten Empfängnis
16. Kapelle des hl. Sebastian
17. Kapelle des hl. Joseph
18. Portal der Almosen (Portal del Almoina)
19. Allerheiligenkapelle
20. Kapelle der Jungfrau der Barmherzigkeit
21. Kapelle zu Christi Kreuzabnahme
22. Kapelle des hl. Hieronymus
23. Kapelle des Leibes Christi
24. Hauptaltar
25. Alter gotischer Kapitelsaal
26. Neuer barocker Kapitelsaal
27. Sakristei de Vermells
28. Glockenturm
29. Kreuzgang
30. Burwitz-Fenster

Unter ihr liegt die gewaltige **Apsis** mit dem Marmoraltar aus der Gründungszeit, gekrönt von einem riesigen Baldachin, den erst Antoni Gaudí im 20. Jh. hinzufügte. Wenn dieser Baldachin Gaudís von Hunderten von Birnen erleuchtet wird, verleiht er der Kirche einen krippenhaft verspielten Charakter.

Besonders den gotischen, üppig ausgestatteten Seitenkapellen sollte man Aufmerksamkeit schenken, so der **Capella de Sant Pere** rechts neben dem Chor mit Figuren im neoklassischen Stil von Adriá Ferran und der angrenzenden **Capella de Sant Antoni de Padua** mit Arbeiten Francisco de Herreras (1622–85).

Neue Kunst in alten Mauern

Jüngste Attraktionen sind das 2006 von dem Deutschen Nils Burwitz (geb. 1940) geschaffene **Fenster** neben dem Zugang zum Museum und vor allem die von Miquel Barceló (geb. 1957) mit einem Monumentalwerk ausgestaltete **Capella de Sant Pere**. Die Keramik thematisiert die wundersame Vermehrung von Brot und Fischen aus dem Neuen Testament und ähnelt mit ihren aus der Wand hervorlugenden Meeresbewohnern eher einer Unterwasserhöhle als einer Kapelle. Als Anerkennung für sein Werk wurde dem mallorquinischen Künstler die Ehrendoktorwürde der Universität der Balearen verliehen.

Die Altstadt

Banys Àrabs [12]
Can d'en Serra, 7, www.banysarabs. org, April–Sept. tgl. 10–19, So bis 14, Okt.–März tgl. 10–17.30 Uhr, 2,50 €
Dann geht es den Can d'en Serra hinauf zu den **Arabischen Bädern**. Die von zwei gemauerten Kuppeln überdachte Anlage aus dem 10. Jh., die sich auf Privatgelände befindet, gehört zu den wenigen erhaltenen Beispielen arabischer Architektur in Palma. Das Badewesen, *hamam* genannt, übernahmen die Araber von den Römern, die in ihren oft gewaltigen Thermen eine Badekultur pflegten, an die sich unsere Wellnessbewegung erst langsam wieder herantastet. Ein arabischer Torbogen führt in den Hauptraum, dessen Kuppel 25 zarte Säulen tragen. Er diente einst als Dampfbad, der angrenzende rechteckige Raum hingegen als Aufenthaltsraum.

Mit seinen schattenspendenden Bäumen und Bänken verlockt der kleine Garten zu einer wohlverdienten Verschnaufpause.

Convent de Santa Clara [13]
Mo–Sa 9–12.30, 16.15–17.40, So 9–11.35, 16.15–18.45 Uhr, letzter Fr im Monat geschl.
Der Carrer Santa Clara führt zum recht bescheidenen Convent de Santa Clara, in dem nach wie vor die Klarissinnen ihre Heimat haben. Sie sind berühmt für ihre Backwaren, die man zu den Öffnungszeiten in einem kleinen Raum rechts vom Portal durch eine Klappe kaufen kann.

Hinter dem großen Eingangstor öffnet sich ein geräumiger Hof. Die 1256 erbaute Kirche soll auf den Mauern einer der drei Synagogen Palmas stehen. So sind die vergitterte Empore und die siebenarmigen Leuchter typische Merkmale jüdischer Gotteshäuser. Unklar ist, aus welchem Grund der Bau einen minarettartigen Glockenturm hat.

Església Monti-sion [14]
Mitten durch das ehemalige Judengetto führt der Carrer Fonollar, an dessen Ende wir rechts in den Carrer Alonso einbiegen und dann durch den schmalen Carrer Vent die Església Monti-sion erreichen: Die Kirche, ehemals religiöses Zentrum der Jesuiten, entstand 1571 auf den Fundamenten der zentralen Synagoge des einstigen Judenviertels. Das **Portal** in aufwendigem Barockstil bekrönt eine Marienfigur. Statuen von Ignatius von Loyola, dem Ordensgründer (links), und Franz Xaver, Missionar in Indien und Japan (rechts), stehen ihr zur Seite. Im Innern beeindruckt ein vergoldeter Altaraufsatz aus dem beginnenden 17. Jh.

Cal Marquès de Palmer (Can Catlar) [15]
Vom Kirchenvorplatz führt der enge Carrer Criança nach Norden und stößt auf den Carrer del Sol. Das Haus mit der Nummer 7 ist eines der schönsten Herrenhäuser Palmas, der Cal Marquès de Palmer. Leider ist der Blick in den Innenhof durch ein massives Holztor verwehrt. Der Bau geht auf das Jahr 1442 zurück und beherbergte einst die Münze Mallorcas. Der Blick nach oben offenbart reich verzierte Fenster mit teilweise skurrilem Figurenschmuck.

Convent de Sant Francesc [16]
Mo–Fr 10–18, Sa 10–17, So 10–14 Uhr, 3 €; Ticket gilt im Rahmen von Spiritual Mallorca (www.spiritualmallorca. com) u. a. auch für Kloster Lluc und Santuari de Cura in Randa
An der geräumigen Plaça de Sant Francesc liegt der ehemalige Convent de Sant Francesc. Vor der Kirche steht ein **Denkmal für Juníper Serra**, den aus Petra stammenden Missionar Kaliforniens und Gründer der Stadt San Francisco (s. S. 231). Die 1232 begonnene und erst im Jahre 1700 vollen-

Lieblingsort

Xocolateria Ca'n Joan de S'Aígo 10
C. de Can Sanç, 10, tgl. 8–21 Uhr
Wer sie nicht kennt, findet sie nicht. Versteckt im schmalen Carrer de Can Sanç, liegt sie jenseits der Besucherrouten, wenngleich nicht weit entfernt von der Plaça Cort und der Kirche Sant Francesc. Untergebracht ist der beliebte Künstlertreffpunkt im Ca'n Joan de S'Aígo, einem Gebäude aus dem Jahre 1700. Das Ambiente ist traumhaft, eine Mischung aus Jugendstil, Biedermeier und Kitsch. Allein die Bodenfliesen des seit 40 Jahren bestehenden Cafés sind den Besuch wert – und natürlich die heiße Schokolade zu 2,40 € pro Tasse. Man muss schon mal etwas länger auf sie warten. Macht nichts – das tat auch schon Miró, der hier regelmäßig zu Gast war.

Palma und Umgebung

dete **Kirche** weist ein überaus reich dekoriertes barockes **Portal** mit eindrucksvoller Fensterrosette auf. Über dem Portal sieht man eine Figur des hl. Georg als Drachentöter, flankiert von Ramón Llull und dem Schotten Johannes Duns Scotus (1274–1308), der u. a. die Theorie der Unbefleckten Empfängnis Mariens entwickelte.

Durch die an den Sakralbau rechts angrenzende Klosterschule gelangt man in die **Innere der Kirche** (tgl. außer So 10–14.30, 15–17 Uhr), die gotische Züge trägt. Hier hat Ramón Llull, der Nationalheld der Balearen, seine letzte Ruhestätte gefunden (zweite Kapelle in Chorumgang). Das Gotteshaus war allerdings auch Schauplatz einer blutigen Fehde. 1490 brach während des Gottesdienstes ein Streit zwischen zwei Adelsfamilien aus, der in ein Gemetzel ausartete. Über 300 Tote und Verletzte sollen zwischen den Kirchenbänken und auf dem Vorplatz gelegen haben. Es waren jene Jahre, als Feudalherren mit der Waffe in der Hand um ihre Privilegien fochten und die Insel sich in einem Zustand der Anarchie befand. Der Anlass für das Blutbad soll nichtig gewesen sein: Ein Mitglied der einen Familie sei beim Passieren des Hauses der anderen durch herabtropfendes Blumenwasser besprizt worden!

El Temple [17]

Auf dem Carrer Ramón Llull, der in den Carrer el Temple übergeht, gelangt man zur bisher wenig besuchten ehemaligen Ordensburg der Tempelritter. Die Fassade der Anlage begrenzen zwei mächtige Ecktürme.

Durch das mittlerweile sehr vernachlässigte **Torhaus** gelangt man zum halbbogenförmigen **Eingang** mit der Abbildung von Lamm und Kreuz und einer **Vorhalle** mit Informationstafeln. Die angrenzende gotische **Kirche** ist hingegen verschlossen, sodass man sich mit den ausgestellten Bildern begnügen muss.

Der Templerorden erhielt den Komplex als Dank für seine Unterstützung bei der Rückeroberung Mallorcas aus arabischer Hand. Machtpolitische Intrigen der europäischen Fürsten, die um ihren Einfluss fürchteten, leiteten jedoch Ende des 13. Jh. die Verfolgung des Ordens ein. Unter dem Vorwand der Ketzerei landeten die Ritter auf dem Scheiterhaufen, und 1312 wurde der Orden aufgelöst. Ein 2007 im Vatikan entdecktes Dokument belegt, dass der Papst bereits 1314 die Tempelritter vom Vorwurf der Ketzerei freisprach und um Vergebung bat. Da aber war die Gemeinschaft längst zerschlagen. Die Ordensburg fiel an die Johanniter, 1811 im Rahmen der Säkularisierung schließlich an den Staat.

Palau de Marquès de Vivot und Can Juny

Über den Carrer Morer und über die Plaça de Quadrado hinweg kommt man in den Carrer Savellà (Zavellà), wo man in Hausnummer 4 einen Blick in den leider nicht mehr zugänglichen **Palau de Marquès de Vivot** [18] werfen kann. Sein Innenhof mit Loggia und gelben Marmorsäulen verkörpert den Renaissancestil besonders ausdrucksvoll. Errichtet wurde das herrschaftliche Bauwerk Ende des 17. Jh. auf mittelalterlichen Fundamenten; der Keller ist sogar arabischen Ursprungs. Der erste Marquès de Vivot, der in die politischen Machtkämpfe des Spanischen Erbfolgekriegs verwickelt war, erweiterte das Haus beträchtlich. Heute gehört es dem Comte de Savellà (Zavellà), dessen Namen auch die Straße trägt. Unter der Hausnummer 13 öffnet sich schräg gegenüber ein sehr schöner Patio. Der **Can Juny** stammt aus dem 16. Jh., erlebte allerdings zahlreiche Umbauten bis ins 19. Jh.

Die Neustadt

Església Santa Eulàlia [19]
Mo–Fr 9.30–12, 18.30–20.30, Sa 10.30–13, 18.30–20.30, So 9.30–13.30, 18.30–19.30 Uhr

Der Carrer Savellà führt weiter zur Rückseite der Església de Santa Eulàlia. Sie liegt an dem schönen verkehrsberuhigten Platz gleichen Namens, von dessen Straßencafés man die Fassade der Kirche im Blick hat.

Das Gotteshaus geht auf die Zeit der Rückeroberung Mallorcas durch Jaume I. (1229) zurück, hat aber im Laufe der Jahrhunderte zahlreiche Umbauten und damit eine Vermischung unterschiedlicher Stile erfahren. Der **Altar** ist in üppigem Barock gestaltet, bemerkenswert sind die aus dem 15. Jh. stammenden **gotischen Bilder** in den Seitenkapellen. Die Església de Santa Eulàlia ist neben der Kathedrale die einzige dreischiffige gotische Kirche Mallorcas.

Über dem neugotischen **Hauptportal** wacht die hl. Eulalia (die gut Redende), die im Alter von 14 Jahren in Spanien zu Zeiten der römischen Christenverfolgung den Märtyrertod erlitten haben soll. Sie ist Schutzheilige Barcelonas, wo sie seit dem 7. Jh. verehrt wird, und fand in der Kathedrale der katalanischen Hauptstadt auch ihre letzte Ruhestätte. In Mallorca ist sie eher für eine sichere Seefahrt und für gute Ernten verantwortlich.

Museu de Sa Jugueta (Spielzeugmuseum) [20]
C./ Capana, 7, Mo–Sa 10–19, So 10.30–14 Uhr, 4,50 €, Kinder 2,50 €

Von der Mitte des Platzes geht die Carrer Capana ab, auf der es nur wenige Schritte zu einem Museum sind, das nicht nur Kinder begeistern wird. Das Spielzeugmuseum gibt es schon länger. Aber erst jetzt, nach Auflösung der Band Antònia Font, widmet sich der Eigentümer, der populäre Sänger Pau Debon, seinem Steckenpferd im wahrsten Sinne des Wortes. Nicht nur über 3000 historische Spielzeuge aus aller Welt hat er zusammengetragen, in seinem Restaurant soll auch der Gaumen verwöhnt werden (Mittagsmenü 12,50 €).

Wir kehren zum Platz zurück, verlassen ihn auf dem kurzen Carrer Cadena und gelangen so zur Nahtstelle der ehemals arabischen Stadt La Portella und der Neustadt Vila Dalt (Villa de Dalt).

Ajuntament und Plaça de Cort
Das über Eck gebaute **Ajuntament** [21] (Rathaus), ein repräsentativer Barockbau, dominiert die nahe **Plaça de Cort**. Beachtenswert sind die das Dachsims tragenden hölzernen Atlanten und auch ein Blick in die mittelalterlich wirkende Vorhalle lohnt. Hölzerne Riesen *(gegants)* haben hier ihren Platz, Figuren, die anlässlich der Festa de Sant Sebastià (20. Jan.) in einer Prozession durch die Straßen geleitet werden.

Auch die übrigen Gebäude an der Plaça de Cort verdienen einen Blick, tragen sie doch wesentlich zur Harmonie des Ensembles bei. Im Schatten des alten und entsprechend mächtigen Olivenbaums kann man bei einer Pause vielleicht eine heiße Schokolade aus dem Schnellimbiss genießen.

Die Neustadt
Vila Dalt

Während La Portella mit dem Straßennetz der alten Medina das arabische Mayurca widerspiegelt, entstanden die nördlich angrenzenden Viertel der Oberstadt Vila Dalt erst zwischen dem 16. und 18. Jh., als Palma Drehscheibe des westlichen Mittelmeerhandels war.

Palma und Umgebung

Plaça Major 22

Der italienisch anmutende, von mehrstöckigen Häusern und Arkaden umschlossene Platz aus dem 19. Jh. ist das Zentrum der Vila Dalt. Mehrere auf Touristen eingestellte Cafés haben sich etabliert, Musikgruppen und Pantomimen tragen zur Unterhaltung bei, Porträtzeichner zeigen ihr Können und sonntags findet ein Kunsthandwerkermarkt statt. Dass hier einmal das berüchtigte Schwarze Haus, Sitz der Inquisition, seinen Platz hatte, ist längst vergessen. Allenfalls könnte man sich noch den lebhaften Fischmarkt vorstellen, der hier bis zur Eröffnung der Markthallen florierte. Unter dem Platz liegen ein Parkhaus und das Einkaufszentrum Plaça Major Centre. Treppen führen hinab zur Rambla.

Fundación Juan March 23

Carrer Sant Miquel, 11, www.march. es/arte/palma, Mo–Fr 10–18.30, Sa 10.30–14 Uhr, Eintritt frei

An der Einkaufsmeile Sant Miquel hat in der Banca March die Fundación Juan March bzw. der **Museu d'Art Espanyol Contemporani** Platz gefunden – ein Muss für Liebhaber moderner Kunst. 55 Künstler sind in 19 Galerien auf drei Stockwerken repräsentiert – Pablo Picasso ebenso wie Salvador Dalí, Juan Gris, Joan Miró oder Miquel Barceló.

Rund um die Església Sant Miquel 24

Carrer Sant Miquel, Mo–Sa 9–13, 17–19.30, So/Fei 10.30–12.30, 18.30–19.30 Uhr

Nur wenige Meter weiter fügt sich das Portal der Església Sant Miquel in die Straßenflucht. Die älteste Kirche der Stadt ruht auf den Fundamenten einer Moschee, die am Tage der Reconquista (Rückeroberung) zum christlichen Gotteshaus geweiht wurde. Auf einem prächtig ausgeschmückten Seitenaltar im Innern steht die »Verge de la Salut«, eine romanische Marienfigur, vor der Jaume I. den Eröffnungsgottesdienst nach der Reconquista zelebrierte und die er bei der Eroberung mitgebracht haben soll. Beachtenswert sind auch die Deckenfresken aus dem 17. Jh. Im Gegensatz zum üppigen Altarraum steht das streng gotische Kirchenportal des 14. Jh. mit einer Marienfigur, flankiert von den Evangelisten Matthäus (links) und Markus (rechts), überragt vom Erzengel Michael.

Schräg gegenüber von Sant Miquel liegt der Komplex der **BBVA-Bank** im ehemaligen Hospital des angrenzenden Klosters. Leider ist der schöne Innenhof nicht mehr zugänglich, aber man kann einen Blick hineinwerfen. Der ihr benachbarte **Convent de Sant Antoni Abat** verkörpert auch äußerlich den schlicht wirkenden mallorquinischen Barockstil. Am 17. Januar, dem Fest zu Ehren des hl. Antonius, lassen Tierfreunde ihre Lieblinge vor dem Hauptportal segnen. Auch der Konvent wird heute für Ausstellungen genutzt.

Plaça d'Espanya

Über die Plaça de l'Olivar, die von den **Markthallen** 25 (s. S. 103) beherrscht wird, erreicht man die **Plaça d'Espanya** 26 . Der riesige Platz wird von der Hauptverkehrsachse Avinguda Alexandre Rosselló/Plaça Joan March durchschnitten. In arabischer Zeit lag hier das östliche Stadttor, durch das der siegreiche König Jaume I. einzog. So beherrscht denn auch sein **Standbild** die Grünfläche. Jenseits der Hauptstraße hat man den **Bahnhof** für die Züge nach Manacor und die U-Bahn unter die Erde gelegt, bedeckt von einer **Grünfläche,** aus der Wasserfontänen emporzucken. Noch wirkt das Ganze etwas kahl. An der linken Platzseite hat der nostalgische

Die Neustadt

Mein Tipp

Mercat Olivar – der ›Bauch‹ Palmas 25
Plaça de l'Olivar, www.mercatolivar.com, Mo-Sa 7–14.30, Fr bis 20 Uhr
Die Markthallen sind gewissermaßen der ›Bauch Palmas‹, angefüllt mit zahllosen Köstlichkeiten. So findet man hier den berühmten spanischen Schinken von schwarzen Schweinen *(jamón de pata negra)*. Eine Welt für sich ist die Fischhalle mit ihrer unendlichen Vielfalt an Meeresgetier. Die alten Tapas-Bars im Obergeschoss mussten bis auf zwei dem Supermarkt Mercadona weichen. Aber in den Hallen selbst haben sich längst neue Tapas-Bars an den Ecken etabliert (u. a. Can Jaume und Paco), wo man zwar sehr beengt auf Barhockern sitzt, dafür aber mit frischesten Köstlichkeiten verwöhnt wird. Überdies hat ein geräumiges Restaurant (Mercat d'Olivar) hier seinen Platz.

Rote Blitz seinen nicht minder betagten Bahnhof. Auch der Busbahnhof für den Fernverkehr ist unter die Erde verlegt worden. Das gesamte Terminal trägt den Namen »Estació Intermodal«. Der Eingang befindet sich an der Südwestseite. Die Ziele der einzelnen Linien sind übersichtlich auf Tafeln vermerkt.

Von der Plaça d'Espanya kann man mit einem der Stadtbusse zur Küstenstraße fahren oder aber zu Fuß über die Fußgängerstraße Carrer dels Oms zum Boulevard Rambla gelangen.

Die großen Boulevards

Dort, wo früher der Fluss Sa Riera als gewundener Wasserlauf die Altstadt begrenzte, ziehen sich heute die Prachtstraßen Passeig des Born – die Verlängerung der an der Küstenstraße beginnenden Avinguda Antoni Maura –, der Carrer de la Unió und die Rambla dels Ducs de Palma de Mallorca durch das Zentrum. Je näher man dem Meer kommt, desto belebter sind die Boulevards. Erster Knotenpunkt ist die **Plaça de la Reina** 27, bewacht von

103

Die Neustadt

der Glorietta de la Reina mit Wasser speienden Löwenköpfen. Es ist der Beginn des **Passeig des Born**. Auf dem breiten, mit Platanen bepflanzten Mittelstreifen wurden früher Turniere abgehalten, denen die Straße auch ihren Namen verdankt (*born* bedeutet auf Katalanisch Lanzenspitze). Heute stehen hier viele Bänke zum Ausruhen der müden Füße.

Casal Solleric 28
Passeig des Born, Di–Sa 11–14, 15.30– 20.30, So 11–14.30 Uhr, Eintritt frei
Das ausgesprochen elegante Herrenhaus in einer Mischung aus traditionell mallorquinischem Baustil und europäischem Barock zählt mit seinen abgesenkten Bögen und dem kaiserlichen Treppenaufgang zum oberen Hof zu den schönsten der Stadt. Der Komplex reicht bis zur Parallelstraße Carrer de Sant Gaietà, wo sich ebenfalls ein Zugang befindet. Da diese Straße höher liegt, ist der untere Innenhof geneigt. Errichtet wurde der Bau 1763 von Marc Antoni Vallès d'Almadrà i de Berga. Dank eines großen Erbes konnte er zwei Häuser zusammenlegen. Dass sein Vermögen teilweise aus Piratenüberfällen seiner Verwandtschaft stammte, störte niemanden. Heute ist das Haus im Besitz der Stadt und wird für Kunstausstellungen genutzt. Auch ein Touristenbüro, eine Kunstbuchhandlung und ein Café sind hier.

Plaça del Rei Joan Carles I 29
Die Flanierstraße Passeig des Born mündet in die weitläufige Plaça del Rei Joan Carles I, einen lebhaften Verkehrsknotenpunkt der Inselmetropole, den der 1913 errichtete **Schildkrötenbrunnen** beherrscht. Seinen

›Fließende‹ Fassaden, von Schülern des Modernisme-Architekten Gaudí entworfen – Edificis Cassayas

Obelisken ziert eine Fledermaus, das Glückssymbol der Reconquista. Dem neuen Zeitgeist sind viele kleinere Restaurants und Bars zum Opfer gefallen. Glücklicherweise vermochte sich jedoch die alteingesessene, zur Institution gewordene **Bar Bosch** bis heute dem Zugriff internationaler Fastfood-Konzerne zu entziehen, auch wenn die Qualität des Gebotenen nachgelassen hat. Nach links zweigt die breite Geschäftsstraße **Avinguda Jaume III** von der Plaça ab, die zum Torrent de sa Riera führt, der ehemaligen Stadtgrenze Palmas.

Plaça del Mercat 30 und Plaça Weyler 31
Als Carrer de la Unió knickt der Hauptboulevard nach rechts ab und berührt die aneinandergrenzenden Plätze del Mercat und Weyler. Die **Plaça del Mercat** wird von der ausladenden Front des Justizpalastes **Can Berga** beherrscht. Etwas zurückversetzt prunken die Zwillings-Jugendstilfassaden der **Edificis Cassayas**, die zu Beginn des 20. Jh. von zwei Gaudí-Schülern entworfen wurden. Die Südseite der Plaça schließt die **Església Sant Nicolau** aus dem 15. Jh. ab.

Unangefochten als das architektonische Prunkstück aber präsentiert sich die Jugendstilfassade des ehemaligen Gran Hotel an der **Plaça Weyler**. Es wurde zwischen 1901 und 1903 vom katalanischen Modernisme-Architekten Lluís Domènech i Montaner als Luxusherberge errichtet. Heute residiert hier mit dem **CaixaForum** eine Stiftung des spanischen Sparkassenverbandes, die sich um kulturelle und soziale Belange kümmert (Plaça Weyler, 3, http://agenda.obrasocial. lacaixa.es/ca/caixaforum-palma, Di–Sa 10–20, So/Fei 11–14 Uhr, 4 €).

Sehr beliebt ist das modern gestylte El Café, durch dessen große Fenster

Palma und Umgebung

man dem Treiben auf dem Platz zuschauen kann.

Unterhalb der Plaça Major fügt sich die Fassade des **Teatre Principal** in die Front der Häuser ein. Zwar ist der Ruhm vergangener Jahre verblichen, aber das 1860 errichtete Bauwerk spielt als Veranstaltungsort nach wie vor eine zentrale Rolle in der Kulturszene der Stadt.

Rambla 32

Der Boulevard knickt jetzt nach links ab und trägt nunmehr den stolzen Namen Rambla dels Ducs de Palma de Mallorca, kurz Rambla genannt. Eigentlich ist er eine wahre Flaniermeile. Doch trotz des breiten, mit Platanen bestandenen und durch etliche Blumenläden aufgelockerten Mittelstreifens wird dieser Abschnitt von Fußgängern bisher nicht so recht angenommen. Möglicherweise fehlt es schlichtweg an ausreichend schicken Geschäften und den entsprechenden Konsumangeboten.

Vila Baixt

Das Gelände entlang der Bucht und westlich des Straßenzugs Avinguda Antoni Maura/Passeig des Born, zu Füßen der alten Medina, wurde erst unter den Spaniern besiedelt. Im 15. Jh. leitete man den Fluss Sa Riera in sein heutiges, weiter westlich gelegenes Bett um – man wollte Neuland für Handelshäuser und Warenlager schaffen. Palma erlebte damals eine erste Blütezeit als wichtiger Umschlagplatz im westlichen Mittelmeer. Der Hafen selbst lag zunächst in Portopí, ca. 2 km westlich der Altstadt, verlagerte sich jedoch mit Errichtung der großen Mole im 15. Jh. allmählich Richtung Altstadt.

Noch pulsiert in den Gassen westlich der Plaça de la Reina das laute, farbenfrohe, südländische Leben; angesichts steigender Grundstückspreise ist allerdings fraglich, ob dieses urbane Idyll noch lange Bestand haben wird. Sanierungsarbeiten und Umwandlungen in moderne Appartements werden bereits intensiv vorangetrieben.

Carrer Apuntadores 33

Von der Plaça de la Reina zweigt der schmale, parallel zur Küste verlaufende Carrer Apuntadores ab. Mit zahlreichen kleinen (oft überteuerten) Restaurants, Tapas-Bars, zwei preiswerten Hotels, aber auch zwei Nobelherbergen und der dekadenten Edelbar **Abaco** 1 ist der erste Abschnitt bereits vollständig in die mallorquinische Tourismusindustrie integriert. Erst hinter der Abzweigung zur Plaça Drassanes (s. S. 108) kann man noch ein wenig das Flair des ursprünglichen, ärmlichen Hafenviertels erahnen. Nicht anders in dem angrenzenden Carrer del Vi, der nach rechts abzweigt. Dort, wo er in einen kleinen Platz mündet, tut sich eine ganz andere Welt auf. Alles ist renoviert, Galerien locken und das eine oder andere Café.

Zwischen Carrer Sant Feliu und Rambla

Im Carrer de Sant Feliu Nr. 10 hat das Herrenhaus **Can Belloto** 34 seinen Platz. Es fällt durch seinen Maskenschmuck aus dem Rahmen. Seine heutige Form erhielt das Gebäude 1620 durch den aus Genua stammenden Eigentümer, woraus sich der italienische Einfluss erklärt. Das Vorbild für die Masken soll der Zuccaro-Palast in Rom (1593) geliefert haben. Das kleine **Bethaus Sant Feliu**, das sich zwischen den renovierten Häusern versteckt, beherbergt heute eine angesehene Galerie.

Folgt man dem nach Norden (links) abzweigenden Carrer de Sant Gaietà, so erreicht man gegenüber der Kirche Sant Cayetano den hinteren Eingang

Entlang der Küstenpromenade

des **Casal Solleric** (s. S. 105), der sich mit seinem schönen Innenhof bis zum Passeig de Born hinüberzieht.

Nach Passieren eines Torbogens findet man sich unter den Arkaden der **Avinguda Jaume III** wieder, der Hauptgeschäftsstraße Palmas, die rechts zur Plaça del Rei Joan Carles I führt. An seiner Nordseite beginnt der Carrer de Sant Jaume, eine schmale, von Stadtpalästen und der gleichnamigen Barockkirche gesäumte Straße. Sehr schön sind die Niederlassung des schwedischen Konsulats und die Eingangshalle des zum **Hotel Born** 35 umgewandelten Can Ferrandell, eines Patrizierhauses (18. Jh.), sowie die als Kulturzentrum dienende **Fundació Barceló** 36 in einem Haus aus dem 19. Jh. gegenüber (www.fundacionbarcelo.org, Mo–Fr 11–13.30, 17–19.30, Sa 11–13.30, So 10.30–13.30 Uhr).

Biegt man ein Stück weiter an der Kirche Sant Jaume rechts, erreicht man den unscheinbaren **Convent de la Puríssima Concepció de Monges Caputxines** 37. Das Kloster mit seinen interessanten Exponaten kann man nur im Rahmen einer Führung besuchen, steht an den Weihnachtstagen jedoch für jedermann zur Krippenbesichtigung offen. Wir kehren zur Sant Jaume zurück. Die Gasse endet vor der **Església Santa Magdalena** 38, in der die lokale Heilige Catalina Tomàs verehrt wird (Mo–So 8–13.15, 16.30–19.30, Fr erst ab 11.30 Uhr).

Entlang der Küstenpromenade

Die breite, palmengesäumte Küstenpromenade **Passeig Marítim** (Passeig Sagrera), die den Platz der Ende des 19. Jh. geschleiften Stadtmauer einnimmt, ist mit breitem Fußgängerweg und einem separaten Fahrradweg hervorragend ausgebaut und eignet sich aufgrund ihrer beachtlichen Länge von mehr als 4 km vor allem für eine Radtour oder einen Trip mit dem Segway, einem elektrischen Roller, den man mieten kann (www.segwaypalma.com). Der Weg beginnt am Denkmal des Ramón Llull (s. S. 89)

Mit dem Rad am Meer entlang
Der zügig voranschreitende Ausbau von Fahrradwegen, insbesondere entlang der Küste, verleitet dazu, ganz entspannt am Meer entlangzuradeln. Kostenlose Räder (System Mou-Te-Bé) stehen leider nur Bewohnern der Balearen zur Verfügung. Bei *bike and go* an der Estación Intermodal an der Plaça d'Espanya kann sich aber jeder ein Rad ab 6 €/Tag leihen (Tel. 971 71 64 17, www.palmabikeandgo.com, tgl. April–Okt. 9–20 Uhr, Nov.–März 9.30–19.30 Uhr). Auch unter www.mobipalma.mobi kann man Räder mieten.

Palma und Umgebung

an der Einmündung der Avinguda Antoni Maura in die Küstenstraße unterhalb des Almudaina-Palastes.

Sa Llotja 39
Passeig Marítim, Di–So April–Okt. 10.30–13.30, 17.30–23 Uhr, Nov.–März 10.30–13.30, 16–18 Uhr, Eintritt frei
Das gotische Gebäude am Beginn der Promenade erweckt zwar äußerlich den Eindruck einer Kirche, war jedoch schon von Beginn an als **Börse** geplant. Im Jahr 1426, auf dem Höhepunkt des wirtschaftlichen Erfolges, wollte man den gewonnenen Reichtum, ganz so wie die Banken unserer Tage, auch architektonisch repräsentativ zum Ausdruck bringen. Mit einer Grundfläche von etwa 45 x 27 m ist der Bau zwar in seinen Ausmaßen recht bescheiden, in der kunstvollen Ausführung jedoch präsentiert er sich als ein Juwel der Gotik. Achteckige, zinnengekrönte Türme markieren die Ecken, verbunden durch schwungvolle, mit kleinen Türmchen aufgelockerte Galerien. Der Innenraum ist dreischiffig, die Gewölbe werden von sechs schlanken Säulen getragen. Die Llotja wird heute für Ausstellungen genutzt.

Unmittelbar daneben hat das **Consolat de Mar** 40 seinen Platz, ein Renaissancebau aus dem 17. Jh., in dem die Seefahrtsschule, später das Seehandelsgericht untergebracht waren.

Plaça Drassanes 41
Wir verlassen die Promenade für einen Moment und biegen rechts zur Plaça Drassanes ab, die von Cafés und Restaurants gesäumt ist und noch etwas abseits vom Haupttouristenstrom liegt. Einst flickten hier die Fischer ihre Netze, liegt doch der Fischerhafen nur einen Steinwurf entfernt jenseits der Uferpromenade und war schon früher durch eine Bresche in der Stadtmauer leicht zugänglich. Unter den Platanen steht ein **Denkmal des Seefahrers Jaume Ferrer**, einer der großen Kartografen des 15. Jh. Leider hat der Platz durch geparkte Autos etwas von seinem Charme verloren. Überquert man ihn, erreicht man den Carrer Apuntadores (s. S. 106).

Es Baluard – Museu d'Art Modern i Contemporani de Palma 42
Plaça Porta de Santa Catalina, 10, www.esbaluard.org, Di–Sa 10–20, So bis 15 Uhr, Mo geschl., 6 €, Bus 50 (roter Touristenbus)
Als nächstes lohnendes Ziel entlang der Küstenstraße bietet sich die **Bastió de Sant Pere** an, die Eckbefestigung der ehemaligen Stadtmauer an der Einmündung des umgeleiteten Torrent

Entlang der Küstenpromenade

Ein Magnet für Kunstliebhaber – Es Baluard, Palmas Museum für moderne und zeitgenössische Kunst in einer Bastion der ehemaligen Stadtmauer

de sa Riera. Durch einen kleinen Park steigt man hinauf. Von dem ehemaligen Fort stehen nur noch die Außenmauern. Das Innere nimmt **Es Baluard**, Palmas Museum für moderne und zeitgenössische Kunst, ein. Über drei Stockwerke verteilt und auf über 5000 m² präsentiert es herausragende Werke bildender Künstler des 20. und 21. Jh. – darunter Arbeiten von Picasso, Magritte, Miró und Anselm Kiefer. Beeindruckend sind auch die mallorquinischen postmodernen Landschaften des katalanischen Malers Joaquim Mir (1873–1940) vom Beginn des 20. Jh. Für den Laien vielleicht etwas gewöhnungsbedürftig erweisen sich die riesigen Skulpturen aus rostigen Platten im Freien. Auch der Videokunst und der modernen Fotografie wird man in diesem Museum gerecht.

Von der **Terrasse** vor dem Museum und der alten **Wehrmauer**, zu der vom Tor eine Treppe hinaufführt, bietet sich eine großartige Sicht auf den Hafen und die Westfassade der Kathedrale.

Rund um Es Baluard

Wer fußmüde ist, kann vom Museum zur Kirche **Santa Creu** hinabsteigen und durch die Costa de Santa Creu und den Carrer de Can Sales, vorbei an einigen Galerien, zu jenem kleinen Platz gelangen, von dem der Carrer Sant Feliu abgeht (s. S. 106). Am Wege liegt das **Café Ca'n Martí,** in dem man kaum Fremde trifft und der *cortado* zu zivilen Preisen serviert wird.

Es Jonquet 43

Jenseits des Torrent de Sa Riera erhebt sich der Mühlenhügel **Es Jonquet,** der sich im Umbruch befindet. Noch lassen zwei der Mühlen traurig ihre zerborstenen Flügel hängen, die dritte aber ist bereits restauriert. Ebenso hat man viele der winzigen ehemaligen Fischerhäuser ringsum instand gesetzt. Hierher kommt man auch, um von oben den schönen Blick über den Mastenwald der Jachten zu erleben. Um die Jachten aus größerer Nähe zu bewundern, geht man zur Promenade, wo man die Wahl hat zwischen dem angesagten **Café Cappuccino** oder der Terrasse des

Palma: Hafen

Sehenswert
- 1 – 42 s. Karte S. 90
- 43 Es Jonquet
- 44 Mercat de Santa Catalina
- 45 Nuevo Poble Espanyol
- 46 El Terreno
- 47 Jardins de Natzaret
- 48 Torre de Pelaires
- 49 Castell de Sant Carles
- 50 Castell de Bellver

Übernachten
- 1 – 6 s. Karte S. 90
- 7 Hostal Corona

Essen & Trinken
- 1 – 4 s. Karte S. 90
- 5 Toque
- 6 – 7 s. Karte S. 90
- 8 Duke
- 9 – 10 s. Karte S. 90

Abends & Nachts
- 1 – 2 s. Karte S. 90
- 3 Pacha Mallorca
- 4 Level Club
- 5 Tito's Palace
- 6 Garito Café
- 7 Made in Brasil
- 8 Casino de Mallorca

nicht mehr zu empfehlenden **Dàrsena** gegenüber, unmittelbar am Wasser.

Santa Catalina

Das sich nördlich an Es Jonquet anschließende Viertel Santa Catalina galt lange als sozialer Brennpunkt, es hat mittlerweile aber sein Junkie-Image abgeschüttelt und sich zum Zentrum einer lebhaften Restaurantszene gemausert. Das Viertel liegt um die ehemalige, heute mit einer sehenswerten Markthalle, dem **Mercat de Santa Catalina** 44, überbaute Plaça de la Navigació (www.mercatdesantacatalina.com).

Spanien à la miniature – Nuevo Poble Espanyol 45

C./ del Poble Espanyol 55, Mo–Fr 9–19, Sa/So u. Okt.–März 10–17 Uhr, 6 €, Haltestelle von Bus 50 (roter Touristenbus)

Spaniens historische Bauwerke werden hier in verkleinerter Form präsentiert – eine nette Anregung für weitere Reisen, viel mehr aber nicht. Souvenirläden und Cafés gibt es natürlich auch (Sa/So meist geschl.).

El Terreno 46

In einem weiten Bogen führt die Promenade nach Süden, nunmehr gesäumt von großen Hotels, schicken Cafés, edlen Restaurants, Läden für Jachtbedarf, Büros der Immobilienhändler, dem gewaltigen Auditorium (2000 Personen) und der Megadisco **Tito's Palace** 5. Passend dazu liegen gegenüber im Club Náutic, durch einen hohen Zaun abgeschirmt, die Luxusjachten. Die Straßen in der zweiten und dritten Reihe, insbesondere rings um die Plaça Gomila, sind Mittelpunkt von Palmas Nachtleben, genießen als Zentrum des Rotlichtbezirks aber auch einen recht zweifelhaften Ruf.

Jardins de Natzaret 47

Av. Gabriel Roca, neben Disco Pacha, Mo–Fr 10–14 Uhr, Eintritt frei

Der kleine verwunschene, am Hang gelegene Park wurde der Öffentlichkeit zugänglich gemacht. Er ist nicht nur eine schattige Oase mit einem schönen Blick auf den Hafen, sondern auch ein Paradies für Pflanzenfreunde. Der im romantischen Stil angelegte Park mit seinen gewundenen Wegen gehörte dem Kardinal Despuig, der auch das Landgut Raixa (s. S. 178) besaß.

Portopí

Das Ende der Bucht ist der kommerziellen Seefahrt vorbehalten. Die Fähren zum Festland und die riesigen, wie schwimmende Wohnblocks anmutenden Kreuzfahrtschiffe haben hier ihre Piers. Sie grenzen an den alten Hafen Portopí, dessen historische Bedeutung der **Torre de Pelaires** 48 dokumentiert. Der zinnengekrönte Turm aus dem 15. Jh., der früher den Namen

Palma und Umgebung

Torre d'en Caroz trug, schützte viele Jahrhunderte die Hafeneinfahrt.

Auch das **Castell de Sant Carles** 49 diente dem Schutz des Hafens. Es beherbergt heute das **Militärmuseum** gleichen Namens mit Exponaten zur Militärgeschichte (tgl. außer Mo 10–14 Uhr, Eintritt frei, www.museo militarsancarlos.com). Von der Mauer genießt man einen herrlichen Blick über Palmas Hafen. Bereits die Römer nutzten die Stelle als Landeplatz, da ihre Segler von hier aus auch bei ungünstigen Winden problemlos das offene Meer erreichen konnten.

Der Name Portopí geht auf die römische Bezeichnung *portucus pini* (Hafen der Pinie) zurück und erinnert an eine mächtige Pinie, die lange als Landmarke diente.

Castell de Bellver 50
http://castelldebellver.palmademal lorca.es, Mo 8.30–13, April–Sept. Di–Sa bis 20, So 10–20 Uhr, im Winter Di–So nur bis 18 Uhr, 4 €, erm. 2 €, So Eintritt frei; Museum So geschl., erreichbar mit Linie 50 (roter Touristenbus)

Von einem Berghang gut 100 m über El Terreno blickt das **Castell de Bellver** über die Hafenbucht. Wer mit dem Rad unterwegs ist, dürfte hier ins Schwitzen geraten. Die Befestigung aus dem 14. Jh. gewährt, vor allem am späten Nachmittag, den schönsten Blick über Mallorcas Metropole. Begonnen wurde der runde Festungsbau bereits von Jaume I. kurz nach der Eroberung der Insel. Nach seiner Fertigstellung 1309 diente er bis zum Umbau des Almudaina-Palastes den mallorquinischen Herrschern als Residenz.

Die fast fensterlose Außenmauer, aus der drei Wehrtürme hervorspringen, der Graben und der frei stehende Bergfried betonen den burghaften Charakter der Anlage. So bildete dann Bellver auch eine der letzten Bastionen der Anhänger von Jaume III. bei der vergeblichen Verteidigung der Insel gegen die Truppen Pedros von Aragón. Danach diente das Castell de Bellver bis ins 19. Jh. als Gefängnis. Angesichts der dunklen und feuchten Verliese im Turm empfindet man noch heute Mitleid mit den ehemaligen Gefangenen, unter ihnen der berühmte Schriftsteller und Justizminister Gaspar Melchior Jovellanes (1744–1811), der sich der Inquisition widersetzt hatte.

Der von einer zweistöckigen Galerie mit romanischen (unten) und gotischen Bögen (oben) umschlossene **Innenhof** spiegelt hingegen wenig von der düsteren Vergangenheit wider und erinnert eher an ein Schloss. Die Innenräume beherbergen das **Museu d'História de la Ciutat** mit Exponaten zur Insel- und Stadtgeschichte. Am ersten Sonntag nach Ostern (Pancaritat) pilgern Tausende zum Castell zum geselligen Beisammensein.

Übernachten

Palma hat mittlerweile eine stattliche Zahl besonders schöner individueller Unterkünfte, die im Gegensatz zu den Hotels der Badeorte fast alle das ganze Jahr über geöffnet sind. Am schönsten und zentralsten wohnt man in der Altstadt.

Stilvoller Luxus – **Palacio Ca Sa Galesa** 1 : C. Miramar, 8, Tel. 971 71 54 00, www.palaciocasagalesa.com, DZ ab 280 € (ohne Frühstück). Geschmackvolles 5-Sterne-Boutiquehotel voller Antiquitäten in einem ehemaligen Stadtpalais aus dem Jahre 1576 inmitten der Altstadt. Die zwölf Zimmer, nach Musikern benannt, sind mit Kostbarkeiten ausgestattet. Den Gästen stehen eine Sauna, ein Pool und eine Dachterrasse mit umwerfendem Blick auf die Kathedrale zur Verfügung.

Adressen

Romanische und gotische Bögen umspannen den Innenhof des Castell de Bellver

Cooles Ambiente – **Hotel III 2**: C. Apuntadores, 3, Tel. 971 717 33, www.hoteltres.com, DZ ab 260 € (inkl. Frühstück). Hinter dem eher unscheinbaren Eingang mit alter Fassade in dem schmalen Carrer Apuntadores versteckt sich dieses etwas minimalistische 4-Sterne-Edelhotel mit seinen 41 überwiegend in Weiß gehaltenen Zimmern. Auch hier hat man einen tollen Blick von der Dachterrasse. Irgendwie verständlich, dass es in schwedischem Besitz ist – der kühle Norden lässt grüßen. Wer der Nüchternheit entfliehen will, hat es nicht weit; gleich um die Ecke liegt die für ihre üppige Dekoration berühmte Bar Abaco (s. S. 117).

Edel mallorquinisch – **San Lorenzo 3**: C. de Sant Llorenç, 14, Tel. 971 72 82 00, www.hotelsanlorenzo.com, DZ ab 215 € (ohne Frühstück). Ein liebevoll eingerichtetes 4-Sterne-Stadthotel mit nur sechs Zimmern. Es ist in einem restaurierten Palau aus dem 17. Jh. untergebracht. Schöner Blick über Palma vom Pool auf der Dachterrasse.

Bezahlbare Nostalgie – **Hotel Born 35**: C. de Sant Jaume, 3, Tel. 971 71 29 42, www.hotelborn.com, DZ ab ca. 180 €, auch pauschal zu buchen. Ein weiteres aus einem Stadtpalast hervorgegangenes Hotel, das lange als Geheimtipp galt und um seine prächtige Marmorhalle von allen beneidet wird (s. S. 107).

Solide und zentral – **Jaime III 4**: Passeig Mallorca, 14B, Tel. 971 72 59 43, www.hmjaimeiii.com, DZ mit Frühstück ab ca. 140 €. Modernes, professionell geführtes Hotel mitten in der Stadt. Geräumige Zimmer, kleiner Fitnessraum, gutes Frühstücksbüffet.

Modern in altem Gewand – **Hotel Almudaina 5**: Avda. Jaume III, 9, Tel. 971 72 73 40, www.hotelalmudaina.

Palma und Umgebung

com, DZ ab ca. 120 €. Zentral gelegenes Hotel in historischem Gebäude mit geschmackvollen funktionalen Zimmern, einige mit Balkon. Dachterrasse mit Bar und herrlichem Blick über die Stadt. WiFi und Frühstücksbüffet.

Treffpunkt der Backpacker – **Ritzi** 6: C. Apuntadores, 6, Tel. 971 71 46 10, www.hostalritzi.com, DZ ab 65 €, EZ ab 40 €. Beliebte zentrale Unterkunft preisbewusster Rucksacktouristen, schräg gegenüber vom Nobelhotel Tres. Gleich neben dem Ritzi liegt das **Apuntadores** (Tel. 971 71 34 91, www.apuntadoreshostal.com). Etwas besser als das Ritzi, Aufzug, schöne Dachterrasse. DZ mit Bad ab 72 €.

Preiswerte Gemütlichkeit – **Hostal Corona** 7: C. Josep Villalonga, 22, Tel. 971 73 19 35, www.hostal-corona.com, DZ ab 51 €. In einem alten Stadthaus unterhalb des Castell de Bellver im Ortsteil El Terreno in einem großen Garten gelegenes Hotel mit Jugendstilbar. Vor allem jüngere Leute schätzen diese Unterkunft, zumal die angesagten Discos fast direkt vor der Tür liegen. 15 Zimmer ohne Bad.

Essen & Trinken

An Restaurants herrscht wahrhaft kein Mangel. Unter ihnen nutzen viele ihre bevorzugte Lage, etwa rings um die Kathedrale, am Beginn der Küstenpromenade oder im Carrer Apuntadores, zu einer mit der Qualität nicht ganz zu vereinbarenden Preisgestaltung.

Zu Gast beim Sternekoch – **Aromata** 1: C/ de la Concepció, 12, Tel. 971 49 58 83, www.aromatarestaurant.com. Das etwas versteckt in einem großen historischen Gebäude liegende Restaurant des Sternekochs Andreu Genestra ist werktags die erste Wahl für ein hervorragendes Mittagsmenü für gerade einmal 15,50 €.

Alteingesessen – **La Paloma** 2: C/ Apuntadores, 16 (La Lonja), Tel. 971 72 17 45, www.lapaloma.es. Schwedischer Inhaber, aber hervorragende spanische Küche in historischem Ambiente zum Wohlfühlen. Das Mittagsmenü gibt es für 15 €.

Asiatischer Genuss – **Koh** 3: C/ de Servet, 15, Santa Catalina, Tel. 971 28 70 39, www.kohmallorca.com, Mo–Sa 19–23 Uhr. Es müssen nicht immer Tapas sein. Das eher unscheinbare Restaurant bietet exzellente, vorwiegend thailändische Küche, die zu neuen Reiseplänen animiert. Hauptgerichte ab ca. 13 €.

Zentral, sympathisch und preiswert – **Gustar** 4: Placa de Banc de l'Oli, 11, Tel. 871 71 08 80, www.gustar-palma.es, Mo–Fr 12.30–17 Uhr (Küche bis 16 Uhr), Mi–Fr 20–24 Uhr (Küche bis 22.30 Uhr). Kleines Restaurant mit Schweizer Inhaberin. Bodenständige Kochkunst mit frischen, überwiegend regionalen Zutaten mit Schwerpunkt Bio. Pasta gibt es schon ab 7 € und auch die Weine sind bezahlbar.

Fusion – **Toque** 5: Federico Garcia Lorca, 6, Tel. 971 28 70 68, www.restaurante-toque.com, Di–So 13–15.30, Di–Sa auch 19–23 Uhr. Gelungene Mischung belgischer und mallorquinischer Kochkunst in Palmas neuem Trendviertel. Sehr gutes Preis-Leistungs-Verhältnis. Ein Mittagsmenü gibt es bereits für 13 €, Hauptgerichte ab ca. 15 €. Große Bierauswahl!

Preiswert und gut – **Celler Sa Premsa** 6: Plaça Bisbe Berrenguer de Palóu, 8, Tel 971 72 35 29, www.cellersapremsa.com, Mo–Sa 12–16, 19.30–23.30 Uhr, im Sommer Sa/So geschl. Spanische Hausmannskost im landestypischen Ambiente eines Kellergewölbes, dekoriert mit verblassten Stierkampfplakaten. Auch die Preise sind nahezu nostalgisch, für gegrilltes Lammkotelett zahlt man 7,50 €.

Adressen

Tapaparadies – **13 %** 7 : Sant Feliu 13, (Zentrum), Tel. 971 42 51 87, www.13prozent.com, Mo–Sa 12.30–24, So 18–24 Uhr. Kleine charmante Mischung aus Bodega, Feinkostladen und Restaurant, sehr zu empfehlende Tapas-Auswahl als Mittagsmenü für den kleinen Hunger (ca. 11 €) nach einem Stadtbummel. Sehr gutes Preis-Leistungs-Verhältnis.

Cool und gut – **Duke** 8 : Calle Soler, 36, Tel. 971 07 17 38, Mo–Fr 13–15.30, 19.30–23.30 Uhr, Sa nur abends, So geschl. Momentan das angesagteste Restaurant in Santa Catalina. Ein wenig Surfer-Atmosphäre (der Name stammt von Duke Kahanamoku, dem »Vater« des Surfens). Hervorragende Fusion-Küche. Reservierung empfohlen. Hauptgerichte ab ca. 12 €.

Nur Tapas – **Tast** 9 : C/ Unión, 2, Tel. 971 72 98 78, www.tast.com, Mo–Sa 12.30–24 Uhr. Derzeit bekannteste Tapas-Bar mit ansprechendem Ambiente und einer umwerfenden Vielzahl dieser kleinen typischen Köstlichkeiten (ab ca. 2,70 €). Das Tast wird auch von Einheimischen gern aufgesucht.

Alles frisch – **Dalt Olivar** 25 : 1. Stock des Mercat Olivar, Mo–Sa 9–17 Uhr. Alteingesessenes, auch von Einheimischen bevorzugtes Bistro mit ausgezeichneten Tapas (ab ca. 3 €). Man kann auch den unten im Markt gekauften Fisch hier zubereiten lassen!

Jugendstil-Interieur – **Xocolateria Ca'n Joan de S'Aígo** 10 : siehe Lieblingsort S. 98.

Einkaufen

Seit den Billigflügen hat sich Palma zum Einkaufsparadies gemausert, das man vor allem im Winter gern mal für ein paar Tage ansteuert. Das ist auch den Edelmarken Gucci, Prada, Armani und Co. nicht entgangen, die in bevorzugter Lage am Passeig del Born

> **Häppchen für Häppchen**
> Jeden Dienstag ab 19 Uhr locken 25 Tapas-Bars entlang der sogenannten Ruta Martiana (»Dienstagstour«) im Viertel Gerrería zwischen der Plaça Mayor 22 und der Plaça Eulalia mit einem Angebot, dem man kaum widerstehen kann. Für 2 € bekommt man eine Tapa und ein Glas Wein oder Bier. Auch wenn man nicht alle 25 Bars schafft: für Abwechslung ist gesorgt.

Filialen eröffnet haben. Im Fremdenverkehrsbüro erhält man die kleine Broschüre »Palma – der beste Einkauf am Mittelmeer« mit themenbezogenen Shopping-Routen. Zwischen Plaça de Cort und Plaça d'Espanya liegt das Einkaufsviertel für gehobene Ansprüche, das sich auch auf den Carrer des Sindicat, den Carrer Bosseria und den Carrer Argenteria erstreckt. Die Westseite der Plaça de Cort öffnet sich zur Haupteinkaufsstraße, dem Carrer Jaume II, der auf die Plaça Major zuläuft.

Mallorquinische Delikatessen – **Colmado Santo Domingo** 1 : C. de Santo Domingo, 1, www.colmadosantodomingo.com. Der Laden ist nur winzig, aber die Auswahl an Delikatessen kann sich sehen lassen, natürlich fehlen die mallorquinischen Würste, *sobrassadas*, nicht und Schinken, die in Trauben von der Decke hängen.

Feine Lebensmittel – **Son Vivot** 2 : Pl. Porta Pintada (nahe Plaça d'Espanya), www.son-vivot.com. Auswahl und Angebot sind ganz ähnlich wie bei Santo Domingo, alles ist hier allerdings etwas größer.

Paradies der Köche – **Especias Crespis** 3 : C/ Via Sindicato, 64, Tel. 971 71 56 40. Alteingesessener Gewürzladen mit all den Köstlichkeiten, die gute Küche. Stände gibt es auch im Mercat Olivar und Santa Catalina. Und selbst

Nicht nur Wurst in allen Variationen bekommt man im Colmado Santo Domingo

zu Haus kann man vieles unter www.mallorquiner.com bestellen.

Paradies für Süßmäuler – **La Pajarita** 4 : C. Sant Nicolau, 4. Schokolade und Pralinen aus eigener Fertigung.

Designerschuhe – **Farrutx** 5 : Plaça Mercat, 10, www.farrutx.com. Filiale von Mallorcas bekanntester Schuhmarke.

Junge Schuhmode – **Camper** 6 : Calle de San Miguel, 17. Kultschuhe aus der berühmten Werkstatt in Inca mit dem schönen Motto: »Damit du vergisst, dass du Füße hast«.

Nicht nur ein Augenschmaus – **Rialto Living** 7 : C. Sant Feliu, 3, www.rialtoliving.com, Mo–Sa 10–20.30 Uhr. Bereits das tolle Ambiente in einem alten Herrenhaus verführt zum Kauf all jener Dinge, die man eigentlich nicht braucht, aber gern haben möchte. Bücher, Mode, Kunst, Deko – und ein Café gibt es auch.

Antiquariat – **Bazar del Libro** 8 : C/ del Sant Crist, 2, Tel. 971 71 11 55. In dem kleinen Geschäft rechts neben der Kirche Santa Eulalia findet man vor allem spanische Bücher und alte Plakate.

Edler Schmuck – **Majorica** 9 : Im Kaufhaus Corte Ingles, Avda. Jaume III, 15, www.majorica.com. Sehr geschmackvolle Auswahl hochwertiger Schmuckstücke, u. a. natürlich mit den Perlas Majoricas, für die die Firma berühmt ist, aber auch Accessoires und Handtaschen.

Wellness für zu Hause – **Gaia natural** 10 : C. Corderia, 28, www.gaia-natural-mallorca.com. Wer Körper und

Adressen

Geist auch nach dem Urlaub verwöhnen will, kann sich hier mit feinen Ölen und Seifen eindecken.

Aktiv

Führungen – Geführte Stadtrundgänge findet man unter www.palmawalks.com, Touren mit einem Segway unter www.funrunpalma.com (ab 35 €). Geführte Touren mit dem Rad gibt es bei www.stadtrad-palma.com; siehe auch Mein Tipp S. 107.

Spanisch lernen – Anerkannte Sprachkurse in Spanisch bieten **Dialog** 1, C. Carme, 14, Tel. 971 71 99 94, www.dialog-palma.com, die größte deutschsprachige Buchhandlung Spaniens, und **Die Akademie** 2, C. d'en Morei, 8, Tel. 971 71 82 90, www.dieakademie.com. Der kürzeste Intensivkurs dauert fünf Tage. Beide Veranstalter helfen bei der Beschaffung einer Unterkunft.

Wellness und Yoga – **Puro Beach Club** 3: Zwischen Palma und Platja de Palma, Ausfahrt Flughafen, www.purohotel.com. Der Club ist die angesagteste Adresse, um die Seele baumeln zu lassen. Geboten werden auch Wellness, Yoga und Meditation.

Abends & Nachts

Das Nachtleben konzentriert sich auf zwei Zentren, die Gassen um die Llotja herum und das Viertel El Terreno, dort insbesondere um die Plaça Gomila. In den Discos zahlt man Eintritt, der je nach Programm variieren kann und der teilweise mit dem ersten Drink verrechnet wird. Zwischen der Plaça d'Espanya und Portopí verbindet ein Nachtbus die wichtigsten Hotspots der Nachtschwärmer.

Palma ist aber vor allem auch die Kulturhauptstadt Mallorcas. Das Angebot ist riesig und bietet für jeden Geschmack etwas.

Drinks im Blumenmeer – **Abaco** 1: C. Sant Joan, 1, www.bar-abaco.es. Wegen seiner üppigen Blumendekoration und Drinks gleichermaßen berühmter Treffpunkt betuchter Nachtschwärmer nahe der Llotja. Mit ca. 16 € für einen Cocktail lässt man sich die exklusive Gestaltung, die wöchentlich 3500 € kosten soll, fürstlich honorieren; fotografieren darf man die Pracht aber trotzdem nicht!

Für Kenner – **Jazz Voyeur Club** 2: C. Apuntadores, 5 (neben Hotel Tres), Tel. 971 72 07 80, www.jazzvoyeurfestival.com, tgl. ab 20 Uhr. Sehr abwechslungsreiches Angebot unterschiedlichster Stilrichtungen von Blues über Latino bis Flamenco.

Sehen und gesehen werden – **Pacha Mallorca** 3: Passeig Marítim, 42, www.pachamallorca.es. Ableger der berühmten Disco aus Ibiza. Auf neuestem Stand für ein Publikum ab 20 mit einem Querschnitt der gängigen Disco-Musik. Man muss lange für einen Drink anstehen, es sei denn, man wählt den exklusiven VIP-Bereich.

Für Latino-Fans – **Level Club** 4: Passeig Marítim, 33, Tel. 971 73 36 71, ab 22.30 Uhr. Angesagte Disco (dort, wo früher IB's die Tanzfreudigen anlockte), spezialisiert auf Salsa. Bevorzugte Disco der Twens mit viel einheimischem Publikum, Terrasse mit Pool.

Mutter der Discos – **Tito's Palace** 5: Plaça Gomila/Passeig Marítim, www.

Veranstaltungskalender

Wer sich aktuell darüber informieren will, was in Palma an Events geboten wird, der findet einen Veranstaltungskalender unter **www.mallorcazeitung.es** (Stichwort Freizeit), **www.cultura.palma.es** und **www.zumbs.com** (auch als App) Unter **www.ticketmaster.es** kann man Karten vorbestellen.

Palma und Umgebung

titosmallorca.com, während der Saison Mo–Fr 22.30–6, Sa 23.30–6, So 23–6 Uhr, im Winter Mo–Mi geschl. Zur Legende gewordene Disco, hervorgegangen aus einem Tanzpalast der 1930er-Jahre, doch auf modernstem technischem Stand.

Soul und Rock am Hafen – **Garito Café** 6 : Dàrsena de Can Barbara, s/n, Passeig Marítim, www.garitocafe.com, tgl. 19–4 Uhr. Angesagter Pub mit den besten DJs und einer gepflegten Atmosphäre.

Heiße Rhythmen – **Made in Brasil** 7 : Passeig Maritim 21, Tel. 971 45 45 69, www.brasilbaleares.com, tgl. 20–4 Uhr. Klein, heiß und eng. Dennoch seit Jahren beliebte und immer überfüllte Bar mit winziger Tanzfläche. Nonstop Pop, Samba und Salsa mit spontanen ›Tanzkursen‹.

Gepflegtes Glücksspiel – **Casino de Mallorca** 8 : Centro Comercial Porto Pi, Tel. 971 13 00 00, www.casinodemallorca.com, tgl. 16–5 Uhr, Tageskarte 8 €, Spielautomatensaal 10–16 Uhr frei. Hier treffen sich vorzugsweise Urlauber in gesetzten Alter, um sich von der Glücksfee verführen zu lassen.

Infos & Termine

Termine

Festa dels Reis: 5. Jan. Prozession der Heiligen Drei Könige durch die Altstadt.
Beneides de Sant Antoni Abat: 17. Jan. Segnung der Haustiere vor dem Convent Sant Antoni Abat.
Festa Sant Sebastià: um den 20. Jan. Fest zu Ehren des Schutzheiligen Palmas mit spektakulärem Umzug der *gegants* (Holzfiguren) und Feuerwerk.
Fira del Ram: Anf. März–Anf. April. Größte Kirmes der Balearen, im Polígono Son Fusteret in Palma.
Setmana Santa (Karwoche): am Gründonnerstag Umzug mit der Christusfigur durch die Altstadt (s. S. 34).

Sant Pere: Ende Juni. Bootsprozessionen zu Ehren des Schutzpatrons der Fischer.
Nit del Art: Sept. In der Nacht der Kunst sind die ganze Nacht über Galerien und Museen geöffnet.

Kultur-Events

Jazz Voyeur Festival: C. Apuntadores, 5, Tel. 971 72 07 80, www.jazzvoyeurfestival.com. Einmal pro Monat Jazz-Sessions an unterschiedlichen Orten, veranstaltet vom Jazz Voyeur Club.
Festa de Santa Catalina: Ende Okt. Prozession durch die Altstadt.

Verkehr

Verkehrsknotenpunkt der Stadt ist die Plaça d'Espanya mit ihrem unterirdischen Bahnhof für die Züge nach Manacor und die U-Bahn sowie dem ebenfalls unterirdischen Busterminal für die Verbindungen zu den außerhalb der Hauptstadt gelegenen Orten. Auch die meisten Stadtbusse berühren die Plaça. Oberirdisch befindet sich nur noch noch der Bahnhof für den Roten Blitz (nach Sóller und zurück; s. S. 160).

U-Bahn: Die U-Bahn, die das Zentrum mit der Universität verbindet, ist für Besucher kaum von Interesse.
Bus: Palma verfügt über ein gut ausgebautes **Busnetz**. Alle Routen und Fahrpläne sind übersichtlich auf der Website **www.emtpalma.es** dargestellt (auch auf Deutsch und als App).
Sightseeingbusse: Speziell für Touristen wurden die roten **Doppeldeckerbusse City Sightseeing** (Linie 50) mit offenem Oberdeck in Betrieb genommen, die im 20-Minuten-Takt die wichtigsten Sehenswürdigkeiten bis nach Portopí anfahren (Route auch als App für iPhone). Das 48-Stunden-Ticket kostet 19 €. Bei Onlinebuchung gibt es Rabatt (www.mallorcatour.com).

An Palmas Stränden entlang

Portixol und Ciutat Jardin ▸ D 5

Die ehemals halb zerfallenen Fischerhäuser am kleinen Hafen **Portixol** und ein Stück weiter in **Ciutat Jardin** sind in den vergangenen Jahren zu begehrten Immobilien geworden, in die immer mehr Bars und Restaurants Einzug halten. Die beiden Viertel sind trotz des Fluglärms – der Inselflughafen liegt in unmittelbarer Nähe – schon fast so trendy wie Santa Catalina.

Dazu beigetragen hat nicht zuletzt die schön ausgebaute **Strandpromenade** mit Sitzgelegenheiten zwischen Palma und der Platja de Palma. Parken ist problematisch, aber es sind nur wenige Kilometer auf autofreiem Radweg zu den Bettenburgen am ehemaligen Ballermann.

Übernachten

Unter Denkmalschutz – **Ciutat Jardí:** Carrer de l'Illa de Malta, 14, Tel. 971 74 60 70, www.hciutatj.com, DZ mit Frühstück 150 € (Hauptsaison). Der villenartige Bau im maurischen Stil stellt mit seinem Ambiente alle Hotels der Umgebung in den Schatten. Bereits 1921 residierten hier betuchte Globetrotter.

Essen & Trinken

Feinster Fisch – **Casa Fernando:** Trafalgar, 27, Ciutat Jardin, Tel. 971 26 54 17, www.restaurantecasafernando.com, Di–So 13–16, 19–24 Uhr. Im winzigen Eckrestaurant dinierten bereits der spanische König, Helmut Kohl und andere Prominenz. Berechnet wird nach Art und Gewicht des stets tagesfrischen Fischs.
Authentisch italienisch – **Almare:** Esculls, 5, Ciutat Jardin, www.almare.es. Opulente Pizzen (9,50 €) und leckere Pasta, mit Meerblick.
Kleine Leckereien – **Tapas Club:** C/ Vicario, J. Fuster (an der Promenade) Portixol, www.tapasclubportixol.com. Große Auswahl zu moderaten Preisen (ab 3,50 €).

Platja de Palma ▸ D 5

Der breite, feine Sandstrand der Platja de Palma, nur wenige Kilometer östlich der Kathedrale gelegen, gehört seit Jahrzehnten zu den bevorzugten Reisezielen der Deutschen. Die besseren Häuser liegen an der vor einigen Jahren neu gestalteten Strandpromenade, die einfacheren Hotels finden sich in den parallel dazu verlaufenden Straßen.

Die Platja ist das richtige Ziel für Urlauber, die den Trubel suchen und die Nähe zur Hauptstadt schätzen. Die Errichtung neuer 4- und 5-Sterne-Hotels (z. B. Hipo Gran Playa de Palma und Pure Salt Garonda) zeigt aber auch den Trend zu mehr Exklusivität.

Balnearis

Damit jeder weiß, wo er sich gerade befindet, ist die Strandpromenade in **15 Zonen**, die *balnearis* (span. *balnearios*) unterteilt, beginnend in S'Arenal und jeweils ausgestattet mit einem Kiosk. Außer am Balneari 6, dem berühmt-berüchtigten Ballermann, der umgestaltet wurde und nun **Beach**

Palma und Umgebung

Der lange Strand von S'Arenal – im Sommer prall gefüllt mit Badegästen – bietet außerhalb der Saison Gelegenheit zu einsamen Strandspaziergängen

Club Six heißt, hat sich auch hinter dem Balneari 5 unter der Bezeichnung **Mega Arena** eine Art Freiluftbiergarten mit riesiger TV-Leinwand (www.megapark.tv) etabliert. Hinter dem Balneari 7, jüngst in **7 Mare** umgetauft, öffnet sich, gewissermaßen als Kontrast, ein kleiner, mit Tamarisken bestandener **Park**.

Palma Aquarium
C. Manuela de los Herreros i Sorà, www.palmaaquarium.com, Jan.–März tgl. 10–16, letzter Einlass 15 Uhr, April–Dez. 10–18, letzter Einlass 17 Uhr, 19,50 €, Kinder 14 € (online günstiger). Haltestelle der Busse 15 und 25
Zu den beliebtesten Attraktionen der Ferienregion, wenn nicht ganz Mallorcas, zählt das Palma Aquarium, ein spektakulärer Meerwasserpark mit naturgetreuer Nachbildung der ozeanischen Biotope.

S'Arenal ▸ D 5/6

S'Arenal, das sich nahtlos an die Platja de Palma anschließt, war lange Zeit liebstes Kind der Deutschen, obwohl es aus Sicht der Landschaftsschützer als erschreckendes Denkmal mallorquinischer Bausünden gewertet wird. Gesichtslose, dicht aneinandergereihte Betonsilos bestimmen das Bild. Zwar zieht sich der Strand als Fortsetzung der Platja de Palma breit an den Hotelfassaden entlang, dennoch wird er im Sommer des Ansturms der meist einheimischen Touristen kaum Herr. Immerhin wurde die Promenade von Palma über Platja de Palma mittlerweile bis hierher geführt.

S'Arenal

Übernachten

Platja de Palma und S'Arenal sind durch große Hotels für Pauschaltouristen geprägt, die den Hauptteil der Kataloge ausmachen. Teils lassen sie sich nur über Veranstalter buchen.

In der ersten Reihe – **Garonda:** C. Arenal, 28, Tel. 971 01 40 40, www.mac-hotels.com, DZ ab 200 € (Halbpension, Hochsaison). Komfortables 4-Sterne-Hotel an der Strandpromenade mit hellen, klimatisierten Zimmern. Auch im Winter geöffnet. Keine Kinder!

Beliebt – **Riu San Francisco:** C. Laud, 24, Tel. 971 26 46 50, www.riu.com, Preise s. Anbieter. Sehr gepflegtes Haus (nur Erwachsene) an der Promenade, das hervorragendes Essen bietet. 133 etwas kleine Zimmer, für Ruhesuchende im Sommer weniger geeignet; gute Busverbindung nach Palma. Zu den ebenfalls empfehlenswerten Hotels dieser Kette gehören das in einem großen Garten, allerdings nicht direkt am Strand gelegene **Riu Festival** und das All-inclusive-Hotel **Riu Bravo** in ähnlicher Lage.

Essen & Trinken

Die Region Platja de Palma/S'Arenal gehört nicht zu den Feinschmeckerecken der Insel. Wichtigster Treffpunkt hungriger und vor allem durstiger Urlauber sind die sogenannte Schinken- (C. Bartolomeu Salva) und Bierstraße (C. Miquel Pilissa).

Fleischeslust – **Ca'n Torrat:** Camino Maravillas, 25 (nahe Autobahnabfahrt 11), Tel. 971 26 20 55, www.cantorrat.com, tgl. 13–1.30 Uhr. Für seine großen Fleischportionen, v. a. die Steaks vom Holzkohlegrill, bekanntes und beliebtes rustikales Restaurant, recht zentral an der Zufahrt zur Autobahn MA-19 gelegen. Hauptgerichte ab ca. 15 €.

Aktiv

Radfahren – **Sunshine-bikes:** C. Caravella, s/n, Tel. 971 74 39 28, www.sunshine-bikes.com. Rennräder, Mountainbikes und Tourenräder, Preis pro Woche ab 70 €; **Ebikes:** C. Marbella, Tel. 971 20 08 88, www.ebikes-mallorca.com. Verleih auch von E-Bikes.

Abends & Nachts

Platja de Palma und S'Arenal sind Hochburgen ausschweifenden Nachtlebens und bieten für jeden Geschmack das Passende. Gemäß einer Lärmverordnung dürfen nur Lokale mit spezieller Lizenz bis nach 24 Uhr die Musik laut aufdrehen. Einen Überblick über die Partyszene unter: www.volle-pulle-mallorca.de …

Bajuwarisch deftig – **Oberbayern:** Promenade zwischen Balnear 9 und 6, www.oberbayern-mallorca.tv, tgl. ab 20 Uhr. Berühmt-berüchtigter Partyschuppen. Deutsche Schlagerstars haben hier ihre Auftritte und bei den Musikern herrscht bayerische Kleiderordnung. Für das Spektakel zahlen Gäste gern 5 € für ein großes Bier.

Die Biergarten-Disco – **Megapark:** Balneario 5, www.megapark.tv, tgl. ab 9 Uhr. Oben Biergarten in neogotischem Stil mit über 3000 Plätzen, teils open air. Wenn die Musik im Biergarten ab 24 Uhr schweigt, dann geht es unterirdisch weiter in der Disco Mega Arena.

Infos

O.I.T. Platja de Palma: Plaça Mercavelles (Balneari 7), Tel. 902 10 23 65, tgl. 9–20 Uhr.

Bus: Nr. 15 ca. alle 10 Min. von S'Arenal über Platja de Palma nach Palma. Expressbus Nr. 25 über die Autobahn, Nr. 21 zum Flughafen.

Das Beste auf einen Blick

Die Küste westlich von Palma

Highlight!

Port d'Andratx: Er ist sicherlich einer der schönsten Häfen an der Südküste und lockt mit einer hübschen, von Cafés und Restaurants gesäumten Promenade mit Blick auf Jachten und die bizarre Gebirgskette im Hintergrund. S. 132

Auf Entdeckungstour

Sa Dragonera – die Dracheninsel: Die unbewohnte, unter strengem Naturschutz stehende Insel Sa Dragonera vor der Bucht von Sant Elm verzaubert den Besucher mit großartigen Ausblicken und einer seltenen Flora und Fauna. Die Steilküste von Sa Dragonera gilt mit ihren Riffen, Höhlen und Wracks als eines der besten Tauchreviere der Insel. S. 138

Kultur & Sehenswertes

Das Atelier von Joan Miró: Hoch über der Cala Major vermittelt das Museum der Fundació Pilar i Joan Miró einen umfassenden Einblick in das Schaffen des begnadeten Künstlers. S. 124

Centre Cultural in Andratx: Zeitgenössische Kunst mit Schwerpunkt Skandinavien steht hier im Mittelpunkt. Alljährlich mehrere Wechselausstellungen in der Kunsthalle und der Asbaek Gallery. S. 134

Zu Fuß & mit dem Rad

Mit dem Rad unterwegs: Eine der beliebtesten Rundfahrten führt über einsame Bergstraßen von Peguera über Es Capdellà nach Andratx und zurück nach Peguera. S. 130

Zur Klosterruine Sa Trapa: Die Wanderung von Sant Elm hinauf zum einstigen Trappistenkloster bietet herrliche Ausblicke auf die Küste und die Dracheninsel. S. 134

Genießen & Atmosphäre

Portals Nous: Auch wer keine Millionenjacht sein Eigen nennt, kann hier in entspannter Atmosphäre seinen Kaffee einnehmen oder sich mit gut gefüllter Brieftasche von den besten Restaurants der Insel verwöhnen lassen. S. 125

Weite Blicke: Von den Sonnenuntergängen im beschaulichen Ort Sant Elm wird jeder noch lange zehren – wie auch von den Blicken am Cap de Cala Figuera. S. 136, 128

Abends & Nachts

BCM Planet Dance: Zu Europas größter Disco in Magaluf reisen die jugendlichen Nachtschwärmer allabendlich aus allen Teilen der Insel an. S. 129

Bars mit Hafenblick: Der abendliche Sundowner an der Bucht von Port d'Andratx lässt sich bei Mitj & Mitj oder in der Havana Bar beliebig in die Nacht ausdehnen. S. 133

Die Küste westlich von Palma

Hinter Portopí, der Grenze Palmas, treten die Berge näher ans Meer, durchsetzt von größeren und kleineren Buchten, an denen sich die Ferienorte wie auf einer Perlenschnur reihen.

Ganz unterschiedlich sind sie in ihrem Charakter, dem eher lauten Vergnügen kurzer Urlaubstage zugewandt wie Magaluf, exklusiv und edel wie der Jachthafen von Portals Nous oder die Appartements der Costa de sa Calma, ganz in deutscher Hand wie Peguera, trendy wie Port d'Andratx oder abseits vom Trubel wie Sant Elm.

Je weiter man sich der Westspitze Mallorcas nähert, desto spektakulärer wird die Szenerie bis hin zu den jäh abfallenden Ausläufern der Tramuntana, die bei Sant Elm die Landschaft prägen. Dass sich der Geldadel angesichts der unübertroffenen Meerblicke hier wohl fühlt, ist nur zu verständlich. Und so streitet er um jeden Quadratmeter für neue Bungalows, die trotz Baustopps nach wie vor aus dem Boden schießen. Aber auch für den normalen Touristen birgt dieser Landstrich unzählige Reize: gepflegte Sandstrände, hübsche Hafenkneipen, unvergessliche Sonnenuntergänge und duftende Pinienwälder für Wanderungen hoch über dem Meer, schmale Bergstraßen im Hinterland für anspruchsvolle Radtouren.

In Urzeiten, ehe sie von den Römern vertrieben wurden, hatten Piraten in den kleinen Buchten ihre Schlupfwinkel. Und auch Jaume I., der 1229 der arabischen Herrschaft ein Ende machte, nutzte die schwer zu kontrollierende Küste für seine Invasion. Unbemerkt konnte er in Sant Elm und bei Santa Ponça seine Truppen an Land setzen.

Cala Major ▸ C 5

Cala Major (Große Bucht), heute mit dichter Bebauung und nur bescheidenem Strand, war einst Ausgangspunkt des Mallorca-Tourismus. Es ist bereits mit der Hauptstadt Palma verschmolzen, die Natur wurde in den Hintergrund gedrängt. Angezogen fühlen sich vor allem junge britische und skandinavische Urlauber, können sie doch ohne weite Wege am regen Nachtleben im nahen Viertel El Terreno teil haben. So dominieren denn auch Pubs und *fish-and-chips*-Buden die Gastronomieszene. Immerhin hat der spanische König hier seinen Sommersitz in einer weitläufigen Parkanlage. Die wichtigste Sehenswürdigkeit liegt oberhalb der Hauptdurchgangsstraße in der Carrer Joan de Saridakis.

Fundació Pilar i Joan Miró

C. Joan de Saridakis, 29, http://miro.palmademallorca.es, 16. Mai–15. Sept. Di–Sa 10–19, So/Fei 10–15, 16. Sept.–15. Mai Di–Sa 10–18, So/Fei 10–15 Uhr, 7,50 €, erm. 3 €, Sa ab 15 Uhr und jeden 1. So im Monat frei, Busverbindung von Palma mit EMT 3, 46 und 50

Infobox

Infos
Das Touristenbüro in Palma hält Infos zur Westküste bereit; ein weiteres Büro gibt es in Peguera.

Anreise und Weiterkommen
Zwischen Palma (Plaça d'Espanya) und Cala Major, Santa Ponça, Magaluf, Peguera sowie Andratx/Port d'Andratx (L 104 bzw. L 102/103) bestehen gute Busverbindungen. Die Fahrt dauert, je nach Entfernung, maximal 1 Std. Wer Abstecher in die Berge machen möchte, benötigt einen Wagen.

Illetes, Bendinat, Portals Nous

In seinem Atelier in der Villa Son Boter schuf Joan Miró viele Werke

Als der Maler Joan Miró (1893–1983) im Jahre 1956 vom spanischen Festland auf die Baleareninsel übersiedelte, bezog er die hoch über der Küste liegende Villa **Son Boter** mit damals noch herrlichem Blick über die Bucht. Es war jene Zeit, als in Cala Major der Massentourismus Fuß zu fassen begann. Im Laufe der Jahre wurde der Hang mit Hochhäusern zugebaut und dem Domizil der Reiz seiner einmaligen Lage genommen. Um dem drohenden Abriss seines Ateliers zu entgehen, schenkte er einen Teil seines Besitzes der Stadt, die 1981 eine Stiftung ins Leben rief.

Der 1986 erweiterte Komplex besteht aus Wohnhaus, Atelier und Museum, das Bilder des Malers – von denen man hier mehr Werke erwartet hätte –, aber auch anderer Künstler in einer etwas nüchternen Atmosphäre zeigt. Am eindrucksvollsten ist der Blick durch die Fenster in das Atelier des Meisters, das seit seinem Tod unverändert blieb.

Illetes, Bendinat, Portals Nous ▶ C 5

Kaum 2 km weiter und man bekommt das auch im Tourismus bestehende soziale Gefälle deutlich vor Augen geführt. Nach wie vor sind die Hänge dicht bebaut, jetzt aber mit den schicken Appartementhäusern und Villen von **Illetes**, die sich hinter viel Grün verstecken. Den Küstenstreifen haben sich private Clubs gesichert. Nicht anders im angrenzenden **Bendinat**, wo das Wellness-Hotel Lindner sich ein großes Areal abgesteckt hat (www.Lindner.de), allerdings ohne Meeresblick.

Die Küste westlich von Palma

In allen Orten bieten Bars Tapas und Snacks an

Den Luxus auf die Spitze treibt **Portals Nous** mit seinem Hafen **Porto Portals**, wo die Millionenjachten dicht an dicht liegen, darunter bemerkenswerterweise kaum Segelschiffe, bei denen es ja nicht reicht, den Gashebel nach vorn zu schieben. Erstaunlich auch, dass das ›gemeine Volk‹ ungehindert die Kaimauer entlangschlendern kann, um seinem Sozialneid freien Lauf zu lassen. Man will offensichtlich seinen Luxus zur Schau stellen. Nicht von ungefähr haben sich, gewissermaßen in Symbiose, einige Nobelrestaurants zu den Booten gesellt.

Fast verloren thront oberhalb die kleine Kapelle **Ermita de Nostra Senyora de Portals**, von der aus man einen großartigen Blick über die Küste genießen kann. Geweiht ist das erst 1861 errichtete Kirchlein der Schutzpatronin der Fischer.

Übernachten

Romantisch – **Bendinat**: C. Andrès Ferret Sobral, 1, Bendinat, Portals Nous, Tel. 971 67 67 25, www.hotelbendinat.es, DZ ab ca. 160 € (inkl. Frühstück, Hochsaison). Alteingesessenes Hotel mit 52 Zimmern in mediterranem Baustil mit persönlicher Atmosphäre und großem Garten, an einer Bucht.

Essen & Trinken

Der Hafen Porto Portals ist eine Hochburg exquisiter Kochkunst, obwohl Gerhard Schwaiger nach 25 Jahren sein berühmtes, mit zwei Michelinsternen ausgezeichnetes Nobelrestaurant Tristan 2012 geschlossen hat. Eine Reservierung bei den verbliebenen Restaurants ist dringend angeraten. Grundsätzlich bleibt aber anzumerken, dass man für das Ambiente des Nobelhafens einen erheblichen Zuschlag zahlen muss: 40 bis 60 € für ein Steak sind durchaus normal. Das Tristan Mar des deutschen Sternekochs wurde jüngst ebenfalls geschlossen und durch das **Baiben** ersetzt (www.baibenrestaurants.com). Die Tradition aufrecht hält das alteingesessene **Flanigan** (www.flanigan.es).

Gaumenkitzel mit Traumblick – **Lila Portals Beach Restaurant & Bar:** Passatge Mar, 1, Tel. 971 67 68 94, www.lila-portals.com, tgl. 12–23 Uhr. Mit innovativer frischer Küche muss sich das hoch über dem Strand gelegene Restaurant vor den noblen Konkurrenten unten am Jachthafen nicht verstecken, im Gegenteil. Das ausgezeichnete Mittagsmenü kostet ca. 20 €. Dafür bekommt man unten an der Pier nicht einmal einen Salat.

Asiatische Köstlichkeiten – **Tahini:** C. Local, 3, Hafenpromenade, Tel. 971 67 60 25, www.grupocappuccino.com/tahini/index.html, tgl. 13–15.30, 20–23 Uhr. Minimalistisch gestylte Sushi-Bar der bekannten Café-Kette Cappuccino, die nebenan auch noch ihr Café hat. Asiatische Leckereien für den kleinen Hunger – und größeren Geldbeutel. Hauptgerichte ab ca. 17 €.

Palmanova und Magaluf ▶ B 5/6

Größer könnte der Kontrast nicht sein! Die ineinander übergehenden Orte, von denen Magaluf den schlechteren Ruf hat, sind Zentren des Pauschaltourismus, geprägt von Bettensilos, Pubs und riesigen Freizeitparks. Die Strände allerdings sind breit und von einer hübschen Promenade gesäumt.

Vergnügungs- und Aquaparks

Western Waterpark ▶ B 5/6
C. Cala Figuera, Magaluf, Tel. 971 13 12 03, www.westernpark.com, Mitte Mai–Sept. tgl. 10–17 Uhr, Juli/Aug. bis 18 Uhr, Mitte Okt.–April geschl., 27 €, Kinder (4–12 Jahre) und Rentner 18 € (online preiswerter), Bus L 104, 105 ab Palma, L 104, 105, 106 ab Palmanova, L 104 ab Santa Ponça/Peguera, kostenloser Bus ab Magaluf, Palmanova, Peguera, Santa Ponça
Eine Kombination von Aquapark und Westernpark. Neben Wasserrutschen unterschiedlichster Ausführung gibt es auch Western-Shows mit Can-Can-Tänzen, damit nicht nur die Kleinen, sondern auch die Eltern auf ihre Kosten kommen.

House of Katmandu
Av. Pere Vaquer Ramis, 9, im Zentrum von Magaluf, Tel. 971 13 46 60, www.katmandupark.com, Nov.–Feb. geschl., im Sommer 10–1 Uhr, Frühjahr und Herbst bis ca. 20 Uhr, Nov.–März nur an Wochenenden, Eintritt je nach Attraktion ab 28 €, Tickets gibt es auch online
Eine Attraktion ist die Mischung aus Disneyland, Indiana Jones und Harry Potter. Das Gebäude, ein auf den Kopf gestellter buddhistischer Tempel aus dem Himalaya, ist genauso bizarr wie das Innere, wo Schatztruhen, ein Genlabor und eine vom Yeti bewohnte Eishöhle warten.

Marineland ▶ C 5
Zwischen Portals Nous und Palmanova, www.marineland.es, tgl. 9.30–18

Die Küste westlich von Palma

Mein Tipp

Ausflüge zu einsamen Buchten ▶ B 6

Per Mietwagen lässt sich eine der schönsten Buchten der Region erreichen: Portals Vells. Vorbei an den Parkplätzen von Aqualand und Western Water Park geht es Richtung Son Ferrer und El Toro, dann aber an der abknickenden Vorfahrtsstraße kurz hinter der Tankstelle (links) geradeaus. Die Straße wird schmaler, durchquert einen Golfplatz, taucht dann in einen Wald ein. An der ersten Abzweigung geht es links zur **Cala Mago** (keine Badehose nötig). Fährt man geradeaus, gelangt man zu einem Parkplatz am Ende der Bucht **Portals Vells**. Sie öffnet sich zu einem von Felsen umschlossenen Sandstrand mit glasklarem Wasser, das auch Schnorchler zu schätzen wissen. Das kleine Restaurant Es Repos hat keine festen Öffnungszeiten. Gegen Ende der Saison ist es herrlich ruhig, im Sommer landen aber regelmäßig Boote Besucher an. Bemerkenswert ist die **Cova de la Mare de Déu** an der rechten Felswand. Die Reliefs der in den Fels gebauten Kapelle, durch Touristengraffiti verunstaltet, strahlen eine archaische Naivität aus und zeugen von tiefer Volksfrömmigkeit, von der wohl auch der genuesische Kapitän beseelt war, der das Heiligtum im 14. oder 15. Jh. als Dank für seine Errettung unter dem Felsüberhang errichtet haben soll. Das Bild der Mutter Gottes, das lange Zeit hier seinen Platz hatte, wird heute in der Kirche des Ortes aufbewahrt. Die Kletterei zur Höhle ist nicht ungefährlich.

Das 2 km entfernte **Cap de Cala Figuera**, Endpunkt der Bucht von Palma, ist Sperrgebiet. Auf einem Waldweg, der, kurz bevor der Hauptweg in einer Linkskurve zum Parkplatz führt, nach rechts abgeht, kann man ein Stück gen Kap fahren, zum Kiesstrand hinabsteigen und (noch) dem Touristenstrom entgehen.

Ruhe genießen in der Bucht Portals Vells

Uhr (letzter Einlass Mo–Fr 16.30, Sa/ So 17.30 Uhr), Ende Okt.–Mitte April geschl., 24 €, Kinder je nach Größe 10–15 €, Rentner 15 €
Ein Wasserpark nach amerikanischem Vorbild. Delfinschauen, Aquarien mit Haien und anderen exotischen Fischen sowie bunte Vögel aus aller Welt erwarten den Besucher. 2015 geriet er wegen angeblicher Tierquälerei in die Schlagzeilen.

Abends & Nachts

Die Superdisco – **Disco BCM Planet Dance:** *Av. S'Olivera, s/n, Magaluf, Tel. 971 13 26 09, www.bcmplanetdance. com, im Sommer tgl. 22.30–6 Uhr, Eintritt ab 25 €.* Die größte Diskothek der Insel und eine der bekanntesten fasst 5000 Personen, verteilt auf zwei Ebenen. Sie gehört neben dem Tito's in Palma (s. S. 117) zur Disco-Tour, die viele Hotels ihren amüsierfreudigen Gästen als abendliches Unterhaltungspaket anbieten.

Very british – **Bars in Magaluf:** Der Ort ist berühmt-berüchtigt für seine Bars, die sich am »Magaluf Strip« reihen (Carrer Punta Balena). Dazu zählen **Crystal's, Iron Pre Club, Bonkers** und **Chaplins.** Guinness vom Fass und derbe Partyspäße – das britische Gegenstück zu Almenrausch und Megapark in El Arenal. Man sollte jedoch mit der englischen Mentalität und Sprache vertraut sein, wenn man sich hierherwagt, und sich nicht provozieren lassen. Die Szene ist wilder als in den eher betulichen Discos an der Playa de Palma.

Unter Seeräubern – **Piratesadventure:** *Av. Sa Porrassa, 12, nahe Aqualand, Magaluf, Tel. 971 13 04 11, tgl. 20 Uhr, ab 51 € (inkl. Essen), www.piratesadventure.com.* Die Dinnershow à la Piraten der Karibik mit akrobatischen Einlagen, Fechtszenen und rustikalem Essen nach Piratenart – ohne Besteck – wendet sich vor allem an das britische Publikum, dessen Sprache die Seeräuber ausschließlich sprechen.

Santa Ponça, Costa de la Calma ▸ B 5

Der vor allem von Engländern, zunehmend aber auch von preisbewussten Deutschen bevorzugte Badeort **Santa Ponça** hat zwar unter den Bausünden zu leiden, die der Bucht vielstöckige Appartement- und Hotelblocks beschert haben, kann aber mit einem breiten gepflegten Sandstrand aufwarten, wie man ihn an dieser Küste nur selten findet. In einem kleinen Park an der von El Toro kommenden Hauptstraße liegt der **Mirador de Foradada**, von dem aus man einen Blick auf die kleinen vorgelagerten Inseln **Illa des Conills** (Los Conejos) und **Malgrats** genießt. Leider sind die Treppen hinunter zum Wasser gesperrt. Biegt man ein Stück weiter von der Hauptstraße zur Halbinsel Sa Caleta ab (Richtung Club Nautico), gelangt man entlang einer Küstenstraße zum **Creu de Montcada**, einem Kreuz hoch über der Bucht, das an historische Tage erinnert. Am nahen **Coll de sa Battalla** (Schlachtenhügel) kam es am 12. September 1229, zwei Tage nach der Landung von König Jaume I., zum Gefecht mit den Arabern, wobei zwei der spanischen Hauptleute, die Brüder Montcada, fielen.

Wer im angrenzenden Villenort **Costa de la Calma** seinen Urlaub verbringt, sucht sicherlich eher die Ruhe eines Appartements oder ist begeisterter Tennisspieler, der die Vorzüge des hiesigen Tenniszentrums nutzt. Ein überzeugter Strandgänger findet hier nur einen Strand von bescheidenem Ausmaß, und auch sonst bietet der Ort kaum Abwechslung.

Die Küste westlich von Palma

Peguera ▶ B 5

Im Laufe der Jahre hat sich Peguera zur Hochburg deutscher Urlaubsfreuden gemausert und dafür auch viel getan. Die Hauptdurchgangsstraße ist weitgehend Fußgängerzone, die drei Buchten **Platja Palmira**, **Platja Toro** und **Platja Romana** wurden aufgeschüttet und mit einem Promenadenweg verbunden. Allerdings liegen lediglich einige wenige Hotels direkt am Strand, die meisten hingegen in recht enger Bebauung oberhalb am Hang, der sich bis zur Autobahn Palma–Andratx hinaufzieht und bereits die nahen Berge der Tramuntana erahnen lässt. Im Gegensatz zu den lebhaften Touristenzentren Platja de Palma und S'Arenal geht es hier geruhsamer zu – Megadisco und auch Ballermann sucht man vergeblich.

Mit dem Rad von Peguera durch die Berge

Mit dem Rad von Peguera durch die Berge

Gesamtstrecke ca. 25 km, nichts für Ungeübte! Fahrräder verleihen nahezu alle Hotels in Peguera; Rad-International (www.rad-international.de) hat eine Verleihstation im Hotel Valentino, Calle de la Luz 5

Man folgt vom Zentrum **Pegueras** der Ausfahrt zur Autobahn, quert diese und radelt, vorbei an Obstplantagen und Olivenhainen, auf der wenig befahrenen Straße Ma-1012 Richtung Es Capdellà (ca. 5 km). Kurz vor **Es Capdellà** geht es in mehreren Kehren durch Pinienwald steil bergauf. Am kleinen Restaurant Es Moli am Ortseingang wird wohl kein noch so hartgesottener Radler vorbeifahren. Im Zentrum zweigt nach links die Bergstraße PMV 031 Richtung Andratx ab (ca. 7 km). Wer die Tour abkürzen will, biegt am Ortsausgang von Es Capdellà nach links ab und radelt gemächlich auf Feldwegen zurück Richtung Peguera.

Die PVM 031 steigt nun steil an und führt in den Wald, bis der **Pass** überquert ist und man sich fast bis **Andratx** rollen lassen kann. Von dort geht es zunächst auf der Schnellstraße Ma-1 ein Stück Richtung Peguera. An der ersten Abfahrt sollte man die bald zur Autobahn werdende und damit für Radfahrer gesperrte Hauptstraße verlassen und der alten Landstraße leicht bergabfahrend folgen. Man erreicht das Ausgangsziel **Peguera** am östlichen Verkehrskreisel.

Übernachten

Die Auswahl an Hotels und Appartements aller Kategorien ist in Peguera groß. In der Regel kann man sie bei einem Reiseveranstalter pauschal preiswerter buchen als vor Ort (die hier an-

Peguera

geführten Preise sind Pauschalpreise für die Hochsaison).
Gediegen – **Hesperia Villamil:** Bulevar de Peguera, 66, Tel. 971 68 60 50, www.hotel-villamil.de, www.hesperia.es, DZ ab 180 €, pauschal wesentlich günstiger. Elegantes Hotel mit langer Tradition, am zentralen Strandabschnitt gelegen, großer Garten mit altem Baumbestand.
Familiär – **Maria Dolores:** C/Palmyra, 29, Tel. 971 68 65 98, www.bqhoteles.com/de, DZ um 90 €, pauschal buchbar. Gepflegtes Drei-Sterne-Hotel, etwa 3 Minuten vom Strand in ruhiger Lage. Sehr freundliches Personal, gute Küche, gutes Preis-Leistungs-Verhältnis; Empfehlung für alle, die auf Animation keinen Wert legen.
Mit Weitblick – **Don Antonio:** C. de Bonavida, s/n, Tel. 971 03 30 33, www.hoteldonantonio.com, im Winter ge schl., DZ mit Halbpension ca. 130 €, auch pauschal buchbar. Großzügige Anlage mit drei Gebäuden nahe dem westlichen Ortsende von Peguera am Hang gelegen mit schönem Panoramablick über den Ort und die Buchten. Sehr beliebt.

Essen & Trinken

Die Restaurants haben sich auf eine deutsche Klientel eingestellt, die vorwiegend Halbpension bucht. So bietet das Gros Pizza, Schnitzel, Würstchen etc. an.
Fleischeslust – **La Hacienda:** Pau Casals, 1, Tel 971 68 54 73, www.hacienda-steakhouse.es, tgl. ab 18 Uhr. Beliebtes Steakhaus, etwas versteckt am Ortsrand – üppige Fleischgerichte. Immer voll, Reservierung angeraten. Hauptgerichte ab ca. 18 €.
Asiatisch angehaucht – **Mar y Mar:** Playa Tora, C/ Pinaret, 6, Tel. 670 52 86 65, http://marymar-mallorca.com/menu.php, tgl. 11–1.30 Uhr. Gut besuchtes Fischrestaurant mit umfangreichem Angebot und wohltuend legerer Atmosphäre. Neben mediterraner Küche stehen auch asiatische Spezialitäten auf der Karte. Besonders beliebt ist die Strandbar zum Sundowner. Hauptgerichte ab ca. 14 €.
Pizza, Pasta, Paella – **Feliciano's:** Calle Gavines, 21, Tel. 971 68 74 85, tgl. 13–15.30, 18–23 Uhr, Mi u. So nur abends, Nov.–März. geschl. Frische südländische Küche, zuvorkommender Service, gepaart mit einem ausgezeichneten Preis-Leistungs-Verhältnis. Hauptgerichte ab ca. 12 €.

Abends & Nachts

Aufgrund des überwiegend älteren Publikums ist das Angebot fürs abendliche Ausgehen recht bescheiden, Kneipen allerdings gibt es genug, die meisten befinden sich entlang der Flaniermeile, dem Bulevar de Peguera.
Für Nachtschwärmer – **Discothek Rendezvous:** Bulevar de Peguera, 42, tgl. ab 22 Uhr, Nov.–Feb. nur am Wochenende. Sehr beliebter Treff für Junggebliebene. Tagsüber kann man sich im angeschlossenen Biergarten ausruhen.

Infos

Touristenbüro: C. Sebelli, 5 (nahe dem Hauptstrand), Tel. 971 68 70 83, www.pagueramallorca.de, Mo–Fr 9–13, 15–17 Uhr.
Bus: Wer den Bus nach Palma nehmen möchte, sollte am westlichen Ortseingang Pegueras (Haltestelle Gardencenter, schräg gegenüber Mercadona) einsteigen, nur dann ist ihm ein Sitzplatz sicher, denn der Bus hält noch drei weitere Male, sofern er nicht einfach durchfährt. Mit dem A 11 gelangt man zum Flughafen
Wochenmarkt: jeden Dienstag.

Die Küste westlich von Palma

Port d'Andratx! ▸ A 5

Dort, wo der Gebirgszug der Tramuntana mit Buchten und Inseln im Meer versinkt, offenbart die Insel eine ihrer schönsten Landschaften, geprägt von steilen Felswänden, die große und kleine Buchten umschließen. Kein Wunder, dass vermögende Zeitgenossen die Region längst für sich entdeckt haben und ihre Villen nunmehr die einst mit dichten Pinienwäldern überzogenen Hänge bedecken.

Die tief ins Land greifende Bucht mit der weit vorspringenden Halbinsel Sa Mola blickt auf eine lange Geschichte bis in römische Zeiten zurück, als hier Schiffe landeten, um das nahe gelegene Andrachium zu versorgen, das Andratx (s. S. 134) unserer Tage. Mehr als ein bescheidener Landeplatz aber war Port d'Andratx wegen der Piratengefahr lange Zeit nicht. Erst als die Sicherheit der Meere gewährleistet war, nutzten Fischer die Bucht und gaben den Anstoß zur Entwicklung eines Hafenortes. Heute ist Port d'Andratx bevorzugter Liegeplatz der Jachtsegler, der Ort gilt als Treffpunkt der Schickeria. Eine hübsche Promenade mit Cafés und Restaurants zieht sich an der Südostecke entlang, wo auch das kleine Zentrum liegt.

Da es so gut wie keinen Strand gibt, fehlt der lebhafte Badetourismus und damit auch das entsprechende Hotelangebot. Einen weiten Blick über Küste und Meer hatte man einst von der vorspringenden Halbinsel **Sa Mola**, die sich jedoch immer mehr in ein Villenviertel verwandelt, wodurch Zugang und Ausblick nahezu unmöglich werden. An bewegte Zeiten erinnert der auf Privatgelände befindliche **Wachtturm** in einer Seitenstraße nahe dem ebenfalls unzugänglichen Kap. Liebhaber moderner Kunst können stattdessen einen Blick in die **Fundación Liedtke** werfen (Carrer Olivera, 35, www.liedtke-museum.com).

Übernachten

Das Angebot an Hotels hält sich in engen Grenzen. Wer hier absteigt, sucht die Ruhe in luxuriöser Umgebung.
Fürstlich – **Villa Italia:** Camí Sant Carles, 13, Tel. 971 67 40 11, www.hotelvillaitalia.com, DZ ab 250 €, auch pauschal buchbar. Palastartige Villa am Hang über der Bucht mit traumhaftem Blick und hervorragendem Restaurant.
Ohne Schnickschnack – **Hostal Residencia Catalina Vera:** Isaac Peral, 63, Tel. 971 67 19 18, www.hostalcatalinavera.es, DZ ca. 70 €. Hübsches kleines Hotel mit sauberen, einfachen Zimmern in zentraler Lage mit kleinem Garten und Frühstücksterrasse.

Essen & Trinken

Die Restaurants reihen sich dicht an dicht entlang der Promenade und haben zusätzlich eine Terrasse jenseits der Straße an der Hafenbucht.
Fisch ganz frisch – **Barlovento:** C. Vells d'es Far, 1, Tel. 971 67 10 49, Di–So

---

Tipp für Ausflügler mit Pkw

Fährt man von Port d'Andratx Richtung Palma, kann man die schmale Bergstraße 1020 benutzen, die vom Verkehrskreisel am Ortseingang nach **Camp de Mar** (▸ A 5) führt, wo es einen kleinen Strand und zwei Hotels gibt. Es ist die Enklave der Reichen und Schönen, die ihre Villen an die Hänge ringsum gebaut haben. Die Straße, die schöne Blicke auf das Meer gewährt, stößt schließlich auf die alte Landstraße Andratx–Peguera, rechts geht es nach Peguera hinein, links gelangt man zur Autobahn Andratx–Palma.

Port d'A...

Port d'Andratx ist ein beliebter Liegeplatz für Jachtensegler

12–16, 19–24 Uhr, Jan. geschl. Terrasse direkt am Wasser neben dem Jachthafen an der Nordwestseite, mediterranes Ambiente, gemütlich mit schönem Blick über die Bucht abseits der Flaniermeile. Hauptgerichte ab 13 €, Rotbarbe 15 €, Goldbrasse 14 €, Sardinen 7,50 €.

Bodenständig – **Layn:** Av. Almirall Riera Alemany, 20, Tel. 971 67 18 55, www.layn.net, Di–So 13–16, 18–23 Uhr, Dez./Jan. geschl. Mallorquinische Spezialitäten, empfehlenswertes Menü mit Tapas-Selektion und Fischplatte (25 €), Hauptgerichte ab 12 €.

In neuem Gewand – **Urbano:** Plaza Patrons Cristino (Nebenstraße der Mateo Bosch), Tel. 971 67 17 03, Mai–Okt. tgl. 18–23, sonst tgl. außer Di 13–15 und ab 18 Uhr, Mitte Jan.–Anf. Feb. geschl. Dahinter verbirgt sich nichts anderes als das hoch gelobte El Patio. Anfang 2015 ist es hierher umgezogen und hat sich erneut einen Spitzenplatz erobert. Ein Vier-Gänge-Menü gibt es ab ca. 30 €.

Abends & Nachts

Zentrum von Port d'Andratx ist die Av. Almirall Riera Alemany, wo drei der beliebtesten Pubs unmittelbar nebeneinander liegen.

Der Seglertreff – **Tim's Bar:** Av. Almirall Riera Alemany, 7, tgl. ab 12 Uhr. Urige Hafenkneipe mit langer Tradition.

Sehen und gesehen werden – **Mitj & Mitj:** Av. Almirall Riera Alemany, 9, abends geöffn. Szenetreff auf Terrasse.

Kubanisch – **Havana Bar:** Av. Almirall Riera Alemany, 10, abends geöffnet. Weniger trendy, aber gemütlich.

Termine

Verge del Carme: 16.–19. Juli. Fest zu Ehren der Schutzheiligen der Fischer mit einer Schiffsprozession (s. S. 34).

... westlich von Palma

...atx ▶ A 5

... am Hang gelegene Ort... ...atx, ca. 5 km vom Meer entfernt, war bereits im 2. Jh. von den Römern unter dem Namen Andrachium als landwirtschaftliches Zentrum gegründet worden. Als die Araber die Macht übernahmen, intensivierten sie Obst- und Gartenwirtschaft und schufen mithilfe künstlicher Bewässerung die Horta, ein blühendes Kulturland, das sich als schmaler Streifen beiderseits des Rio Salmet bis vor die Tore des Städtchens Port d'Andratx zieht. Noch heute gehört diese Region zu den fruchtbarsten der Insel und liefert vor allem Südfrüchte, Mandeln und Oliven.

Beherrscht wird der Ort von der **Pfarrkirche** aus dem 13. Jh., deren kantiger Turm bei Seeräubergefahr als Bastion diente, sowie durch den erhöht liegenden Palast **Son Mas**, der in seinen Ursprüngen noch aus arabischer Zeit stammt.

Rege Kultur in Andratx
Einen Besuch wert ist das **Centre Cultural in Andratx**, abseits der Ausfallstraße nach Es Capdellà (www.ccandratx.com, Di–Fr 10.30–19 Uhr, Sa/So/Fei bis 16 Uhr, Eintritt zur Galerie frei, Sonderausstellungen 5 €). Zum Zentrum gehören eine Kunsthalle und zwei Galerien, eine von ihnen ist zeitgenössischen Künstlern der Balearen gewidmet. Ein weiteres reges Kulturzentrum ist das vom deutschen Maler Hartmut Usadel auf einer Orangenplantage gegründete **Sa Taronja** im Carrer Andalucía, 23 (www.sataronja.com). Nach vorübergehender Schließung wegen Geldmangels ist es nunmehr wieder aktiv – die wohltuende Alternative zu »Bierkönig« und »Almenrausch«.

Sant Elm ▶ A 5

Sant Elm, in einer malerischen Bucht gelegen, markiert die Westspitze Mallorcas und verdankt seinen Reiz der noch immer dichten Bewaldung der steil ins Meer fallenden Serra del Norte, mehr aber noch seinem Blick auf das vorgelagerte Felseiland Pantaleu und die lang gestreckte Insel Sa Dragonera. Piraten steuerten im 16. Jh. sehr gern diesen abgelegenen Platz an. So beschlossen die Bewohner, den bereits vorhandenen **Wachtturm** zu einer Befestigung auszubauen, mussten den Plan aus Geldmangel aber immer wieder aufschieben, bis eine Ladung Strandgut eines gescheiterten Seglers in die Bucht trieb und die Finanzierung sicherte.

Sant Elm ist heute einer der ruhigeren Ferienorte Mallorcas. Nur drei Hotels haben hier ihren Platz. Stark zugenommen hat allerdings die Zahl der Ferienwohnungen, sodass es im Sommer am kleinen Strand recht eng werden kann. Sant Elm ist der rechte Ort, beschaulichen Bade- und Wanderurlaub miteinander zu verbinden. Wem dies nicht genügt, der ist auf einen Mietwagen angewiesen, die Verbindung mit öffentlichen Verkehrsmitteln ist recht dürftig.

Wanderung zum Kloster Sa Trapa ▶ A 5

Start: Bar Es Moli bzw. ein Stück weiter in Richtung Wald (Parkplatz), Dauer inkl. Rückweg: 3–4 Std.

Sant Elm ist ein guter Ausgangspunkt für Wanderungen in die Bergwelt der Umgebung. Besonders beliebt ist der Ausflug nach Sa Trapa: Die Avinguda da la Trapa hoch gehend, gelangt man auf dem GR 221 bald an eine Kreuzung. Nach links kann man einen Ab-

Sant Elm

stecher zum Wehrturm **Cala Embasset** unternehmen (ca. 30 Min. hin und zurück), rechts führt ein breiter Fahrweg vorbei am ehemaligen Gehöft **Can Tomeví** über den Coll de ses Ànimes zum ehemaligen Trappistenkloster.

Geradeaus hingegen beginnt der nicht immer gut markierte Anstieg durch lichten Wald und aufgelassene Trockenmauern (Steinmännchen und rote Farbtupfer) mit teilweise großartigem Blick auf die Insel Dragonera. Kurz vor Erreichen von Sa Trapa ist eine steile Felspartie zu überwinden, ehe es zu der auf einer kleinen Hochebene liegenden Klosterruine hinabgeht, die sich heute im Besitz der Grup Ornitològic Balear (GOB, s. S. 51) befindet. Der geplante Ausbau zur Herberge wurde bisher aus Kostengründen immer wieder auf Eis gelegt.

Etwa 100 m vor dem Kloster stößt der Pfad auf den bereits erwähnten breiten Fahrweg; auf diesem geht es schließlich zurück nach Sant Elm.

Wanderung zum Kloster Sa Trapa

Übernachten

Alteingesessen – **Hostal Dragonera:** Av. Jaume, 1, Tel. 971 23 90 86, www.hostaldragonera.es, Jan./Feb. geschl., DZ mit Meerblick ab ca. 75 €. Familiäres Hotel am Strand mit verglaster Restaurantterrasse und kleiner privater Badeplattform.
Mediterran – **Aparthotel Don Camillo:** C. Cala en Cornills, gegenüber dem Aquamarin, Tel. 971 23 91 07, www.universalhotels.es, im Winter geschl., DZ ab ca. 64 €, auch pauschal buchbar. 57 schön gestaltete Appartements mit großen Terrassen – der Meerblick ist durch das Hotel Aquamarin etwas getrübt. Der Strand liegt direkt vor der Tür.
Dominierend – **Hotel Aquamarin:** C. Cala en Cornills, 2, Tel. 971 23 90 75, www.universalhotels.es, im Winter geschl., DZ ab ca. 60 €. Das runde mehrstöckige Gebäude direkt am Strand ist als einziges höheres Bauwerk kaum zu übersehen.

Essen & Trinken

Fisch mit Panoramablick – **Na Caragola:** Av. Jaume, 23, Tel. 971 23 90 06, www.restaurantenacaragola.com. Eine Terrasse über der Bucht mit Blick auf den Sonnenuntergang, weiß gedeckte Tische, eine Auswahl von 17 Weinen und frisch zubereitete Köstlichkeiten frisch aus dem Meer, Paella gibt es für 15 €. Insgesamt könnten Preis-Leistungs-Verhältnis und Service aber besser sein.
Rustikal – **El Pescador:** Av. Jaume, 27, unterhalb des Na Caragola, Tel. 971 23 91 98. Das älteste Fischrestaurant am Ort, das noch ein wenig an die touristischen Anfänge erinnert. Man speist an rauen Holztischen frischen Fisch. Das Mittagsmenü gibt es für ca. 12 €. Auch hier ist der Service ausbaufähig.

Lieblingsort

Sant Elm – abendlicher Blick auf Sa Dragonera

Sant Elm ist kein lebhafter Ort, vor allem abends, wenn die Tagesausflügler den Strand verlassen haben und die verbleibenden Touristen in die Fischrestaurants umziehen. Einen der schönsten Blicke auf die vorgelagerte Insel Sa Dragonera hat man vom Ortsende, wo der Wanderweg zum Kloster Sa Trapa beginnt (s. S. 134). Mit einer Flasche Rotwein im Gepäck und einigen Tapas kann man hier, am besten zu zweit, an einer der schönsten Ecken Mallorcas den Tag romantisch ausklingen lassen. Wie ein schlafendes Seeungeheuer versinkt die Insel in der Dämmerung, nur belebt vom regelmäßigen Zucken des Lichtblitzes auf einem Felsen, der den Schiffen den Weg weist. Für den Rückweg in die Zivilisation reicht er nicht, man sollte die Taschenlampe nicht vergessen.

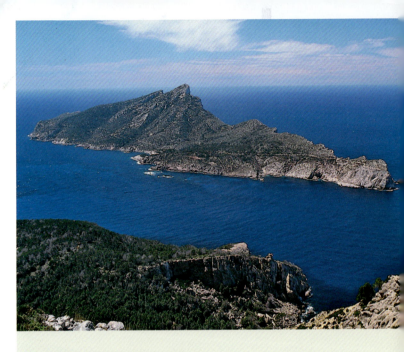

Auf Entdeckungstour:
Sa Dragonera – die Dracheninsel

Sie macht ihrer Gestalt alle Ehre und lässt auch niemanden so ohne Weiteres in ihre Nähe. Nur Tagesausflügler sind geduldet, und vielleicht hütet sie sogar noch einen Piratenschatz.

Reisekarte: ▶ A 5

Info: Man kann die Insel mit einer geführten Tour besuchen oder sich allein auf Entdeckungsreise begeben.
Anfahrt: Im Sommer wird die Insel mehrfach tgl. ab Sant Elm von der »Margarita« angelaufen (Fahrplan unter: www.crucerosmargarita.com). Fahrten auch von Port d'Andratx (www.watertaxi.es).
Abfahrtszeiten: Letzte Rückfahrt um 15, im Sommer um 16.45 Uhr.
Fahrpreis: Hin- und Rückfahrt 13 €.

Gemächlich tuckert die kleine Margarita vom Pier in Sant Elm über die Meerenge. Wie ein schlafendes Ungeheuer ruht das Ziel der 20-minütigen Fahrt, die etwa 4 km lange und bis zu 900 m breite Insel Sa Dragonera, vor der Bucht. An der winzigen **Cala Lladó** (Räuberbucht), dem einzigen natürliche Landeplatz, werden wir in die Wildnis entlassen.

Geologisch bildet die Insel die Fortsetzung des Tramuntana-Gebirges, das hier unter den Meeresspiegel taucht. Die dem offenen Meer zugewandte Westküste Sa Dragoneras fällt steil ab, von Osten her ist der Anstieg flacher. Die Nordküste von Sa Dragonera dagegen ist unzugänglich, fast senkrecht stürzen die Felsen ins Meer.

Menschliche Spuren

Bis auf einen Ranger ist die unter Naturschutz stehende Insel unbewohnt. Das war nicht immer so. Spärliche Reste deuten darauf hin, dass bereits die Römer hier lagerten. Vom 15. bis 18. Jh. bevorzugten Piraten die Bucht. Zum einen lagen ihre Schiffe hier geschützt vor heftigen Winden und fremden Blicken, zum anderen profitierten sie von einem unterirdischen Süßwassersee, der die Trinkwasserversorgung sicherstellte. Die Küstenbewohner machten schließlich dem Spuk ein Ende, indem sie den Zugang mit einem riesigen Felsbrocken versperrten und Wachttürme bauten. Dass sich Gerüchte von vergrabenen Schätzen bis heute gehalten haben, ist nur zu verständlich, zumal es etliche Höhlen gibt, die sich als Verstecke anbieten, so die Cova del Moro (Maurenhöhle), in der aber bisher nur Tonscherben und Menschenknochen gefunden wurden – Anlass zu manch gruseliger Geschichte.

Refugium für Flora und Fauna

Kantige Felsen durchsetzt mit Macchie und knorrigen alten Ölbäumen als Relikte einer längst aufgegebenen Landwirtschaft bestimmen das Bild. Heidekraut, Rosmarin, Kreuzdorn und Zwergpalmen haben hier ihr geschütztes Biotop und natürlich auch seltene Tiere wie die endemische Dragonera-Eidechse, die auf der Liste bedrohter Tierarten stehende Samtkopfgrasmücke oder der Eleonoren-Falke.

Zu Fuß auf Entdeckungstour

Wer sich auf den Weg macht, Dragonera zu erkunden, dem bieten sich verschiedene Ziele an. So etwa die Leuchttürme, die an exponierter Stelle thronen. Für den Weg zum gut 1,5 km entfernten **Far de Tramuntana (I)** an der Ostspitze, von dem aus man einen grandiosen Blick auf die Küste hat, benötigt man hin und zurück etwa 1 Std. Der Leuchtturm wurde 1907 in Betrieb genommen und arbeitet heute automatisch.

Anstrengender gestaltet sich der 4 km lange Aufstieg zum höchsten Punkt der Insel, dem 356 m hoch gelegenen **Puig de na Pòpia (II)**, den früher ein Wachtturm gegen Piraten einnahm, ab 1854 ein Leuchtfeuer, das wegen des häufigen Nebels 1910 den Betrieb jedoch einstellte. Ausgesprochen lohnend, wenn auch mit 4,5 km recht weit, ist der Weg zur westlichen Ecke der Insel, die der **Far de Llebeig (III)** markiert. Diese 2–3-stündige Wanderung berührt darüber hinaus den Lebensraum der Eleonoren-Falken.

Das Beste auf einen Blick

Serra de Tramuntana (Serra del Norte)

Highlights!

Valldemossa: Eingebettet in ein liebliches Hochtal, ist der Ort eine der Hauptattraktionen der Insel. S. 149

Sa Calobra und Torrent de Pareis: Wo Meer und Berge sich in einer grandiosen Schlucht vermählen. S. 168

Santuari de Lluc: Übernachten in Zellen des ehemaligen Klosters, bewacht von der Schwarzen Madonna der angrenzenden Kirche. S. 169

Castell d'Alaró: Traumhafte Aussicht und blutige Historie verbinden sich hier im Herzen der Bergwelt. S. 173

Auf Entdeckungstour

Sa Cartuja de Valldemossa: Ein Blick in die ehemaligen Klosterzellen, in denen George Sand und Frédéric Chopin den Winter des Jahres 1838/1839 verbrachten. S. 146

Auf den Spuren des Erzherzogs: Wo einst Erzherzog Salvator von Österreich ausritt, kann man heute zu Fuß hoch über der Küste wandern. S. 152

Roter Blitz und Tramvía: Gemächliche Fahrten mit historischen Bahnen von Palma nach Port de Sóller. S. 160

Sa Granja: In diesem Freilichtmuseum erwacht die gute alte Zeit täglich zu neuem Leben. S. 174

Kultur & Sehenswertes

Fornalutx: Mit seinen engen Gassen, blitzsauberen Bruchsteinhäusern und romantischem Flair hat der Ort mehrere Auszeichnungen gewonnen. S. 164

Die Straße nach Sa Calobra: Über Serpentinen gelangt man auf Mallorcas ungewöhnlichster Straße aus den Bergen zum Meer. S. 165

Zu Fuß & mit dem Rad

Von der Cala Tuent zum Mirador de ses Barques: Diese recht anstrengende Wanderung auf der Sa Costera gehört zu den schönsten an der Westküste. S. 169

Mit dem Rad unterwegs: Ob Genussradler oder Tour-de-France-Aspirant, jeder kommt in der Bergwelt auf seine Kosten, gemächlich radelt man etwa entlang der Berge von Campanet nach Pollença. S. 178

Genießen & Atmosphäre

Klassische Musik: Einen Hörgenuss der besonderen Art in historischem Ambiente versprechen die international besetzten Musikfestivals in Valldemossa und Deià. S. 150, 156

Blick aus luftiger Höhe: Von der Ermita de la Santíssima Trinitat haben nicht nur die Mönche einen traumhaften Blick, auch der Reisende findet hier im Schatten der Bäume einen der schönsten Picknickplätze der Insel. S. 151

Abends auf der Terrasse des Restaurants Béns d'Avall: Exquisit tafeln mit weitem Blick über die Bucht von Sóller – nicht billig, aber Genuss pur. S. 155

Abends & Nachts

Bar Nautilus: Leckere Tapas und ein Drink oder zwei in der Bar Nautilus hoch über Port de Sóller verbunden mit dem einzigartigen Blick über die abendliche Bucht – ein unvergessliches Erlebnis. S. 164

Serra de Tramuntana (Serra del Norte)

Zwischen der Insel Sa Dragonera im Westen und dem Cap de Formentor im Nordwesten Mallorcas zieht sich über rund 100 km das schroffe und bizarre Hauptgebirge hin, die Serra del Norte. Acht Gipfel überschreiten die 1000-m-Grenze, darunter als höchster der 1445 m hohe Puig Major. Glücklicherweise hat sich das Gesicht der Serra del Norte weniger dramatisch gewandelt als das der Küstenzonen, und so gehört die Fahrt durch die Berge noch immer zu einem der nachhaltigsten Erlebnisse eines Mallorca-Aufenthalts. Zu Recht wurde der Gebirgszug im Jahr 2011 in die Liste der UNESCO-Welterbestätten aufgenommen.

Eine der malerischsten Autostraßen – nicht nur Mallorcas, sondern der Balearen insgesamt – folgt kurvenreich dem ersten Drittel der Küste. Sie führt vorbei an verfallenen Wachttürmen und verschwiegenen Toreinfahrten. Nur selten hingegen berührt sie Ansiedlungen, so als sei hier die Angst vor der Seeräuberei noch immer tief verwurzelt. Größter Ort ist, etwas im Landesinnern liegend, Valldemossa mit seinem Kloster, der Kartause, die durch den Winteraufenthalt des Komponisten Frédéric Chopin Berühmtheit erlangte.

Ein Mietwagen bietet die beste Möglichkeit, die weiten Blicke auszukosten. Man sollte die frühen Morgen- und späten Nachmittagsstunden für einen Ausflug wählen, denn so vermeidet man die Buskarawanen, die sich die Straßen hochziehen.

Dass sich in der zerklüfteten Bergwelt der Serra del Norte auch ein wahres Paradies für Wanderer und Naturliebhaber im Allgemeinen verbirgt, ist kaum verwunderlich. Das Gebirge, nach dem Wind, den es abhält, auch Serra de Tramuntana genannt, entstand erst vor etwa 20 Mio. Jahren im Tertiär durch Auffaltung von Sedimenten aus der Jura- und Kreidezeit.

Seither nagen die Kräfte der Erosion an dem weichen Gestein und haben teilweise canyonartige Schluchten, die *torrents*, geschaffen. Meist handelt es sich dabei um ausgetrocknete Taleinschnitte, die sich jedoch nach Regenfällen in Minutenschnelle in einen reißenden Gebirgsbach verwandeln – ein Umstand, den man bei Wanderungen in der Serra de Tramuntana keinesfalls vergessen sollte.

Infobox

Internet
www.ingrids-welt.de/reise/mall/tramuntana.htm: Private Website mit Engagement, persönlichen Eindrücken und Google-Earth-Ansichten der besuchten Punkte.
www.serradetramuntana.net: Sehr guter Überblick über Kultur, Natur, Wirtschaft und Tourismus, auch in Deutsch.
www.serratramuntana.de: Ganz auf das Tramuntana-Gebirge spezialisierte deutsche Website, bietet auch aktuelle Wanderkarten und GPX-Tracks an.

Anreise und Weiterkommen
Eine durchgehende Busverbindung entlang der Bergstraße durch die Serra de Tramuntana existiert nicht. Mehrfach täglich fährt der Transunion-Bus **L 200** von Palma über Banyalbufar nach Estellencs. Der **L 210** fährt von der Platja de Palma über Palma nach Valldemossa und Deià bis Port de Sóller, der **L 211** von Port de Soller nach Palma. Im Nordwesten verkehren auch Busse von **Autocares Mallorca,** die Pollença, Sóller, das Santuari de Lluc und Sa Calobra anfahren. Weitere Infos mit aktuellen Fahrplänen unter www.tib.org/portal/web/ctm/autobus/seccio/200.

Der Westen und das Zentrum

Von Andratx aus steigt die Straße, von Aleppokiefern begleitet, in Kehren zum **Coll de sa Gremola** ▶ A 4 (343 m) mit Blick zurück ins Tal von Andratx empor. Eine erste bezaubernde Aussicht, vor allem bei Sonnenuntergang, hat man vom **Mirador Ricard Roca** ▶ B 4, erreichbar über Treppen am Tunneleingang, und der Terrasse des dortigen Restaurants (schließt gegen 18 Uhr).

Estellencs ▶ B 4

Ca. 7 km nordöstlich des Mirador liegt die kleine Ortschaft Estellencs. Die Hand der Restauratoren hat hier noch nicht überall ordnend und verschönernd eingegriffen, sodass etwas düster Bedrückendes von den engen Gassen und den verputzten Feldsteinwänden ausgeht, aber auch etwas wehrhaft Geborgenes. Es fällt nicht schwer sich vorzustellen, wie sich die Bewohner angesichts einer nahenden Piratenflotte in ihrem fensterlosen Gemäuer verbarrikadierten oder in den Wehrturm der aus dem 15. Jh. stammenden Kirche zurückzogen, um den Feind zu erwarten. Der etwas düstere Charakter des Ortes wird durch die sich in Terrassen zum Meer hinunterziehenden Obst-, Mandel- und Olivenplantagen gemildert.

Ein schmaler asphaltierter Fahrweg windet sich durch Gärten zu einer kleinen Bucht mit winzigem Strand. Für Badeurlaub ist Estellencs allerdings kaum geeignet. Umso besser aber als Standort für ausgedehnte Wanderungen durch die Serra de Puntals, die hier auf über 1000 m ansteigt.

Möglichkeiten zum Schwimmen bietet der winzige Hafen unterhalb des Ortes, der noch von Langustenfischern genutzt wird.

Übernachten

Als beliebter Standort für Wanderer fern des Massentourismus verfügt der kleine Ort Estellencs über immerhin drei Hotels, die sich durch persönlichen Service auszeichnen. (Hauptsaison hier sind Frühjahr und Herbst!)
Beliebt – **Maristel:** C. Eusebi Pascual, 10, Tel. 971 61 85 50, www.hotelmaristel.com, DZ ab ca. 118 €. Von den Eigentümern geführtes und von Wanderern gern aufgesuchtes alteingesessenes Hotel mit kleinem Pool und weitem Blick über die Küste. Gutes Restaurant, nach umfangreicher Renovierung erhielt das Hotel sogar einen Spa-Bereich!
Urig – **Hotel Rural Nord:** Plaça d'es Triquet, 4, Tel. 971 14 90 06, www.hotelruralnord.com, Nov.–Ende Jan. geschl., DZ ab ca. 108 € (Hochsaison), auch pauschal buchbar, dann evtl. teurer! Gepflegt-rustikales Hostal mit acht liebevoll gestalteten Zimmern in historischem Gebäude.
Persönlich – **Sa Plana Petit Hotel:** C. Eusebi Pascual, s/n, Tel. 971 61 86 66, www.saplana.com, Dez./Jan. geschl., DZ ab ca. 95 €, auch pauschal buchbar, dann evtl. teurer! Urgemütliches Naturstein-Hotel in einem Garten oberhalb der Straße, nur fünf Zimmer.

Essen & Trinken

Die auch von Einheimischen aufgesuchten Restaurants sind besser als in mancher Touristenhochburg und bieten vor allem inseltypische Küche.
Authentisch – **Montimar:** Plaça Constitució, 7, Tel. 971 61 85 76, Di–So 12–15.30, 19–22.30 Uhr, 24. Dez.–1. Feb. geschl. Unscheinbares, jedoch gutes Restaurant auf einer kleinen Terrasse

Serra de Tramuntana (Serra del Norte)

gegenüber der Kirche. Gemüse aus eigenem Anbau. Hauptgerichte ab 15 €.
Aussichtsreich – **Vall Hermós:** Eusebio Pascal, 6, tgl. außer Mi 10–20, Sa bis 23 Uhr. Große Terrasse, kleine Gerichte ab 5 €. Der Familie gehört auch der Delikatessenladen Colmado Santo Domingo in Palma (s. S. 115).
Urig – **Sa Tanca:** Carrer del Mar, 12. Tel. 971 14 91 23. Etwas versteckt unterhalb der Hauptstraße im Ortskern gelegene, auch im Winter geöffnete Kneipe mit hervorragenden Boquadillos (3,50 €), aber auch italienischen Gerichten.

Aktiv

Auf Schusters Rappen – **Fernwanderweg GR 221:** Beliebt ist die Wanderung entlang des Fernwanderwegs GR 221, der Trockenmauerroute (Ruta de Pedra en Sec), die von Sant Elm nach Pollença entlang der gesamten Tramuntana führt und auch Estellencs berührt. Der Weg zwischen Esporles und Valldemossa ist auf Antrag einer Finca nach wie vor gesperrt (Umleitung ausgeschildert), aktuelle Infos unter www.gr221.info.

Entlang der Strecke gibt es sechs Hütten *(refugis),* in denen man übernachten kann (Buchung: www.caib.es, Weiteres s. S. 32).

Infos

www.estellencs.com: Allgemeine Informationen zum Ort, den Hotels und Veranstaltungen, auch auf Englisch, dann aber weniger ausführlich.
Verkehrsanbindung: Bus L 200 mehrfach tgl. von Banyalbufar über Estellencs nach Palma.

Banyalbufar ▸ B 4

Etwa 6 km hinter Estellencs liegt, durch eine Brücke mit dem ›Festland‹ verbunden, der Wachtturm **Ses Animes** auf einem vorspringenden Felsen. Er wurde 1545 im Rahmen des Piratenfrühwarnsystems errichtet und stand mit anderen Türmen entlang der Küste und auf Sa Dragonera in Sichtverbindung. Der Blick reicht von diesem exponierten Wachtturm weit über die Terrassenkulturen bis zum Mirador Ricard Roca mit seiner steil abfallenden Küste.

Der Turm liegt in der fruchtbaren **Horta de Banyalbufar**, die schon von den Arabern angelegt und als *buniola al bahar* (kleiner Weingarten am Meer) bezeichnet worden war, woraus sich der Ortsname ableitet. Die von Opuntienhecken gesäumten Terrassenfelder, auf denen seit der Reblausepidemie Ende des 19. Jh. Obst und Gemüse insbesondere für

Mein Tipp

Port des Canonge ▸ C 3
Kurvenreich steigt von Banyalbufar die Straße zum **Coll de sa Bastida** (▸ B 4) hinauf – mit schönem Blick zurück über die Terrassen des Ortes. Vom Coll de sa Bastida zweigt ein sehr schmaler Fahrweg ab und führt in engen Kehren zu der kleinen Bucht hinunter, die von Touristen kaum beachtet wird, sich aber an Wochenenden mit mallorquinischen Familien füllt.
Schöner noch ist die **Wanderung** auf einem historischen Küstenweg, der an einem Parkplatz etwas außerhalb von Banyalbufar beginnt (zwischen km 85 und 86). Belohnt wird man durch das gute Essen im Restaurant **S'Amfora**, das benachbarte **C'an Toni Moreno** ist übersteuert.

Banyalbufar

Der Wachtturm Ses Animes trutzt auf einem vorspringenden Felsen

die lokalen Märkte gezogen werden, steigen in weitem Bogen bis zum Meer ab. Ein kunstvolles Bewässerungssystem aus gemauerten Kanälen leitet das im porösen Kalkstein der Berge gespeicherte Regenwasser auf die Felder, Zisternen überbrücken die trockenen Sommermonate.

Wie in Estellencs drängen sich auch in Banyalbufar die Häuser eng zusammen, glücklicherweise gibt es seit einiger Zeit einen Parkplatz am Ortsrand. Insgesamt hinterlässt der Ort einen weniger malerischen Eindruck. Ein steiler Weg führt in die kleine Bucht mit Kiesstrand.

Übernachten

Der Größe des Orts entsprechend ist das Angebot sehr beschränkt und wendet sich vor allem an Naturliebhaber ohne Badeambitionen.
Großartige Aussicht – **Mar i Vent:** C. Major, 49, Tel. 971 61 80 00, www.hotelmarivent.com, DZ ab ca. 125 € (Hochsaison), auch pauschal buchbar. 23 Zimmer, sechs Suiten, persönliche Note, einzigartiger Blick, Terrasse mit Pool, geschmackvolle Einrichtung.
Spartanisch – **Hotel Baronia:** C. Baronia, 16, Tel. 971 61 81 46, www.hbaronia.com, DZ 65 €. Nov.–März geschl. Einfach, in historischem Gebäude.

Essen & Trinken

Es gibt etliche Restaurants in Banyalbufar, die einen recht guten Ruf genießen.
Aussichtsreich – **Son Tomas:** Baronia, 17, Tel. 971 61 81 49, Mi–Mo 10–16, 19.30–22.30 Uhr, im Winter nur mittags, Mitte Dez.–Ende Jan. geschl. Gepflegte Küche mit aufmerksamem Service und einem Traumblick von der Terrasse im ersten Stock. Hauptgerichte ab ca. 17 €.

Termine

Festa de la Virgen: Anfang Sept. Das Patronatsfest zu Ehren der Beschützerin der Fischer. ▷ S. 149

Auf Entdeckungstour: Sa Cartuja de Valldemossa – Ort musikalischer Inspiration

Von außen eher unscheinbar, verdankt die Kartause ihre Berühmtheit einem längst vergangenen Besuch, der den damaligen Bewohnern durchaus nicht recht war: dem von Frédéric Chopin und George Sand.

Infos: www.cartujadevalldemossa.com, www.visitcartujadevalldemossa.com.
Öffnungszeiten: Mo–Sa ab 9.30 Uhr, Schließung saisonabhängig zwischen 15.30 und 19 Uhr, So April–Okt. 10–13 Uhr.
Eintritt: 9,50 €, Rentner 7,50 €, darin enthalten ist ein 15-minütiges Pianokonzert, Feb. u. Nov. 10.30, März–Okt. 6 x tgl. 10.30–17 Uhr, Dez./Jan. keine Konzerte. Besuch der sog. Chopin-Zellen kostet Extragebühr.

Nicht Kunstschätze oder Architektur haben die Kartause zur Touristenattraktion werden lassen, sondern der Aufenthalt von Frédéric Chopin und seiner Gefährtin George Sand 1838/1839. Romanzen berühmter Persönlichkeiten vermarkten sich eben besonders gut, vor allem, wenn sie der Hauch des Skandals umweht.

Dass das unverheiratete Paar in Begleitung der unmündigen Kinder der Frau, die zudem noch sechs Jahre älter als ihr Gefährte war, gerade in einem ehemaligen Kloster Unterkunft fand, entbehrt nicht einer gewissen Pikanterie. So ist denn auch der Bericht der Schriftstellerin »Ein Winter auf Mallorca« zum Kultbuch der Inselbegeisterten geworden. Und dies, obwohl George Sand darin mit den Bewohnern hart ins Gericht geht und den Tag glücklich preist, an dem sie den Balearen wieder den Rücken kehren durfte.

Eigentlich wollte das Paar hier die Flitterwochen verbringen, hatte man sich doch erst kurz zuvor kennen und lieben gelernt. Die ungeheizten Zellen und das feuchte Winterklima waren aber nicht gerade Balsam für Chopins ohnehin angegriffene Gesundheit. Die Musik allerdings, die Chopin hier komponierte, unter anderem das Regentropfenprélude (op. 28, Nr. 15), hat einen unverrückbaren Platz in der abendländischen Kulturgeschichte gefunden.

Königspalast, Kloster, Sommerresidenz

Der weiträumige, mit seinen verschachtelten Zellen und dem minarettartigen Turm romantisch wirkende Komplex, besteht aus Kirche, angebautem Kloster und Palau del Rei Sanç. Kartäusermönche aus Tarragona hatten 1399 die ehemalige, aus einem islamischen Alkazar hervorgegangene Königsresidenz von Jaume II. übernommen und zum Kloster ausgebaut. Seine größte Ausdehnung erreichte es im 18. Jh., obwohl den Satzungen zufolge nur zwölf Mönche in der Kartause lebten. Nach der Vertreibung des Ordens 1835 säkularisierte der Staat das Kloster und vermietete in der Folgezeit die Zellen.

Heiligtümer und wundersame Medizin

Der Besucher betritt zunächst die **Kirche**, ein einschiffiges Barockbauwerk des 18. Jh. Die Deckengemälde schuf der Kartäusermönch Bayeu, ein Schwager des Malers Goya. Unter den vielen Statuen befindet sich auch eine von Catalina Tomàs, der in Mallorca hochverehrten Volksheiligen, die 1531 in Valldemossa geboren wurde und später im Kloster Santa Magdalena in Palma lebte. Auch die vom dem deutschen Künstler Nils Burwitz geschaffenen Fenster zeigen Catalina Tomàs, daneben den heiligen Bruno von Köln, Gründer des Kartäuser-Ordens. In der Sakristei beeindrucken Kirchengerät, alte Messgewänder und ein marmornes Weihwasserbecken.

Von der Kirche aus betritt man den **Kreuzgang**. An der Kirchenlängswand hat die historische **Apotheke** ihren Platz, in der jener alte misstrauische Kartäusermönch wirkte, den George Sand in ihrer Erzählung porträtiert hat. Besonders interessant sind die kunstvollen alten Gläser und Majolika-Gefäße, in denen manch wundersame Medizin, wie etwa das Apostelschmalz, aufbewahrt wurde. An der gegenüberliegenden Seite erstreckt sich der **Wohntrakt**, in dem man zunächst auf die Wohnung des ehemaligen Abtes stößt. Die Räumlichkeiten umfassen außer der Zelle eine Kapel-

Chopins »pauvre piano mayorquim«

le, eine Bibliothek mit wertvollen Büchern und ein Elfenbein-Triptychon.

Wo Chopin spielte und komponierte

Hauptanziehungspunkt sind jedoch die **Klosterzellen Nr. 2** und **Nr. 4**, in denen George Sand und Frédéric Chopin den Winter 1838/1839 verbracht haben sollen. Ob es tatsächlich genau diese waren, lässt sich heute nicht mehr mit Sicherheit feststellen. Auf jeden Fall wurden die Räume liebevoll hergerichtet und mit Memorabilien der beiden berühmten Besucher ausstaffiert. Darunter befinden sich auch Chopins erstes Klavier, das hoffnungslos verstimmte »*pauvre piano mayorquim*«, aber auch sein geliebtes Pleyel-Piano, dessen Einfuhr nach Mallorca mit so vielen Problemen verbunden war und auf dem er seine Préludes und das dritte Scherzo komponierte, überdies zahlreiche Briefe des Komponisten sowie das Manuskript von »Ein Winter auf Mallorca«, das George Sand jedoch erst mehrere Jahre nach dem Aufenthalt aus der Erinnerung verfasst hat.

Das Museum

In dem Seitentrakt ist auch das **Museu Municipal** untergebracht, das eine bemerkenswerte Druckerei aus dem 16. Jh. mit alten Druckstöcken zeigt und Erinnerungen an Erzherzog Ludwig Salvator von Österreich.

Der östlich des Wohntrakts angegliederte **Palau del Rei Sanç** (Palast König Sançs/Sanchos), den man über den Kirchenvorplatz erreicht, bildet die Urzelle des Klosters und entstand bereits im 14. Jh. als Herrenhaus auf den Grundmauern eines Alkazars (arabisches Schloss). Der Komplex umfasst eine Kirche, einen kleinen Kreuzgang, ein Refektorium und einen Wachturm aus der Piratenzeit.

Valldemossa! ▶ C 3

Vom Coll de sa Bastida steigt die sehr schmale und kurvenreiche Ma-10 durch Wald zum Coll de Claret (545 m) an und führt dann ins Tal von Valldemossa.

Die malerisch im Grünen gelegene, von Bergen umrahmte Kleinstadt zu Füßen des Teix (1064 m) wäre an sich schon eine Reise wert, zieht aber die Besucherscharen vor allem wegen des ehemaligen Kartäuserklosters Cartuja de Jesús Nazareno (Cartuja de Valldemossa, Reial Cartuja; s. S. 146) an.

Die Stadt

Es ist erstaunlich, dass die Touristen dem Ort selbst relativ wenig Beachtung schenken, gehört er doch mit seinen malerisch engen, blumengeschmückten Gassen, den Treppen und Durchgängen zu den schönsten der Insel. Es verwundert nicht, dass sich Künstler von Valldemossa inspiriert fühlen und hier ihre Ateliers haben, etwa Nils Burwitz, Bernat Reüll und Bruno Zupan.

Lange vor der Klostergründung war das Hochtal von Valldemossa beliebter Siedlungsort. Bis in prähistorische Zeit reichen die Spuren; bereits Römer und Mauren bestellten hier ihre Äcker, und die Seeräuber hatten einen begehrlichen Blick auf das fruchtbare Tal geworfen. Die Bauern wussten sich indes zu verteidigen und brachten den Korsaren Barbarossas 1552 eine Niederlage bei, die ihnen den Frieden sicherte.

Das historische Zentrum gruppiert sich um die Pfarrkirche **Sant Bartomeu**, die 1245 gegründet, später aber gotisch verändert wurde. Auffallend der mit einem Aufsatz versehene Turm, der dem des Klosters ähnelt. Die Kirche steht im Zeichen der im Carrer de sa Rectoria geborenen und uns auch außerhalb des Gotteshauses auf Kachelbildern begegnenden hl. Catalina Tomàs. In der Gasse links neben der Kirche steht ihr **Denkmal**.

Fundació Coll Bardollet
C/ Blanquerna, 4 (im Zentrum neben Rest. Cappucino), Tel. 971 61 29 83, www.fccollbardolet.org, im Sommer Mo–Sa 10–14, 15–19, So/Fei 10–20 Uhr, Nov.–März Mo–Sa 10–16, Sa/So/Fei 10–14, 15–18 Uhr
Für die Mallorquiner ist der Künstler (1912–2007), der lange in Valldemossa lebte, eine Ikone. Wer seine Werke sieht, versteht, warum – seine großartigen Landschaften, Stillleben und Porträts begeistern jeden Kunstsinnigen. Viele seiner Bilder findet man auch im Museum des Klosters Lluc (s. S. 169).

Übernachten

Trotz der Bedeutung des Ortes gibt es nur wenige Hotels ausschließlich der gehobenen Preisklasse. Leider hat das preiswerte Hostal Marió, das älteste Hotel der Insel (1899), inzwischen seine Pforten geschlossen.

Abstecher zum Port de Valldemossa ▶ C 3
Von der Hauptstraße Andratx–Sóller führt eine schmale kurvenreiche Straße mit großartigen Ausblicken hinab zum winzigen Kiesstrand des ehemaligen Schmugglerhafens. Steile Felswände, Bootsschuppen und einige Natursteinhäuser säumen die kleine, recht romantische Bucht. Ein Lokal (geöffnet April–Okt.) gibt es auch. Bei diesem Ausflug ist aber eher der Weg das Ziel.

Serra de Tramuntana (Serra del Norte)

Luxuriös – **Valldemossa Hotel:** Ctra. Vella (Vieja) de Valldemossa, Tel. 971 61 26 26, www.valldemossahotel.com, DZ ab ca. 342 €. George Sand und Frédéric Chopin würden vor Neid erblassen. Edle Unterkunft mit Wellnessbereich und hervorragendem Restaurant in historischem Landgut.

Familiär – **Es Petit Hotel de Valldemossa:** C. Uetam, 1, Tel. 971 61 24 79, www.espetithotel-valldemossa.com, DZ ab 130 €. Hotel mit acht Zimmern in einem historischen Gebäude im Zentrum, besonders bei Wanderern beliebt.

Essen & Trinken

Die meisten Restaurants sind auf den Massentourismus eingestellt und bieten nur durchschnittliches Essen.

Einfach, aber gut – **Ca'an Mario:** Carrer de Uetam, 8, Tel. 971 61 21 22, im Sommer außer Mo 13.30–15.30, 20–22 Uhr, im Winter Mo und abends geschl. Etwas schwer zu finden im 1. Stock des ehemaligen gleichnamigen Hostals (http://hostalcanmario.net). Typisch spanisches Restaurant mit vorzüglicher mallorquinischer Hausmannskost. Gerichte ab ca. 9 €.

Infos & Termine

www.valldemossa.com: Liefert einige Informationen zur Geschichte und den Sehenswürdigkeiten.
Touristenbüro: Cartuja de Valldemossa, Tel. 971 61 21 06.
Festival Chopin: Tel. 971 61 23 51, www.festivalchopin.com, an Wochenenden im Aug./Sept., 15–22 €. Konzerte im Kreuzgang der Kartause bei Kerzenlicht.
Cavalcada de la Beateta: 28. Juli. Festlicher Umzug eines Dorfmädchens als Inselheilige Catalina Tomàs.
Moros y Cristianos: Anf. Oktober. Nun hat auch Valldemossa sein Piratenspektakel, wenn auch ohne Wasser.

Restaurant Can Costa

Das an der Straße Richtung Deià bei km 70 gelegene Restaurant (ca. 2,5 km von der Abzweigung nach Valldemossa, Tel. 971 62 22 63, Mi–Mo 12.30–16, 19.30–23 Uhr, im Winter nur Fr/Sa) ist vor allem mittags ein beliebter Anlaufpunkt für den hungrigen Tramuntana-Reisenden. Ihn erwartet traditionelle mallorquinische Küche, etwa Kaninchen, *sopa mallorquina* und Spanferkel in jeweils üppigen Portionen zu angemessenen Preisen ab 15 €.
Als Verdauungsspaziergang bietet sich der Aufstieg zur gegenüberliegenden Ermita de la Santíssima Trinitat an (s. S. 151). Das Auto kann man vor dem Restaurant stehen lassen.

Die Güter des Erzherzogs Salvator und Kloster Miramar

Auf der Küstenstraße Ma-10 nach Norden fahrend, erreicht man am Ortsrand Valldemossas rechter Hand unterhalb einer Felswand **Son Moragues,** das erste der drei Landgüter des Erzherzogs von Österreich. Er erwarb es 1883 und nutzte es als Gästehaus, ehe er es seinen Nachkommen hinterließ. Es ist Teil des ersten, ebenfalls vom Herzog errichteten Nationalparks der Insel, wofür er damals von den Einheimischen nur Spott und Hohn erntete. Bei km 70, einige Meter vor dem auf der Meerseite liegenden Parkplatz des **Restaurants**

Can Costa (s. Mein Tipp links), zweigt in spitzem Winkel nach rechts ein kaum wahrnehmbarer Fahrweg ab.

Ermita de la Santíssima Trinitat ▸ C3

Über diesen steil den Berg emporführenden Weg gelangt man zu dem kleinen bewohnten **Kloster der hl. Dreifaltigkeit**. Es wurde 1648 auf den Ruinen zweier bestehender Eremitagen errichtet und 1703 um eine Kapelle ergänzt. Die Aussicht von der Terrasse über die Küste ist von außergewöhnlichem Reiz. Wer den Weg hinauf zur Einsiedelei scheut (v. a. am Wochenende sind die Parkplätze schnell belegt), kann von der Küstenstraße aus einen ähnlichen Blick vom **Mirador de ses Pites** genießen, allerdings fehlt das Flair der klösterlichen Abgeschiedenheit.

Monestir de Miramar ▸ C3

www.sonmarroig.com, tgl. 9–16.45 Uhr, 4 €
Nur 1 km weiter, bei km 67,5, liegt das ehemalige Kloster Miramar, einst Wohnsitz Ludwig Salvators. 1300 hatte hier der Nationalheilige Ramón Llull eine Missionsschule gegründet, mit dem Ziel, das Christentum in Nordafrika zu verbreiten. 100 Jahre später übernahm der Orden Sant Jerònim das Gebäude, bald darauf zogen die Dominikaner ein. Zu Beginn des 16. Jh. entstand in der Nachbarschaft ein gegen Piratenüberfälle befestigtes Landgut. 1699 wurde die Eremitage verlassen und verfiel, bis der Erzherzog 1872 als 25-Jähriger das Gelände aufkaufte, das Haus zum Wohnsitz umbaute und die Kapelle renovierte. Das Gut, heute Privatbesitz, ist wieder zugänglich.

Son Marroig ▸ C3

www.sonmarroig.com, Mo–Sa 9.30–14, 15–19.30, im Winter 9.30–17 Uhr, 4 €
Einige Kilometer weiter liegt Son Marroig, der spätere Landsitz des Herzogs, der heute ein Museum mit Erinnerungsstücken an den Inselliebhaber beherbergt. Weniger die museale Umgebung entzückt als der einzigartige Blick hinunter zum durchlöcherten, weit ins Meer springenden Felsen **Sa Foradada**, an dem früher die Jacht Nixe Salvators vor Anker lag und zu dem man zu Fuß hinuntergehen kann (1,5–2 Std. hin/zurück). Der Blick von der Galerie des Wohnhauses auf den Marmorpavillon gehört zu den klassischen Fotomotiven der Insel. Das Restaurant Na Foradada am Ende des Felsvorsprungs bietet einen willkommenen ›Rastplatz‹ (März–Okt.).

Deià ▸ C3

In einer großen Kurve wendet sich die Straße nun ins Landesinnere und gibt den Blick frei auf ein pittoreskes Künstlerdorf hoch über dem Meer (die Anzahl der Parkplätze ist begrenzt). Entdeckt hat es der Autor Robert Graves (1895–1985). Einige seiner prominenten Gäste sind geblieben, so der englische Milliardär Branson, Besitzer des Nobelhotels La Residencia.

Steile Gassen, gepflegte alte Häuser mit Blumenkästen, kleine Cafés verleihen Deià eine beschwingte Atmosphäre, obwohl viele Häuser ein durchaus wehrhaftes Gesicht tragen, das noch die Angst vor den Piraten widerspiegelt. Vielleicht ist es der internationale Charakter, der die sonst übliche spanische Strenge mildert. Überragt wird Deià, das bereits von den Arabern unter dem Namen Ca Na Rosa ▷ S. 155

Auf Entdeckungstour: Auf den Spuren des Erzherzogs – Wanderung über der Küste

Dank Erzherzog Salvator kann der Wanderer heute entlang der historischen Reit- und Wirtschaftswege der einstigen erzherzöglichen Güter von Valldemossa über das Hochplateau Pla d'es Pouet und zurück eine der schönsten Rundwanderungen auf Mallorca unternehmen.

Reisekarte: ▶ C 3

Ausgangs- und Endpunkt: Zentrum von Valldemossa (Stadt)

Beschränkungen: Wegen des großen Andrangs ist der Zugang vor allem in der Hochsaison reglementiert. Anmeldung unter Tel. 0034 619 59 19 85.

Schwierigkeitsgrad: Recht anspruchsvolle Wanderung über eine Hochebene mit einer kürzeren Route (ca. 5 Std.) und einer längeren Route (mind. 8 Std.), letztere mit Aufstieg zum Teix, überwiegend auf markierten Wegen.

Erzherzog Salvator von Österreich war jung, reich, klug und begeisterungsfähig. 1867 kam er erstmals mit seiner Jacht Nixe nach Mallorca, verliebte sich in die Insel und begann alsbald Stück für Stück die halbe Küste in diesem Teil Mallorcas zu erwerben. Aber dankenswerterweise nutzte er seine mallorquinischen Besitzungen nicht nur zum Bau seiner Landhäuser Son Marroig und Son Miramar, sondern ließ auch Wälder aufforsten, Gebäude restaurieren, Plantagen und Aussichtspunkte anlegen, von denen die Touristen noch heute profitieren. Große Teile der Güter wurden später als Nationalpark Son Moragues unter Naturschutz gestellt und so den Begehrlichkeiten der Immobilienspekulanten entzogen. Damit wurde auch der Herstellung von Holzkohle aus den wertvollen Steineichen und dem Brennen von Kalk Einhalt geboten. Spuren dieser ehemaligen Nutzung in Gestalt aufgelassener Kohlenmeiler begegnen dem Wanderer noch auf Schritt und Tritt.

Der Aufstieg
Von der Bushaltestelle im Zentrum von Valldemossa folgt man der Hauptstraße Richtung Palma und biegt beim großen Parkplatz nach links ab, am Sportplatz nach rechts und bei der Gabelung ein Stück weiter nach links. Am Ende der Straße (Carrer de Oliveres) beginnt der Weg an einem Kontrollposten. Steil geht es bald in Serpentinen auf einem alten **Köhlerweg** voller Geröll bergauf zum Hochplateau **Pla des Pouet**, dessen Beginn ein Mauerdurchbruch markiert. Etwa 100 m dahinter hat man die Gelegenheit, auf einem schmalen Pfad nach links einen Abstecher zum ersten Aussichtspunkt **Font de s'Abeurada** zu machen. Steineichen und Aleppokiefern prägen weite Abschnitte der ansonsten kargen Kalksteinebene des Nationalparks.

Der Panoramaweg des Erzherzogs
Man stößt alsbald auf den **Camí de s'Arxiduc**, den Reitweg des Erzherzogs, der weiter ansteigend immer schönere Blicke über die Westküste bietet, zunächst hinab auf Sa Torta, eine Ausbuchtung in der Hochebene, dann bis Palma und bei klarer Sicht sogar bis zur Insel Cabrera weit im Süden. Der Weg führt zum **Mirador de ses Puntes**, dem westlichsten Punkt der Rundwanderung. Vom Mirador aus hat man einen grandiosen Blick über die Westküste. Der Erzherzog hatte hier eine Mauer errichten lassen, die in Resten noch erhalten ist. Von diesem Standort aus konnte er sich am Blick über seine Güter entlang der Küste ergötzen. Fast 400 m fällt das Gebirge hier senkrecht zur Küste hin ab und gibt den Blick auf das Massiv des 1026 m hohen Galatzó in der Ferne frei.

In 40 Min. gelangt man vom Mirador aus durch flechtenverhangene niedrige Steineichenbestände zum 855 m hohen **Puig des Pouet**. Von ihm aus kann bis Palma blicken und auch schon die Schutzhütte auf dem ca. 870 m hohen, etwa weitere 20 Min. entfernt liegenden **Veià** erblicken, der einen fantastischen Rundblick Richtung Deià und auf die Wand des 991 m hohen Caragolí gewährt.

In Serpentinen steigen wir nun durch lichten Steineichenwald hinab zur Abzweigung **Coll de son Gallard**, wo eine Bank auf den Wanderer wartet. Hier hat man die Wahl, auf direktem Weg in einer Stunde nach Valldemossa zurückzukehren oder die Wanderung auszudehnen. Nach rechts kann man schnell zur Kante des Pla des Pouet und weiter nach Valldemossa absteigen. Kurz bevor man wieder den Mauerdurchbruch an der Kante des Plateaus erreicht, durch den man die Ebene beim Aufstieg betreten hat, führt ein kleiner Pfad in wenigen Schritten zum **Mirador Coral de Bous**, der einen schönen Blick auf das nun nicht mehr ferne Valldemossa gewährt.

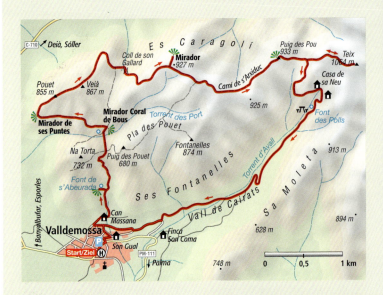

Abstecher zum Teix

Wer noch genug Energie für vier bis fünf weitere Wanderstunden aufbringt, sollte vom Coll de son Gallard geradeaus weitergehen, um auch dem 1064 m hohen Teix noch einen Besuch abzustatten.

Dieser Weg ist recht anspruchsvoll und im letzten Abschnitt ohne Markierungen. Wer nicht schwindelfrei ist, könnte Schwierigkeiten bekommen, obwohl angesichts des an kritischen Stellen breiten Pfades keinerlei Absturzgefahr besteht. Belohnt werden die Mühen durch wahrhaft atemberaubende Ausblicke von der steil abfallenden Kante hinab zur Nordwestküste. Tief unten kann man die Halbinsel Sa Foradada erkennen, vor der des Erzherzogs Jacht Nixe ihren Ankerplatz hatte. Weiter im Norden reicht der Blick sogar bis zu den Ausläufern von Port de Sóller.

Nach etwa zweistündiger Wanderung vom Coll de son Gallard aus ist schließlich der Gipfel des Teix erreicht – sofern der Besitzer des Grundstücks den Zugang kurz vor dem Gipfel nicht weiterhin versperrt hat (Tor). Man erkundige sich zuvor beim Fremdenverkehrsamt in Valldemossa.

Der etwa dreistündige Rückweg führt durch das **Tal von Cairats**, vorbei an den Ruinen des Schneehauses **Casa de sa Neu**. In ihm wurde früher Schnee aus den höher gelegenen Regionen der Tramuntana angehäuft, der sich zu Eis verdichtete, das bis in den Frühsommer hinein für die Kühlung frischer Lebensmittel sorgte. Vorbei an den Resten eines ebenfalls verfallenen Kalkbrennofens erreicht man schließlich nach steilem Abstieg wieder Valldemossa.

Die Wege sind zwar mit gelben Pfeilen und roten Punkten markiert, dennoch ergeben sich zuweilen Orientierungsprobleme. Festes Schuhwerk und genug Trinkwasser sind unabdingbar.

Deià

angelegt worden ist, von der barocken Kirche **Sant Joan Baptista**. Das Kunstschaffen der Bewohner wird in zahlreichen Galerien zur Schau gestellt.

Casa Museu Robert Graves
Carretera Deià a Sóller, s/n, www.lacasaderobertgraves.com, April–Okt. Mo–Fr 10–17, Sa bis 15, Nov. und Jan.–März 9–16, Dez. Mo–Fr 10.30–13.30 Uhr, 7 €
Das Wohnhaus des Begründers des Deià-Mythos, Robert Graves, liegt etwas außerhalb des Ortes an der weiter nach Sóller führenden Hauptstraße. Gegenüber seinem Haus führt ein schmaler Weg zum kleinen Hafen, der sich romantisch in einer felsigen Bucht versteckt, aber nur einen winzigen Kiesstrand hat.

Übernachten

Da der Ort seinen Mythos der Exklusivität pflegt, sind die Preise gemessen am Gebotenen sehr hoch.
Edel-rustikal – **La Residencia**: C. Son Canals, s/n, Tel. 971 63 90 11, www.belmond.com, DZ ab ca. 500 € (Hauptsaison). Eines der besten Hotels der Insel mit exquisiten Zimmern, Hallenbad, Pool und Beautyfarm sowie dem Top-Restaurant Olivio (s. u.).
Luxuriös – **Es Moli**: Ctra. de Valldemossa, s/n, Tel. 971 63 90 00, www.esmoli.com, DZ ab 200 €, auch pauschal buchbar. Luxusherberge etwas außerhalb am Hang mit großen, stilvollen Zimmern, klimatisiertem Pool, Garten, einem Privatstrand (Pendelverkehr) und einem hervorragenden Restaurant.
Nostalgisch – **S'Hotel des Puig**: C. Es Puig, 4, Tel. 971 63 94 09, www.hoteldespuig.com, DZ ab ca. 155 €. Alteingesessenes, auf dem Weg hinauf zur Kirche liegendes kleines Hotel, nur wenige klimatisierte Zimmer und Pool.

Romantisch-bescheiden – **Villa Verde**: C. Ramón Llull, 7, auf dem Weg zur Kirche, Tel. 971 63 90 37, www.hostalvillaverde.com, DZ ohne Bad ab ca. 82 €. Kleines Hostal in historischem Gebäude mit beschatteter Terrasse. Der Service hat leider nachgelassen.

Essen & Trinken

Deià besitzt zwei Spitzenrestaurants:
Solide – **Es Racó d'es Teix**: C. de sa Vinya Vell, 6, Tel. 971 63 95 01, www.esracodesteix.es, Mi–Mo 13–15, 19.30–22, im Winter Di–So 13–16.30 Uhr, Jan.–Mitte Feb. geschl. Sterngekrönte mediterrane Küche in altem Natursteinhaus. Hauptgerichte ab ca. 35, Mittagsmenü 35 €, Abendmenü mit 6 Gängen 98 €.
Ideenreich – **Sebastian**: C. Felipe Bauzá, Tel. 971 63 94 17, www.restaurantesebastian.com, Do–Di 20–23 Uhr, März–Juni, Sept.–Nov. auch Sa/So mittags, 20. Nov.–26. Dez., 6. Jan.–15. Feb.

Mein Tipp

Spitzenrestaurant Béns d'Avall
Am Coll de Puig zweigt zur Küste hin die ca. 4 km lange Zufahrt zu einem der schönsten Restaurants der Insel ab. Gut 100 m liegt Béns d'Avall über der kleinen Bucht Alconàsser. Nicht nur die Aussicht von der Terrasse ist umwerfend, auch das Essen in dieser Feinschmeckeroase ist über jede Kritik erhaben. Zur Auswahl stehen zwei Menüs zu ca. 65 und 95 € und viele offene Weine (Urb. Costa Deià, Ctra. Sóller–Deià, Tel. 971 63 23 81, www.bensdavall.com, Di–So 13–15, Mi–Sa auch 20–22.30 Uhr, Mitte Dez.–Mitte Feb. geschl.).

Serra de Tramuntana (Serra del Norte)

Typisch mallorquinische Häuser in Sóller

geschl. Einfallsreiche Küche hinter unscheinbarer Fassade im Zentrum Deiàs mit gutem Preis-Leistungs-Verhältnis. Hauptgerichte ab ca. 25 €.
Rustikal – **Ca's Patro March:** An der Bucht Cala Deja, Tel. 971 63 91 37, im Sommer tgl. 12–18 Uhr. Uriges Fischrestaurant mit Meerblick, beliebt bei Wanderern. Frische Fischgerichte um die 20 €, preiswerter offener Wein.
Günstig – **The Village Cafe:** Calle Felipe Bauza, Tel. 971 63 91 99. Gemütliches Restaurant, das sich mit Preisen ab 10 € deutlich von den Spitzenrestaurants der Nachbarschaft abhebt. Leckere Süßspeisen.

Termine

Els Tres Reis Mags: 5./6. Januar. Heilige Drei Könige, mit Umzug.
Sant Joan Baptista: 2. Junihälfte. Patronatsfest.
Musikfestival: Juli–Sept. Klassische Musik zumeist auf dem Gut Son Marroig, teils in der Kirche von Deià (Infos: Alma Concerts, C. Davall es Penyal, Tel. 971 63 91 78, www.dimf.com).

Sóller ▸ D 3

Über den Coll de Puig windet sich die Ma-10 nun hinab in die Gartenlandschaft von Sóller, eine der fruchtbarsten Regionen der Westküste. Mit Recht haben die Araber dem lieblichen, zum Meer hin abfallenden Tal den Namen Suliar (Tal des Goldes) verliehen, ließ sich doch hier mit künstlicher Bewässerung ein Paradies schaffen, in dem noch heute Ölbäume, Datteln, Feigen und Zitrusfrüchte gedeihen. Schon die prähistorischen Bewohner Mallorcas und später dann Phönizier und Römer hatten diesen von der Natur begünstigten Flecken der heutigen **Horta de Sóller** zu schätzen gewusst.

Allseitig von steilen Bergen umschlossen, war Sóller mit seinem Hafen bis ins 20. Jh. hinein nur mühsam erreichbar. 1912 wurde die Eisenbahnstrecke Palma–Sóller eröffnet – ein großes Ereignis in der Inselgeschichte (s. S. 160). Ein weiteres halbes Jahrhundert dauerte es noch, bis man den Ort auch auf der Straße direkt von Palma aus ansteuern konnte. Der Tunnel beschleunigt die Anreise, hat ihr aber den Reiz der Serpentinen genommen.

In die Inselgeschichte eingegangen ist Sóller durch seine heldenhafte Verteidigung gegen einen algerischen Piratenangriff im Jahre 1561. Mit fast 2000 Mann war der Korsar Ochialí am 11. Mai in Port de Sóller gelandet und marschierte auf die Stadt zu. Unter der Führung von Joan Angelat und der tatkräftigen Mitwirkung der Frauen Sóllers, die als Valentes Dones de Can Tamany (die mutigen Frauen von Can Tamany) zur Legende geworden sind, erlitten die Freibeuter eine empfindliche Niederlage. Der ruhmreichen Auseinandersetzung wird heute jedes Jahr in einem Volksfest in Port de Sóller gedacht (s. S. 164).

Coll de Sóller 1

Lohnend ist der Blick vom oberhalb des Ortes liegenden Coll de Sóller, einem 496 m hohen Pass über die Serra d'Alfàbia, den man auf der nach Palma führenden Straße bis zur Fertigstellung des Tunnels noch überqueren musste, heute immer noch kann.

Plaça Constitució 2

Im Ort lohnt sich ein Rundgang durch die Altstadt, auf deren herrliche Plaça die Pfarrkirche **Sant Bartomeu** und das **Rathaus** aus dem 17. Jh. blicken. Die Kirche (Mo–Do 10.30–13, 14.45–17.15, Fr/Sa 10.30–13 Uhr) geht auf das 13. Jh. zurück, wurde aber mehrfach umgestaltet, letztmalig 1904. Damals schuf der Jugendstilarchitekt Joan Rubió, ein Gaudí-Schüler, die Westfassade. Sehr sehenswert ist die Fensterrosette. Auch die links der Kirche liegende **Banco de Sóller** von 1912 ist sein Werk.

Estació de Sóller 3

Die Endstation des **Roten Blitzes** ein Stück oberhalb der Plaça d'Espanya bezeichnet sich gern als der älteste Bahnhof der Welt, geht das Gebäude doch auf ein befestigtes Herrenhaus von 1606 zurück, woran die drei Stockwerke, die fast fensterlose Fassade und die arabischen Dachziegel erinnern. Ansonsten bestimmen Elemente der 1930er-Jahre das Bild, so die verzierte Bahnsteigüberdachung.

Museen und Botanischer Garten

Wendet man sich Richtung Hafen, kann man das **Museu del Casal de Cultura** 4 (C. de sa Mar, www.sollernet.com/casal, Di–Fr 11–13/17–20, im Winter 16–19 Uhr, 3 €) besuchen, das mit Möbeln, Gebrauchsgegenständen, Gemälden und Keramik einen Einblick in das städtische Leben des 19. Jh. gibt.

Naturliebhabern seien das **Museu Balear de Ciències Naturals** (www.museucienciesnaturals.org) und der **Botanische Garten** 5 empfohlen, die sich der Pflanzenwelt der Balearen widmen (Ctra. Palmer–Sóller, km 30, www.jardibotanicdesoller.org, Mo–Sa 10–18, Winter bis 14 Uhr, 8 €).

In einer Jugendstilvilla hat das **Museu Modernista Can Prunera** 6 seinen Sitz, mit Werken u. a. von Miró, Paul Klee und Paul Cézanne (C. de sa Luna, 90, http://canprunera.com, Di–So 10.30–18.30 Uhr, 5 €, erm. 3 €).

Übernachten

Für den normalen Touristen ist Sóller weniger attraktiv als das schöner gelegene Port de Sóller mit Bucht und Ha-

Serra de Tramuntana (Serra del Norte)

fen. Wer Unterkünfte der Oberklasse sucht, ist in Sóller gut aufgehoben.

Grandios – **Gran Hotel Sóller 1**: C. Romaguera, 18, Tel. 971 63 86 86, www.granhotelsoller.com, DZ ab 315 € (Hochsaison), pauschal deutlich günstiger. Macht seinem Namen alle Ehre. Geräumige Zimmer, traumhafte Suiten mit allem Komfort in herrschaftlichem Gebäude aus dem 19. Jh.

Klein und fein – **L'Avenida 2**: Av. Gran Via, 9, Tel. 971 63 40 75, www.aven ida-hotel.com, DZ ab 255 €. Wer mit Großfamilie anreist, kann das Hotel ab 3 900 €/Woche mieten. Nur acht Zimmer mit nostalgischem Touch in ehemaliger Villa aus dem Beginn des 20. Jh., großer Garten, Pool.

Im Orangenhain – **Ca's Curial 3**: Camino de la Villalonga 21, Tel. 965 02 02 27, www.cascurial.com. Ehemalige, liebevoll restaurierte Finca in einem Orangenhain, sehr ruhig gelegen, dennoch relativ zentral. Aufmerksamer Service, Adults only, großer Pool. DZ mit Frühstück ab ca. 140 €.

Art Nouveau – **La Vila 4**: Plaça Constitució, 14, Tel. 971 63 46 41, www.lavilahotel.com, Mitte Jan.–Mitte Feb. geschl., DZ ab 150 € (Hochsaison), sonst ab 100 €. Im Zentrum gelegenes Boutiquehotel mit Jugendstilelementen. Kleine, gemütliche Zimmer.

Stilvoll im Zentrum – **C'an Abril 5**: Calle Pastor, 26, Tel. 971 63 35 79, www.hotel-can-abril-soller.com, DZ ab 125 €. Geschmackvoll, in einheimischem Stil ausgestattete moderne Zimmer.

Essen & Trinken

Wer kulinarischen Gaumenkitzel sucht, muss schon in Richtung Deià den Berg hinauffahren und das Restaurant Béns d'Avall (s. S. 155) aufsuchen.

Verstecktes Juwel – **Ca'n BoQueta 1**: Gran Via, 43, Tel. 971 63 83 98, Di–Sa 13–16, 19.30–23 Uhr, So nur mittags. Kleines Restaurant mit einfallsreicher Küche in altem Stadthaus. Es gibt nur Menüs (jeweils 52 € inkl. Wein).

Klein aber fein – **Hotel Salvia 2**: Calle de la Palma, 18, Tel. 971 63 49 36, www.hotelsalvia.com, tgl. außer Mo 13–15, tgl. außer Mo/Di 19–21.30 Uhr. Kleines exquisites Hotelrestaurant in historischem Gebäude, mediterrane Küche mit leicht asiatischem Einschlag. Hauptgerichte ab ca. 18 €, Menü 40 €.

Kalte Versuchung – **Sa Fabrica de Gelats 3**: Plaça del Mercat, www.gelatsoller.com. Leckeres cremiges Eis im schattigen Innenhof im Herzen Sóllers. Becher ab 5,60 €.

Kaffeehauskultur – **Café Scholl 4**: Carrer Victoria, 12, Tel. 971 63 23 98, Mo–Fr 9–20, Sa 10–19, im Winter bis 17 Uhr. Hervorragender Kuchen, leckere kleine Gerichte und toller Kaffee.

Einkaufen

Haupteinkaufsstraße ist der Carrer de sa Lluna mit zahlreichen einladenden Geschäften.

Es geht um die Wurst – **Colmado la Luna 1**: C. de sa Lluna, 3. Geschäft der für ihre *sobrassadas* bekannten Wurstfabrik Luna. Es gibt auch Flor de Sal und leckere Marmeladen.

Stoffliches – **Ca'n Oliver 2**: C. de sa Lluna, 25. Leinen und Baumwollstoffe in den inseltypischen Mustern.

Feines Öl – **Can Det 3**: Ozonas, 8, Tel. 971 63 03 03. Ölmühle, in der noch manuell gearbeitet wird (Besichtigungen jederzeit möglich). Verkauf von hochwertigem Olivenöl und Marmeladen.

Aktiv

Per pedes oder per Rad – **Tramuntanatours 1**: C. de sa Lluna, 72, www.tramuntanatours.com. ▷ S. 162

Auf Entdeckungstour: Nostalgische Bahnfahrten – mit Rotem Blitz und Tramvía

Bahnnostalgikern ermöglichen die beiden Bahnen, die sich täglich in Sóller begegnen, eine Zeitreise in die Vergangenheit. Doch auch die gemächliche Fahrt durch das Hinterland und die spektakuläre Passüberquerung sind ein Erlebnis.

Tipp: Wer sich auf den spektakulären Bergabschnitt beschränken will, kann in Bunyola zusteigen, der Zug könnte dann allerdings voll sein.
Abfahrt: Roter Blitz Palma–Sóller ca. 6 x tgl. 10–19.30 ab Plaça d'Espanya, im Winter nur 4 x zwischen 10.30 und 18 Uhr; Sóller–Palma 5 x tgl. 9–18.30 Uhr; Fahrzeit ca. 1 Std. (Infos: Tel. 902 36 47 11, www.trendesoller.com).
Tramvía Sóller–Port de Sóller ca. stdl. 8–19 Uhr, Fahrzeit ca. 20 Min.
Fahrpreis: Roter Blitz einfach 19,50 €, Tramvía 5 €.

Nostalgie pur: Die wohl älteste ohne Unterbrechung verkehrende Eisenbahn mit historischem Wagenmaterial, der Rote Blitz, führt den Passagier zurück in eine Zeit, als 30 km/h noch genügten. Gemächlich bringt er den Sóller-Besucher aus dem oder ins 27 km entfernte Palma, während die Tramvía, eine Straßenbahn, zwischen Sóller und dem 5 km entfernten Hafen Port de Sóller pendelt.

Der Name **Roter Blitz** (Lokomotive und Wagen sind tatsächlich braun), heute eine liebevolle Übertreibung, war bei Eröffnung der Bahnlinie Palma–Sóller ernst gemeint, denn schneller als die Pferdewagen und die ersten Autos war der Zug allemal. Der damals abgelegene Ort Sóller benötigte dringend eine Transportmöglichkeit für seine landwirtschaftlichen Produkte in die Hauptstadt – vor allem der berühmten Orangen. Initiator der Bahnlinie war der Parlamentarier und Gründer der Compañía de Navegación Sóllerense Jeroni Estades i Llabrés. Im Jahre 1907 wurde an den beiden Streckenenden mit der Arbeit begonnen, wobei Mulis zum Einsatz kamen.

Der erste Zug verkehrte am 16. April 1912, just an dem Tag, an dem die Titanic unterging. Ein böses Omen war dies indes nicht, denn die Bahn fährt seither ohne Unterbrechung. 1929 wurde die Strecke elektrifiziert und mit Lokomotiven von Siemens ausgerüstet, die noch heute ihren Dienst tun. Ebenso alt sind die holzverkleideten Wagen mit ihrer reichen Verzierung. Ohne den Tourismus allerdings hätte die Bahn allenfalls im Museum überlebt.

So aber ist die Reise mit dem Roten Blitz ein Stück lebendiger Bahngeschichte. Die Fahrt geht zunächst durch die Außenbezirke Palmas Richtung Norden auf die Berge zu, die immer unüberwindbarer erscheinen, je näher man ihnen kommt. Die Trasse führt auf weiten Strecken durch Bauernland; nur hin und wieder erhascht man den Blick auf die Autos der nahen Ma-11, die parallel zur Bahnlinie verläuft.

Wirklich interessant wird die Reise ab **Bunyola**, dem pittoresk am Steilabfall des Gebirges gelegenen Städtchen, in dem der Zug noch einmal eine Verschnaufpause einlegt, ehe er sich an den langen Anstieg macht, den die Straße heute geschickt, aber unspektakulär durch einen langen Straßentunnel umgeht. Im Schritttempo geht es in Kehren in die Berge. Der Bau dieses Abschnitts ist eine herausragende technische Leistung, musste doch die knapp 500 m hohe Serra de Alfàbia überwunden werden. Wie damals bei Bergstrecken durchaus üblich, verwendete man eine schmale Spur von 914 mm, die engere Kurvenradien ermöglichte.

Die Bahn schraubt sich in nur 7 km bis zum Scheitelpunkt, durchquert dabei 13 Tunnel, passiert mehrere Brücken und den Viadukt Cinq Ponts, von dem aus der Blick weit über das Tal von Sóller geht. Wie der Zug, so entpuppt sich auch der Endbahnhof stilecht als Schmuckstück im Jugendstilgewand.

Damit nicht genug. Vor dem Bahnhof wartet die nicht minder betagte Straßenbahn **Tramvía**, die Sóller mit Port de Sóller verbindet. Sie nahm am 11. Oktober 1913 ihren Dienst auf und war das erste elektrisch betriebene Fahrzeug der Insel. Die ersten drei Waggons stammten aus spanischer Produktion, später wurden fünf weitere in Lissabon gekauft und restauriert. Nach wie vor betreibt die 1905 gegründete Gesellschaft Ferrocarril de Sóller S.A. die Bahnen. Die Konzession wurde unlängst bis zum Jahr 2055 verlängert und sichert somit das Überleben dieser historischen Kostbarkeit.

Serra de Tramuntana (Serra del Norte)

Hier hat man sich auf geführte Wander- und Radtouren in die Umgebung spezialisiert, verleiht aber auch Fahrräder an jene, die lieber auf eigene Faust unterwegs sind.

Infos & Termine

www.visitsoller.com: Informationen über Aktiv-Tourismus, Feste und Unterkünfte. Gute Link-Liste, auch in Deutsch.
Touristenbüro: Plaça d'Espanya, in einem historischen Eisenbahnwagen gegenüber dem Bahnhof, Tel. 971 63 80 08, ma.mintour08@bitel.es, Mo-Fr 9.30 –14, 15–17, Sa/So 10–13 Uhr.

Termine
Ses Valentes Dones: s. S. 164, Port de Sóller.

Verkehr
Bahn: Der historische Zug verbindet mehrfach tgl. Sóller mit Palma (Fahrzeit ca. 1 Std., s. S. 160).
Bus: L 210 über Deià und Valldemossa nach Palma, L 211 durch den Tunnel direkt nach Palma mit Stopp an der Straße nach Bunyola, L 212 fährt die Strecke Sóller–Fornalutx. Die Linie 354 (Autocares Mallorca) verbindet Sóller mit dem Santuari de Lluc, Pollença, Alcúdia und Can Picafort (2 x tgl.).

Port de Sóller ▸ D 2

Seit Eröffnung des Tunnels Sa Mola, der zu Parkhäusern führt, gehört die weiter ausgebaute **Promenade** endlich den Fußgängern und der nostalgischen Straßenbahn **Tramvía** (s. S. 160), die im Stundentakt vom Bahnhof Sóller bis zur Hafenmole rumpelt. Die von Bergen umschlossene Bucht zählt sicherlich zu den schönsten der Insel, hat indes mit den Touristenströmen zu kämpfen, die sich aber auf die Hauptpromenade konzentrieren.

Der Hafen
Über dem östlichen Hafenbecken liegt das Fischerviertel **Santa Catalina** mit hübsch renovierten Häusern. Hier hat auch die **Ermita Santa Catalina** 1 ihren Platz, die wahrscheinlich im 13. Jh. entstand und nach einem Piratenüberfall im 16. Jh. ihre heutige Form erhielt, ergänzt durch ein Kloster. Von der dazwischen liegenden Terrasse bietet sich ein schöner Blick auf den Hafen, der gegen 17 Uhr zum Leben erwacht, wenn die Fischer ihre Fänge anlanden.

Aussichtspunkte
Noch umfassender sind die Panoramaansichten vom **Torre Picada** 2 , einem ehemaligen Wehrturm aus Piratenzeit hoch über der Steilkuste oberhalb von Santa Catalina. Der Weg führt an der **Bar Nautilus** 1 (s. S. 164) sowie am Luxusresort Jumeirah Port de Sóller vorbei.

Bootsausflüge
Von der Hafenmole verkehren April–Okt. 4 x tgl. (10, 11.15, 13, 15 Uhr) Boote nach Sa Calobra (s. S. 166, 168), zuweilen auch zur Cala Tuent. Unbedingt sollten Sie sich genau nach den Rückfahrten erkundigen, sonst wird es schwierig! Das letzte Boot verlässt Sa Calobra um 16.30 Uhr – dieser Ausflug ist wetterabhängig.
Informationen: bei Barcos Azules, Tel. 971 63 01 70, www.barcosazules.com.
Bus: Bus L 355 ab Sa Calobra (April–Okt. 16 Uhr, außer So) über Kloster Lluc und Pollença nach Can Picafort. In Lluc Anschluss an L 330 nach Palma, s. auch S. 169 und S. 171.

Port de Sóller

Sehenswert
1. Ermita Santa Catalina
2. Torre Picada
3. Far del Cap Gros

Übernachten
1. Aimia
2. Hotel Es Port
3. Marina

Essen & Trinken
1. Nunu
2. Es Passeig
3. Agapanto
4. Sa Barca

Abends & Nachts
1. Bar Nautilus

Den Ausflug zum kleinen **Far del Cap Gros** 3 und der **Platja d'en Repic** am Südende der Bucht sollte man nicht versäumen. Dazu muss man vor Port de Sóller kurz vor dem Tunnel nach Repic abbiegen. Über eine Fußgängerbrücke über den Torrent erreicht man den Strand auch von der Hafenpromenade aus. Allerdings ist der Weg recht weit.

Übernachten

Trotz des eher bescheidenen Strandes hat Port de Sóller aufgrund seiner schönen Lage etliche Hotels vorzuweisen.

Schick – **Aimia** 1: C. Santa Mará del Camí, 1, Tel. 971 63 12 00, www.aimiahotel.com, DZ ab ca. 140 €, auch pauschal buchbar. Modernes vierstöckiges Hotel in Hafennähe mit teils sehr schönem Blick und komfortablen Zimmern.

Historisch – **Hotel Es Port** 2: C. Antoni Montis, 6, Tel. 971 63 16 50, www.hotelesport.com, DZ ab 150 € (Hochsaison), auch pauschal buchbar. Ehemaliger festungsartiger Palast aus dem 17. Jh. mit nostalgischem Charme in parkartigem Garten, großer Pool, Tennisplatz und Wellness-Angebot. Die Zimmer sind von unterschiedlicher Qualität.

Strandnah – **Marina** 3: Platja d'en Repic, Tel. 971 63 14 61, www.hotelmarinasoller.com, DZ ab 90 €. Kleines Mittelklassehotel mit funktionalen Zimmern und schönem Blick über die Bucht an der Promenade von Repic. Spa-Angebot.

Essen & Trinken

Die meisten Restaurants sind eher auf Tagesausflügler eingestellt.

Frischer Wind – **Nunu** 1: Passeig dés Traves, 13, Tel. 971 63 27 49, www.

163

Serra de Tramuntana (Serra del Norte)

nunurestaurant.com, tgl. 12.30–23 Uhr, im Winter Mo geschl. Restaurant an der Promenade mit engagiertem jungen Team. Sehr gutes Preis-Leistungs-Verhältnis, aufmerksamer Service. Hauptgerichte ab ca. 15 €.

Kreativ – **Es Passeig** 2 : Passeig de sa Platja, 8, Platja d'en Repic, Tel. 971 63 02 17, www.espasseig.com (Speisekarte hier mit Preisen!), tgl. 13–23.30 Uhr, Nov.–Feb. geschl. Einfallsreiche Küche mit Pfiff. Riesengarnelen in Knoblauchsud gibt es für 16 €, Dorade in Kräutern für 17 €.

Vielfältig – **Agapanto** 3 : Camí del Far, 2, Tel. 971 63 38 60, www.agapanto.com, tgl. außer Mi 12–1 Uhr, Nov.–15. Feb. geschl. Vor allem abends bei Kerzenlicht ist das Agapanto ein romantischer Platz zum Essen. Dazu eine hervorragende Küche mit Produkten aus dem eigenen Klostergarten. Hauptgerichte ab ca. 25 €. Ein nicht geringer Teil der gehobenen Preise ist allerdings dem tollen Ambiente geschuldet. Auch eine beliebte Bar (s. u.).

Entspannt genießen – **Sa Barca** 4 : Passeig Es Través, 18, Tel. 971 63 99 43, www.sabarcasoller.com, tgl. 12–23 Uhr, Nov.–Feb. geschl. Kein Wunder, dass Jürgen Lichtenauer weiß, wie man seine Gäste verwöhnt, hat er doch zuvor das Zollhaus auf Sylt betrieben. Hauptgerichte ab ca. 18 €, umfangreiche Weinkarte.

Abends & Nachts

Weitblick – **Bar Nautilus** 1 : C. Belgica, 1, Tel. 971 63 81 86, www.nautilus-soller.com, Mo–Fr 10–23, Sa/So 11–24 Uhr. Hierher kommt man abends für einen Drink und einige Tapas, vor allem aber, um sich am einmaligen Blick über die Bucht und den Hafen zu ergötzen. Der Service hat noch Potenzial nach oben.

Unterhaltung am Hafen – **Bar Agapanto** 3 (im gleichnamigen Restaurant): Süffige Drinks genießt man hier bei gepflegter Unterhaltung. Das aktuelle Programm findet man unter www.agapanto.com.

Infos & Termine

Touristenbüro: Canonge Oliver, 10, Tel. 971 63 30 42, Mo–Fr 9.30–13, 15–18.30, Sa 10–13 Uhr.
Festa de Sant Pere i Sant Paul: Ende Juni. Farbenfrohe Schiffsprozessionen.

Ses Valentes Dones
Hält man sich Anfang Mai auf Mallorca auf, sollte man um den 11. des Monats einen Ausflug nach Sóller und Port de Sóller einplanen. Während des einwöchigen Festes Ses Valentes Dones (*moros i cristians, fira de maig*) fallen dann am Ufer von Port de Sóller kostümierte Christen über kostümierte Mauren her und stellen mit großer Begeisterung das historische Ereignis von 1561 nach. Ein ähnliches Spektakel findet unter dem Namen Moros i Cristians in Pollença und in Valldemossa statt.

Fornalutx und Biniaraix ▶ D 3

Etwa auf halbem Weg zwischen Port de Sóller und Sóller zweigt die Ma-10 nach Norden ab und zieht sich in Kehren hinauf in die höchste Region der Tramuntana. Nach 5 km sollte man nicht versäumen, rechts abzubiegen, um den beiden kleinen Orten Fornalutx und Biniaraix einen Besuch abzustatten.

Vor allem **Fornalutx**, eine arabische Gründung aus dem 12. Jh., gilt als Aushängeschild der mallorquinischen

Bergdörfer. Enge, verwinkelte Gassen, durchsetzt mit Treppen, liebevoll renovierte Bruchsteinhäuser und eine intime Plaça im Schatten der Kirche Santa María verleihen dem Ort ganz besonderen Reiz (ratsam ist es, den Parkplatz am Ortseingang zu benutzen).

Ganz ähnlich das benachbarte **Biniaraix**, das man auch zu Fuß über einen Höhenweg erreicht. Überragt von einem Kirchlein aus dem Jahre 1634, fügt es sich höchst romantisch in die Plantagenlandschaft der Horta, seine rustikalen Fassaden dem Berg L'Ofre (1090 m) zugewandt.

Auf schmaler Straße kann man von hier auch direkt nach Sóller zurückkehren.

Übernachten

Geschmackvoll – **Ca'n Verdera:** C. des Toros, 1, Tel. 971 63 82 03, www.canverdera.com, im Winter geschl., DZ ab ca. 180 € (Hauptsaison). Edelhotel mit exquisiten Zimmern und Suiten voller Kunstobjekte, beheizter Pool und Garten.
Klösterlich – **Hotel Fornalutx:** C. Alba, 22, Tel. 971 63 19 97, www.fornalutxpetithotel.com, DZ ab 145 €. Familiäre Unterkunft mit neun geschmackvollen Zimmern in einstigem Kloster.
Urgemütlich – **Ca'n Reus:** C. de l'Auba, 26, Tel. 971 63 11 74, www.canreushotel.com, ganzjährig geöffnet, DZ ab 130 €. Stadthotel in britischem Besitz mit nur sieben Zimmern in liebevoll restauriertem Bruchsteinhaus.

Essen & Trinken

Urig – **Es Turo:** Arbona Colom 12, Tel. 971 63 08 08, www.restaurante-esturo-fornalutx.com, tgl. außer Do 8.30–23 Uhr. Bodenständige Hausmannskost in altem Gemäuer mit tollem Blick von der Terrasse. Hauptgerichte ab 14 €.

Beliebt – **Ca'n Nantuna:** C. Arbona Colom, 8, Ortsende Richtung Lluc, Tel. 971 63 30 68, Di–Sa 12.30–16, 19.30–22.30, So bis 16 Uhr, Mitte Nov.–Ende Dez. geschl. Gemütliches Restaurant oberhalb des Ortes mit großer Terrasse und preiswerter Hausmannskost. Hauptgerichte ab 12 €.

Infos

Bus: Busverbindung mit Sóller (L 212) Mo–Fr 4 x tgl., Sa 2 x tgl.

Auf dem Weg nach Sa Calobra ▸ D/E 2/3

Hinter Fornalutx windet sich die Ma-10 in großen Schleifen weiter empor zum **Mirador de ses Barques** (▶ D 2, Restaurant), von wo aus man einen weiten Blick über die Bucht von Sóller und das angrenzende Bergland hat. Es folgt nun einer der schönsten Streckenabschnitte unterhalb steiler Wände. Am **Coll de Puig Major** (▶ D 3) durchquert die Straße die Serra de Cúber in einem kurzen Straßentunnel und taucht in ein Hochtal zu Füßen des **Puig Major** (1445 m, ▶ E 2), der höchsten Erhebung der Balearen. Obwohl Militärgebiet darf er mit Genehmigung bestiegen werden. Rechter Hand schmiegt sich der Stausee **Embassament de Cúber** (▶ D/E 2/3) in das Hochtal, gesäumt von militärischen Anlagen. Das nördliche Ende des Stausees ist auch Ausgangspunkt für einige schöne Wanderungen. Eine anspruchsvolle Tour führt zum **Santuari de Lluc** (▶ E 2) mit Möglichkeit zum Besteigen des Massanella (s. u.). Leichter ist die ca. 4-stündige Rundwanderung mit Besteigung des 1090 m hohen **L'Ofre** (▶ D 3).

Mit Blick auf den **Puig de Nogue** (1074 m) windet sich die Straße berg-

Lieblingsort

Sa Calobra – Schlucht des Torrent de Pareis ▶ E 2

Wildnis pur, verlockend und bedrückend zugleich. Wie ein riesiger Rachen öffnet sich die Schlucht des Torrent de Pareis zum Meer hin. Der Einschnitt bildet das spektakuläre Ende der wohl schwierigsten Wanderung Mallorcas von den Bergen hinab zum Meer. Gewaltige Felsen, die nur durch Kletterkünste zu überwinden sind, versperren den Weg. Wenn Regen niedergeht, kann die Schlucht sogar zur tödlichen Falle für alle werden, die dann den Einstieg wagen. Bereits der Blick in die Schlucht vom sicheren Strand bei Sa Calobra (s. S. 168) aus offenbart den Zauber und die Gewalt der sich steil auftürmenden Berge der Tramuntana. Vor dieser grandiosen Kulisse finden hin und wieder unvergessliche Open-Air-Konzerte statt.

Serra de Tramuntana (Serra del Norte)

ab zum **Embassament de Gorg Blau** (▶ E 2), einem künstlichen Stausee, der Palma mit Trinkwasser versorgt. Im Osten überragt ihn der **Puig de Massanella** (1349 m, ▶ E 2), zweithöchster Berg der Insel und eines der beliebtesten Wanderziele. Seine Besteigung sollten aber ausschließlich geübte Kletterer und diese auch nur bei völliger Trockenheit in Angriff nehmen.

Durch einen weiteren Tunnel verlässt die Straße das Tal und verläuft nun wieder entlang der dem Meer zugewandten Seite der Serra del Norte. Kurz darauf überspannt ein Aquädukt im römischen Stil die Ma-10.

Sa Calobra und Torrent de Pareis! ▶ E 2

Unmittelbar vor dem Aquädukt zweigt nach links die abenteuerlichste Straße der Insel ab – die Straße nach Sa Calobra –, die zum festen Programm jeder Rundfahrt zählt. In engen Schleifen windet sich der Fahrweg, teils auf Rampen geführt, durch ein schmales, verkarstetes Tal 800 m hinab zur Bucht von Calobra. An einer Stelle, **Nus de la sa Cobretta** (Krawattenknoten) genannt, beschreibt er sogar einen Bogen von über 300 Grad und unterquert sich selbst, an einer anderen ist die Durchfahrt zwischen zwei Felswänden auf knapp 2,5 m eingeengt, gerade Platz genug für einen Reisebus. Wer gegen Mittag ankommt, wird bedauern, dass dieses Nadelöhr nicht noch etwas schmaler ausgefallen ist, verstopfen doch Dutzende von Touristenbussen die Straße, die im unteren Abschnitt als Einbahnstraße angelegt werden musste, um dem Verkehrsinfarkt zu entgehen. So mag trotz der großartig romantischen Bucht **Sa Calobra** zu dieser Tageszeit keine rechte Freude aufkommen, zumal den Reisenden ein mit Schranken versehener gebührenpflichtiger Parkplatz erwartet, der jeder Großstadt alle Ehre machen würde. Deshalb auch hier wieder der Rat für den Mietwagenfahrer: früh am Morgen oder spät am Nachmittag anreisen, wenn die Bucht im warmen Licht der Sonne ihren ganzen Charme entfaltet.

Am nördlichen Ende der felsigen, mit Pinien bestandenen Bucht, in der sich einige auf Massenverköstigung eingerichtete Restaurants an den Berghang drücken, mündet der **Torrent de Pareis**, der großartigste Canyon der Insel, durch eine schmale Felsspalte ins Meer. Auf einem Fußpfad lässt sich dieses Wunder der Natur erkunden (s. S. 166). Wendet man sich an der Gabelung nach links, kann man durch einen Tunnel auf der Meerseite bis zur Einmündung vordringen, dem **Morro de sa Vaca** (Kuhmaul). Wendet man sich hingegen nach rechts, gelangt man durch einen anderen tropfnassen Fußgängertunnel hinter die Felsbarriere, wo sich unvermutet ein von senkrechten Wänden umschlossener **Talkessel** öffnet. Der Blick durch die Felsbresche aufs Meer ist einfach umwerfend!

Ohne größere Probleme kann man in der Trockenzeit ein gutes Stück talaufwärts wandern, bis sich die Wände wieder schließen und in eine enge Schlucht übergehen. In dieser Richtung sollten sie nur sehr erfahrene Wanderer mit Klettererfahrung durchqueren, obwohl Farbmarkierungen den Weg weisen. Nach Regenfällen verwandelt sich der Canyon in Minutenschnelle in ein reißendes Wildwasser und kann zur tödlichen Falle werden! Wer Ruhe und ein gepflegtes Restaurant sucht (Es Vergeret, www.esvergeret.com), sollte bei der Rückfahrt 2 km nach Verlassen von Sa Calobra nach rechts abbiegen und 5 km zur **Cala Tuent** (▶ D 2) fahren.

Santuari de Lluc

Zu Fuß von der Cala Tuent zum Mirador de ses Barques ▶ D 2–3

Für diese Wanderung empfiehlt sich vorab die Bootsfahrt von Port de Sóller zur Cala Tuent; in umgekehrter Richtung ist die Tour nicht ratsam, da man dann vom Boot in Sa Calobra (s. S. 162) abhängig ist

Diese mit etwa 20 km Länge und 600 Höhenmetern recht anstrengende Wanderung auf der Sa Costera gehört zu den schönsten der Küste. Sie beginnt an der **Cala Tuent** und bietet während der ersten Stunde großartige Blicke über Meer und Berge. Dann geht es durch Kiefernwald zum **Coll de na Polla**, gefolgt von einem erneut großartigen Abschnitt mit Blick über die Steilküste. Wer mit dem Auto zur Cala Tuent angereist ist, kann an der bald erreichten Abzweigung (ca. 1,5 Std.) zum ehemaligen **Wasserkraftwerk Sa Fabrica** die Wanderung abbrechen und zur Cala Tuent zurückkehren. Nun führt der Weg über den **Coll de Biniamar** in drei weiteren Stunden durch das schmale Balitx-Tal zum **Mirador de ses Barques** (s. S. 165; von dort per Taxi nach Sóller).

Übernachten

Einfach – In Sa Calobra gibt es eine einfache Unterkunft mit Mehrbettzimmern (insgesamt 10 Betten) und Kochgelegenheit, die allerdings nur komplett gebucht werden (100 €/Tag) kann, unter www.visitescorca.com, Stichwort »Offer/Accomodation«.

Infos & Termine

Música Coral al Torrent de Pareis: An einem Nachmittag im Juli. Die Chormusik-Veranstaltung beweist die hervorragende Akustik des Talkessels.

Wanderung von der Cala Tuent zum Mirador de ses Barques

Schiff: Verbindungen von Port de Sóller, s. S. 162.
Bus: Nach Sa Calobra verkehrt April–Okt. 1 x tgl. außer So Bus L 355 von Can Picafort (Abfahrt gegen 9.30 Uhr) über Platja de Muro, Alcúdia, Port de Pollença, Cala Sant Vicenç, Pollença und Kloster Lluc (Ankunft Calobra gegen 12.50, Rückfahrt gegen 15 Uhr). In Lluc besteht Anschluss (ca. 17.45 Uhr) an L 330 nach Palma über Inca und 17.40 Uhr (außer So) mit L 354 nach Sóller (April–Okt.; Fahrplan www.tib.org).

Santuari de Lluc! ▶ E 2

Die Ma-10 führt weiter durchs Landesinnere, vorbei am wehrhaften, urspünglichen Kirchlein Sant Pere d'Escora. Am Parkplatz des gegenüber liegenden Restaurants Escora liegt auch der Einstieg für eine anspruchsvolle, nicht ungefährliche Wanderung durch die Schlucht hinunter nach Sa

Serra de Tramuntana (Serra del Norte)

Calobra (Infotafel mit Route am Einstieg). An der nächsten Abzweigung halten wir uns links und erreichen das Santuari de Lluc. Die rechte Straße (C-2130) führt hinunter nach Inca.

Als nach der Reconquista weite Teile der Insel unter dem Adel aufgeteilt worden waren, war das Gebirge an den Orden der Templer gefallen.

Das Wunder der Schwarzen Madonna

Die Mallorquiner glauben fest an das Wunder des kleinen Lluc, eines arabischen Jungen aus der Umgebung, der nach der Reconquista mit seinen Eltern zusammen zum christlichen Glauben konvertiert war. Beim Hüten der Schafe fand er im Gestrüpp eine dunkelfarbige Madonna.

Warum sich die Stätte über die Region hinaus zunehmender Beliebtheit erfreute, ist bisher ungeklärt. In einem Text von 1273 beschwert sich der damalige Besitzer der Finca u. a. darüber, dass viele Menschen von weither anreisen, um in der Kapelle zu beten, und deshalb lärmend auf seinem Grund kampieren.

Auch Herkunft und Alter der dunkelfarbigen Madonna mit Kind, einer 61 cm großen Figur aus feinem Stein, sind ungeklärt. Einige halten die erstmals 1427 erwähnte Heiligenskulptur für eine Arbeit aus dem 13. Jh. und damit aus der Gründungszeit der Kirche, andere datieren sie erst in das beginnende 15. Jh.

Im Laufe der Jahrhunderte entwickelte sich Lluc zu einem gewaltigen Komplex, dem ein Kloster angegliedert wurde. Die wichtigsten Bauten stammen aus dem 17. und 18. Jh. Auch Lluc wurde Opfer der Säkularisierung, ist heute jedoch wieder im Besitz der Kongregation des Heiligen Herzens, die hier eine bedeutende Gesangsschule unterhält.

Besichtigung

Vom großen Parkplatz führt der Weg durch eine Toranlage in den gartenartigen **Klostervorhof**. Rechts befindet sich der Flügel der Klosterherberge mit Werkstätten und Andenkenladen im Erdgeschoss. Den Platz dominieren eine Säule mit einer Darstellung vom Tode Mariens und ein Steinbrunnen. Durch das Hauptportal des Konvents gelangt man in den barocken **Innenhof** mit einem Denkmal Bischof Juan Campins y Barcelós.

Der Grundstein zur **Kirche** wurde 1622 gelegt, die Einweihung erfolgte 1914. An der Ausstattung der Wallfahrtskirche beteiligt war der Architekt Antoni Gaudí, der schon die Kathedrale Palmas umgestaltet hatte. Mit seinen Wandmalereien und Votivtafeln wirkt der spärlich beleuchtete Raum geheimnisvoll wie eine byzantinische Kirche. Hinter dem Hauptaltar hat die **Schwarze Madonna**, die Moreneta, in einem reich verzierten Schrein ihren Platz. Im Sommer singt hier Mo-Fr um 13.15, So um 11 Uhr (außer Schulferien) der bereits 1531 gegründete Knabenchor Blauets, dem neuerdings auch Mädchen angehören.

Lohnend ist der Besuch des **Museums** im ersten Stock des Hauptgebäudes (tgl. 10–18, im Winter bis 17 Uhr, 5 €). Die Sammlung reicht von Fundstücken der Talaiot-Kultur über religiöse Exponate bis zur Volkskunst und Gemälden, v. a. des Malers Coll Bardolet (s. S. 149); die Eintrittskarte »Spiritual Mallorca« gilt auch für die Kirche San Francesc in Palma, das Kloster von Cura und das Museum Fra Juniper Serra in Petra.

Ein **Treppenweg** führt an Sonnenuhren vorbei, die einen Überblick über Zeitmessverfahren von der Antike bis in die neuere Zeit geben, und hinauf zu einem Kreuz am Berghang mit Blick über die Klosteranlage.

Santuari de Lluc

Die Schwarze Madonna von Lluc im Hochaltar der Klosterkirche

Lluc ist ein beliebter Ausgangspunkt für Wanderungen in die angrenzenden Berge, insbesondere für die Besteigung des Massanella (s. S. 168).

Übernachten

In der Zelle – **Hostatgeria del Santuari de Lluc:** Tel. 971 87 15 25, www.lluc.net, 2 Personen ab 56 € (ohne Frühstück und Service). Unterkunft in mittlerweile komfortablen Klosterzellen. Beliebt bei Wanderern. Zum Kloster gehört ein **Campingplatz.**

Essen & Trinken

Außergewöhnlich – **Es Guix:** An der Zufahrt nach Lluc, Tel. 971 51 70 92, www.esguix.com, April–Okt. tgl. außer Di 12.30–15.45, im Winter teilweise offen, Anfragen unter info@esguix.com. Gute mallorquinische Küche, z. B. *sopes mallorquines* (9 €).
Deftig – **Klosterrestaurant:** tgl. 12–16 und ab 18.30 Uhr. Großes Restaurant mit guter Hausmannskost. Vor dem Kloster gibt es zwei kleine Restaurants.

Infos & Termine

www.lluc.net: Informationen zur Geschichte von Lluc, zur Unterkunft etc.
Centre d'informació de Serra Tramuntana: am Kloster, Infos über Flora und Fauna, Wandertipps, Buchung von Hüttenunterkünften (tgl. 9–16 Uhr).
La Marxa des Güell a Lluc a Peu: 1. Sa/So im Aug. Nächtliche Wallfahrt von Palma zum Santuari de Lluc, an der Tausende von Menschen teilnehmen.
Bus: ganzjährig L 330, 3 x tgl. Verbindung mit Palma, mit Umsteigen in den Zug in Inca; April–Okt. (außer So) L 355 1 x tgl. (gegen 11.50 Uhr) nach Sa Calobra (Rückfahrt gegen 16 Uhr, Anschluss an Bus L 354 nach Port de Sóller); L 354 2 x tgl. nach Port de Sóller und Port de Pollença mit Anschluss an L 352 nach Can Picafort. Fahrplan unter www.tib.org.

Am Ostrand der Tramuntana

Von Peguera nach Sa Granja ▶ B 5–C 4

Außer der Ma-10, die Port d'Andratx mit Pollença verbindet und überwiegend in der Nähe der Küste verläuft, gibt es etliche, allerdings nicht durchgehende Straßen, die sich durch Täler entlang des südöstlichen Gebirgsrandes schlängeln. Aufgrund des geringen Verkehrs sind sie auch ein Dorado für ambitionierte Radfahrer.

Eine sehr kurvenreiche Bergstraße verläuft ab der zentralen Autobahnauffahrt von Peguera entlang der Ostflanke der Tramuntana nach Norden. Zunächst erreicht man **Es Capdellà**, kurz darauf das schön gelegene Künstlerdorf Galilea. Als größter Ort liegt **Puigpunyent**, ein von Plantagen umgebenes Bauerndorf am Wege. Sehenswert ist die **Pfarrkirche L'Assumpció** aus dem 13. Jh.

Weiter geht es auf sehr schmaler Straße über einen kleinen Pass in Richtung Esporles. Kurz bevor man auf die große Verbindungsstraße Valldemossa–Palma stößt, liegt rechts das ehemalige Landgut **Sa Granja**, ein überaus beliebtes Ausflugsziel (s. S. 174). Fährt man nach Verlassen des Parkplatzes auf der Hauptstraße nach links, erreicht man die Ma-10, auf der man nach links über Andratx zum Ausgangspunkt zurückkehren kann. Nach rechts führt die Ma-10 weiter nach Valldemossa und Sóller. Fährt man nach Verlassen des Parkplatzes nach rechts, gelangt man über Esporles nach Inca und Palma.

Mein Tipp

La Reserva Puig de Galatzó ▶ B 4
Der etwa 5 km von Puigpunyent gelegene Naturpark erschließt auf einem ca. 4 km langen Rundweg durch Pinien- und Eichenbestände mit zahlreichen Erläuterungen die einheimische Flora und Fauna. Zudem gibt es eine Abenteuerpiste mit Abseilen in Canyons, Greifvogelvorführungen und Grillplätze. Die an sich schöne Gegend wird vom Kommerz weidlich genutzt (www.lareservamallorca.com, April–Okt. tgl. 10 Uhr bis 16 Uhr (Einlass), Nov.–März nur an Wochenenden, 14 €, Abenteuerpiste 26 €, Zip-Lines ab 14 €).

Von Alaró via Orient nach Bunyola ▶ E 3–D 3/4

Diese gebirgige, kurvenreiche Straße beginnt im Dorf **Alaró** (▶ E 3), das einen kurzen Rundgang verdient. An der Plaça Ajuntament bildet die wuchtig wirkende Kirche **Sant Bartomeu** aus dem 14. Jh. einen merkwürdigen Kontrast zum benachbarten **Rathaus**, das im Renaissancestil erst unter der Franco-Diktatur errichtet wurde.

Man verlässt den Ort gen Nordwesten auf der Straße nach Bunyola und durchquert zunächst die Gartenbaulandschaft beiderseits des Torrent de Solleric. Beherrscht wird das Tal von den über 800 m hohen Felsburgen **Puig d'Alaró** und **Puig de s'Alcadena** (Soucadena) (▶ E 3), zwei östlichen Ausläufern der Mola de son Montserrat, die ihrerseits Teil der Tramuntana ist.

Von Alaró via Orient nach Bunyola

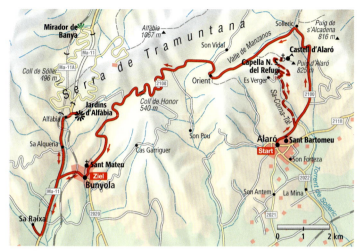

Von Alaró via Orient nach Bunyola

Castell d'Alaró ❗ ▶ E 3

Statt auf der Hauptstraße zu bleiben, sollte man ca. 1,5 km nach Verlassen Alarós Richtung Osten nach links in eine schmale Asphaltstraße einbiegen (ausgeschildert), die sich kurz darauf zu einem Feldweg verengt, der zuweilen fast unbefahrbar ist. In engen Kehren windet er sich durch das terrassierte, mit Ölbäumen bepflanzte **Sa-Coma-Tal** hinauf zum Landgut **Es Verger** (Gasthof mit Parkplatz, s. S. 176). Bereits von hier aus hat man bei klarem Wetter einen weiten Blick nach Süden auf Alaró und die angrenzende zentrale Ebene von Mallorca.

Man erkundige sich, ob der direkte Waldweg zur Burg noch vom Eigentümer gesperrt ist. Sollte das der Fall sein, gelangt man über den Sattel Pla d'es Pouet zur **Capella Nostra Senyora del Refugi**. Von der 1622 gebauten Kapelle genießt man einen großartigen Rundblick. Tief unten der Ort Solleric, in der Ferne nach Süden hin die Bucht von Palma, im Norden die Gipfel des Puig Major und des Puig de Massanella. In etwa 20 Min. kann man am Grat entlang zu den Resten der Festung hinaufsteigen, die unmittelbar über dem südlichen Steilabfall thront und einen kaum zu überbietenden Blick aus der Vogelperspektive auf Alaró und die Tiefebene bietet. Dem Refugi sind eine einfache Herberge und ein kleines Lokal angeschlossen s. S. 176. Eine detaillierte Wegbeschreibung findet man unter: www.conselldemallorca.net (s. S. 32).

Das **Castell d'Alaró**, von dem nur noch Reste erhalten sind, spielte eine bedeutende Rolle in der Geschichte der Insel. Die exponierte Lage des Plateaus wurde bereits von den Arabern zur Anlage einer Festung genutzt und diente nach der Reconquista als letztes Refugium der arabischen Verbände, nachdem sie Palma hatten verlassen müssen. Gouverneur El Benhabet übergab die Feste 1230 kampflos an König Jaume I. und ver- ▷ S. 176

Auf Entdeckungstour: Sa Granja – Leben auf dem Land vor 200 Jahren

Nostalgischer Rückblick auf eine längst vergangene Zeit in vermeintlicher Idylle von Weinfässern, Steinbacköfen und Dreschflegeln – aber im Keller gibt es eine Folterkammer.

Reisekarte: ▶ C 4

Infos: www.lagranja.net

Anfahrt: Über die Bergstraße Ma-10 oder direkt von Palma auf der PM-104 über Esporles.

Öffnungszeiten: tgl. 10–19, im Winter bis 18 Uhr, Mi und Fr (Pferdeschau) ist es während der Saison sehr voll, dann besser meiden.

Eintritt: 15 €, mit Menü 25 €

Bereits die Römer hatten den Platz am Ausgang eines schmalen Tals für sich entdeckt, sprudelten doch hier selbst im heißen Sommer noch die Quellen und verwandelten das Land in einen grünen Garten. Das nach wie vor in üppige Vegetation eingebettete schlossartige Gut war bereits unter den Arabern als Al Pich bekannt, ging bei der Reconquista an den verdienten Ritter Nunó Sanc, der es in einem schwachen Moment zehn Jahre später den Zisterziensern überschrieb. Als er es zurückhaben wollte, kam es zu kriegerischen

Auseinandersetzungen mit den wehrhaften Mönchen, die siegreich blieben und dem Gebäude Mönchszellen hinzufügten. 1447 ging das Gut in privaten Besitz über, erhielt aber erst im 17. Jh. seine heutige herrschaftliche Gestalt.

»Die leichte Bauart des Hauses steht im Einklang mit der angenehmen Umgebung. Eine schlanke Bogenhalle befindet sich auf der Frontseite, und vor derselben liegt der wirklich bezaubernde Garten«, schrieb Erzherzog Salvator von Österreich gegen Ende des 19. Jh. über den Herrensitz. Etliche Erweiterungen und Umbauten hat Sa Granja seit dem 17. Jh. über sich ergehen lassen, aus denen ein gewaltiger verwinkelter Komplex mit unzähligen Räumen entstanden ist.

Vom Landgut zum Museum

Heute dient Sa Granja als Museum mallorquinischer Volkskunst und traditioneller Lebensformen, die dem Besucher anhand zahlreicher Exponate aus allen Bereichen des täglichen Lebens nahegebracht werden.

Herzstück des Guts ist das prächtige Herrenhaus mit seinen exquisit ausgestatteten Zimmern, dem Florentiner Saal etwa mit seinen Louis-Quinze-Möbeln. Eine weitere Augenweide ist die vollständig ausgestattete Großküche mit ihren gekachelten Herden und den blitzenden Kupferpfannen und -töpfen.

Am interessantesten allerdings ist der Blick in die längst vergangene Arbeitswelt mit den antik anmutenden Gerätschaften. In großen Bottichen wurde die Wolle gefärbt, es gab eine eigene Schmiede, Werkstätten für die Holzbearbeitung und eine Seilerei, eine Druckerei und natürlich eine Destille. Das Gut war in jeder Hinsicht völlig autark. Die Objekte werden durchaus nicht nur museal präsentiert, sondern in ihrer Funktion auch demonstriert. Den rechten Kontrast zur ländlichen Idylle bilden die drei aus dem Fels geschlagenen Folterkammern im Kellergewölbe mit Streckbank und Nagelbrettern aus den Zeiten der Inquisition zwischen dem 16. und 19. Jh. Eine Demonstration der Funktion findet hier allerdings nicht statt!

Lieblingsziel der Touristen

Mittwochs und freitags (Feb.–Okt.) erwacht Sa Granja zum Leben, wenn zwischen 15 und 16.25 Uhr Handwerksvorführungen stattfinden. Daneben kann man auch eine Pferdedressur bestaunen.

Aber nicht nur fürs Auge wird viel geboten, auch den Gaumen kann man mit mallorquinischen Spezialitäten verwöhnen und dem erfrischenden Landwein zusprechen, der wie einige Kostproben im hohen Eintrittspreis enthalten ist (dies ist an jedem Öffnungstag möglich). Kein Wunder, dass Sa Granja einen festen Platz im Programm der Reisebusveranstalter hat und es insbesondere mittwochs und freitags zu erheblichem Gedränge kommt, begleitet von feuchtfröhlicher Ausgelassenheit.

Serra de Tramuntana (Serra del Norte)

hinderte dadurch weiteres Blutvergießen in dem für die Araber aussichtslosen Kampf. Bei der Belagerung Alarós 1285 hatten sich hier die Anhänger des mallorquinischen Königs Jaume II. gegen die Truppen von Alfons III. von Aragón verschanzt, der auf Mallorca war, um seinem Bruder die Insel streitig zu machen. Die beiden letzten Überlebenden, Es Cabrit und En Bassa, ließ der König von Aragón aus Rache für die hohen Verluste aufspießen und bei lebendigem Leibe rösten. Die sterblichen Überreste der Märtyrer wurden in der Kathedrale von Palma bestattet.

Wanderer können vom Pla d'es Pouet unterhalb des Kastells auf einem markierten Pfad zur Ortschaft Orient hinuntersteigen, Autofahrer müssen zur Abzweigung zurückkehren.

Übernachten

Spartanisch mit toller Aussicht – **Hostatgeria del Castell d'Alaró:** auf dem Burgberg von Alaró, Tel. 971 18 21 12, www.castellalaro.cat, ganzjährig geöffnet. Sehr einfache Vierbettzimmer (12 €/Person), Schlafsack mitbringen und rechtzeitig buchen. Kleines Restaurant.

Essen & Trinken

Urig – **Es Verger:** Tel. 971 51 07 11, wechselnde Ruhetage. Das Restaurant, das eher einem Stall ähnelt, ist eine Institution und bekannt für seine deftige Kost, Spezialität Lammkeule (14 €) und *sopes mallorquines*. Einen Besuch hier lässt kein Wanderer aus.

Das Tal von Orient ▶ D 3

Von Alaró aus führt die Straße zwischen Tanca-Mauern (Trockenmauern) – aus Naturstein gefertigte Mauern ohne Mörtel, ein Erbe der Talaiot-Kultur – zunächst weiter durch Plantagen. Dann steigt sie durch dichten Wald in einem Bogen um den Puig d'Alaró zum **Valle de Manzanos** an, einem lieblichen Hochtal zwischen dem Puig d'Alaró und Mola de son Montserrat, das in mancherlei Hinsicht an die Alpen erinnert. Bald nach der Einfahrt in das Tal passiert man das Nobelhotel L'Hermitage, eine umgebaute Finca fern jeglichen Rummels (s. u.). Ein weiteres Stück unterhalb schmiegt sich der pittoreske Ort **Orient** in die Plantagenlandschaft, eines der schönsten Bergdörfer Mallorcas, das sich geradezu als Ausgangspunkt für Wanderungen in die umliegenden Berge empfiehlt, vor allem zum Castell d'Alaró (s. S. 173) und zum Gipfel des L'Ofre (1090 m).

Übernachten

Nobles Refugium – **L'Hermitage:** Orient, Ctra. Alaró–Bunyola, s/n, Tel. 971 18 03 03, www.hermitage-hotel.com, Nov.–Feb. geschl., DZ ca. 170 €, pauschal günstiger buchbar. Stilvolles Hotel in einem alten Kloster inmitten der Natur, sehr gutes Restaurant.

Wohnlich-rustikal – **Dalt Muntanya:** im Zentrum von Orient, Tel. 971 61 53 73, www.hotel-dalt-muntanya.de, DZ 120 €, EZ 70 €. Eine Oase, 18 Zimmer mit Balkendecke und teils historischer Bruchsteinwand, dennoch mit viel Komfort, inkl. Zentralheizung für kalte und Pool für warme Tage.

Essen & Trinken

Beide Hotels sind für ihre sehr guten Restaurants bekannt (vornehmlich für die Hotelgäste gedacht). Wanderer mit Rucksack sind weniger gern gesehen.

Von Alaró via Orient nach Bunyola

Liebliche Landschaft inmitten der Berge: im Tal von Orient

Orientalische Köstlichkeiten – **Mandala:** C. Nova, 1, Tel. 971 61 52 85, tgl. außer Mo 13–15, 20–22.30 Uhr, im Sommer nur abends, ab Sept. abends nur Fr/Sa, Jan./Feb. geschl. Orientalisch inspirierte mediterrane Küche (z. B. Gambas marrokanisch) im gemütlichen Ambiente eines Natursteinhauses. Hauptgerichte ab ca. 17 €.

Traditionell – **Orient:** im Zentrum von Orient, Tel. 971 61 51 53, Mi–Mo, Juli u. So abend geschl. Alteingesessener Landgasthof mit Terrasse, spezialisiert auf Spanferkel, bei Wanderern beliebt. Hauptgerichte ab ca. 16 €.

Bunyola und die arabischen Gärten

Bunyola ▶ D 3/4

Über den Coll de Honor führt die C-210 nun weiter hinab nach Bunyola. Der nach wie vor verwinkelte Ort mit seinen extrem schmalen Straßen war früher ein bedeutendes Zentrum des Olivenanbaus und ist heute für seine Kräuterliköre berühmt. Ein Bummel durch den Ort mit seiner hübschen Plaça lohnt! Wer samstags anreist, kommt in den Genuss des authentischen **Wochenmarkts**, der noch nicht von Souvenirhändlern mit Ledergürteln etc. bevölkert wird. Größtes Problem ist es, einen Parkplatz zu finden. Ein Stück unterhalb liegt jedoch die Bahnstation des Roten Blitz (s. S. 160), sodass man bequem mit dem Zug anreisen kann.

Jardins d'Alfàbia ▶ D 3

www.jardinesdealfabia.com, April–Okt. Mo–Sa 9.30–18.30, Nov.–März Mo–Fr 9.30–17.30, Sa bis 13 Uhr, Mitte Nov.–Mitte Feb. geschl., 7,50 €

Ganz in der Nähe von Bunyola liegen an der Tunneleinfahrt nach Sóller die Jardins d'Alfàbia, in denen die arabischen Gartenarchitekten ihre Vorstellungen vom Paradies verwirklichten. Laubengänge, Springbrunnen und Teiche, eingebettet in das üppige Grün mediterraner Vegetation, verzaubern

Serra de Tramuntana (Serra del Norte)

jeden Besucher. Dattelpalmen begleiten eine sanft ansteigende Freitreppe zu einer überwölbten Zisterne. Der tiefer gelegene Teil des Gartens ähnelt mit seinen dichten Palmenbeständen einer afrikanischen Oase, aber auch das barocke Gutshaus ist ein Juwel, angefüllt mit erlesenem Mobiliar, Wandteppichen und Gemälden.

Sa Raixa ▸ D 4
Zurzeit Di–Sa 10–14 Uhr, häufig Änderungen, Eintritt frei
Biegt man bei Bunyola nach links auf die Hauptstraße nach Palma, erreicht man nach ca. 2 km die Zufahrt zum Landgut Raixa (ausgeschildert), das ebenfalls arabischen Ursprungs ist und nach der Reconquista zunächst an Guillem de Montegri fiel, der sich große Verdienste bei der Eroberung Mallorcas erworben hatte. 1797 ging das Gut in den Besitz Kardinal Antonio Despuigs über, der es nach italienischem Vorbild umgestaltete. Anfang des 19. Jh. wurde der Landsitz sich selbst überlassen. Viele der Kunstgegenstände wanderten ins Museum des Castell de Bellver in Palma. Von 1998 an stand das Anwesen zum Verkauf. 2001 bot die Modeschöpferin Jil Sander 8,4 Mio. €, der Inselrat machte jedoch sein Vorkaufsrecht geltend und begann 2004 mit der Renovierung, die noch immer nicht abgeschlossen ist.

Von Campanet nach Pollença ▸ F 3–F/G 1

Diese Nebenstraßen durch das Vorland der Tramuntana versprechen genussvolles Reisen durch nach wie vor ursprüngliches Bauernland. Allerdings ist man auf den Mietwagen oder das Fahrrad angewiesen. Die Strecke ist bei Radfahrern sehr beliebt und Teilstück des 86 km langen, von Campos nach Port de Pollença führenden **Fernradwegs**. Als Ausgangspunkte eignen sich Selva (s. S. 219) oder aber das etwas nördlicher liegende Campanet.

Campanet ▸ F 3

Wer mit dem Fahrrad aus östlicher Richtung kommt, muss zunächst durchaus kräftig in die Pedale treten, liegt der vom Tourismus noch kaum berührte Ort doch wie so viele erhöht auf einem Hügel. Nicht versäumen sollte man in Campanet den Besuch der **Kirche** an der zentralen Plaça. Mit dem Bau der Kirche wurde 1717 begonnen. Sie birgt die Relikte des Märtyrers Sant Victorià (hl. Victor), hier als Soldat dargestellt. Er war einer der reichsten Männer Karthagos und starb 485 für seinen Glauben.

Besuchenswert ist die **Finca Son Pons**, wo die Vulture Conservation Foundation ihren Sitz hat (Mo–Fr 9–16 Uhr, s. S. 50).

Coves de Campanet ▸ F 2

www.covesdecampanet.com, tgl. 10–18.30, im Winter nur bis 17.30 Uhr, Einlass nur mit Führung, Dauer 45 Min., 14 €; evtl. Wartezeit kann man in einem netten Café überbrücken
Das erst 1945 entdeckte Höhlensystem ist bisher noch vom Besucheransturm verschont geblieben, der über die Coves del Drac (s. S. 268) täglich hereinbrandet. In ihrer Größe kann sich diese Höhle zwar nicht mit den Grotten an der Ostküste messen, dafür offenbart sich hier die Welt der filigranen Stalaktiten und Stalagmiten in ihrer natürlichen Schönheit. In den Coves de Campanet ist es bisher nicht nötig, mit moderner Technik zu spielen, um sich

Von Campanet nach Pollença

wirkungsvoll zu präsentieren. Nicht nur das Innere bezaubert den Besucher, auch der Blick vom Eingang über die mit schlanken Zypressen bestandene Landschaft lädt zum Verweilen ein.

Oratori de Sant Miquel ▶ F 2

Zurück an der Hauptstraße, wenden wir uns nach rechts. Nur 100 m weiter liegt links etwas abseits das Oratori de Sant Miquel. Mit dem Baudatum von 1229 darf sich die schmucklose, meist verschlossene Kapelle mit ihrem romantischen Friedhof zu den ältesten Gotteshäusern der Insel zählen. Im Inneren birgt sie ein Retabel (16. Jh.).

Auf der Hauptstraße, dem **Camí de Vell Campanet**, geht es nun weiter Richtung Norden. Auf weiten Abschnitten von Trockensteinmauern gesäumt, führt das Sträßchen vorbei an Gehöften, durch Weideland und den Weiler Es Fangar, bis es schließlich in die von Pollença nach Sa Pobla führende Hauptstraße einmündet. An dieser Stelle informiert ein Schild über Mallorcas Radwegenetz, zu dem dieser Weg gehört. Ehe man sich nun nach links Richtung Pollença (5 km) wendet, lohnt ein kurzer Abstecher nach rechts zu der interessanten kleinen Kirche von Crestatx.

Oratori Santa Margalida de Crestatx ▶ G 2

Tgl. außer Mo 10–19, im Winter bis 17.30 Uhr, betreut durch eine hier ansässige Familie
Durch einen Steinbogen mit merkwürdigen Tierskulpturen betritt man den kleinen Garten. Die bescheidene einschiffige Kirche stammt bereits aus dem Jahre 1285 und hat im In-

Von Campanet nach Pollença

nern einige interessante Stücke sakraler Kunst des 16. Jh. aufzuweisen, die vor allem dem Marienkult in Verbindung mit der Lokalheiligen und Märtyrerin Santa Margalida dienen. Ihr Bildnis am Hauptaltar wird flankiert vom heiligen Magin, der heiligen Agathe und dem Missionar Llull. Die Objekte stammen überwiegend aus der Kirche des nahen Sa Pobla. Der kleine ehemalige Wohnraum des Küsters dient heute als bescheidenes Museum.

Wir kehren zu der Abzweigung des Camí de Vell Campanet zurück. Bis Pollença (s. S. 183) hat man nun noch etwa 5 km auf recht verkehrsreicher Straße vor sich. Wer mit dem Rad unterwegs ist, kann nach etwa 1,5 km, wo die Straße nach Verlassen des Waldes in einem Bogen nach links führt, nach rechts in den Cami de Marina abbiegen, der ihn zur weniger befahrenen PMV-2201 bringt, die ebenfalls nach Pollença führt.

Das Beste auf einen Blick

Badia de Pollença und Badia de Alcúdia

Highlight!

Alcúdia: Die von den Römern gegründete Stadt bezaubert durch ihre noch von Mauern umschlossene Altstadt. Alcúdia liegt nur einen Steinwurf entfernt von Port d'Alcúdia und ist vor allem während der Markttage beliebtes Ziel der Touristen aus den umliegenden Badeorten. S. 196

Auf Entdeckungstour

Parc Natural de s'Albufera: Das eher unscheinbare, unter Naturschutz stehende Sumpfgebiet mit seinen Schilfbeständen ist ein Paradies mit unzähligen, teilweise seltenen Tier- und Pflanzenarten. Hier tummeln sich u. a. zahlreiche Amphibien, die wiederum auf dem Speiseplan der Zugvögel stehen, die hier gern den Winter verbringen. S. 204

Kultur & Sehenswertes

Cap de Formentor: In grandioser Lage markiert ein Leuchtturm auf schmaler Felsklippe den nordwestlichsten Punkt Mallorcas. S. 195

Fundación Yannick i Ben Jakober: Privatmuseum in traumhafter Lage mit großartiger Porträtsammlung und bezaubernden Rosengarten. S. 203

Aktiv unterwegs

Zu Fuß durch das Bóquer-Tal: Gemütliche Wanderung durch eine von zahlreichen Vogelarten bewohnte Schlucht zum Meer. S. 189

Segeln lernen: Es gibt keine schönere Bucht, um die Kunst des Segelns zu erlernen, als die Gewässer vor Port de Pollença. S. 193

Cap des Pinar: Auf schmalen Pfaden geht es Richtung Kap, vorbei an herrlichen Buchten sowie der höchsten Erhebung der Halbinsel. S. 202

Genießen & Atmosphäre

Klein und fein: In familiärer Atmosphäre lässt man sich im La Placeta in Pollença gerne von den Gerichten auf der kleinen Karte überraschen – oder folgt der aktuellen Empfehlung des Wirts. S. 186

Frischer Fisch auf der Mole: Gepflegte Atmosphäre gepaart mit weitem Blick über Meer und Berge versprechen die Restaurants Stay und La Llonja in Port de Pollença. S. 192

Abends & Nachts

Karibische Klänge: Chill-out mit Reggae-Musik bei Sonnenuntergang auf der Terrasse des Restaurants Jamaica in Can Picafort. S. 210

Badia de Pollença und Badia de Alcúdia

Zwei weit geschwungene Buchten, eingebettet zwischen gebirgige Halbinseln, prägen die Nordostküste Mallorcas. Die Ausläufer der Tramuntana stoßen hier als immer schmaler werdende schroffe Halbinsel weit ins Meer, wo sie am spektakulär gelegenen Leuchtturm am Cap de Formentor das nordöstliche Ende Mallorcas markieren. Die Landschaft zwischen Pollença und dem Kap ist von außerordentlichem Reiz. Fast senkrecht steigen die Felsen aus dem Meer und gewähren von den zahlreichen Aussichtspunkten immer wieder atemberaubende Panoramablicke.

Die sich anschließende **Bucht von Pollença** (Badia de Pollença), Lieblingsplatz der Segler und Windsurfer vor grandioser Kulisse, zieht sich, teils gesäumt von einem nur schmalen Strand, in einem Bogen hinüber zum einsamen Cap des Pinar auf der Halbinsel Victòria. Der Küstenabschnitt zwischen Port d'Alcúdia und Colònia de Sant Pere gehört aufgrund seiner langen gepflegten Sandstrände zu den bevorzugten Zielen des Pauschaltourismus und ist mit seiner Infrastruktur ganz auf die Belange der Feriengäste eingestellt. Zum einen dominieren gesichtslose Hotelanlagen das Bild, zum andern säumt eine sehr ansprechende Promenade weite Abschnitte der Küste.

Can Picafort und die Platges de Muro haben die längsten Sandstrände der Insel. Sie nehmen einen Großteil der **Bucht von Alcúdia** (Badia de Alcúdia) ein, eines der beliebtesten Ziele sonnenhungriger Badeurlauber.

Aber nicht nur Wassersport wird im Norden großgeschrieben; die Region bietet vielfältige Möglichkeiten, abgelegene Winkel auf ausgedehnten Wanderungen oder mit dem Fahrrad zu erkunden, und wem die Strände zu voll sind, der findet noch immer die eine oder andere kleine Bucht ohne Strandcafés und Würstchenbuden.

Auch kulturell hat die Region einiges zu bieten. Bereits die Römer hatten in Alcúdia eine stattliche Niederlassung gegründet, die heute mit ihrer von Mauern umschlossenen Altstadt zu den schönsten Orten Mallorcas zählt. In einer Höhle bei Can Picafort hielten frühe Christen geheime Zusammenkünfte ab, später zogen sich Eremiten auf die Halbinsel Llevant zurück und errichteten dort ihr Kloster Betlem.

Infobox

Internet
www.puertopollensa.com: Ausführliche, überwiegend kommerzielle Website. Gute Stadtpläne und Veranstaltungskalender (engl.).
www.pollensa.com: Sehr aufwendige informative Website, auch in Deutsch.

Anreise und Weiterkommen
Die Region ist durch öffentliche Verkehrsmittel gut erschlossen. Regelmäßig verkehren Busse zwischen Pollença, Port de Pollença, Alcúdia und Can Picafort. Von allen Orten bestehen zudem direkte Verbindungen nach Palma, das über die Autobahn ab Sa Pobla schnell zu erreichen ist. 1–2 x tgl. fahren während der Hauptsaison Busse auch nach Port Sóller, Sóller und zum Santuari de Lluc. Von Muro und Sa Pobla besteht eine Bahnverbindung mit Palma.
Von Port d'Alcúdia verkehren in den Sommermonaten Ausflugsschiffe entlang der Küste bis zur Platja de Muro. Schiffe verbinden auch Port de Pollença und Port d'Alcúdia mit dem beliebten Strand von Formentor.

Pollença

Der Pilgerweg, auf dem man zum Kalvarienberg von Pollença gelangt

Es versteht sich von selbst, dass für Unterkünfte aller Art gesorgt ist. Dicht an dicht reihen sich in Can Picafort die Strandhotels der unterschiedlichsten Kategorien, während man in Alcúdia romantisch in renovierten Stadthotels oder im Hinterland in einer der zahlreichen Fincas übernachten kann.

Pollença ▸ F/G 1/2

Das fruchtbare Tal, in dem das heutige Pollença unweit des Meeres liegt, war möglicherweise schon den Phöniziern bekannt. Sollte die am nördlichen Ortsrand über den Torrent de Sant Jordi führende Römerbrücke tatsächlich aus dem 2. Jh. stammen und nicht erst eine Kopie aus dem Mittelalter sein, wäre der Beweis erbracht, dass die Felder ringsum schon in der Antike bebaut wurden. Spätestens im 5. Jh., als der römische Hafen Pollentia, das heutige Alcúdia, im Vandalensturm unterging, ließen sich die Überlebenden ein Stück landeinwärts am Torrent de Sant Jordi nieder und übertrugen den Namen ihrer alten Heimat auf das heutige Pollença.

Die Altstadt

Die platanenumstandene **Plaça Major** zu Füßen der bereits 1236 gegründeten Pfarrkirche ist mit ihrer oasenhaften Ruhe der rechte Ort für eine kurze Rast, es sei denn, man kommt am Sonntagvormittag, wenn der Platz in

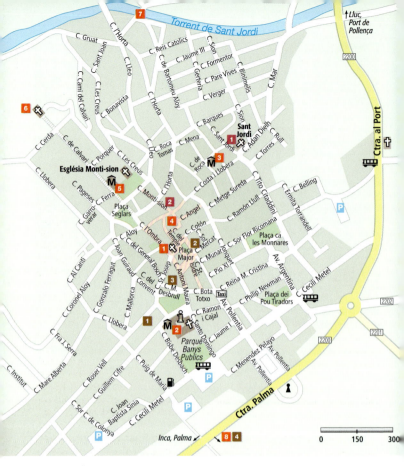

buntem Markttreiben versinkt. Zentrum und Ausgangspunkt des urbanen Wachstums bildet die mächtige Pfarrkirche **Nostra Senyora dels Àngels** 1, die in ursprünglich 1336 entstand und vier Jahre später an die Templer übergeben wurde. Der heutige Bau geht auf das 18. Jh. zurück.

Der Kreuzgang des ein Stück unterhalb der Plaça liegenden **Convent de Sant Domènec** 2 ist in den Sommermonaten anlässlich der Konzerte des Festival de Pollença (s. S. 187) Treffpunkt der Musikliebhaber. In einem Seitenflügel des Klosters befindet sich das **Museu Monogràfic de Pollentia** (Di–Fr 10–15.30, Sa/So 10.30–13.30 Uhr, 3 €). Es zeigt vor allem Keramiken des 17. Jh. und Repliken von Funden der vor den Toren der Stadt gelegenen Nekropole Serra de la Punta, aber auch moderne Kunst. Hübsch gestaltet wurde der Park vor der Kirche.

Ein weiteres sehenswertes Museum ist die **Casa Museu Dionís Bennàssar** 3 (C. Roca, 14, www.museudionisbennassar.com, Di–Fr 10–16, Sa/So 10–14 Uhr, 3 €). Es präsentiert Ar-

Pollença

Sehenswert
1 Nostra Senyora dels Àngels
2 Convent de Sant Domènec/Museu Monogràfic de Pollentia
3 Casa Museu Dionís Bennàssar
4 Font de Gall
5 Museu Martí Vicenç
6 Es Calvari
7 Pont Romà
8 Puig de Santa Maria

Übernachten
1 Posada de Lluc
2 Juma
3 Desbrull
4 Ermita Mare de Déu

Essen & Trinken
1 La Placeta
2 Sa Font de Gall

beiten des mallorquinischen Malers (1904–67).

Von der Plaça Major führt der Carrer del Temple zur Plaça de l'Almoina mit dem sehenswerten **Font de Gall** 4, dem Hahnenbrunnen von 1827. Damit ist der Ausgangspunkt für Pollenças wichtigste Sehenswürdigkeit – den Kalvarienberg – erreicht. Am Beginn der Stufen liegt rechts das **Museu Martí Vicenç** 5 (C. Calvari, 10, www.martivicens.org, Di–Sa 10–13.30, 15.30–19, So 10–13.30 Uhr, Eintritt frei). Das kleine Museum ist den Bildern, Skulpturen und Webereien dieses vielseitig begabten Künstlers (1926–95) gewidmet, zeigt aber auch seine bemerkenswerte Sammlung an Haushaltsgegenständen.

Es Calvari 6

Eine 365 Stufen zählende Treppe zieht sich vom Platz 300 m den **Kalvarienberg** hinauf, den eine schöne Barockkapelle von 1795 krönt. Die angrenzende Plattform gewährt einen weiten Blick bis zum Meer. Ursprünglich war der Berg im Besitz des Templerordens, fiel nach dessen Auflösung 1314 aber an die Johanniter. Das steinerne Kreuz im Innern soll aus dem Jahr 1252 stammen, ist möglicherweise aber nur die Kopie einer fast identischen Arbeit aus der Basilika Santa Croce in Gerusalemme in Rom. Karfreitag erlebt die Kapelle eine beeindruckende Prozession (Devallament del Calvari), mit der Kreuzabnahme als Thema.

Pont Romà 7

Am nördlichen Ortsrand überspannt die sogenannte **Römerbrücke** den kleinen, meist ausgetrockneten Fluss. Ob sie wirklich römischen Ursprungs ist, wird allerdings bezweifelt. Möglicherweise entstanden die massiven Natursteinbögen erst im Mittelalter.

Puig de Santa Maria
▶ F/G 2

Noch schöner ist die Aussicht vom südlich der Stadt gelegenen, über 300 m hohen **Puig de Santa Maria** 8. Nur bis zur Hälfte kann man mit dem Auto hinauffahren (kaum Parkmöglichkeiten), den Rest gilt es zu Fuß zu bewältigen. Belohnt wird man mit einem großartigen Blick über die Buchten von Pollença und Alcúdia. Ähnlich wie in Lluc soll hier 1348 eine Marienstatue entdeckt worden sein, die zum Bau einer Kapelle führte. Daraus entwickelte sich ein **Kloster** (Ermita Mare Déu des Puig), in dem Ende des 14. Jh. bereits 29 Nonnen lebten. Als das Konzil von Trient 1529 das Verbot für Nonnen erließ, in abgelegenen Eremitagen zu siedeln, widersetzten sich die Schwestern der Ermita zunächst dieser Vorschrift, mussten sich dann jedoch 1576 dem Willen Roms beugen und nach Palma umsiedeln, wo sie den Convent de la Concepció gründeten. Die Eremitage verfiel, bis sie

Badia de Pollença und Badia de Alcúdia

im 19. Jh. von Mönchen besiedelt und ausgebaut wurde (Übernachten s. u.; detaillierte Routenbeschreibung unter www.gpsies.com, Suchworte: Spanien/Pollenca/Wandern).

Castell dels Reis ▶ F 1

Hoch über der Küste thront nördlich von Pollença das Castell dels Reis (möglicherweise römischen Ursprungs). 1343 mussten sich hier die Anhänger Jaumes II. den Truppen König Pedros IV. ergeben, wodurch der Niedergang des Königreichs Mallorca eingeleitet wurde. Es befindet sich im Besitz der Familie March. Will man die Ländereien der **Finca Ternelles** betreten, muss man eine Genehmigung auf dem Rathaus oder im Internet beantragen (www.ajpollenca.net/ca/contacte/autorització-ternelles, Tel. 971 53 01 08), darf aber trotzdem die Burg nicht besuchen, sondern nur die einsame Bucht Cala Castell.

Übernachten

Pollença eignet sich gut als Standort für Wanderungen und Ausflüge und weist nette Hotels der Mittelklasse auf.
Historische Pilgerherberge – **Posada de Lluc** 1 : C. Roser Vell, 11, Tel. 971 53 52 20, www.posadalluc.com, DZ ab 142 € (Hochsaison), 15. Nov.–Feb. geschl. Im 15. Jh. kamen hier Pilger auf ihrem Weg zum Kloster Lluc unter. So einfach wohnt man heute nicht mehr – im Gegenteil, die Zimmer sind geschmackvoll-rustikal, es gibt sogar einen Pool.
Sympathisch – **Juma** 2 : Plaça Major, 9, Tel. 971 53 50 02, www.pollensahotels.com, DZ ab 135 € (Hochsaison). Ein Oldie unter den Hotels der Insel, seit 100 Jahren in Familienbesitz. Acht recht einfache Zimmer mit nostalgischem Touch, teilweise mit Blick auf den Marktplatz. Das Juma betreibt auch das kleine Designhotel **L'Hostal** um die Ecke, mit gleichen Preisen.
Familiär – **Desbrull** 3 : Marques Desbrull 7, Tel. 971 53 50 55, www.desbrull.com, DZ 90 € (Hochsaison). Kleines, von einem Geschwisterpaar mit viel Engagement und Charme geführtes und zentral gelegenes Stadthotel mit geschmackvollen, etwas minimalistischen Zimmern, gutem Frühstück und einem sehr guten Preis-Leistungs-Verhältnis.
Naturnah und spartanisch – **Ermita Mare de Déu** 4 : Puig de Santa Maria, Tel. 971 18 41 32, Bett ab 12 €, DZ 22 €. Einfache Unterkunft im früheren Kloster auf dem Berg, Zwei- und Vierbettzimmer, Schlafsaal, Selbstversorgerküche; Snacks, warme Getränke.

Essen & Trinken

An Restaurants herrscht kein Mangel, auch ein sehr gutes ist darunter.
Sehr bemüht – **La Placeta** 1 : C. Sant Jordi, 29/Plaza Sant Jordi, im Hotel Sant Jordi, Tel. 680 19 85 64, www.restaurantes.com/restaurante-la-placeta, Di–So 18.30–22, So auch 13–16 Uhr. Zuvorkommender Service, nettes Ambiente und gute mediterrane Küche mit argentinischer Note ohne Schnickschnack, besonderes Lob für das Lammfleisch. Hauptgerichte ab 18 €.
Winzig und lecker – **Sa Font de Gall** 2 : C. Monti-sion, 4, Tel. 971 53 03 96. Einheimische Küche mit französischem Einschlag zu annehmbaren Preisen. Hauptgerichte ab ca. 18 €.

Infos & Termine

Infos
O.I.T.: C. Sant Domènec, 17, Tel. 971 53 50 77, oit@ajpollenca.net, www.pollensa.com (auch auf Deutsch), Mo–Fr 9–16, Sa/So 10–13 Uhr.

Mitten im Kampfgetümmel anlässlich des Festes der Mauren und Christen

Termine
Revetla und Festa de Sant Antoni: 16./17./20. Jan. Patronatsfest mit Pinienklettern.
Festa de Sant Sebastiá: 20. Jan. Patronatsfest mit Pferdeprozession
Devallament del Calvari: Karfreitag. Darstellung der Kreuzabnahme Christi auf dem Kalvarienberg.
Festival de Pollença: Anfang Juli–Anfang Sept. Darbietungen klassischer Musik mit internationaler Besetzung, www.festivalpollenca.com.
Festes de la Patrona/Festa de Moros i Cristians: 2. Aug. Ende Juli Veranstaltungen mit Höhepunkt am 2. Aug., dem Tag der Mare de Déu dels Àngels. Dann wird wie in Port de Sóller des Kampfes gegen die Piraten (16. Jh.) in einer karnevalesken Schlacht von Mauren gegen Christen gedacht.
Mostra d'Artesanía: Am 2. Wochenende im Nov. Kunsthandwerksmarkt im Convent de Sant Domènec in Verbindung mit der Landwirtschaftsausstellung La Fira.

Verkehr
Busverbindungen: Busse verbinden Pollença mehrmals tgl. u. a. mit Alcúdia, Can Picafort, Santuari de Lluc und Sóller.

Cala Sant Vicenç

▶ G 1

Nordöstlich von Pollença zweigt eine Straße nach Norden ab, die durch eine üppige Gartenlandschaft zum kleinen Badeort Cala Sant Vicenç führt. Entlang zweier Buchten reihen sich dort einige Hotels, zahlreiche Villen und Ferienbungalows aneinander. Sant Vicenç empfiehlt sich für einen erholsamen Urlaub und bietet neben dem Strandleben die Möglichkeit zu Wanderungen in die steil aufragenden, kahlen Berge der Tramuntana, etwa hinaus zur Punta de Coves Blanques. Dort bietet sich ein unvergleichlicher Blick zum Cap de Formentor. So ver-

Badia de Pollença und Badia de Alcúdia

wundert es nicht, dass vor allem Maler immer wieder den Weg hierher gefunden haben.

In einem kleinen Park am Ortseingang liegen die **Coves de l'Alzinaret**. Diese Höhlen aus der Stein- und Bronzezeit (ca. 1700–1400 v. Chr.) dienten wahrscheinlich als Begräbnisplatz.

Übernachten

Sant Vicenç hat nur recht wenige Hotels, die meisten davon mit schönem Blick auf die Buchten.

Gemütlich im Zentrum – **Cala Sant Vicenç:** C. Maressers, 2, Tel. 971 53 02 50, www.hotelcala.com, 15. Dez.–31. Jan. geschl, DZ ab ca. 210 € (Hochsaison). Günstige Einzelzimmer zum halben Preis eines Doppelzimmers. Inhabergeführtes Hotel (48 Zimmer/Suiten) im Zentrum mit Terrasse und Pool im Garten, Spitzenrestaurant (s. u.).

Zum Entspannen – **Hoposa Niu:** C/ Cales Barques, 5, Tel. 971 53 05 12, www.hoposa.es, DZ mit Frühstück ab ca. 100 €. An einer Bucht gelegenes, ruhiges, schon älteres Hotel mit nur 24 Zimmern und freundlichem Service für alle, die auf Unterhaltung keinen Wert legen. Hübsche Terrasse.

Charme ohne Schnörkel – **Hostal Los Pinos:** Tel. 971 53 12 10, www.hostal-lospinos.com, geöffnet 25. April–20. Okt., DZ ab 68 €, EZ ab 36 €. Einfaches, älteres Hotel, in Strandnähe gelegen, Pool, recht kleine, saubere Zimmer.

Essen & Trinken

Französisch inspiriert – **Cavall Bernat:** im Hotel Cala Sant Vicenç (s. o.), Tel. 971 53 02, tgl. ab 19 Uhr, 20.–23. Dez., Jan. geschl. Exzellente Küche, orientiert am Angebot der Jahreszeiten. Hauptspeisen ab 23 €, Tagesmenü ab ca. 28 €.

Für den kleinen Hunger – **Bar Marina:** C/ Cala Clara 3. Tapas und kleine Gerichte, Sangría und ein hübscher Blick von der Terrasse im 1. Stock. Mit kostenlosem Wifi. Hauptgerichte ab ca. 10 €.

Pizza und Kebab – **Pizza Polli:** Temporal, 29, Tel. 971 53 08 77, Mo-Sa 8–23.30 Uhr. Sehr um den Gast bemühtes Familienrestaurant, ordentliche Küche zu sehr günstigen Preisen. Hauptgerichte ab ca. 8 €.

Aktiv

In See stechen – **www.mondaventura.com:** Tel. 609 72 18 92 oder 971 53 52 48 (Hauptbüro Pollença). Zwischen Juni und Ende Okt. kann man sich hier in Cala Sant Vicenç hochseetüchtige Kajaks mieten oder an geführten Touren teilnehmen.

Infos

O.I.T. Pollença: Plaça Sant Vicenç, Tel. 971 53 32 64, Mitte Juni–Anfang Sept. Mo-Fr 9.30–12.30, 16–18, Sa 9–12 Uhr. **Bus:** Mehrfach tgl. Verbindungen mit Pollença, Port de Pollença und Palma (Linea L 340, www.tib.org), Flughafenshuttle (www.transunion.info).

Mein Tipp

Wanderung nach Port de Pollença

Von der Cala Molins in Cala Sant Vicenç führt ein Fahrweg bis zu einem großen Wendeplatz auf einem Bergsattel nahe der Sendeantenne. Von dort gelangt man in ca. 45 Min. zu Fuß nach Port de Pollença. Vor dem Abstieg in die Hafenstadt hat man einen schönen Blick über die Bucht.

Port de Pollença ▶ G 1

Die feinsandige Bucht vor dem großartigen Hintergrund wilder Gebirgsszenerie hat schon früh das Interesse der Tourismusbranche auf sich gezogen und entwickelte sich bald nach dem Krieg zu einem von den Briten bevorzugten Ferienort. Glücklicherweise wurde Port de Pollença recht schnell von anderen Zentren überflügelt, die sich ohne Rücksicht ausbreiten konnten, wodurch der Hafenstadt eine Skyline gesichtsloser Hotelhochbauten erspart blieb, die so manch anderen Küstenstrich kennzeichnen. Der Ort erfreut sich vor allem bei Aktivurlaubern (Wandern, Segeln, Radfahren) zunehmender Beliebtheit.

Auf die sicherlich bis in die Römerzeit zurückreichende Geschichte deutet nur noch wenig hin. Aufgrund der Piratengefahr konnte sich der Hafen trotz der Befestigungsanlagen nie so recht entfalten, sodass er außer dem nicht zugänglichen **Fort** keine historischen Relikte aufzuweisen hat.

Mehr als wettgemacht wird dieses historische Defizit durch eine besonders schöne Küstenpromenade, die in ihrem nördlichen Abschnitt unter dem Namen **Passeig Vora Mar** den Fußgängern vorbehalten ist, beschattet von mächtigen Bäumen und gesäumt von kleineren Hotels und Restaurants. Berücksichtigt man noch die Kulisse der steil aufsteigenden Serra del Norte und die zahlreichen Ausflugsmöglichkeiten in der näheren Umgebung, so gehört Port de Pollença sicherlich zu den attraktivsten Reisezielen auf Mallorca, auch wenn es sich hinsichtlich der Unterhaltung nicht mit den anderen Hochburgen messen kann und die Hotels etwas Patina angesetzt haben. So ist Port de Pollença das rechte Ziel für Individualtouristen mit etwas Ruhebedürfnis oder jene, die erste Schritte im Segelsport unternehmen wollen, nutzen doch etliche Segelschulen die bevorzugte Kombination von geschützter Bucht und frischem Wind.

Zu Fuß durch das Bóquer-Tal ▶ G 1

Für diese leichte, insgesamt 6 km lange Wanderung sollte man etwa 2 Std. (inkl. Rückweg) einplanen
Eine sehr schöne Wanderung führt von Port de Pollença durch das von steilen Felsen gesäumte Vall Bóquer zur Cala Bóquer. Der Weg beginnt

Wanderung durch das Vall Bóquer

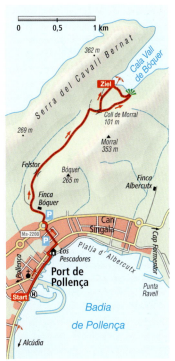

Lieblingsort

Port de Pollença – am Ende der Mole ▶ G 1

Zwei Molen begrenzen den Abfluss des kleinen Binnensees in die Bucht unmittelbar neben der Segelschule Sail & Surf. Das Ende ist ein herrliches Plätzchen, wo man sich wie auf einem Boot mitten auf dem Meer fühlt. Man hört nur das Plätschern der Wellen, das Knattern der Segel der vorbeirauschenden kleinen Boote, die hier ihre Übungsrunden drehen, und bewundert die Ausdauer der Surf-eleven, die verbissen immer wieder auf das Brett klettern, um Minuten später erneut zu kentern. Man könnte sich aber auch in ein Buch von Segelprofis vertiefen, Josef Conrad etwa oder Wilfried Erdmann, und Träumen von einer Weltumsegelung nachhängen. Man müsste nur aus der Bucht hinausfahren … So aber geht man trockenen Fußes zurück, vielleicht ins Restaurant Stay auf der Hafenmole, um sich mit einem köstlichen Fischgericht zu trösten.

Badia de Pollença und Badia de Alcúdia

am großen Verkehrskreisel nördlich des Ortszentrums, den man von der Küstenpromenade über die Av. dels Bocchoris erreicht, und führt zunächst zur **Finca Bóquer** mit schönem Blick zurück auf die Stadt. Hinter der Finca (Tor schließen) geht es zunächst leicht bergauf, um dann nach Durchschreiten eines Engpasses in das Bóquer-Tal einzumünden. Etwa eine halbe Stunde nach Verlassen der Finca erreicht man eine Gabelung. Links geht es hinab zur **Cala Vall de Bóquer**, rechts zu einem **Aussichtspunkt**, von dem man ebenfalls zur Bucht absteigen kann.

Die Gegend gilt als eines der bedeutendsten Vogelschutzgebiete der Insel. Auf der Website www.igoterra.com findet man eine Liste mit Bildern der hier (und anderswo auf Mallorca) gesichteten Arten. Wiedehopf, Rotkehlchen, Mönchgrasmücke und Turmfalken sind recht häufig, aber auch der seltene Mönchsgeier sollen in der Schlucht schon beobachtet worden sein. Zu den bemerkenswerten Pflanzen zählen die Zwergpalmen.

Übernachten

Die meisten Hotels in Port de Pollença sind älterer Bauart und pflegen bewusst ihren nostalgischen, von den Briten so geschätzten Charme. Die wichtigsten sind unter der Website www.hoposa.es direkt buchbar, werden aber auch von deutschen Reisebüros pauschal angeboten.

Traditioneller Luxus – **Illa d'Or**: C. Colón, 265, Tel. 971 86 51 00, www.hotelillador.com, DZ ab 275 € (Hochsaison), auch pauschal buchbar. Elegantes, alteingesessenes Hotel, etwas außerhalb an der Promenade. Beim Betreten des Hauses werden die Uhren um 30 Jahre zurückgedreht. Die zuweilen kleinen Zimmer wurden jedoch auf den heutigen Stand gebracht. Sehr gepflegte Anlage in großartiger Lage direkt am Strand.

Super Lage – **Hostal Bahia**: Fußgängerzone, Tel. 971 86 65 62, www.hoposa.es. Den Preis ab ca. 160 € (DZ Hauptsaison) rechtfertigt allein die Lage. Leuchtend weißes Gebäude aus den 1930er-Jahren direkt am eher schmalen Strand, recht einfache Zimmer, teilweise mit Balkon und Meerblick.

Luftig – **Hostal Paris**: C. de Magallanes, 18, Tel. 971 86 75 27, www.hostal-paris.es. Im Zentrum gelegenes B&B Hostal mit hellen Zimmern zu einem unschlagbaren Preis von 75 € in der Hauptsaison. Radfahrer dürften den sicheren Unterstellplatz begrüßen.

Essen & Trinken

Wohl dank des großen Jachthafens ist Port de Pollença alles andere als gastronomische Provinz.

Genießen und verweilen – **Stay**: C. Moll Nou (Muelle Nuevo), Tel. 971 86 40 13, www.stayrestaurant.com, tgl. 9–22.30, Küche ab 12 Uhr. In etwas nüchtern-maritimem Ambiente mit viel Glas und Holzböden zeigt sich das Stay auf dem Moll Nou. Die Terrasse auf der Mole ist nicht zu toppen, die Küche ist ambitioniert. Hauptgerichte ab ca. 18 €, Tagesmenü 36 €.

Wieder erwacht – **La Llonja**: Moll Vell, Tel. 971 86 84 30, www.restaurantlallonja.com, tgl. 12.30–16, 19.30–23 Uhr, im Winter Di u. Mitte Nov.–Mitte Dez. geschl. Man diniert gepflegt im ersten Stock hinter Panoramafenstern oder auf einer kleinen Terrasse. Fangfrischer Fisch ist die Spezialität des Hauses. Hauptgerichte ab ca. 18 € (Fischpaella).

Für Vegetarier – **Bellaverde**: Carrer des Monges, 14, Seitenstraße in der Nähe der Mole, Tel. 675 60 25 28, Mo 8.30–12, Di–So 8.30–24 Uhr. Auch Vegetarier verstehen zu schlemmen

Port de Pollença

– für sie ist dies eine Oase mit einfallsreichen Kreationen. Das schöne Ambiente versüßt die oftmals langen Wartezeiten. Hauptgerichte ab 10 €. Es gibt auch einige preiswerte Zimmer, DZ ab 55 €.

Schmausen unter Palmen – **C'an Cuarassa**: C. Port de Pollença–Alcúdia, s/n, Tel. 971 86 42 66, www.cancuarassa.com, tgl. 12–16, 19.30–22.30 Uhr. Zwischen Port de Pollença und Alcúdia gelegenes, sehr beliebtes Landhausrestaurant mit eher traditioneller Kost unter der Regie vom Stay, Garten. Hauptgerichte ab ca. 18 €, Menü inkl. Hauswein, Wasser und Kaffee 33 €.

Aktiv

Ausflüge aufs Meer – Mehrfach tgl. legen während der Saison von der neuen Mole (Moll Nou/Muelle Nuevo) **Boote** zur Bucht von Formentor ab. Man kann auch einen Bootsausflug nach Cala Sant Vicenç unternehmen oder bis zum Leuchtturm am Kap Formentor fahren. Genaue Abfahrzeiten an der Mole; die Preise variieren jeweils von Saison zu Saison.

Unter Wasser – **Actionsport Prodive Mallorca**: El Cano, 9, Tel. 971 86 79 78, www.actionsport-mallorca.com. Die Nordostküste gilt als hervorragendes Revier für Unterwassersportler. Kein Wunder, dass sich hier eine deutsche Tauchbasis etabliert hat, die zertifizierte Kurse und Tauchgänge anbietet.

Segeln lernen – Port de Pollença ist der geeignete Platz, um Grundkenntnisse im Segeln oder Windsurfen zu erwerben bzw. zu erweitern. Die deutsche **Segelschule Sail & Surf** (www.sailsurf-pollensa.de) bietet Einsteigern und Fortgeschrittenen Kurse an. Für Landratten gibt es So Brunch im Bistro (15 €).

Radfahren – Port de Pollença ist ein guter Standort für Ausflüge mit dem Fahrrad, etwa zu den kleinen Buchten am Cap de Formentor (s. S. 195) oder zur Halbinsel Victòria (s. S. 201). Das passende Rad kann man u. a. leihen bei **Pro Cycle Hire**, 3 Temple Fielding, Tel. 971 86 59 02, www.procyclehire.com, und **Multihire**, Méndez Núñez, 23, Tel. 971 86 40 80, www.multi-hire.com. Pro Tag zahlt man ab 12 €.

Wandern – **Durch das Bóquer-Tal:** siehe S. 189.

Infos & Termine

Infos

www.puertopollensa.com: Überwiegend kommerzielle Website, aber gute Restauranttipps, Busfahrpläne und Links, speziell auf britische Besucher abgestimmt (englisch).

O.I.T. Port de Pollença: Am Taxistand beim Zugang zum Jachthafen, im Sommer Mo–Fr 8–15, 17–19, Sa 9–13, im Winter Mo–Fr 8–15, Sa 10–13 Uhr, oitport@ajpollenca.net.

Termine

Festa de la Mare de Déu del Carme: 16. Juli. Feierliche Prozession der geschmückten Fischerboote.

Verkehr

Busverbindungen bestehen mehrfach tgl. mit Palma, Pollença, Alcúdia, Can Picafort, Mo–Sa auch mit dem Santuari de Lluc, Sa Calobra und Sóller. Detaillierte Auskünfte unter www.puertopollensa.com.

Tapas-Route

Auch in Port de Pollença gibt es wie in Palma eine Tapas-Route (www.puertopollensa.com/tapas-route.html), der sich bisher neun Bars angeschlossen haben. Jeden Do zwischen 20 und 23 Uhr gibt es ein Bier und eine Tapa für nur jeweils 2 €.

Die Halbinsel Formentor ▸ G/H 1

In einer schmalen, dem Rückgrat eines versteinerten Urtiers gleichenden Halbinsel versinkt die Serra de Tramuntana mit einem geradezu dramatischen Finale im Mittelmeer. Bis zum Schluss, so scheint es, hat sich die Tramuntana den Höhepunkt aufgespart. Die 15 km ins Meer vorspringende Halbinsel wird von den beiden Felsbergen Morral und Fumat beherrscht.

Das **Cap de Formentor** (▸ H 1), die Spitze der Halbinsel und nordöstlichster Punkt Mallorcas, ist auf einer kurvenreichen, teilweise sehr schmalen, etwa 20 km langen Straße von Port de Pollença aus erreichbar. Wer als Mietwagenfahrer den Ausflug genießen möchte, sollte sich frühmorgens oder am späten Nachmittag auf den Weg machen. Ab 2018 ist geplant, die Zufahrt mit Privatwagen zu beschränken und Shuttlebusse einzusetzen.

Aussichtspunkte ▸ G 1

Mit schönem Blick auf Port de Pollença steigt die Straße am Ortsende in die Berge und erreicht schon bald den **Mirador de la Creueta** (Mirador del Colomer). Zu Fuß kann man über Terrassen zum Aussichtspunkt hinaufsteigen und den wohl berühmtesten Ausblick Mallorcas genießen: die senkrecht ins Meer stürzenden Wände von Els Farallons mit der vorgelagerten kleinen Insel Colomer.

Gegenüber dem Parkplatz führt eine schmale Straße ohne Randbefestigung in engen Kehren noch weiter

Vom Mirador de la Creueta hat man einen beeindruckenden Blick hinüber zum Cap de Formentor

hinauf zu einem ehemaligen Militärposten, überragt vom **Talaia d'Albercutx**, einem Wehrturm aus dem 16. Jh., der bereits von der Hauptstraße aus zu sehen ist. Der von einer Mauer umgebene und mit Kanonen ausgestattete Turm war stets mit zwei bis drei Soldaten besetzt. Aus neuerer Zeit hingegen stammen die aufgegebenen Munitionsbunker unterhalb des Gipfels. Die grandiose Sicht über die Bucht von Alcúdia auf der einen und auf die Halbinsel Formentor auf der anderen Seite lässt die schwierige Anfahrt vergessen. Tief unten kann man in der Bucht von Formentor das nächste Ziel, den Strand von Cala Pi de la Posada, kurz Cala Pi bzw. Platja de Formentor genannt, ausmachen.

Cala de Formentor ▸ G 1

Man erreicht die Bucht auf einer breiten Straße, die von der zum Kap führenden Route abzweigt und auf einem gebührenpflichtigen Parkplatz endet. Ein mit Pinien bestandener weißer Sandstrand säumt die sehr schöne Bucht und hat sich, seit er nicht mehr Privatbesitz des Hotels ist, zu einem sehr beliebten Ausflugsziel entwickelt. Mehrfach täglich kommen Fähren aus Port de Pollença, sodass es während der Hauptreisezeit recht voll werden kann.

Berühmt geworden ist die Bucht vor allem durch das Nobelhotel gleichen Namens – das **Hotel Formentor**. Es wurde bereits 1929 von dem argentinischen kunstsinnigen Milliardär Adán Diehl an der verträumten Bucht inmitten eines weitläufigen Pinienhains als abgelegenes Refugium für illustre Gäste gebaut, die sich hier anlässlich der Wochen der Weisheit ein Stelldichein gaben. Zu den frühen Besuchern zählten Winston Churchill,

Badia de Pollença und Badia de Alcúdia

Charlie Chaplin und der Herzog von Windsor.

Seit der ehemalige Privatstrand der Öffentlichkeit zugänglich ist, hat die Exklusivität dieses Ortes allerdings etwas gelitten. Mittlerweile hat die Barceló-Gruppe das Hotel übernommen und umfassend modernisiert. Es trägt jetzt den Namen Barceló-Formentor. Die Preise zählen allerdings nach wie vor zu den höchsten der Insel. Allein für einen mitreisenden kleinen Hund zahlt man 60 Euro am Tag.

Auf dem Weg zum Leuchtturm ▶ H 1

Durch ein bewaldetes Tal steigt die zum Kap führende Straße nun leicht an. Gegenüber Kilometerstein 12 (keine Parkmöglichkeit) zweigt eine Piste zur **Cala Figuera** ab, früher eine der einsamsten Buchten Mallorcas und nicht zu verwechseln mit dem gleichnamigen Badeort an der Ostküste (s. S. 254). Vom Parkplatz bei km 13 führt ebenfalls ein, allerdings sehr steiler Weg (ca. 10 Min.) hinab zu dem traumhaften Plätzchen mit – nicht zuletzt dank des türkisfarbenen Wassers – Südseeatmosphäre.

Ein Stück weiter bei km 13, den Häusern von Cases Velles, beginnt ein Fußweg (ca. 2 km, 25 Min.) zur winzigen Bucht **Cala Murta**, geschätzt wegen ihres klaren Wassers. Aber auch sie ist längst kein Geheimtipp mehr, verspricht aber außerhalb der Saison ungestörten Badespaß.

Die Hauptstraße führt nun unterhalb der Felswand des **Fumat** steil bergauf und durchquert einen Tunnel. Am Eingang windet sich eine nicht ungefährliche, halb verfallene Treppe den Fels empor, über die man auf den Fumat (334 m) gelangen kann. Der Blick vom **Mirador** am Tunnelausgang auf die Cala Figuera und die umliegenden Berge ist aber fast ebenbürtig. Nur einige hundert Meter sind es bis zum nächsten **Aussichtspunkt** zwischen Kilometerstein 14 und 15, von wo aus man den viel fotografierten Blick auf die senkrechte Felswand mit dem winzig erscheinenden Leuchtturm auf der Spitze hat.

Die Straße beschreibt nun zahlreiche Kurven und gibt immer wieder neue Blicke frei. Nach einigen Kilometern endet sie auf dem Parkplatz des **Leuchtturms** am Cap de Formentor. Unter der Glaskuppel des 210 m über dem Meeresspiegel liegenden Seezeichens arbeitet das stärkste Leuchtfeuer der Balearen. Die Lichtsignale reichen 36 Seemeilen (66 km) weit und sind noch von Menorca aus deutlich zu sehen.

Besonders schön ist der Blick am Abend, wenn sich der Platz von Autos und Bussen geleert hat und die Sonne hinter dem Cap de Catalunya im Westen versinkt.

Alcúdia ! ▶ G 2

Die malerische, noch vollständig von Mauern umschlossene Stadt Alcúdia liegt nur einen Steinwurf entfernt von Port d'Alcúdia und ist vor allem während der Markttage ein beliebtes Ziel der Touristen aus den umliegenden Badeorten.

Wie ein prähistorischer Talaiot beweist, lebten hier schon Vertreter der Megalithkultur, bevor die Phönizier die natürlichen Vorteile der geschützten kleinen Bucht erkannten und den Landeplatz Cunici anlegten, der wohl als Etappenziel auf dem Weg zur Hauptniederlassung auf Ibiza (Eivissa) gedacht war. Im Jahre 123 v. Chr. wählte die römische Strafexpedition unter Quintus Cäcilius Metellus die

Alcúdia

Die Porta de Sant Sebastià ist Teil von Alcúdias mittelalterlicher Stadtmauer

Bucht von Alcúdia als Ort für eine Invasion, um den mallorquinischen Piraten eine Lektion zu erteilen. Da der Widerstand der Mallorquiner offensichtlich gering war, verleibten die Römer die Insel ihrem Reich ein und gründeten am Platz der Landung die erste Hauptstadt mit Namen Pollentia, die Mächtige. Am neuen Glanz und Wohlstand durfte auch die einheimische Bevölkerung teilhaben, sodass Missgunst und Rachegelüste gar nicht erst aufkamen, geschweige denn Sehnsucht nach einer vermeintlich goldenen Vergangenheit.

Leider versank der Hafenort beim Vandalensturm um 440 n. Chr. in Schutt und Asche und wurde von den überlebenden Bewohnern verlassen. Die Flüchtlinge ließen sich weiter im Landesinnern nieder und übertrugen den Namen ihrer alten Heimatstadt auf die neue Siedlung, das heutige Pollença (s. S. 183). Später diente den Arabern die noch verbliebene Bausubstanz als Steinbruch, sodass sich in Alcúdia und der Umgebung nur noch sehr dürftige Reste römischer Präsenz finden lassen.

Erst unter den islamischen Herrschern erhielt der Ort seinen derzeitigen Namen, abgeleitet aus dem Arabischen al kudia (der Hügel), und entwickelte sich schnell wieder zu einem wichtigen Hafen, ohne allerdings das aufstrebende Palma gefährden zu können. Wie überall auf Mallorca ging in Alcúdia im 14. Jh. die Bevölkerung durch die große Pestepidemie stark zurück. Innerhalb von nur sie-

ben Jahren (1343–50) verlor die Stadt nahezu die Hälfte ihrer ursprünglich 2500 Bewohner, und es dauerte etwa 200 Jahre, bis der alte Bevölkerungsstand wieder erreicht war.

Dass Alcúdia aufgrund seiner Lage ein bevorzugtes Ziel der Piraten war, ist kaum verwunderlich. Bereits König Jaume II. hatte damit begonnen, die Siedlung zum Schutz vor Übergriffen mit einer Mauer zu umgeben. Obwohl diese im Laufe der Jahrhunderte mehrfach verstärkt wurde, gelang es den Seeräubern wiederholt, die Ortschaft zu plündern und Gefangene für die nordafrikanischen Sklavenmärkte zu machen.

Noch immer, so scheint es, durchweht ein Hauch aus jenen bewegten Tagen die fast vollständig von Mauern umschlossene Altstadt und macht Alcúdia damit zu einem der lohnenswertesten Ausflugsziele auf Mallorca.

Römische Fundamente 1
Mo–Fr 9.30–20.30, Sa/So 9.30–14.30 Uhr, Fei geschl., www.pollentia.net, Kombiticket mit Museu Monogràfic de Pollentia 4 €, Karten nur am Eingang der römischen Ausgrabungen

Die ältesten Zeugnisse liegen außerhalb des Mauerrings gegenüber der Kirche Sant Jaume. Hier wurde ein

Alcúdia

Sehenswert
1. Römische Fundamente
2. Oratori de Santa Ana
3. Portal Principal
4. Església de Sant Jaume
5. Museu Monogràfic de Pollentia
6. Casa Consistorial
7. Porta de Xara
8. Plaça del Bous

Übernachten
1. Sant Jaume
2. Ca'n Pere
3. Can Tem
4. Hostal L'abres

Essen & Trinken
1. Sa Portassa
2. Can Costa

Stadtviertel des römischen Pollentia freigelegt, das noch gut Straßenverlauf und Grundmauern erkennen lässt. Ein Stück weiter südlich stößt man rechter Hand an der nach Port d'Alcúdia führenden Straße auf das kleine **römische Theater** aus dem 1. Jh., von dem noch die Reste der Bühne und der Sitzreihen zu erkennen sind.

Oratori de Santa Ana 2

Ein Stück weiter entlang der nach Port d'Alcúdia führenden Straße hat gegenüber dem Friedhof die romanische **Santa-Ana-Kapelle** ihren Platz gefunden, ein bescheidenes Gotteshaus aus dem 13. Jh., das nach der Reconquista entstand. Der Einfachheit halber hat man hier als Baumaterial Blöcke aus der Römersiedlung verwendet.

Portal Principal 3

Das ehemalige, bei der Eroberung hart umkämpfte Haupttor (Portal Principal), Portal Sant Sebastià, beherrscht die westliche Stadtmauer, aus der Verteidigungsbastionen in regelmäßigen Abständen vorspringen.

Església de Sant Jaume 4

Plaça de Jaume Qués, Mai–Okt. Mo–Sa 10–13, Mi u. Fr 17–19 Uhr, 2 €
An der Südecke der Altstadt bildet die Seitenwand der Església Sant Jaume einen Teil des äußeren Mauerrings. Hier gewährt ein kleines Tor Durchlass zum Kirchenvorplatz. Im Graben außerhalb sind Reste einer prähistorischen Grabhöhle der Talaiot-Kultur erkennbar.

Das hoch aufragende Gotteshaus aus dem 16. Jh. – mit einer großen Rosette an der Ostfassade – beherrscht weithin sichtbar das Stadtbild. Im Hauptschiff dominiert die spanische Gotik mit einem eindrucksvollen Altar, in der reich ausgestatteten Seitenkapelle herrscht hingegen prunkvoller Barock vor. In der Kapelle hinter dem Hauptaltar hat das aus dem 15. Jh. stammende Holzkruzifix »El Sant Cristo de Alcúdia« seinen geweihten Platz.

Museu Monogràfic de Pollentia 5

C. de Sant Jaume, Öffnungszeiten und Eintritt s. o. unter Römische Fundamente
Gegenüber der Nordseite der Kirche hat das **archäologische Museum** sein Domizil. Gezeigt werden vor allem Funde, die die Frühzeit der Stadt unter römischer Herrschaft dokumentieren. Darunter befinden sich ein Marmortorso und eine Kriegerstatue aus der römischen Epoche sowie Haushaltsgegenstände aus Ton und Bronze.

Altstadtbummel

Ein Bummel durch die schmalen Gassen von Alcúdia beflügelt die Fantasie und lässt das Leben in einer mittelalterlichen Stadt vor dem geistigen

Badia de Pollença und Badia de Alcúdia

Auge wiedererstehen. Kaum zu verfehlen ist die Plaçeta de les Verdures mit der schönen, von einem gefliesten Uhrturm gekrönten **Casa Consistorial** (Rathaus) **6**.

Im Osten ist der Mauerring unterbrochen. Nur das ehemalige Hafentor **Porta de Xara** **7** ist als isoliertes Baudenkmal auf der Plaça de Carles V erhalten geblieben. Zu seinen Füßen entfaltet sich dienstags und sonntags ein lebendiger **Markt**, der mittlerweile fast die ganze Altstadt in Beschlag nimmt, aber kaum Originelles anbietet. Man trifft hier dieselben Händler, denen man schon auf den anderen Märkten begegnet ist.

Beliebt ist der Stierkampf (im Sommer) in der altertümlichen Arena **Plaça del Bous** (Plaza de Toros) **8** im Norden der Stadt. Er folgt, wohl aus Rücksicht auf die Touristen, einem für Spanien unüblichen Ablauf – der Stier darf nämlich nach seinem Einsatz zurück auf die Weide.

Übernachten

Der Ort hat einige hübsche Hotels in renovierten Stadthäusern.

Klassisch mediterran – **Sant Jaume 1**: C. de Sant Jaume, 6, Tel. 971 54 94 19, www.hotelsantjaume.com, Anf. Nov.–Anf. März geschl., DZ ab 110 € (in der Hochsaison). Sechs behagliche Zimmer, teils mit Bettvorhängen, bietet dieses liebevoll restaurierte Herrenhaus aus dem 19. Jh.

Dezenter Charme – **Ca'n Pere 2**: Carr. Serra, 12, Tel. 971 54 52 43, www.hotelcanpere.com, DZ ab 110 € (Hochsaison). Stadthotel mit nur wenigen Zimmern in historischem Gebäude im Zentrum. Gelungene Mischung aus Moderne (TV, Jacuzzi, WLAN) und klassizistischem Ambiente. Hübscher Innenhof mit gemütlichem Restaurant auch für Nicht-Gäste.

Dezente Gemütlichkeit – **Can Tem 3**: C. de l'Església, 14, Tel. 971 54 82 73, www.hotelcantem.com, DZ ab 115 € (in der Hochsaison). In diesem alten Haus aus dem 17. Jh. werden nur vier Zimmer, die teils mit historischen Möbeln ausgestattet sind, an Gäste vermietet. Ein weiteres Plus ist der kleine, intime Garten.

Einfach und zentral – **Hostal L'Labres 4**: Plaça Constitució, 6, Tel. 971 54 50 00, www.fondallabres.com, DZ mit Bad ab 45 € (teilweise ohne Bad). Ein schlichtes, aber dennoch sehr beliebtes Hotel. Es ist das älteste des Ortes. Es liegt im selben Gebäude über dem gleichnamigen Restaurant (s. u.) am Hauptplatz von Alcúdia.

Essen & Trinken

Da der Ort bezüglich der Gastronomie ganz auf die vielen Tagesausflügler eingestellt ist, darf man in Alcúdia keinen Gaumenkitzel erwarten, dafür preiswerte Mittagsmenüs (ab 8,50 €). Nett sitzt man im Restaurant des Hotels **L'Labres 4** an der Plaça Constitució, wo die übliche Kost serviert wird, darunter Paella und Tapas (ab ca. 4 €). Zu empfehlen ist auch das **Sa Portassa 1** im Carrer Sant Vicenç mit einem ähnlichem Angebot. Seit Jahren beliebt ist das **Can Costa 2** in der Carrer Sant Vicent 14, ab 11 € (Mo geschl.).

Einkaufen

Markttag: Dienstag und vor allem am Sonntag füllen sich die Gassen der Altstadt und die Plätze mit Marktständen, wobei man all die Bekannten mit ihren Angeboten an Ledergürteln und nachgemachten Uhren wieder trifft, denen man schon in Inca oder Andratx begegnet ist. Andere Märkte, etwa in Sa Pobla (s. S. 220) und Bunyola (s. S. 177), sind erheblich authentischer.

Die Halbinsel Victòria

Infos & Termine

Infos
O.I.T. Municipal Alcúdia: C. Major, 17, Tel. 971 89 71 00, turisme@alcudia.net, www.alcudiamallorca.com.

Termine
Festa Sant Jaume: 25. Juli. Einwöchiges Fest zu Ehren des Stadtpatrons mit Folkloredarbietungen sowie Konzerten, Ausstellungen und kirchlichen Veranstaltungen.

Verkehr
Mehrfach tgl. bestehen Busverbindungen mit Palma, etwa alle 30 Min. mit Port de Pollença und Port d'Alcúdia, im Sommer auch 1 x tgl. nach Sa Calobra über Sóller und Santuari de Lluc. Mit dem A 32 gelangt man direkt zum Flughafen.

Die Halbinsel Victòria ▶ G/H 2

Ein aus Kalksteinsedimenten aufgebauter Höhenzug trennt die weiten Buchten von Pollença und Alcúdia im Nordosten und schiebt sich als landschaftlich reizvolle Halbinsel weit ins Meer. Ihren Abschluss findet sie im **Cap des Pinar**, das als militärisches Sperrgebiet nicht zugänglich ist. Erst ganz allmählich beginnt es sich durch Erteilung von Sondergenehmigungen für kleine Gruppen zu öffnen. Der südliche Teil wurde rings um die Berge Puig de Romani und Puig des Boc unter Naturschutz gestellt und empfiehlt sich als Ausflugsziel für Radfahrer und Wanderer (s. S. 202).

Man verlässt Alcúdia im Südosten auf der Landstraße Richtung Bon Aire, einem gepflegten Villenviertel mit seinem verwunschenen Hafen Mal Pas.

Ermita de Nostra Senyora de la Victòria ▶ H 2

Mit schönem Blick auf die Bucht von Pollença zieht sich die Straße dann kurvenreich hinauf zur 140 m über dem Meer gelegenen Ermita de Nostra Senyora de la Victòria. Erstmals erwähnt wurde die Eremitage 1252. Danach soll ein Hirtenjunge mit Namen Joan Boy hier eine von frühen Christen vor den islamischen Eroberern versteckte Marienstatue wiederentdeckt haben, woraufhin zunächst drei Kreuze errichtet wurden, später eine kleine Kapelle im Untergeschoss eines maurischen Wachtturms. Daraus entwickelte sich eine viele Jahrhunderte von Einsiedlern bewohnte Eremitage. Am 29. Juni 1684 zerstörten Piraten die Kapelle, raubten die Madonna und entführten den 60-jährigen Eremiten Jaume Pujals. Kurze Zeit darauf fanden Gläubige das Heiligenbildnis unversehrt an seinem ursprünglichen Ort auf dem Altar wieder.

Übernachten

Klösterliche Abgeschiedenheit – **Petit Hotel Hostatgeria Ermita de la Victòria:** Im Obergeschoss der Eremitage, Tel. 971 54 99 12, www.lavictoriahotel.com, DZ ab ca. 51 €. Funktional-einfache Zimmer mit großartiger Aussicht.
Spartanisch – **Albergue Juvenil La Victoria:** Camino viejo de La Victoria, km 4,9, Tel. 971 17 89 32, www.reaj.com. Eine der beiden Jugendherbergen auf den Balearen (die andere auf Menorca), Bett ab 9 €.

Termine

Zwei Tage nach Ostern (Dienstag) steht die Ermita Nostra Senyora de la Victòria im Mittelpunkt des Festes

Badia de Pollença und Badia de Alcúdia

Pancaritat, und am 2. Juli ist sie Ziel einer Wallfahrt zu Ehren der Jungfrau anlässlich der **Festa de la Mare de Déu de la Victòria**, die bereits in der Nacht zuvor beginnt und um 11 Uhr am zweiten Tag mit einer Messe ihren Höhepunkt findet.

Auf schmalen Wegen Richtung Kap ▸ H 1/2

Sehr schöne, aber anspruchsvolle Tageswanderung von ca. 12 km Länge; entlang der Strecke gibt es keine Verpflegungsmöglichkeiten. Ab Alcúdia gelangt man mit dem Bus zum Ausgangspunkt der Wanderung

Von der **Ermita de Nostra Senyora de la Victòria** (s. S. 201) geht es auf dem Weg Richtung Talaia d'Alcúdia zunächst in etwa 1,5 Std. zum Aussichtspunkt **Penya Rotja** (auch Penya des Migdia genannt), von dem aus sich ein grandioser Blick über die Küste bis zum **Cap des Pinar** bietet. Die schönen Buchten zu Füßen des Miradors darf man aber leider (noch) nicht betreten, da sie militärisches Sperrgebiet sind. Auf dem letzten Stück führt der schwindelerregende Saumpfad durch einen schmalen, etwa 3 m langen Tunnel hindurch.

Wieder zurück auf dem Hauptweg, ist nach insgesamt 3 Std. der 440 m hohe **Talaia d'Alcúdia** erreicht, der einen weiteren grandiosen Rundumblick gewährt. Ein Pfad führt von dort in gut einer Stunde weiter zum **Coll Baix**. Auf Serpentinen kann man von dort zur schönen, von steilen Bergen eingefassten Bucht **Platja des Coll Baix** hinablaufen. Am herrlichen Stand bietet sich die Gelegenheit für eine Abkühlung im Wasser, schwimmen sollte man wegen der starken Strömung allerdings nicht! Nun geht es wieder zurück zum Coll Baix und dann auf dem

Wanderung über die Halbinsel Victòria

Fahrweg bergab. Vorbei an einem Parkplatz, dem Zugang zur Fundación Jokober (s. u.) und einem Golfplatz, gelangt man nach etwa 5 km zur Ortschaft **Mal Pas** (6 Std.). Von hier hat man Busanschluss nach Alcúdia.

Fundación Yannick i Ben Jakober ▸ H 2

Sa Bassa Blanca, Tel. 971 54 98 80, www.fundacionjakober.org, Mo und Mi–Sa nur mit Führung nach Voranmeldung (11 u. 15 Uhr), Eintritt ab 9 €, Di 9.30–12.30, 14.30–17.30 Uhr frei zum Skulpturenpark und der Sammlung ›Nins‹

Auf der Rückfahrt von der Eremitage kann man einen lohnenden Abstecher zu dem von einem englischen Ehepaar angelegten Privatmuseum mit Skulpturenpark und Rosengarten unternehmen. Man folgt den Schildern Fundació(n). Am Kreisel von Mal Pas biegt man bei dem kleinen Restaurant Del Sol in den Camino den Muntanya ein, von dem man noch einmal nach rechts auf eine Piste abzweigt. Auch wenn die Straßenkarten es behaupten, es gibt keine direkte Zufahrt von Port d'Alcúdia über Alcanada.

Das Anwesen, eine der schönsten Fincas weit und breit, haben sich Ben und Yannick Jakober als Domizil ausgewählt, nachdem der Ex-Banker (geb. 1930 in Wien) seine künstlerische Ader und seine Liebe zu Mallorca entdeckt hatte und zahlreiche Skulpturen schuf, die heute über die ganze Insel verstreut sind, u. a. stehen sie vor dem Flughafen, im Parque de Mar in Palma oder auf dem Golfplatz von Camp de Mar. 1993 haben die Jakobers ihr Anwesen in eine Stiftung umgewandelt, die sich der Kunst Spaniens widmet.

Der Park beherbergt 23 Werke Jakobers. Im Andenken an ihre durch einen Motorradunfall in Polynesien umgekommene Tochter errichteten sie das Museum »Nins«, das eine Sammlung von Kinderporträts (16. bis 19. Jh.) zeigt.

Port d'Alcúdia ▸ G 2

Der Hafen Port d'Alcúdia kann zwar auf eine recht lange Geschichte als Fischereistandort zurückblicken und dient noch heute kommerziellen Belangen wie Fischerei und Fährverkehr, hat sich aber inzwischen vor allem als Liegeplatz für Jachten einen Namen gemacht. So ist denn auch das **Hafenbecken** die Hauptattraktion der ansonsten eher gesichtslosen Stadt. Viel mehr als ein Bummel über die palmengesäumte Mole zum Club Nàutic lässt sich nicht unternehmen. Etwas deplatziert wirken die hölzernen, brückenartigen Stege am Hafenvorplatz, die an einen überdimensionierten Spielplatz erinnern und wohl dem Besucher nur einen besseren Überblick vermitteln sollen.

Übernachten

Der Hafenort ist als Standort kaum gefragt, da sich unmittelbar südlich die Strandzone, Platja d'Alcúdia (s. S. 207), mit ihren großen Hotelanlagen anschließt.

Auf dem Land – **Son Siurana:** Ctra. Palma–Alcúdia, km 42,8, Tel. 971 54 96 62, www.sonsiurana.com, DZ ab 160 €, Frühstück pro Pers. 12 €. Große Finca, ca. 8 km von Port d'Alcúdia mit 100 ha Land, auf dem Schafe grasen. Die Gäste wohnen in geschmackvoll eingerichteten Häusern (2 oder 4 Pers.), Appartements (4 Pers.) oder einer Suite (2 Pers.). Ein schöner Pool sorgt für Entspannung. ▷ S. 206

Auf Entdeckungstour:
Parc Natural de s'Albufera

Das Feuchtbiotop unter Naturschutz ist Tummelplatz vieler Amphibien, die auf dem Speiseplan der hier überwinternden Zugvögel stehen. Das Reservat ist zwar nicht spektakulär, bewahrt aber eine mallorquinische Urlandschaft. Man sollte genug Zeit für die vielen kleinen Entdeckungen mitbringen.

Reisekarte: ▶ H 3

Infos: www.mallorcaweb.net/salbufera/index.html (allerdings veraltet)

Eingang: Hauptzugang an der Straße Alcúdia–Artà gegenüber dem Hotel Parc Natural.

Anfahrt: Mit dem Bus ab Port de Pollença, Port d'Alcúdia und Can Picafort. Ein Radweg führt entlang der M-12 zum Naturpark.

Öffnungszeiten: Sommer tgl. 9–18, Winter bis 17 Uhr, Eintritt frei.

Tipp: Ideales Fortbewegungsmittel hier ist das Fahrrad (keine Mountainbikes), die Wege sind eben, Motorfahrzeuge verboten. Es gibt einen ca. 12 km langen Rundweg mit Aussichtspunkten.

Hinweise: Es gibt keine Verpflegungsmöglichkeiten; es empfiehlt sich ein Mückenschutzmittel.

Das Hinterland der Bucht von Alcúdia gehört zu den fruchtbarsten Regionen der Insel und wurde schon in römischer Zeit für die Landwirtschaft genutzt. Wie der aus dem arabischen *al-buhayra* (Lagune) abgeleitete Name andeutet, verdankt die Region ihre Fruchtbarkeit den Ablagerungen eines vor 100 000 Jahren entstandenen und allmählich verlandenden Feuchtgebiets, dessen Reste bis unmittelbar an die Hotelzone reichen. Im Jahre 1988 wurden 1200 ha als Parc Natural de s'Albufera ausgewiesen, das erste Naturschutzgebiet der Balearen überhaupt. Hervorgegangen ist es aus einer Sumpflandschaft, mit deren Trockenlegung bereits im 19. Jh. begonnen wurde. Die zunehmende Versalzung durch Eindringen von Meerwasser machte bald die anfangs hohen Ernteerträge zunichte, sodass es sich selbst überlassen blieb.

Paradies der Tier- und Pflanzenwelt

Trotz der offensichtlichen Eintönigkeit ist die Sumpflandschaft ein wahres Tier- und Pflanzenparadies, auch wenn es sich dem Besucher nicht sofort erschließt. Dominierende Pflanzen sind Schilf und Gräser, aber darüber hinaus gibt es über 60 Pilzarten, darunter den erst 1992 entdeckten *Psathyrella halofila*, der nur hier vorkommt. Noch größer ist die Zahl der wirbellosen Tiere, von denen 300 nachgewiesen wurden. Zu ihnen zählen Gliederfüßler, Spinnen und Quallen.

Winterquartier der Zugvögel

Von den auch mit dem Rad befahrbaren Wegen zweigen immer wieder nur zu Fuß begehbare Stege zu Aussichtspunkten ab, die einen näheren Blick auf die verschiedenen Biotope gewähren. Für den Besucher am aufregendsten – vor allem wenn er im Winter kommt – sind sicherlich die zahlreichen Vogelarten, die hier die kalte Jahreszeit verbringen. Wahre Exoten sind darunter, etwa Nilgänse, Purpurreiher oder Australischer Ibis. Nahezu 300 Arten wurden bisher in S'Albufera beobachtet. Nicht nur für die Vögel ist der Tisch reich gedeckt, auch der Besucher des nahe gelegenen Restaurants Mesón los Patos (s. S. 208) profitiert von dieser Landschaft, sofern ihm Aalgerichte zusagen.

Badia de Pollença und Badia de Alcúdia

Mitten im Trubel – **Brisamarina:** Passeig Marítim, 8, Tel. 971 54 94 50, DZ ab 62 € (Hauptsaison). Gepflegtes 2-Sterne-Hostal an der Promenade mit recht einfachen, aber funktionalen Zimmern. Den tollen Blick über den Hafen muss man mit einem erhöhten Lärmpegel bezahlen, der ideale Platz für preisbewusste Stadtmenschen, die abends gern in einer der Kneipen das authentische Mallorca suchen.

Essen & Trinken

Aufgrund des immer weiter ausufernden All-inclusive-Angebots vieler Hotelanlagen ist die Auswahl an guten Restaurants in Port d'Alcúdia überschaubar.

Im Zaubergarten – **Jardin:** C. dels Tritons, s/n, Tel. 971 89 23 91, www.restaurantejardin.com, Juli/Aug. Di–So 19.30–22, Do–So auch 13.30–15 Uhr, April–Okt. Mi–So 13.30–15, 19.30–22 Uhr, Ferien Nov.–April. In traumhaftem Garten gelegenes Sterne-Restaurant mit minimalistischem Interieur. 11-gängiges Menü zu 125 €, angeschlossen ist ein Bistro mit Gerichten um 25 €.

Bodenständig – **Posidonia Restaurante Mar i Terra:** C/ Gabriel Roca, 27-A, Tel. 971 54 52 97. Zentral an der Promenade gelegen und dennoch mit ordentlichem Preis-Leistungs-Verhältnis und sehr guter Küche mit professionellem Service. Spezialisiert auf Fisch, aber auch vegetarische Gerichte. Hauptgerichte ab ca. 12 €.

Aktiv

Badespaß – **Hidro Parc:** Av. Tucán, Tel. 971 89 16 72, Mai–Okt tgl. 10–18 Uhr, 22 €, www.alcudia-waterpark.com. Wasserrutschen wie in S'Arenal und Magaluf, nur nicht ganz so schön. Mehrere Restaurants.

Segeln und Surfen – **Wind & Friends:** Tel. 971 89 73 64, www.windfriends.com, April–Okt. tgl. 9–18 Uhr. Umfangreiches Angebot sowohl für Kinder und Anfänger als auch für Fortgeschrittene.

Fahrräder – **Niu Wave:** C. Pollentia, 75. Ein schöner Ausflug führt in die Marjals de sa Pobla (s. S. 221).

Schiffs- und Segelausflüge – **Transportes Marítimos Brisa:** Passeig Marítim, s/n, Tel. 971 54 58 11, www.alcudiaseatrips.com. März–Okt. tgl. Boote zur Platja de Formentor, 2 x/Woche nach Cala Sant Vicenç. Segeltörns, Glasbodenbootfahrten.

Tauchen – **Skualo Alcudia:** ohne Adresse. Anerkannte Tauchbasis, Infos unter www.mallorcadiving.com/de.

Infos & Termine

Infos
O.I.T. Port d'Alcúdia: Passeig Marítim, s/n, Tel. 971 54 72 57, turisme@alcudia.net.

Termine
Festa Patronal de Sant Pere: 25./26.–29. Juni. Das Fest zu Ehren des Schutzheiligen der Fischer (Petrus) wird mit Musik, Sportveranstaltungen, Land- und Seeprozession und einem Feuerwerk als Abschluss begangen.

Verkehr
Schiffe: tgl. Fährverbindungen mit Menorca mit Balearia (tgl. außer So, www.balearia.es) mit der Schnellfähre (2 Std.). Tickets ab 54 € (Hin- und Rückfahrt).

Bus: Mehrfach tgl. Verbindungen mit Can Picafort, Alcúdia, Formentor, Sa Pobla, Port de Pollença und Palma über Inca mit Umsteigen in Alcúdia, Mo–Sa verkehrt 2 x tgl. ein Direktbus nach Palma. Der A 32 fährt direkt zum Flughafen.

Platja d'Alcúdia ▶ G 2

Unmittelbar im Südwesten von Port d'Alcúdia beginnt der lange Strand der Platja d'Alcúdia mit seinen Hotelkomplexen, durchzogen von der breiten Carretera d'Artà, die später den Namen Avinguda d'Albufera trägt. Hin und wieder lockern Lagunen, Reste des ehemaligen Feuchtgebiets, die dichte Bebauung auf. Im Süden geht die Hotelzone nahtlos in den Abschnitt **Las Gavines** (Las Gaviotas) und die **Platja de Muro** über, der bis zur Grenze des Nationalparks S'Albufera reicht.

Cova de Sant Martí ▶ G 2
Es ist nur ein Katzensprung von der lebhaften Hauptstraße zu diesem versteckt liegenden, nach wie vor romantischen Platz inmitten eines Wäldchens, auf das nur zu Beginn noch Schilder hinweisen. Die Tour eignet sich besonders für einen Radausflug: Aus Richtung Port d'Alcúdia kommend biegt man an der großen Kreuzung gegenüber der Tankstelle nach rechts in die Av. Pere Mas Reus (Hinweisschild) ein, überquert eine kleine Brücke und biegt an der nächsten Möglichkeit nach links (Hinweisschild). Der Asphalt hört an einem Gokart-Platz auf. Man folgt der sehr schlechten Piste ca. 100 m und biegt dann nach rechts, umfährt einen zugewachsenen Verkehrskreisel, bei dem wieder die Asphaltierung beginnt, biegt dann nach ca. 300 m rechts ab und steht unmittelbar in einem kleinen Hain, der sich hervorragend als schattiger Picknickplatz eignet.

Eine steile feuchte Treppe führt 15 m in die Tiefe einer **Doline**, eines Einbruchs der Kalkdecke. Leider ist die Höhle zurzeit (Herbst 2017) wegen Einsturzgefahr geschlossen. Schon die frühen Christen sollen hier während der Verfolgung durch die Römer und anschließend durch die Araber ihre geheimen Zusammenkünfte abgehalten haben. Damit wäre sie die älteste christliche Kultstätte der Insel. Urkundlich erwähnt wird sie aber erst 1266 in Verbindung mit einer testamentarischen Landschenkung. Als 1507 die Christusfigur, die man in einer Prozession aus der Kirche von Alcúdia hierher gebracht hatte, ein Wunder bewirkte, entwickelte sich die Höhle schnell zu einem wichtigen Wallfahrtsort der Region. Ihren heutigen Zustand verdankt sie Renovierungsarbeiten von 1993.

Der rechte der beiden **Altäre**, der bereits auf Jaume I. zurückgehen soll, zeigt den hl. Georg (Sant Jordi), den Schutzpatron der Katalanen, beim Kampf mit dem Drachen. Der linke ursprüngliche Altar ist dem hl. Martin geweiht, nach dem das Heiligtum benannt wurde. Bisher nicht zu erklären sind die rudimentären **Felsritzungen** am Höhleneingang und an der Treppe.

Fährt man den holperigen Weg weiter, erreicht man nach wenigen Metern die Umgehungsstraße Ma-3470, die rechts nach Port d'Alcúdia führt, links nach Platja de Muro und Can Picafort. Geradeaus, aber mit dem Auto nicht mehr zu befahren, geht es hinauf zum **Puig Sant Martí**, der sich als Startplatz der Drachen- bzw. Gleitschirmflieger großer Beliebtheit erfreut.

Übernachten

Die Strandhotels wenden sich wie auch in den Abschnitten weiter südlich grundsätzlich an Pauschaltouristen; die teureren Unterkünfte liegen direkt am Strand, die preiswerteren in der zweiten oder dritten Reihe, etliche sogar jenseits der Hauptstraße. Viele

Badia de Pollença und Badia de Alcúdia

Hotels haben sich dem All-inclusive verschrieben; bei Buchungen von Appartements kann man dem aber leicht entgehen. Alle Unterkünfte sind pauschal preiswerter als vor Ort gebucht. Im Winter herrscht Totenstille, schließen doch fast sämtliche Unterkünfte zwischen November und März.

Luxus pur – **Parc Natural:** Crta. Alcúdia–Artà, s/n, Platges de Muro. Tel. 971 89 20 17, www.grupotelparcnatural.com, DZ ab ca. 250 € (Halbpension, Hochsaison). Direkt am Strand gegenüber dem Zugang zum Nationalpark gelegenes 5-Sterne-Hotel mit geräumigen Zimmern und eleganten Suiten, gepflegtem Garten mit Schatten spendenden Bäumen und großer Poollandschaft, auf Wellness spezialisiert.

Klassizistisch – **Palace de Muro:** Crta. Alcúdia–Artà, s/n, Platges de Muro, Tel. 971 89 42 24, www.hotel-palace-de-muro.de (Veranstalter), DZ ab 214 € (Hochsaison). 5-Sterne-Luxushotel in klassizistischem Stil am Strand neben dem Parc Natural. 143 elegante Zimmer und Suiten mit allem Komfort, aber nur wenige mit frontalem Blick aufs Meer.

Mit Kind und Kegel – **Condesa de Bahia:** Carrer Roselles, 4, Tel. 902 20 82 09, www.marhotels.com, DZ ab 70 €. Großes All-inclusive-Hotel unmittelbar am Strand, besonders kinderfreundlich mit aufmerksamem Service. Animation auch für die Kleinen fast rund um die Uhr. Ruhe suchende Romantiker sind hier allerdings weniger gut aufgehoben. Wer dem Trubel einmal entfliehen will, hat es nicht weit bis zum Hafen (ca. 2 km).

Essen & Trinken

Cafés und Kneipen gibt es genug, erwähnenswerte Restaurants allerdings kaum – bis auf diese Ausnahme.

Authentisch und kreativ – **Mesón Los Patos:** Camí de Can Blau, 42, Tel. 971 89 02 65, www.mesonlospatos.com, Mi–Mo 13–15.30, 19–23.30 Uhr, Jan./Feb. geschl. Mallorquinisches Spezialitätenrestaurant (u. a. Ente nach Art des Hause sowie Aalgerichte) in historischem Gemäuer. Hauptgerichte ab ca. 15 €. Auf der Website findet man sogar die Rezepte!

Infos

O.I.T. Port d'Alcúdia: Crta. Artà, 68, Tel. 971 89 26 15.

Can Picafort und Son Bauló ▶ H 3

Can Picafort und Son Bauló sind die Fortsetzung der von Port d'Alcúdia ausgehenden Touristenzone, die nur durch das bis zum Meer reichende Schutzgebiet Es Camú, Bestandteil des S'Albufera-Naturparks (s. S. 204), unterbrochen ist. Der von einem Kiefernwald und Dünen gesäumte Strand trägt auch den Namen **Platges de Muro** (Platja de Muro) und ist beliebtes Ausflugsziel der Hotelgäste und somit im Sommer ziemlich voll. Starke Strömungen machen allerdings nicht nur das Baden gefährlich, sie verfrachten auch den Sand nach Norden, wovon der Strand von Alcúdia profitiert.

Can Picafort ▶ H 3

In Can Picafort wurde für den Tourismus viel getan, u. a. eine sehr schöne Promenade angelegt, die von etlichen Restaurants mit verglasten Terrassen gesäumt wird. Hier treffen sich die meist deutschen Urlauber gerne zum obligaten Nachmittagskaffee. Über-

Can Picafort und Son Bauló

Von Dünen gesäumt: der Strand von Can Picafort

dies hat man die angrenzenden Straßenzüge in begrünte, verkehrsberuhigte Zonen verwandelt, sodass auch Unterkünfte, die nicht in der ersten Reihe liegen, vom Verkehrslärm verschont sind.

Übernachten

Can Picafort ist eine Hochburg des Massentourismus und somit Standort überwiegend großer Hotelanlagen, die sich über die Reiseveranstalter günstiger als vor Ort buchen lassen.

Traum auf dem Land – **Casal Santa Eulàlia:** Ctra. Santa Margalida–Alcúdia, km 1,8, Tel. 971 85 27 32, 971 85 27 33, http://casal-santaeulalia.com, DZ ab 240 €. Ökologisch orientierte Finca mit eigenem Gemüseanbau auf weiträumigem Gelände. Sehr gepflegte Anlage, mehrere Pools, professioneller, zuvorkommender Service.

Für Ruhesuchende – **THB Gran Playa:** Paseo Colon, 126, Tel. 971 85 00 50, www.thbhotels.com, DZ mit Frühstück ab 95 €. Gepflegte Anlage mit internationalem Publikum (keine Kinder). Die Zimmer und der Pool sind zwar etwas klein, aber der Strand und die Restaurants nur einen Steinwurf entfernt. Neben all-inclusive gibt es auch Halbpension.

Urgemütlich – **Es Bauló Petit Hotel:** Av. Santa Margalida, 28, Can Picafort, Tel. 971 85 00 63, www.esbaulo.com, Nov.– April geschl., DZ ab 92 € (Halbpension). Kleines Hotel in traditionellem Stil in einem Pinienhain etwas von Strand und Zentrum entfernt, Studios und Appartements.

Essen & Trinken

Besonderheiten sind rar, wenn es auch entlang der Küstenpromenade genü-

Badia de Pollença und Badia de Alcúdia

gend Möglichkeiten gibt, Hunger und Durst zu stillen.

Gepflegt – **Mandilego**: C. Isabel Garau, 49, Tel. 971 85 00 89, Di–So 12–16, 19–23 Uhr, Mitte Dez.–Feb. geschl. Gutes Angebot an frischem Fisch in Hafennähe. Gerichte ab ca. 14 €.

Kinderfreundlich – **Vicinius**: Av. Jose Trias, 27, Tel. 971 85 07 06, www.restaurantevinicius.es. Beliebtes, alt eingesessenes Restaurant mit breit gefächertem Angebot. Auch Bundesligafans kommen auf ihre Kosten. Hauptgerichte ab 12 €.

Einfallsreich – **La Pinta**: Avinguda Josep Trias, 1, tgl. 12–22 Uhr, im Winter geschl. Neues Restaurant mit internationaler Küche. Recht übersichtliche Speisekarte, freundlicher Service, auch das Preis-Leistungs-Verhältnis stimmt. Hauptgerichte ab ca. 10 €.

Karibisch – **Jamaica**: C. Isabel Garau/Via de França. Etwas ausgeflippte Cocktailbar an der Standpromenade, bemühte italienische Inhaber und natürlich – der Name des Lokals verpflichtet – Reggae-Musik.

Infos

O.I.T. Can Picafort: Plaça Gabriel Roca, 6, Tel. 971 85 03 10, Mo–Fr 10–13, 17–23 Uhr, im Winter geschl.
Bus: Verbindungen u. a. mit Port d'Alcúdia, Alcúdia, Pollença und Sa Pobla (dort Bahnanschluss nach Inca und Palma), im Sommer tgl. 2 x mit Port de Sóller via Santuari de Lluc, außer So auch mit Sa Calobra.

Son Bauló ▶ H 3

Das ehemalige Dorf Son Bauló schließt sich, durch einen kleinen Hafen von Can Picafort getrennt, fast nahtlos an Can Picafort an. Hier findet auch der in Port d'Alcúdia beginnende Sandstrand sein Ende und geht in Felsküste über, mit der sich die Serra de Llevant ankündigt. Die Serra zieht sich die Ostküste entlang und fällt im nicht fernen **Cap de Ferrutx** (▶ J 1) steil ins Meer ab.

Necrópoli son Real ▶ H 3

Auf einer Landzunge etwa 1 km vom östlichen Ortsrand Son Baulós haben sich in der Necrópoli son Real bemerkenswerte Reste einer prähistorischen Siedlung erhalten (freier Zugang von der Finca Son Real (Parkplatz) an der MA-12). Auf einer Fläche von 800 m² stieß man auf 110 Gräber mit 300 Toten, die hier zwischen der Eisenzeit und der romanischen Epoche (ca. 700 v. Chr.–12. Jh. n. Chr.) ihre letzte Ruhe gefunden hatten. Da eine Niederlassung fehlte, wird angenommen, dass der Friedhof der mallorquinischen Bevölkerung diente. Mit viereckigem, achteckigem oder rundem Grundriss lehnen sich die Gräber an Vorbilder aus der Talaiot-Epoche an.

Ein weiteres Gräberfeld liegt auf der kleinen vorgelagerten **S'Illot de Porros**. Hier wurden 269 Tote entdeckt. Die älteste dieser Grabstätten stammt aus dem 4. Jh. v. Chr. Möglicherweise wurde die Insel sogar bis ins Mittelalter als Friedhof genutzt.

Glücklicherweise wurde der Küstenstreifen hier zusammen mit seinem zur Finca Son Real gehörenden Hinterland vom Staat aufgekauft und unter Naturschutz gestellt, womit die Pläne zur Anlage eines weiteren Golfplatzes und von Hotels vom Tisch sind.

Eine schöne **Wanderung** führt vom Gräberfeld Necrópoli Son Real den immer wieder von kleinen Sandbuchten durchsetzten Strand entlang in die 3,5 km entfernt liegende Ferienkolonie **Son Serra de Marina**.

Der Ostteil der Badia de Alcúdia

Hinter Can Picafort ist die einst schmale Landstraße nach Artà breit ausgebaut und begradigt worden, was zwar dem raschen Vorwärtskommen dienlich ist, aber den engen Kontakt zur Landschaft leider vermissen lässt. Nach ca. 5 km zweigt neben einem alten Talaiot nach links die Zufahrtsstraße zum Ferienort Son Serra de Marina ab.

Son Serra de Marina ▶ H 3

Die kleine, am Rand des Parc Natural de s'Albufera (s. S. 204) gelegene Ortschaft ist eine recht neue Gründung, geprägt von einem gitternetzförmigen Straßenbild und Ferienhäusern der Einheimischen.

Im Osten von **Son Serra de Marina** schließt sich der schöne, breite und etwa 1 km lange Sandstrand der **Platja de sa Canova** an. Aufgrund fehlender Großhotels ist er weniger bevölkert als die Strände von Can Picafort und Muro weiter westlich. Das östliche Ende des Strandes reicht nahezu bis vor die Tore der ansehnlichen Ortschaft Colònia de Sant Pere.

Zur Hauptstraße zurückgekehrt, geht es weiter Richtung Colònia de Sant Pere. Nach knapp 1 km lohnt es sich, die Hauptstrecke zu verlassen und nach links auf die **alte Straße** abzubiegen. Sie schlängelt sich zwischen dem Landgut Son Serra, dem der Hafen seinen Namen verdankt, und dem dazugehörigen Oratori de Sant Joan mit seinen romanischen Kapitellen hindurch, um dann wieder in die neuere Trasse einzumünden. Nach weiteren 6 km zweigt nach links die Zufahrt nach Colònia de Sant Pere ab.

Colònia de Sant Pere ▶ J 3

Den Besucher erwartet ein typisch spanischer Ferienort mit winziger Sandbucht, einem beachtlichen Jachthafen und einer von Tamarisken gesäumten Promenade. Der Ort ist ein guter Ausgangspunkt für Wanderungen in die kaum erschlossene Region des Cap de Ferrutx. Wer hier unterkommen und mehr sehen will, sollte sich einen Mietwagen leisten, da öffentliche Verkehrsmittel nur selten verkehren.

Folgt man dem Ufer Richtung Kap, findet man noch recht einsame Plätze am Meer. Die Straße erreicht 5 km weiter die Villensiedlung Betlem. Dort beginnt am Ortseingang ein steiler Fußweg (ca. 1 Std. 20 Min.) zur **Ermita de Betlem**, die ab Artà auch auf einer schmalen, sehr kurvenreichen Straße aus zu erreichen ist (s. S. 275).

Übernachten

Absolut ruhig – **Hotel Solimar:** C. les Margalidas, Urbanització Mont Ferrutz, Colònia de Sant Pere, Tel. 971 58 93 47, www.hotelsolimar.eu, DZ ab 60 €. Deutsch geführtes Hotel garni in herrlicher Lage zwischen Meer und Bergen in einem exotischen Garten mit großem Pool, ideal als Standort für Wanderungen und zum Relaxen.

Essen & Trinken

Reiche Auswahl – **Sa Xarxa:** Passeig del Mar, s/n, Colònia de Sant Pere, Tel. 971 58 92 51, www.sa-xarxa.com, Di–So 12–23 Uhr (Juli/Aug. tgl.), Nov.–Feb. geschl. Inhaberin Sabine Hagström zaubert alles auf den Teller, was das Herz begehrt – von leckeren Tapas bis zum Hummer. Hauptgerichte ab 18 €, Blick aufs Meer inklusive. Das Preis-Leistungs-Verhältnis könnte allerdings besser sein.

Das Beste auf einen Blick

Es Pla – die Zentralebene

Auf Entdeckungstour

Puig de Randa: Das markante Felsmassiv mit großartigem Panoramablick ist der Ursprung mallorquinischen Eremitentums. Aus den ursprünglichen Höhlen haben sich teilweise veritable, bis heute aktive Klöster entwickelt. S. 226

Kultur & Sehenswertes

Glasbläserei von Gordiola: Mit bewundernswert akrobatischem Geschick zaubern die Glasbläser in der Nähe von Algaida aus der zähflüssigen glühenden Masse kunstvolle, zuweilen auch kitschige, zerbrechliche Gebilde. S. 224

Zu Fuß & mit dem Rad

Auf historischem Pilgerweg zum Santuari de Lluc: Aus der Ebene hinauf zum wichtigsten Kloster der Insel führt der mittlerweile gut ausgebaute Wanderweg durch schattige Wälder. S. 219

Abendliche Radtour durch die Marjals de sa Pobla: Beschaulich ist diese Radtour von den belebten Stränden der Nordwestküste in das bäuerliche Hinterland – auf schmalen Wirtschaftswegen, gesäumt von historischen Windmühlen. S. 221

Genießen & Atmosphäre

Weintour in Binissalem: Per ›Wein-Express‹ oder mit dem Fahrrad – bei der Tour durch die Weingüter zeigt sich, dass Mallorca den internationalen Vergleich in dieser Hinsicht nicht scheuen muss. S. 217

Auf dem Markt von Sa Pobla: Die Uhren gehen langsamer auf dem Wochenmarkt von Sa Pobla, der ganz den Einheimischen gehört, die sich hier nicht nur zum Kaufen und Verkaufen einfinden. S. 219, 220

Abends & Nachts

Incas Kellerkneipen: Sie bilden den Gegenpol zu den noblen Sternerestaurants – deftige Hausmannskost an langen Tischen vor großen Fässern in einer Atmosphäre, von der man noch lange zehrt. S. 218

Es Pla – die Zentralebene

Den größten Teil der Inselfläche nimmt die zentrale Ebene ein, Es Pla (Llanura del Centro). Sie wird im Norden durch das Massiv der Serra de Tramuntana begrenzt, im Osten durch die Höhenzüge der Serra de Llevant; im Südwesten geht sie, vom über 500 m hohen Randa-Massiv durchbrochen, in die trockene Küstenebene über, und im Nordosten reicht sie bis an die Bucht von Alcúdia. Dazwischen dehnt sich tief und flach fruchtbares Bauernland, selten durch frei stehende Erhebungen unterbrochen, auf denen Kirchen und Einsiedeleien ihren Platz gefunden haben. Der Regen allein würde allerdings nicht ausreichen, um aus dieser Gunst auch Kapital zu schlagen. Glücklicherweise aber liegt der Grundwasserspiegel leicht erreichbar dicht unter der Oberfläche. In früheren Jahrhunderten begnügte man sich noch mit der esel-getriebenen *noria*, einem Schöpfbrunnen, der über hölzerne Zahnräder und mit festgebundenen Tonkrügen das kostbare Nass ans Tageslicht beförderte. Für Pumparbeit aus größeren Tiefen benutzte man bis über die Mitte des 20. Jh. hinaus Windräder. Die hektische Neuzeit aber verlangt größere Wassermengen und liefert dafür den Diesel- und Elektromotor. Obwohl längst Wahrzeichen der Insel, verrotten so allenthalben die malerischen Relikte aus alten Tagen. Nennenswerte Ansammlungen alter Windräder findet man nur noch bei Sa Pobla im Norden, bei Campos im Süden und vor den Toren Palmas.

Die Zentralebene bietet dem Reisenden viele lohnenswerte Ziele für Tagesausflüge von den Hotelstandorten an der Küste. Wer sich Zeit für die kleinen Nebenstraßen nimmt und auch Dörfer aufsucht, die nicht in Reiseführern verzeichnet sind, der wird in der Zentralebene nach wie vor dem alten ländlichen Mallorca begegnen. Allerdings macht sich auch hier inzwischen ein deutlicher Wandel bemerkbar. So mancher einstige Bauernhof hat bereits einen neuen Eigentümer gefunden und durch dessen kräftige Finanzspritzen in kurzer Zeit die Metamorphose vom Aschenputtel zur Prinzessin durchlaufen. So verbirgt sich heute hinter dem altehrwürdigen Namen *finca* (kleines Gehöft) nicht selten sogar ein Millionenobjekt – selbstverständlich mit Schwimmbad und Tennisplätzen –, bei dem lediglich noch der Grundriss an das traditionelle mallorquinische Bauernhaus erinnert, das es einmal war.

Infobox

Reiseplanung
Die zentrale Ebene ist verkehrsmäßig gut erschlossen: über die parallel zur Tramuntana verlaufende Autobahn Ma-13 (Palma–Port d'Alcúdia) Richtung Nordost und durch die Autobahn Ma-15 (Palma–Manacor) Richtung Osten. Sie wird wohl demnächst Artà erreichen. Überdies gibt es eine effiziente Bahnlinie, die von Palma über Inca und Sineu nach Manacor führt, mit Abzweig nach Sa Pobla. Fahrplan unter: www.tib.org/web/ctm/tren.

Ziele beiderseits der Straße Palma–Alcúdia
Die von Palma nach Norden führende Autobahn und die parallel verlaufende Landstraße verbinden etliche sehenswerte Ziele. Reizvolle, wenig befahrene Straßen verleiten zu Abstechern ins Vorland der Tramuntana – und über oder durch die Berge zu den Orten der Nordwestküste, nach Pollença etwa oder Sóller, aber auch nach Valldemossa und zum Santuari de Lluc (s. S. 169).

Schäferidyll in der fruchtbaren Ebene Es Plà

Rund um Sa Cabaneta ▸ D 4

Sa Cabaneta ist für die Herstellung der *siurells* berühmt, jener archaisch wirkenden weißen, mit roten und grünen Strichen bemalten Tonfigürchen, deren Ursprünge sich bis zu den phönizischen Bronzen aus vorchristlicher Zeit zurückverfolgen lassen. Bereits der Maler und Bildhauer Joan Miró war von der Naivität der Stücke begeistert und sammelte sie leidenschaftlich. In seit Jahrhunderten unveränderter Form werden vor allem Frauen, Männer, Pferde und Stiere unterschiedlicher Größe gefertigt. Ein *siurell* gehört zu den originellsten Souvenirs eines Mallorcaurlaubs. Im benachbarten Dorf **Pórtol** hat man sich auf geschmackvolle Gebrauchskeramik spezialisiert. Im **Museu del Fang** im nahen **Marratxí** (C. del Molí, 4, ausgeschildert, nach Anm., Tel. 971 79 76 24, Oficina de Cultura), kann man sich über die Geschichte der Keramikherstellung informieren.

Termine

Fira del Fang: Anfang März. Mehrtägige Töpfermesse mit großem Angebot.

Santa Maria del Camí ▸ D 4

Die für ihr Kunsthandwerk, insbesondere die **Ikat-Weberei**, bekannte Ortschaft wird heute von der immer weiter ausufernden Metropole Palma bedrängt und demnächst wohl vollständig von ihr aufgesogen. Möglicherweise hatten bereits die Römer an dieser Hauptroute zwischen ihren beiden größten Städten Palma und Pollentia hier eine kleine Wegestation, die von den Mauren übernommen und als Canarossa weiter ausgebaut wurde.

Besondere Beachtung verdienen die wuchtige **Pfarrkirche Santa Maria del Camí** mit ihrem kachelverzierten Turm und einem gotischen Retabel – »Maria mit dem Kinde« – des Malers Joan Massana aus dem Jahre 1384 so-

Es Pla – die Zentralebene

> ### Mein Tipp
>
> **Shoppen im Festival Park** ▶ D 4
> Die Geschäfte dieses riesigen Komplexes, den man bereits von der Autobahn aus sieht, sind auch sonntags bis spät in die Nacht geöffnet. Der Name Festival bezieht sich weniger auf kulturelle Veranstaltungen als auf den Kaufrausch, dem man in den zahlreichen Factory Stores dieses Shoppingcenters unweigerlich erliegt. Vor allem Kleidung und Schuhe bekannter Marken werden hier preiswert angeboten. Aber auch Restaurants, Bars, ein Bowlingcenter und ein Kinopalast finden sich in diesem Konsumtempel amerikanischer Prägung (www.festivalpark.es, auch mit der Bahn von der Placa Espanya in Palma erreichbar, Mo–Sa 10–22 Uhr, So im Sommer 10–22, im Winter 11–21 Uhr).

wie das an der Hauptstraße gelegene ehemalige Minoritenkloster **Monestir de Nostra Senyora de la Soledad** aus dem 17. Jh.

Übernachten

Entspannung pur – **Torent Fals:** Ctra. Santa Maria Sencelles, km 3,5, Tel. 971 14 45 84, www.torrentfals.com, DZ mit Frühstück ab 159 €. Verkehrsgünstig und dennoch in traumhafter Umgebung gelegenes Fincahotel mit Zimmern und Bungalows, umgeben von Weingärten. Großer Pool.

Essen & Trinken

Müllers Mühle – **Moli des Torrent:** Carretera de Bunyola (MA-2020), 75, Tel. 971 14 05 03, www.molidestorrent.de, tgl. außer Mi/Do 13–15.30, 19.30–23.30 Uhr, im Winter geschl. Einfallsreiche Küche (z. B. Gambas auf Kartoffelsalat) des Ehepaars Himpert in denkmalgeschütztem Gemäuer. Sehr beliebt, daher reservieren. Hauptgerichte ab 20 €.
Wohlfühloase – **Bistro 19:** Placa Hostals, 19, Tel. 971 14 00 16, Mi–So 11–23 Uhr. Schönes Ambiente in historischem Gebäude, in dem auch das edle Einrichtungshaus »Living Dreams« beheimatet ist. Tagsüber gibt es kleine Gerichte, ab 16 Uhr Tapas, abends muss man reservieren. Hauptgerichte ab ca. 16 €.

Einkaufen

Feine Stoffe – **Artesanía Textíl Bujosa:** C. Bernardo Santa Eugenia, 53, Tel. 971 62 00 54, www.bujosatextil.com. Eine der besten Adressen der Insel für Leinen- und Baumwollstoffe im Ikat-Stil. Zum Einsatz kommen über 100 Jahre alte Webstühle.
Sonntagsmarkt – Der große **Markt** zählt zu den von Einheimischen am besten besuchten. Kein Wunder, nirgends sonst findet man ein so umfangreiches Angebot an Spezialitäten.

Binissalem ▶ E 4

5 km hinter Santa Maria del Camí berühren die Autobahn Ma-13 und die parallel verlaufende Landstraße Ma-13A das Städtchen Consell, wo eine Straße nach Alaró und in das Hochtal von Orient abzweigt (s. S. 176), nach weiteren 5 km ist Binissalem erreicht, Mallorcas bedeutendster Weinort.

Hervorgegangen ist das Zentrum mallorquinischer Wein- und Likörherstellung aus einem maurischen Gutshof des 11. Jh. Bereits im 14. Jh. wurde hier Wein angebaut, und es ist der einzige, der durch eine Herkunftsbezeichnung (Denominación de

Origen) geschützt ist. So ist das größte Fest des Ortes nicht dem Schutzpatron Sant Jaume gewidmet, sondern dem Weinanbau (Festa des Vermar, letzter Sonntag im September). Einen netten Eindruck macht die Plaça mit der **Pfarrkirche L'Asunción**, die im 13. Jh. begonnen wurde, in ihrer heutigen Form jedoch erst aus dem 18. Jh. stammt und einen sehenswerten Altaraufsatz birgt.

Der Besucher muss sich nicht mit dem Blick auf das **Weinbaudenkmal** an der Kirchenseite begnügen, um etwas von der jahrhundertealten Tradition des Weinanbaus zu erfahren, mehrere **Weingüter** fordern ihn auf, in die Keller zu steigen, um die Ergebnisse vor Ort zu prüfen. Auch für Auge und Ohr wird dem Gast etwas geboten, wenn sich freitags, am Markttag, um 11 Uhr die Plaça vor der Kirche in eine **Folklorebühne** verwandelt.

Übernachten

Gut behütet – **Finca es Castell:** C/Binibona s/n, Caimari, Tel. 971 87 51 54, www.fincaescastell.com, ganzjährig geöffnet, DZ ab 165 € (Hauptsaison). Traumhaft am Fuße der Tramuntana gelegene Finca in einer ehemaligen Festung. Mit dem Haus verbunden sind ein weitläufiger Garten, ein Pool und ein schöner Fernblick – Stress ade.

Inca ▸ F 3

Als nächstes Ziel auf dem Weg nach Nordosten liegt Inca am Weg, mit ca. 20 000 Einwohnern eine der größten Städte der Insel und einer ihrer wichtigsten Industriestandorte. Ihre Beliebtheit als Touristenziel verdankt die überwiegend moderne Stadt dem **Donnerstagsmarkt**, ihren Lederfabriken und urigen Kellerkneipen.

Somit ist der Markt, der die Gassen der Innenstadt jeden Donnerstag überzieht, denn auch in erster Linie auf die Fremden zugeschnitten und mit Souvenirs jeglicher Geschmacksrichtung reichlich ausgestattet. Nicht weniger stark vertreten sind Stände mit billiger Bekleidung, Haushaltsbedarf sowie CDs einheimischer Interpreten. Wer das bunte, überquellende Angebot mallorquinischer Landwirtschaft sucht, den Duft von Fisch, Oliven und Knoblauch in der Nase haben will, sollte sich für den Besuch der **Markthallen** im Carrer Miquel Duran entscheiden, die Mo–Sa vormittags geöffnet sind.

In Bahnhofsnähe hat die **Lederindustrie** ihren Standort und begnügt sich schon lange nicht mehr mit bloßer Produktion, ist es doch viel gewinnbringender, potenzielle Kunden in Bussen heranzukarren, als die Waren über viele Boutiquen zu vertreiben. Zwar unterscheiden sich die Preise kaum von denen in Palma oder den größeren Badeorten, die Fülle des Angebots ist allerdings nicht zu übertreffen.

Weinselige Touren
Einige Weingüter (darunter Ferrer) haben sich zusammengeschlossen und bieten über www.mallorcawinetours.com unterschiedliche Touren durch ihre Weingüter an, natürlich mit Verkostungen. Am beliebtesten ist die Fahrt mit dem ›Wein-Express‹, einem Touristenbähnchen (3–4 Std., 49 €). Doch auch Fahrradtouren (75 €) sind im Angebot, und wem das Geld etwas lockerer sitzt, der kann für 225 € auf eine Bootstour gehen.

Es Pla – die Zentralebene

> ### Mein Tipp
>
> **Sanctuari de Santa Magdalena**
> Den knapp 300 m hohen, unter Naturschutz stehenden Hügel ca. 6 km nordöstlich von Inca ziert die ehemalige Eremitage Santa Magdalena. Ab 1434 wurde sie zum Wallfahrtsort. Bereits 1491 sollen einige Nonnen hier ein Kloster gegründet haben, das erst 1964 endgültig aufgelöst wurde. Heute suchen die Einheimischen den beschaulichen Platz gern für das Wochenendpicknick auf, nicht zuletzt um den Weitblick über die Ebene zu genießen (kleines Restaurant, 12–16, 19–23 Uhr, Mo abend und Di geschl.).

Dennoch sollte man nicht achtlos an der hübschen, vor einigen Jahren restaurierten **Kirche Santa Maria Major** (13. Jh.) an der Plaça de Mallorca vorübergehen, die auf den Grundmauern einer Moschee ruht (Do während des Marktes geöffnet) und einen Blick auf die zentrale **Plaça d'Espanya** werfen, die einige schöne Beispiele der Art-déco-Architektur vorweisen kann. Auch die zur Fußgängerzone umgestalteten Einkaufsstraßen rings um die Plaça werden von einigen historischen Fassaden aus den 1920er-Jahren gesäumt.

Essen & Trinken

Eine wesentliche Attraktion Incas sind die *cellers*, aus Weinkellern hervorgegangene Kellerlokale, die sich noch heute mit großen alten Fässern im rustikalen Stil schmücken.
Der Urkeller – **Ca'n Amer:** C. Pau, 39, in der Markthalle, www.celler-canamer.com, tgl. 13–16.30, Mo–Sa auch 19.30–23.30 Uhr, Mai–Okt. Sa/So geschl. Zur Institution gewordene und deshalb oft überfüllte Urzelle mallorquinischer Gastronomie im Gewölbe eines ehemaligen Weinkellers, dem eine Renovierung gut täte. Hauptspeisen ab ca. 15 €. Spezialität des Hauses: *sopes mallorquines* (Gemüseeintopf).
Schlemmen zwischen Fässern – **Celler C'an Ripoll:** C. Jaume Armengol, 4, 971 50 00 24, Mo–Sa 13–16, 19.30–23 Uhr. Mallorquinische Hausmannskost wie *tumbet*. Hauptspeisen ab 12 €.
Der Umweg lohnt – **Santi Taura Restaurante:** Joan Carles I, 48, Lloseta, Tel. 656 73 82 14, www.restaurantsantitaura.com, tgl. außer Di 13.30–15.30, 19.30–22.30 Uhr. Eine Karte gibt es nicht, nur ein 6-gängiges, hervorragend komponiertes Menü (ca. 40 €). Das lockt so viele Gäste in den Ort, dass eine Reservierung unerlässlich ist.

Einkaufen

Sportlich schick – **Recamper Factory Outlet:** PG Industrial, s/n, www.camper.com, Mo–Sa 10–20 Uhr. Fabrikverkauf der bekannten mallorquinischen Schuhmarke.
Schlichte Eleganz – **Barrats:** General Luque, 480, www.barrats1890.com, Mo–Sa 10–20 Uhr. Geschmackvolle hochwertige Lederartikel.
Jacken über Jacken – **Munper:** Ctra. Palma–Alcúdia, km 30, Ausfahrt 27 und 30, www.munper.com, Mo–Sa 10–20 Uhr. Warenhaus der Lederfabrik Munper.

Infos & Termine

Ajuntament Inca: Plaça d'Espanya, 1, Tel. 971 880 150, www.ajinca.net. Kleiner Infoschalter im Rathaus.
Fetter Donnerstag: An einem Do Mitte Nov. lockt der ›Dijous Bo‹, eine Mischung aus Landwirtschaftsmesse, Markt und Kirmes, Tausende nach

Inca, eine einmalige Gelegenheit, sich mit den Spezialitäten der Insel vertraut zu machen.
Bahn: Mo–Sa 6–22 Uhr ca. alle 25 Min., So/Fei nur alle 45 Min. Verbindung mit Palma, seltener Richtung Manacor und Sa Pobla (www.tib.org).
Bus: Verbindungen mit dem Kloster Lluc sowie mit Alaró, Alcúdia und Port de Pollença (Fahrpläne: www.tib.org).

Panoramatour zum Santuari de Lluc

Von Inca führt eine der schönsten Straßen Mallorcas hinauf in die Tramuntana. Sie folgt einem alten, heute wieder instand gesetzten, parallel verlaufenden Pilgerweg, der gern von Wanderern benutzt wird (Teil des Wanderwegs GR 222 Artà–Lluc). Aber auch ambitionierte Radfahrer schinden sich auf der Straße durch die Kurven den steilen Anstieg empor.

Selva ▶ F 3

Nach 4 km erreicht man Selva, wo die gotische Kirche **Sant Lorenç** mit Bildern des mallorquinischen Malers Antoini di Veri i Salas und wertvollem Kirchenschatz wartet. Durch sein Panorama vor der Kulisse der nahen Berge beeindruckt der wie Campanet (s. S. 178) auf dem Hügel gelegene Ort.

Infos

www.ajselva.net: Infos zum Ort

Auf dem alten Pilgerweg

Beim nächsten Ort **Caimari** ist man den Bergen bereits sehr nahe und beginnt in Kehren die Auffahrt in die Tramuntana bis zum Kloster Lluc. Die Straße folgt dem wieder instand gesetzten und ausgeschilderten alten **Pilgerweg** (▶ E 2/3). Diese Route ist auch Schauplatz der Legende vom »Salt de la Bella Donna« (der Sprung der schönen Dame). Seiner schönen Frau überdrüssig, nutzte der Bauer Palóu aus Selva die Gunst der Stunde und der Geografie – ein kleiner Stoß und Bella Donna verschwand in der Tiefe. Wie groß aber war der Schrecken des Mörders, als er am nächsten Tag seine Frau vor dem Altar knien sah, versunken in ein Dankgebet an die hl. Jungfrau, die ihr, wie auch immer, das Leben gerettet hatte. Wo die Stelle genau lag, ist nicht mehr erkennbar, vielleicht nahe der steilen Felswand, an der sich die Straße im oberen Abschnitt entlangzieht und von der aus der Reisende einen weiten Blick über die Ebene hat, bevor ihn wieder dichter Wald umfängt. Am **Coll de sa Batalla** stößt die C-2130 auf die Tramuntana-Straße Ma-10: Rechts geht es zum nahen Santuari de Lluc, links nach Sóller.

Sa Pobla ▶ F/G 3

Die Kleinstadt Sa Pobla bietet sich heute als lebhaftes Wirtschaftszentrum dar, das von der guten Anbindung an die Hauptstadt profitiert: Die Autobahn nach Palma führt bis vor den Ortseingang, zudem wurde die Bahnlinie bis hierher verlängert.

Sicherlich betrieben hier schon die Römer Landbau, Alcúdia und Pollença sind ja nicht weit, und nachweislich hatten die Araber hier ein Landgut namens Huayar Alfahs.

Der Markt

Zentrum und Marktplatz von Sa Pobla ist die von Bäumen beschattete Plaça

Lieblingsort

Sa Pobla – Markt der Einheimischen

In Sa Pobla bestimmen nicht kitschige Souvenirs, Ledergürtel etc. das Bild. Hier versorgen sich stattdessen die Einheimischen mit all den Köstlichkeiten für die deftige Küche der Insel. Und in den kleinen Cafés ringsum schlürfen die Alten ihren *cortado* oder ein Gläschen Wein. Jeder redet mit jedem – man ist unter sich. Und so kommt man sich als Tourist ein wenig vor wie ein Voyeur, so als wäre man in eine unbekannte Welt eingedrungen – in jenes viel beschworene andere Mallorca nämlich, das längst nicht mehr das eigentliche zu sein scheint.

de la Constitució (Plaça Major) mit dem hübschen **Rathaus** und der Kirche **Sant Antoni Abat** aus dem 14. Jh. Früher nutzten die Gläubigen das nahe gelegene Gotteshaus von Crestatx an der nach Pollença führenden Straße.

Man sollte am Sonntagvormittag nach Sa Pobla kommen, wenn sich der Platz mit Marktständen füllt, die regionale Produkte für die einheimischen Kunden feilbieten. Die kleinen Cafés ringsum sind dann gut besucht, überwiegend von älteren Bewohnern, die das Geschehen sichtlich genießen.

Der Museumskomplex
C. Antoni Maura, 6, Di–Sa 10–14, 16–20, So 10–14 Uhr, 4 €
Der historische Stadtpalast **Can Planes** wurde zu einem Ausstellungsgebäude mit zwei Museen umgestaltet. Am ungewöhnlichsten ist das **Museu de Sant Antoni i el Dimoni**, das sich der Festa de Sant Antoni Abat widmet (s. u.). Gezeigt werden die Kostüme und ein sehenswertes Video für all jene, die an dem Spektakel nicht teilhaben können. Der zweite Komplex, das **Museu d'Art Contemporani**, widmet sich mit Wechselausstellungen der modernen Kunst der Insel.

Essen & Trinken

Unschlagbar günstig – **Mare Nostrum:** C. Ric, 35, Tel. 670 51 46 87, Mo, Mi–Fr 17–23, Sa/So 12–23 Uhr. Ein ähnlich hübsches Ambiente wie hier findet man auch woanders, aber ein 7-Gänge-Menü für unter 20 € wohl kaum. Deshalb rechtzeitig reservieren.

Infos & Termine

Festa de Sant Antoni Abat: 16./17. Jan. Das Fest zu Ehren des Schutzheiligen der Tiere wird in Sa Pobla am spektakulärsten begangen. Die Feuer lodern, und die Teufelsgestalten, die *dimonis*, die einst den Heiligen in Versuchung geführt haben, ziehen durch die Straßen, begleitet von Tanz und Musik.
Bahn: Verbindungen von Palma über Inca ca. alle 30 Min. zwischen 6 und 22 Uhr (Fahrzeit 1 Std., www.consorcidetransports.org).
Bus: 2 x tgl. bestehen Verbindungen mit Can Picafort, Port d'Alcúdia und Alcúdia, mehrfach tgl. mit Pollença und Port de Pollença.

Durch die Ebene von Sa Pobla

Der sich an die Küstenregion von Port d'Alcudia südwestlich anschließende Landstrich war früher einmal Bestandteil der Albufera-Sümpfe, die sich in prähistorischen Zeiten zuweilen bis nach Sa Pobla und vor die Tore Alcúdias ausbreiteten. Später entwickelten sich dieses Sumpfgebiet zu einem intensiv genutzten Landwirtschaftsraum, geprägt von Segelwindmühlen, die nach wie vor existieren, auch wenn sie ihre Funktion als Pumpen längst an Dieselaggregate haben abtreten müssen.

Die gesamte Region ist von Feldwegen durchzogen und eignet sich hervorragend als Ziel für Fahrradausflüge von den Badeorten Can Picafort und Port d'Alcúdia aus, wobei lediglich einige kleine Steigungen zu bewältigen sind, wenn man die auf den Hügeln liegenden Ortschaften besuchen möchte.

Marjals de sa Pobla ▶ F/G 3

Von Sa Pobla aus führt die Straße nach Muro durch die Windmühlenlandschaft der Marjals de sa Pobla. Hier kann man in einen der zahlreichen Wirtschafts-

Es Pla – die Zentralebene

wege einbiegen, um den Mühlen möglichst nahe zu kommen. Viele sind verfallen, etliche aber drehen nach wie vor ihre Flügel, von denen einige noch mit Segeln bespannt sind. Im Abendlicht ist die Fahrt durch die Felder besonders beeindruckend.

Wer mit dem Fahrrad unterwegs ist, kann durch den Parc Natural de s'Albufera zur Küste zurückkehren, wenn er der Straße 3431 nach Can Picafort folgt und dann einen der rückwärtigen Parkeingänge nutzt.

Aktiv

Per Rad zu den Windmühlen – Leihen Sie sich ein Fahrrad (s. S. 206) und radeln Sie im Abendlicht durch die Marjals de sa Pobla.

Muro ▶ G 3

Beherrscht wird die ansonsten recht gesichtslose, von langen Straßenzügen geprägte Stadt von der **Kirche Sant Joan Baptista** an der nüchternen Plaça Comte d'Empúries. Das Gotteshaus geht in seinen Ursprüngen bereits auf das Jahr 1300 zurück, erhielt seine heutige Gestalt aber erst im 16. Jh. Den festungsartige Charakter hatte gute Gründe, war doch den Piraten der damaligen Zeit der Reichtum Muros, das bereits um 1300 Stadtrechte erhalten hatte, nicht verborgen geblieben.

Eine Besonderheit ist der frei stehende Glockenturm, der erst später hinzugefügt und durch eine Brücke mit dem Hauptgebäude verbunden wurde. Den Seiteneingang schmücken eine Sonnenuhr aus dem 18. Jh. und ein reich verziertes Portal. Falls der Turm geöffnet ist, sollte man ihn besteigen, um die großartige Aussicht zu genießen.

Museu Etnològic de Muro
C. Major, 15, Di–Sa 10–15, Do auch 17–20, So bis 14 Uhr, Aug. geschl., Eintritt frei
Vom einstigen Reichtum der Ortschaft zeugen auch die zahlreichen stattlichen Herrenhäuser. Eines davon, das **Casal dels Simó** aus dem 17. Jh., beherbergt das aus einer privaten Sammlung hervorgegangene Volkskundemuseum. Das heute vom Museo de Mallorca in Palma verwaltete Museum macht den Besucher mit Liebe zum Detail mit der alten Lebensweise in Form historischer Möbel und Gerätschaften der unterschiedlichsten Handwerke vertraut. Bewundern kann man überdies *siurells*, die historische Apotheke des ehemaligen Hauseigentümers, und im Garten ein historisches Wasserschöpfrad (*noria*).

Infos

www.ajmuro.net: Infos zur Region
Bahn: Etwa stdl. Verbindungen mit Palma über Inca und mit Sa Pobla.

Santa Margalida ▶ G 3

Nur 8 km sind es von der Küstenstraße Port d'Alcúdia–Artà nach Santa Margalida, das noch das traditionelle Mallorca verkörpert. Steil führt die Straße zum Marktplatz empor, den einige kleine Cafés säumen. Der Berg war bereits von den Römern besiedelt und später unter den Arabern Zentrum eines Landgutes und danach einer der ersten Orte, an denen sich katalanische Mönche niederließen. Von der ein Stück höher liegenden Kirche, die kurz nach der Reconquista entstand und im Inneren einen Goldschrein aufzuweisen hat, geht der Blick weit über die Ebene, die intensiv für Wein- und Gemüseanbau genutzt wird.

Sineu ▸ F 4

Relikte der Talaiot-Kultur, etwa in Son Creixell und Sa Ritxla, sowie Reste einer römischen Niederlassung, die wohl den Namen Guium trug, liefern den Beweis für eine lange Besiedlungsgeschichte der am geografischen Mittelpunkt der Insel liegenden Kleinstadt Sineu. Auch in der arabischen Epoche und später unter den ersten Königen Mallorcas war der Ort wichtiges Verwaltungszentrum, zeitweise sogar Königsresidenz. Mit kaum mehr als 5000 Bewohnern wirkt Sineu noch heute etwas mittelalterlich und von der hektischen Entwicklung der Insel wenig betroffen.

Església de Santa María de Sineu

Erhöht im Zentrum liegt die große Kirche, deren Anfänge auf das Jahr 1248 zurückgehen. Nach einem verheerenden Brand im Jahre 1505 wurde das Gotteshaus im gotischen Stil erneuert. Mit den arkadenartigen Stützpfeilern und dem getrennt stehenden Turm ähnelt sie der Kirche von Muro.

Vor der Fassade hat der erst 1945 geschaffene geflügelte Löwe von Sineu seinen Platz, der wie in Venedig den hl. Markus symbolisiert, in die Seitenwand des Gotteshauses ist eine Sonnenuhr aus dem Jahre 1783 eingelassen. Im Inneren der Kirche erwarten den Besucher ein wertvoller Kirchenschatz mit alten Monstranzen und Kruzifixen, ein Marienaltar aus dem 15. Jh. und ausdrucksstarke Passionsbilder einheimischer Meister.

Rings um die Plaça d'Espanya

Ein schmaler Durchgang zwischen Turm und Hauptgebäude führt zur Plaça d'Espanya, die als **Marktplatz** dient. Nördlich der Kirche trifft man auf die ehemals zum Franziskanerkloster gehörende **Casa Consistorial** (Rathaus) mit schönem arkadengesäumtem Innenhof und die Klosterkirche **Sant Francesc**. Westlich liegt der ehemalige Königspalast **El Palau**. Bis 1349, als Mallorca Teil Aragóns wurde, diente er als eine der Residenzen Jaumes II. Heute ist hier ein Nonnenkloster der Franziskanerinnen untergebracht (Convent den Monjas).

Wochenmarkt

Besonders lohnend ist der Besuch Sineus während des Wochenmarktes am Mittwoch. Im Gegensatz zu vielen von Touristen frequentierten Märkten (z. B. Andratx und Inca) ist das Angebot hier vor allem auf die Einheimischen ausgerichtet. Es gibt auch hübsche, als Souvenir geeignete Keramik. Als Attraktion gilt der etwas unterhalb des Zentrums liegende Viehmarkt.

Übernachten

Romantisch und komfortabel – **Hotel Son Cleda:** Plaça de Fossar, Tel. 971 52 10 27, www.hotelsoncleda.com, DZ ab ca. 108 €. Zentral gelegenes kleines Stadthotel mit gemütlichen, gut ausgestatteten Zimmern.

Preiswert – **Celler de Ca'n Font:** Sa Plaça, 18, Tel. 971 52 02 95, www.canfont.com, DZ 85 €, EZ 59 €. Gemütliches kleines Stadthotel im Schatten der Kirche mit fünf einfachen, klimatisierten Doppel- und zwei Einzelzimmern sowie urigem, aber nicht besonders gutem Kellerrestaurant (So abend und Do geschl.).

Essen & Trinken

Im Kontor – **Sa Pamboleria:** Santa Margalida, 1, Tel. 638 10 00 55, Di–Fr 11–15, Di–So 19–24 Uhr. Außergewöhnliches Retro-Ambiente in der riesigen Halle eines ehemaligen Mehl-

Es Pla – die Zentralebene

lagers am alten Bahnhof in Gesellschaft eines französischen Oldtimers. Gepflegte mallorquinische Küche. Hauptgerichte ab ca. 12 €.
Unter Mühlenflügeln – **Moli d'en Pau:** Ctra. Santa Margalida, 25, an der Straße nach Inca, Tel. 971 85 51 16, www.molidenpau.es, Di–So 13–15.30, 19.30–23 Uhr. Große Portionen mallorquinischer Spezialitäten, u. a. Lamm und Paella, in alter Windmühle. Hauptgerichte ab ca. 9 €.

Infos & Termine

Touristenbüro: Edifici s'Estació, s/n, Tel. 971 52 00 27, Mo–Fr 10–17, Sa bis 13 Uhr.
Sa Fira: Das am ersten Sonntag im Mai begangene Frühlingsfest, bei dem die Landwirtschaft im Mittelpunkt steht, zählt zu den ältesten Festen Mallorcas und zum bedeutendsten nach dem Fest von Inca.
Bahn: Verbindungen tgl. 6–22 Uhr, ca. alle 30 Min. mit Palma über Inca und mit Manacor über Petra.

Costitx ▸ F 4

Im Weiler Costitx, der abseits der von Sineu nach Inca führenden Hauptstraße liegt, begegnen sich Vorzeit und Moderne unmittelbar. Im Jahre 1894 wurden hier bronzene Stierköpfe *(caps de bou)*, die der Talaiot-Kultur zuzuordnen sind und aus dem 6. Jh. v. Chr. stammen, entdeckt. Die Original-Stierköpfe sind im Nationalmuseum von Madrid; Kopien davon befinden sich in der **Casa Cultura**, die durch ein kleines Museum (www.museuciencies.com, Di und Do 10–13 Uhr, 1 €, Aug. geschl.) ergänzt ist.

Ganz außergewöhnlich ist das auf Asteroiden spezialisierte **Observatorium** (www.mallorcaplanetarium.com, Fr und Sa ab 19 Uhr, 10 €) mit angeschlossenem Planetarium und einer bedeutenden Sammlung von Meteoriten sowie einem kleinen Café.

Algaida ▸ E 5

Hauptanziehungspunkt des Ortes ist die etwa 2 km außerhalb in Richtung Palma direkt an der Straße liegende Glashütte Gordiola.

Vidrios de Arte Gordiola
www.gordiola.com, Mo–Sa 9–19.30, So bis 13.30 Uhr, Vorführungen Mo–Sa 9–13.30, 15–ca. 18 Uhr, So 9–12 Uhr, Eintritt frei
Die Glasfabrik, die sich mit ihrem Bau das Ambiente einer mittelalterlichen Burg verliehen hat, gewährt Einblick in die Kunst der jahrhundertealten Handwerkstradition. Im Erdgeschoss kann man den Glasbläsern bei der Arbeit zuschauen und ihre Geschicklichkeit bewundern, mit der sie aus glühender Rohmasse in Minutenschnelle die bizarrsten Gebilde formen. Natürlich darf auch hier eine große Verkaufsausstellung nicht fehlen, deren Angebot vom kitschigen Mitbringsel bis zum ästhetischen Kunstwerk reicht. Hervorzuheben sind die sehr gelungenen Repliken antiker Gläser. Die Originale kann man im informativen **Museum** im ersten Stock besichtigen.

Essen & Trinken

Algaida gilt als Hochburg deftiger mallorquinischer Küche.
Teuflisch gut – **Ca'l Dimoni:** Ctra. Palma–Manacor (Ma-15), km 21, Tel. 971 66 50 35, www.caldimoni.es, Di–So 13–17 Uhr. Uriges Restaurant, mit Würsten *(llangonizes)* dekoriert. Bei Einheimischen und Touristen be-

In der Glashütte Gordiola wird alte Handwerkstradition gepflegt

liebt. Spezialität ist Spanferkel (16 €). Hauptgerichte ab 12 €. Man sollte aber nicht zu viel erwarten.
Mallorquinisch – **Es 4 Vents:** Ctra. Palma–Manacor (Ma-15), km 21,7, Tel. 971 66 51 73, Fr–Mi 12.30–17, 19–24 Uhr, 15. Juni–15. Juli geschl. Gegrilltes zu günstigen Preisen. Hauptgerichte ab 14 €, Menü ab 27 €.

Infos & Termine

www.ajalgaida.net: Infos zum Ort
Festa de Sant Honorat: 16. Jan. Fest zu Ehren des Heiligen und Bischofs Honoratus von Arles (5. Jh.). Aufführung der Cossiers-Tänze mit Teufelsfigur.

Puig de Randa und Randa ▶ F 5

Schon von Weitem sichtbar, dominiert der 542 m hohe Tafelberg, der **Puig de Randa** (s. S. 226), mit seinen Klöstern die Ebene zwischen Algaida und Llucmajor. In der Religionsgeschichte nimmt das Massiv eine herausragende Stellung ein, ist es doch die Wirkungsstätte des Nationalheiligen Ramón Llull, der hier im 13. Jh. lebte.

Zu Füßen des Berges liegt der nette kleine, von Natursteinhäusern geprägte Weiler **Randa**, von dem aus die Straße zum Gipfelplateau führt.

Übernachten

Ländlich gediegen – **Es Reco de Randa:** Randa, C. Font, 13, Tel. 971 66 09 97, www.esrecoderanda.com, DZ ab ca. 90 €. Rustikal gepflegtes Landhotel mit familiärer Atmosphäre in ruhiger Lage, mit Pool und beliebtem Restaurant (s. u.), auch pauschal buchbar, dann aber eventuell teurer!
Klösterlich – **Santuari de Nostra Senyora de Cura:** Tel. 971 66 02 60, www.santuaridecura.com, DZ mit Frühstück ab 72 €. Moderne Zimmer mit Bad, Heizung, TV und Internetanschluss, Halb- und Vollpension möglich. Tgl. geöffnetes Restaurant, s. u. ▷ S. 231

Auf Entdeckungstour: Puig de Randa – Refugium früher Eremiten

Das steil aus der südlichen Zentralebene Mallorcas herausragende 542 m hohe Massiv gilt mit seinen drei ehemaligen Eremitagen als die Urzelle religiöser Erneuerung nach der Reconquista.

Reisekarte: ▶ F 5

Infos: www.santuaridecura.com; die Klöster sind tagsüber geöffnet.

Startpunkt: Randa

Übernachten & Essen: Man kann im Kloster Santuari de Nostra Senyora de Cura nächtigen (s. S. 225), ein einfaches Restaurant steht dort ebenfalls tgl. zur Verfügung (s. S. 229).

Hinter dem kleinen Ort Randa mit seiner bezaubernden Herberge Es Reco de Randa steigt die Straße schnell in Kehren an und führt mitten hinein in das religiöse Kraftzentrum Mallorcas, auf den Puig de Randa.

Zur Zeit der Reconquista im 13. Jh. erfreute sich das Eremitentum in Europa großer Beliebtheit unter den Gottessuchern und fand seinen Weg auch nach Mallorca, wobei sich der Puig de Randa aufgrund seiner Abgeschiedenheit und exponierten Lage als idealer Ort der Kontemplation anbot. Die frühesten Spuren des Eremitentums, etwas über 2 m lange Löcher, die als spartanischer Schlafplatz dienten, stammen aus dem 14. Jh. Mehr als ein Dutzend wurden bisher lokalisiert. Auf dem Puig de Randa sind aus den bescheidenen Eremitagen der frühen Zeit inzwischen drei Klöster entstanden: Santuari de Nostra Senyora de Gràcia, Santuari de Sant Honorat und Santuari de Nostra Senyora de Cura.

Llull – der Heilige vom Berg

Die bis in unsere Tage anhaltende religiöse Bedeutung des Puig de Randa ist eng verbunden mit dem Leben des Inselheiligen Ramón Llull, der um 1232 als Sohn wohlhabender Eltern in Palma geboren wurde. Nach einem ausschweifenden Leben entsagte er aufgrund eines Bekehrungserlebnisses den irdischen Freuden, gab seinen angesehenen Posten als Berater des Königs auf und verließ seine Familie.

Nachweislich verbrachte er einige Zeit auf dem Gipfelplateau des Puig, ehe er sich seiner Lebensaufgabe als Missionar, Gelehrter, Philosoph und Dichter widmete (s. u.). Wichtigstes Ergebnis seines umfangreichen literarischen Werks war die Aufwertung des Katalanischen zur Literatursprache. Der Überlieferung nach starb er im hohen Alter von über 80 Jahren in Algerien den Märtyrertod.

Die untere Klause – Santuari de Nostra Senyora de Gràcia

Von ihrer Lage her ist diese unterste Klause einzigartig (s. Abb. links). Einem Schwalbennest gleich klebt sie an einer senkrechten Felswand, voller Gottvertrauen – so, wie man sich eine Einsiedelei vorstellt. Und doch hat man Platz für einen üppigen Blumengarten gefunden, von dem aus der Blick weit nach Osten bis zu den weißen Hotelbauten der Küste reicht, in denen ganz andere Vorstellungen vom Sinn des Lebens herrschen.

1440 hatte der Franziskaner Antonio Caldés eine Höhle an der Ostwand des Berges als Stätte der Kontemplation gewählt und eine erste bescheidene Behausung mit einer kleinen Kapelle errichtet, die er der hl. Anna weihte. Nach dem Tod des Einsiedlers übernahm ein anderer Mönch die Klause und stellte eine wertvolle Madonnenfigur der Nostra Senyora de Gràcia auf. Als die Eremitage nach seinem Tod im Jahre 1504 verwaiste, trat die Stadt Llucmajor auf den Plan und verpachtete sie an einen Priester, verbunden mit der Auflage, allen Lernwilligen Lesen und Schreiben beizubringen.

Kirche und Einsiedelei erfuhren im Lauf der Jahre mehrfach Erweiterungen, und als die Madonnenfigur 1776 auf Anordnung des Bischofs auf den Hauptaltar gestellt wurde, erhielt die Eremitage nicht nur einen neuen religiösen Bezug, sondern auch ihren heutigen Namen. Betritt man die kleine Kirche, so kann man in der ersten Seitenkapelle linker Hand noch die Reste der ersten Kapelle erkennen, geschmückt mit einem Bildnis der hl. Anna. Beachten sollte man auch die kunstvollen Azulejos mit Bibeldarstellungen. Wer die Landschaft genießen

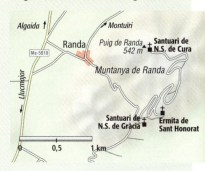

möchte: Die beste Aussicht bietet sich bei dieser Eremitage von einer kleinen, etwas erhöht liegenden Felskanzel.

Ermita de Sant Honorat

Nur wenige Straßenkehren oberhalb befindet sich die Zufahrt zur zweiten Klause von Randa, der Ermita de Sant Honorat. Die Anfänge gehen auf das Jahr 1395 zurück, als die Eigentümer des Berges dem Eremiten Arnaldo Desbrull einen Teil ihrer Ländereien zur Errichtung einer Klause übereigneten und der Bischof von Palma die Erlaubnis zum Bau einer kleinen Kapelle gab, Sant Honorat, dem Bischof von Arles, geweiht. Als Zeugnis dieses ersten, im gotischen Stil errichteten Baus blieb nur ein Grabstein mit gotischen Lettern an der Seitenwand.

Die Eremitage war im 16. Jh. lange Zeit unbewohnt, bis die Stadt Algaida sie renovierte und mit einem ständigen Wächter bedachte. 1661 ersetzte man die alte, bereits in Ruinen liegende Kapelle durch den bis heute erhaltenen Neubau.

Wallfahrtsort – Santuari de Nostra Senyora de Cura

Versteckt hinter einer Sendestation krönt der festungsartig von einer Mauer umschlossene Klosterkomplex das Hochplateau des Puig. Der Ort ist unlösbar mit dem Leben des Ramón Llull verbunden. Etwa 40-jährig zog Llull sich für vier Monate in eine Höhle auf dem Puig de Randa zurück, um hier bis zur Gründung der Schule von Son Miramar das einsame und gottgefällige Leben eines Mystikers zu führen.

Die heutige Klause auf dem Puig de Randa spiegelt nichts mehr von der Einfachheit des einst entbehrungsreichen Höhlenlebens früher Gottessucher. Im Laufe der Jahrhunderte wurde der Komplex immer wieder erweitert und beherbergte bis 1826 eine der berühmten Grammatikschulen, die Llull ins Leben gerufen hatte. Die Säkularisierung bedeutete auch für diese Eremitage Niedergang und Verfall. Eingedenk der historischen Bedeutung des Puig de Randa leitete Bischof Pere Campíns 1913 den Wiederaufbau in die Wege und übertrug den Franziskanern die Verwaltung des nach wie vor viel besuchten Wallfahrtsortes.

An der Seitenfassade der Klosterkirche hat ein Majolikabildnis der Madonna von Cura seinen Platz, die bis 1549 unter dem Namen Nostra Senyora de Randa verehrt wurde. Im Inneren findet sich eine für Mallorca typische Bethlehemgrotte, wie sie beispielsweise auch in der Ermita de Nostra Senyora de Bonany (s. S. 232) anzutreffen ist. Im Hauptgebäude illustrieren bunte Glasmalereien das bewegte Leben des Volkshelden Ramón Llull, dessen Denkmal auch auf dem Klosterhof steht. Ein besonderes Kleinod ist die umfangreiche Handschriften- und Büchersammlung in der Klosterbibliothek.

Dass die zurückgezogen lebenden Eremiten nicht nur in dunklen Höhlen hausten, den Blick nach innen gekehrt, legt die grandiose Aussicht über halb Mallorca nahe. Sicherlich haben sich die frommen Männer daran ebenso ergötzt wie die heutigen Tagesausflügler. Vielleicht sogar noch mehr, denn die gewaltige Antennenanlage unmittelbar neben dem Kloster, Zeichen des ungebändigten weltlichen Kommunikationsbedürfnisses unserer Tage, gab es damals nicht. Wer hier oben allerdings übernachtet, vermag noch ein wenig von der spirituellen Kraft zu verspüren, die seit jeher von diesem Ort ausgeht.

Essen & Trinken

Tolle Atmosphäre – **Reco de Randa:** Randa, C. Font, 13, Tel. 971 66 09 97, im gleichnamigen Hotel (s. o.), tgl. 10–23.30, Küche 12.30–16.30, 19.30–23.30 Uhr. Verfeinerte mallorquinische Hausmannskost, die an Wochenenden viele Einheimische anzieht. Hauptgerichte ab ca. 20 €.

Für hungrige Pilger – **Restaurant im Santuari de Nostra Senyora de Cura:** Di–So 10–18, Küche 12–16 Uhr. Einfache, preiswerte Gerichte in großen Portionen ab ca. 8 €.

Llucmajor ▸ E 6

Die recht bedeutende Stadt Llucmajor hinterlässt zwar keinen nachhaltigen Eindruck auf den Reisenden, zumal sie an der viel befahrenen Schnellstraße Palma–Santanyí liegt. Vor ihren Toren aber nahm die Geschichte der Insel 1349 eine dramatische Wende. In der Umgebung des von den Römern Lucus Major (großer Wald) genannten Ortes tobte am 25. Oktober jenes Jahres die Entscheidungsschlacht zwischen König Jaume III. und den Truppen Pedros IV. von Aragón, die mit dem Tod des mallorquinischen Königs und dem Verlust der Unabhängigkeit der Insel endete. Ein **Kreuz** an der Stadteinfahrt neben der Ma-19 und ein **Denkmal** mit Darstellung des sterbenden Königs im Ort selbst halten die Erinnerung an diese für Mallorca dunkle Stunde wach.

Auf glücklichere Zeiten weist das **Denkmal der Schuhmacher** nahe der Plaça d'Espanya hin, deren Fleiß und Geschick Llucmajor neben der intensiven Plantagenwirtschaft einen Großteil seines Wohlstandes verdankt. Dass heute hier auch die Möbelindustrie ihren Standort hat, zeigen die Geschäfte beiderseits der Hauptstraße. Zentrum ist die Plaça d'Espanya, gesäumt vom **Rathaus** (1882) und der **Markthalle** aus der Jugendstil-Epoche des beginnenden 20. Jh. Den religiösen Mittelpunkt bildet die wuchtige **Pfarrkirche Sant Miquel**, die der Inselheiligen Catalina Tomás geweiht ist, deren Figur das Seitenportal ziert.

Essen & Trinken

Zum Wohlfühlen – **Café Colon:** Placa d'Espanya, 17, tgl. 7.30–24 Uhr, im Winter geschl. Von Einheimischen gut besuchtes Restaurant mit gemütlich nostalgischem Flair. Recht umfangreiche Speisekarte. Natürlich gibt es auch Tapas und tollen Kaffee. Hauptgerichte ab ca. 10 €.

Porreres ▸ F/G 5

Das nur einige Kilometer östlich vom Puig de Randa liegende Städtchen Porreres kann man nur auf einem relativ großen Umweg, am einfachsten von Llucmajor oder Felanitx aus, erreichen. Da es abseits der großen Durchgangsstraßen liegt, gehen hier die Uhren noch etwas langsamer, und der Besucher kommt in den Genuss recht unverfälschter Atmosphäre.

Mare de Déu de la Consolació

Die Pfarrkirche, ein Bauwerk aus dem Jahre 1666 mit seitlichem Turm, überragt die Dächer. Im Inneren erwarten den Besucher frühe Kachelbilder und in der Sakristei ein bedeutender Kirchenschatz mit einem Prozessionskreuz aus dem Jahre 1400, das früher zum Besitz des Templerordens gehörte.

Santuari de Monti-sion

Vom südlichen Stadtrand führt ein Weg hinauf zum Santuari de Monti-sion, wo sich bereits im 14. Jh. eine

Es Pla – die Zentralebene

erste Eremitage befand, die dem Mysterium der Marienverkündigung geweiht war. 1498 entstand eine neue Kapelle, in der eine hölzerne Madonna byzantinischen Stils als Nostra Senyora de Monti-sion (Unsere heilige Frau vom Berge Zion) Verehrung fand, bis sie 1734 gegen eine marmorne Statue ausgetauscht wurde. Bereits 1551 erhielt Monti-sion eine Religionsschule, in der angehende Priester in Latein unterrichtet wurden und die einen so guten Ruf besaß, dass sie erweitert werden musste. Infolge der Säkularisation im frühen 19. Jh. musste auch diese Eremitage aufgegeben werden und verfiel. Erst gegen 1900 begann der Wiederaufbau der noch heute urtümlich wirkenden und wenig besuchten Wallfahrtsstätte. Wie von fast allen Eremitagen genießt man auch hier einen weiten Blick über das Land. Überdies besteht die Möglichkeit, in Schlafsälen zu übernachten (Tel. 971 64 71 85).

Sant Joan und Umgebung ▶ G 5

Das abseits der Hauptstraße gelegene Sant Joan gilt als eine der ursprünglichsten Ortschaften der Insel. Es ist aber wohl nur eine Frage der Zeit, bis die Immobilienmakler aufgrund der nunmehr gut ausgebauten Straße Palma–Manacor auch hier aktiv werden.

Sant Joan Baptista

Unübersehbar dominiert die Pfarrkirche mit ihrem fünfstöckigen Glockenturm das Ortsbild. Mit dem Bau wurde bereits im 13. Jh. begonnen. Ihre heutige Gestalt verdankt sie jedoch mehrfachen, bis ins 20. Jh. reichenden Umbauten. Im Innern befindet sich ein Kruzifix des Sant Crist de la Sang aus dem 17. Jh. und ein wie ein Tabernakel gestalteter Altar.

Santuari de la Consolació ▶ G 5

Auch diese kleine Einsiedelei auf einem Hügel nur einige Kilometer entfernt von Sant Joan ist Ausdruck mallorquinischer Volksfrömmigkeit. Sie ist nicht zu verwechseln mit der gleichnamigen Eremitage bei Santanyí (s. S. 252). Die Legende weiß zu berichten, dass ein maurischer Sklave aus der Ortschaft Solanda, dem heutigen Sant Joan, ein überirdisches Leuchten in einem Busch bemerkt hatte, das von einem Heiligenbild ausging. In seiner bescheidenen Klause errichtete er dem Bildnis einen Altar. Vorübergehend fand es dann in der örtlichen Kirche eine Heimat, schließlich in dem 1416 eigens errichteten Gotteshaus, das, liebevoll restauriert, nichts an Ausstrahlung verloren hat.

Els Calderers ▶ G 5

Außerhalb von Sant Joan, ausgeschildert, Tel. 971 52 60 69, www.elscalderers.com, tgl. 10–17.30, im Winter nur bis 17 Uhr, 9 €

Nach dem Vorbild von Sa Granja wurde zwischen Sant Joan und Vilafranca ein Herrenhaus in das Museum Els Calderers umgewandelt, das Einblick in das Leben des Landadels vor 200 Jahren gewährt. Das Landgut mit seinem im Stil der *finca rustica* gehaltenen Hauptgebäude geht bis auf das 13. Jh. zurück und vermittelt einen authentischen Eindruck von einem völlig auf Selbstversorgung eingerichteten Gut. Weinkeller, Kornspeicher, Stallungen und Werkstätten gehören ebenso dazu wie Musikzimmer und Ankleideraum für die Dame des Hauses. Alle Räume, durch die man ohne Führung bummeln kann, sind liebevoll mit den jeweils typischen Accessoires und Gerätschaften ausgestattet.

Termine

Über die Region hinaus berühmt ist der Ort für seine ausgefallenen Feste.
Festa des Pa i des Peix: 4. So in der Fastenzeit. Das Fest von Brot und Fisch soll an die wundersame Brot- und Fischvermehrung Jesu erinnern.
El sol que balla: Johannisnacht, 24. Juni. Im Mittelpunkt des Festes der Sonne, die tanzt, steht eine frühmorgendliche Wallfahrt zum Santuari de la Consolació (s. S. 230).
Festa des Butifarró: 1. So im Okt. Fest zu Ehren der schmackhaft zubereiteten Blutwurst.

Petra ▶ G 4

Dem beschaulichen, 8 km nordöstlich von Sant Joan gelegenen Petra haftet mit seinen verwinkelten Gassen noch immer ein wenig das Flair einer Medina an, zumal die Hauptstraße um den Ortskern herumgeführt ist. Im Zentrum Petras duckt sich trutzig die **Kirche Sant Pere** von 1724 mit ihrem sechseckigen Glockenturm.

Berühmtheit weit über Mallorca hinaus aber erlangte Petra durch Josep Miquel Ferrer, der hier 1713 geboren wurde und mit 30 Jahren als Franziskaner Juníper Serra nach Mexiko ging, um von dort aus Kalifornien zu christianisieren. Am 17. Juli 1769 legte er auf einem Hügel über der Bucht von San Diego den Grundstein für die erste Missionsstation in Alta California, der zahlreiche weitere folgten. Seit der Gründung der sechsten Mission an der Bucht von San Francisco im Juni 1776 gilt Juníper Serra als Gründer der pazifischen Hafenstadt. Juníper Serra verstarb am 28. August 1784 in Carmel, heute Wohnort der Schönen und Reichen. Auf der palmengesäumten Plaça Padre Serra gedenkt Petra heute seines berühmten Sohns mit einem Denkmal. Der Papst beabsichtigt, den Missionar 2015 heiligzusprechen. **Kachelbilder** der von Serra gegründeten Missions-

Das Kachelbild mit der kalifornischen Missionsstation Capistrano erinnert an Serra

Es Pla – die Zentralebene

stationen weisen den Weg zu seinem Geburtshaus und Museum.

Museu i Casa Natal de Fra Juníper Serra
C. Barracar, 6, Tel. 971 56 11 49, www.juniperoserra.info, Eintritt mit »Spiritual Mallorca«-Karte (5 €, s. S. 97)
Modelle, Pläne, Bilder und Dokumente zeugen vom Wirken des Missionars. Gegründet wurde das Museum 1959 auf Initiative der Amics de Fra Juníper Serra (Freunde Bruder Juniper Serras). Interessant ist das Wohnhaus – ob Geburtshaus, ist unbewiesen –, vermittelt es doch einen authentischen Eindruck der damaligen bescheidenen Lebensweise normaler Bürger.

Übernachten

Winzling – **Sa Plaça Hotel Turismo d'Interior:** Plaça Ramón Llull, 4, Tel. 971 56 16 46, www.petithotelpetra.com, im Nov. geschl., DZ 110 €. Rustikales Stadthotel mit nur drei geschmackvoll eingerichteten Zimmern, sehr gutes Restaurant (s. u.).

Essen & Trinken

Klein und fein – **Plaça:** Plaça Ramón Llull, 4, Mi–Mo 10–15.30, 18.30–22.30 Uhr, Nov. und Jan. geschl. Man sitzt im winzigen Gastraum an stilvoll gedeckten Tischen oder auf der Plaça. Der Service ist allerdings ausbaufähig. Hauptgerichte ab 17 €.
Bodenständig – **Es Celler:** C. de l'Hospital, Tel. 971 56 10 56, Di–So 12–17, 19–24 Uhr. Einstiger Weinkeller mit guter mallorquinischer Hausmannskost ab ca. 9 €. Mittagsmenü 12 €.

Einkaufen

Weinselig – **Bodega Miquel Oliver:** C. de sa Font, 26, Tel. 971 56 11 17, www.miqueloliver.com, Mo–Fr 10–18, Sa 11–13.30 Uhr. Das 1912 gegründete Weingut gehört zu den bedeutendsten der Insel. Seinen Aufstieg verdankt es der Eigentümerin Pilar Oliver, die Weinbau in Spanien und Frankreich studiert hat.

Infos & Termine

Festa de Beat Juníper Serra: 3. So im Sept., Umzug geschmückter Wagen.
Bahn: 6–22 Uhr ca. jede Stunde Verbindungen mit Palma über Inca.

Ermita de Nostra Senyora de Bonany

▶ G 5

Von der Plaça Cruz am südlichen Ortsrand von Petra führt eine schmale, von Kreuzwegstationen gesäumte Straße zu der 300 m hoch auf einem bewaldeten Berg liegenden Einsiedelei von Bonany. Um die Entstehung dieser Eremitage rankt sich eine Legende. Ihren Namen, Unsere liebe Frau vom guten Jahr, erhielt die hier zunächst in einer kleinen Kapelle verehrte Jungfrau erst 1600, als sie das Flehen der Bauern erhörte und das unter einer Dürre leidende Land mit einer Regenflut beschenkte, sodass es für die Bewohner von Petra und der Umgebung ein gutes Jahr wurde.

Von der baumbeschatteten Terrasse, die mit weitem Blick nach Norden und Osten zu einer Pause oder gar einem Picknick einlädt, führt ein Weg zur Kirche. Seinen Beginn markiert ein **Torbogen** mit eingelassenen Kachelbildern. An der Außenseite links zeigen sie die Auffindung des Heiligenbildes, rechts die Erinnerung an das segensreiche Jahr des großen Regens, an der

Innenseite begegnen uns die beiden Heiligen Paulus (Sant Pau) und Antoni Abat. Die barock wirkende **Wallfahrtskirche** entstand erst 1920. Sehenswert sind vor allem das Gnadenbild und die Grotte von Bethlehem. Einfache Übernachtungsmöglichkeiten in 5 DZ mit Kochgelegenheit (Tel. 971 82 65 68).

Manacor ▸ H 5

Manacor, mit 37 000 Einwohnern die drittgrößte Stadt Mallorcas, liegt verkehrsgünstig an der Nahtstelle zwischen Serra de Llevant und Es Pla (Llanura del Centro). Ihr Stadtbild schmücken historische Baudenkmäler, obwohl es insgesamt weniger ansprechend ist. Manacors Geschichte reicht bis in prähistorische und römische Zeiten, als die Siedlung Cunici hieß.

Església de Santa Maria dels Dolors
Dominierend wirkt die gotische Pfarrkirche (auch Església de la Mare de Déu dels Dolors genannt) mit ihrem hohen Turm aus dem 15. Jh. Sie steht auf den Fundamenten einer Moschee, die eine Zeit lang als christliches Gotteshaus diente.

Museu d'Historia de Manacor
Torre de Enagistes, Richtung Calas de Mallorca, http://museu.manacor. org, im Sommer 9.30–14, 18–20.30 Uhr, Di u. So geschl., im Winter 10–14, 17–19.30 Uhr, Di geschl., Eintritt frei
Unbedingt sollte man dem **Historischen Museum** einen Besuch abstatten. Stilecht ist es in einem alten Wehrturm südlich des Zentrums untergebracht. Gezeigt werden archäologische Funde, Mosaiken der frühchristlichen Kirche Son Peretó, Keramiken, Miniaturmöbel und sehr schöne Schiffsmodelle.

Übernachten

Edles Landhotel – **La Reserva Rotana:** Cami de s'Avall, km 3, Tel. 971 84 56 85, www.reservarotana.com, DZ 330 € (Hochsaison). Hinter dem eher schlichten Äußeren des Landsitzes aus dem 17. Jh. verbirgt sich eines der schönsten Finca-Hotels der Insel, das einen Golfplatz (9 Loch) besitzt und sich eines hervorragenden Restaurants rühmen kann.

Essen & Trinken

Ideal für mittags – **Moli den Sopa:** Carretera de Manacor a Porto Cristo, km 4, Tel. 971 55 01 93, www.molidensopa.com, tgl. 12.30–24 Uhr. Das günstige, qualitativ hochwertige Mittagsmenü (ca. 18,50 €) hat sich längst rumgesprochen. Man kann online reservieren. Aber auch abends isst man à la carte sehr gut.
Traditionslokal – **C'an March:** C. Valencia, Tel. 971 55 00 02, www.canmarch.com, Di–So 12.30–16, Sept.–Juni Fr/Sa auch 20.30–23 Uhr. Die gehobene mallorquinische Küche lockt vor allem Einheimische, die das preiswerte und sehr gute Mittagsmenü im C'an March zu schätzen wissen (ab 15 €).

Infos

www.visitmanacor.com: Allgemeine Infos, auch in Deutsch.
Officina d'Informació Turística de Manacor: Plaça Ramón Llull, s/n, Tel. 971 84 72 41, Mo–Fr 10–15, im Winter nur bis 13.30 Uhr.
Bahn: 7–22 Uhr verkehren etwa jede Stunde Züge über Petra, Sineu und Inca nach Palma.
Bus: Verbindungen bestehen u. a. mit Cala Rajada (L 411), Cala d'Or (L 425) und Palma (L 415, nur im Sommer), Infos: www.tib.org.

Das Beste auf einen Blick

Die Südküste

Highlight!

Platja des Trenc: Mallorcas längster naturbelassener Strand, den die Umweltschützer mit Zähnen und Klauen verteidigen, ist ideal für Familien mit Kindern und gleichermaßen beliebt bei FKK-Anhängern. S. 237

Auf Entdeckungstour

Capocorb Vell: Die am besten erhaltene Siedlung der bis ins 14. Jh. v. Chr. zurückreichenden Talaiot-Kultur gibt nach wie vor manche Rätsel auf. Hier lässt sich die Wohnkultur vor 4000 Jahren studieren. Eine Klettertour in die Vergangenheit über Mauern und Türme aus grobem Stein. S. 238

Kultur & Sehenswertes

Cabrera: Einst Piratenschlupfwinkel und Verbannungsort politischer Häftlinge, kann man die Insel heute als Besucher gefahrlos ansteuern. S. 243

Salines de Llevant: Traditionelle Salzgewinnung und strenger Naturschutz gehen hier Hand in Hand. S. 244

Botanicactus: Nicht nur Kakteen gibt es hier zu bewundern, für den Gartenfreund bietet die ausgedehnte Anlage manche Überraschungen. S. 244

Zu Fuß & mit dem Rad

Radtouren durch das Hinterland: Ein ausgeschilderter Radweg ermöglicht entspanntes Radeln ohne Orientierungsprobleme. S. 242

Wanderung zum Cap de ses Salines: Am Strand entlang kann man bis zur Südspitze Mallorcas vordringen, vorbei an alten Bunkern und sandigen Buchten. S. 242

Genießen & Atmosphäre

Es Pinaret: Das ländliche Restaurantidyll im Pinienhain zwischen Colònia de Sant Jordi und Campos ist beliebtes Ziel sonntäglicher Familienausflüge. S. 242

Banys de Sant Joan: Wellness old-fashioned in Mallorcas ältesten Thermalquellen. Schon die Römer sollen hier gekurt haben. S. 243

Abends & Nachts

Diese Ecke Mallorcas ist nichts für Nachtschwärmer.

Die Südküste

Die südliche Küste Mallorcas zwischen Palma und dem Cap de ses Salines, dem südlichsten Punkt der Insel, lebt von den Kontrasten.

Fast nahtlos verschmelzen die lebhaften Ferienorte Platja de Palma und S'Arenal mit Mallorcas Hauptstadt, sie sind bereits Vororte der Metropole geworden. Erst dort wo der Strand am Hafen von S'Arenal aufhört und in ein zum Meer hin steil abfallendes Plateau übergeht, findet die durch Hochhäuser und Hotels geprägte Stadtbild ein Ende. Allerdings entstehen hier entlang der Kante immer neue Villenviertel wie Cala Blava und Es Palmeres mit teilweise großartigem Blick über die Bucht.

Danach erst wird die Straße einsam, zieht sich durch eingezäuntes Weideland bis zum Cap Blanc, immer wieder mit schönem Blick auf das Meer.

Größere Orte sind im Süden wohl aufgrund der Trockenheit und über lange Strecken fehlenden Häfen selten. Weit im Landesinnern liegt Llucmajor. Gleichwohl haben hier früh Menschen gesiedelt und in Capocorb Vell die am besten erhaltenen Zeugnisse der Talaiot-Kultur hinterlassen.

Hinter dem Cap Punta Plana ändert sich das Gesicht der Küste schlagartig. Mit der Platja des Trenc zieht sich Mallorcas schönster und längster Sandstrand um die Bucht von Sa Ràpita bis zum Hafenort Colònia de Sant Jordi, dem einzig bedeutenden zwischen Palma und der Südspitze der Insel. Dass auch der Tourismus den Strand längst für sich entdeckt hat, versteht sich nachgerade von selbst. Aber man hat offensichtlich aus den Sünden der Vergangenheit an Spaniens Ferienküsten gelernt und den Strand vor der Bebauung mit Hotels geschützt, eine begonnene Appartementanlage sogar abgerissen. So geht es denn auch in Colònia de Sant Jordi wesentlich beschaulicher zu als an den Stränden von Platja de Palma, Calla Millor oder Can Picafort, wo sich die Hotels bis dicht ans Meer drängen. Es ist der ideale Standort für naturnahen Urlaub, nicht nur für Wasserratten. Auch der Genussradler kommt auf den einsamen Straßen und schmalen Wegen auf seine Kosten, etwa auf einer Tour durch die unter Naturschutz stehende Salinenlandschaft. Und dem Wanderer erschließen sich einsame Küstenstriche bis zum Cap de ses Salines.

Vor der Küste wartet die Insel Cabrera (Illa de Cabrera), einst bevorzugter Schlupfwinkel für Piraten, dann Verbannungsort für unliebsame Zeitgenossen, heute geschütztes Naturparadies.

Cala Pi ▸ E 7

Die lang gestreckte, überwiegend aus Ferienwohnungen und Villen bestehende Ortschaft Cala Pi liegt außergewöhnlich malerisch auf einem Kalksporn, der auf der einen Seite senkrecht ins Meer abbricht, auf der anderen nicht minder steil in eine schmale Bucht, die tief ins Land reicht und in einem Sandstrand ausläuft. Von der unverbauten Landspitze, die ein noch gut erhaltener mittelalterlicher **Wachtturm** beherrscht, hat man

---

Infobox

Anreise
Verkehrsmäßig ist der Süden weniger gut erschlossen als andere Regionen der Insel. Allein von Llucmajor, Campos und Colònia de Sant Jordi bestehen gute, regelmäßige Busverbindungen mit Palma.

Eine der schönsten Buchten Mallorcas – Cala Pi

einen unvergleichlichen Blick entlang der bewaldeten Steilküste hinüber zur Punta de Cala Beltran (Punta Capocorb).

Eine große, jedoch geschmackvoll der Landschaft angepasste Appartementanlage bildet den eigentlichen Ortskern von Cala Pi, von wo aus man auf einem Treppenweg zum Strand hinuntersteigen kann, dort allerdings leider nur wenige Stunden pro Tag von der Sonne verwöhnt wird. Somit ist Cala Pi wohl eher als pittoreskes Ausflugsziel denn als Urlaubsort zu empfehlen. Es gibt zwei, drei Restaurants im Ort.

Infos

Bus: 2 x tgl. Busverbindungen mit Palma über Llucmayor (L 525, 502, 501).

Sa Ràpita und die Platja des Trenc ▸ F 7

Sa Ràpita ▸ F 7

Die Küstensiedlung Sa Ràpita macht entlang ihrer Promenade nicht gerade einen verlockenden Eindruck, wenn auch Segler die beiden Häfen zu schätzen wissen. Kleine Ferienhäuser reihen sich entlang der meist nur wenige Meter hohen Steilküste, in die einige Sandflecken eingesprenkelt sind.

Platja des Trenc ❗ ▸ F 7

Ganz anders sieht es im benachbarten **Ses Covetes** aus, das man von Sa Ràpita erreicht, wenn man die ▷ S. 242

Auf Entdeckungstour: Capocorb Vell – Wohnkultur vor 4000 Jahren

Eine Klettertour in die Vergangenheit über Mauern und Türme aus grobem Stein – das bietet ein Besuch von Capocorb Vell, der besterhaltenen Talaiot-Siedlung Mallorcas.

Reisekarte: ▶ E 7

Anfahrt: Capocorb Vell liegt an der Verbindungsstraße Cap Blanc–Llucmajor, ca. 500 m hinter der Abzweigung nach Cala Pi. Vor allem Fahrradfahrer werden den Erfrischungsstand am Eingang begrüßen.
Öffnungszeiten: Fr–Mi 10–17 Uhr
Eintritt: 3 €

Eine gute Darstellung der Talaiot-Kultur findet man unter http://de.wikipedia.org/wiki/Talayot-Kultur.

Aus rohen Steinen gefügte Türme, Mauern und Kammern durchdringen sich zu einer puebloartig verschachtelten Ansiedlung, die noch viele Rätsel aufgibt. Die kastilische Bezeichnung *talayot* (katal. *talaiot*) entstammt dem arabischen *atalaya* (Turm) und nimmt Bezug auf die typische Bauform dieser prähistorischen Siedlungen der Balearen, die auch auf Menorca, wenngleich in anderer Form, stark vertreten sind.

Obwohl menschliche Besiedlung auf Mallorca bis ins 4. Jt. v. Chr. nachweisbar ist, trat die eigentliche Talaiot-Kultur mit ihren charakteristischen Bauwerken erst ab dem 14. Jh. v. Chr. in Erscheinung, während des Übergangs von der Bronze- zur Eisenzeit. Kennzeichen sind in zyklopischer Bauweise errichtete Türme und Kammern. Die runden Türme weisen einen ebenerdigen Zugang und eine Mittelsäule auf, auf der die Decke ruhte. Man geht davon aus, dass sie vornehmlich sakralen Handlungen dienten.

Da auch auf Korsika und Sardinien ähnliche Megalithbauten gefunden wurden, nimmt man an, dass bereits in jener frühen Epoche, dem Talaiotikum I und II (1300–800 v.Chr.), Verbindungen mit dem westlichen Mittelmeerraum bestanden haben. Erst im Talaiotikum III und IV (800 v. Chr.–123 v. Chr.) kam es aber zu engeren Kontakten mit den seefahrenden Völkern. Vor allem die Phönizier und ihre Nachfolger, die Karthager, die bis zur Vorherrschaft der Römer den Handel im Mittelmeer beherrschten, nutzten die Balearen als Umschlagplatz in ihrem weit verzweigten Handelsnetz, freilich ohne sie zu kolonisieren.

Frühe Grabungen

Die ersten archäologischen Grabungen in Capocorb Vell setzten zwar bereits 1919 ein, waren aber nur von geringer Bedeutung, da die Auswertung der Ergebnisse unterblieb. Zentrum der Anlage, die über mehrere Jahrhunderte existierte und möglicherweise bereits um 1400 v. Chr. gegründet wurde bilden drei runde und zwei quadratische Talaiots, umgeben von den Grundmauern zusammenhängender Gebäude. Die Stadtmauer, die den Komplex einst umschloss, ist nur noch in spärlichen Resten vorhanden, da sie als Steinbruch für den Bau der umliegenden Siedlungen und selbst der Kathedrale von Palma genutzt wurde.

Wandel der Bauweise

Die runden Talaiots dürften noch aus der Frühzeit der Niederlassung stammen, während die besser erhaltenen quadratischen dem 6. Jh. v. Chr. zugeordnet werden. Vor allem der linke, noch bis zu einer Höhe von 6 m aufragende, zweistöckige, eckige Turm vermittelt einen guten Eindruck von der Konstruktionsweise: Zu ebener Erde liegt eine fensterlose Kammer, die man durch einen schmalen Gang betritt. Obwohl die ersten Ausgräber hier ein Skelett entdeckten, ist zweifelhaft, ob es sich ursprünglich um eine Grabkammer handelte. Eine zentrale Steinsäule stützt die aus großen Steinplatten geformte Zwischendecke. Den zweiten Stock schloss ebenfalls ein Flachdach ab, das noch bis ins 20. Jh. hinein vorhanden war. Ob der Talaiot damit seine volle Höhe erreicht hatte, ist nicht bekannt, da auch dreistöckige Anlagen nachgewiesen werden konnten. In der letzten Phase deuten Kleinfunde von Keramiken, Waffen und Werkzeugen auf enge kulturelle Bindungen zu den Nachbarn, von denen man auch den Stierkult übernahm.

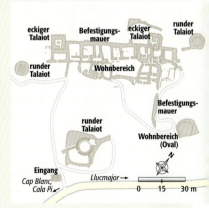

Die Südküste

erste Abzweigung nach Verlassen des Ortes nach rechts nimmt, um kurz darauf wieder nach rechts in Richtung Meer abzubiegen.

Unvermittelt steht man an der Platja des Trenc, die sich viele Kilometer nach Südosten erstreckt. Kein Wunder, dass sich hier die FKK-Anhänger ihr naturnahes Rückzugsgebiet geschaffen haben, das in der Saison allerdings von spanischen Feriengästen aus Sa Ràpita und ausländischen Touristen (tgl. Linienbus von Palma) arg bedrängt wird und seine Unschuld verloren hat. Die Zufahrtsstraße ist während der Saison über Kilometer von parkenden Fahrzeugen gesäumt (Parken nur noch gegen Gebühr!) und der Strand leider längst nicht mehr so sauber wie erwünscht. Leichter kommt man in den Genuss dieses einzigartigen Küstenabschnitts, wenn man sich an seinem südlichen Ende, in Colònia de Sant Jordi, niederlässt oder einen Minibus von Sa Ràpita aus benutzt. Es ist geplant, rund um den Strand einen Naturpark zu schaffen, wodurch der Hauptparkplatz bei Ses Covetes künftig wegfallen dürfte. Die nächsten Parkmöglichkeiten lägen dann 2 bis 3 km entfernt.

Colònia de Sant Jordi ▸ F 8

Bei der Einfahrt in den Ort sollte man sich nicht von dem gesichtslosen Stadtbild täuschen lassen. Der kleine **Hafen** mit seiner palmengesäumten, zur Fußgängerzone erklärten Promenade trägt durchaus romantische Züge. Statt protziger Jachten dümpeln Fischerboote in der Bucht. Überdies kann Sant Jordi den wohl schönsten zusammenhängenden Naturstrand der Insel in die Waagschale werfen, eben jene bereits oben erwähnte Platja des Trenc. Wer will, kann nach einem mehr oder weniger langen Fußmarsch eine für Mallorca ganz ungewohnte Einsamkeit in unmittelbarer Nähe des Meeres genießen.

Die **Hotelzone** von Colònia de Sant Jordi ist etwas nördlich angesiedelt, deutlich abgesetzt von der eigentlichen Ortschaft, mit ihr jedoch durch eine Küstenpromenade verbunden. Irgendwann wird sich die Baulücke sicherlich schließen.

Wem die Platja des Trenc dennoch zu belebt ist, der sollte sich in die entgegengesetzte Richtung wenden und sein Badetuch an der feinsandigen

Colònia de Sant Jordi

In der Hochsaison ist der scheinbar unendlich lange Strand von Es Trenc nicht so leer

Platja els Dols oder an der Platja de ses Roquetes ausbreiten.

Nach Colònia de Sant Jordi zieht es vor allem Touristen aus der Schweiz. Ein ausschweifendes Nachtleben wie in Magaluf oder auch in S'Arenal ist somit hier nicht zu erwarten. Seit einigen Jahren steht hier das **Cabrera-Zentrum** (Centro de Interpretació de Cabrera i Raixa, www.cvcabrera. es, tgl. 10–14, 15–18, letzter Einlass 13 bzw. 17 Uhr, Dez./Jan. geschl., 8 €) Besuchern offen, das mit Videofilmen, Aquarien und einem Streichelzoo Fauna und Flora der Inselgruppe präsentiert; wegen finanzieller Probleme ist jedoch eine Schließung möglich.

Übernachten

Es gibt etliche Hotels, von denen einige im Gegensatz zu Cala Millor oder Platja de Palma eine durchaus persönliche Note haben.

Klein und fein – **El Coto:** Av. Primavera, 9, Tel. 971 65 50 25, www.hotelcoto. es, DZ ab 200 € (Halbpension, Hauptsaison), auch pauschal buchbar. Sehr gemütliches, geschmackvoll eingerichtetes Hotel unter spanisch-schweizerischer Leitung für Ruhesuchende am Strand von Es Trenc (Platja des Trenc), persönliche Atmosphäre, 55 sehr ansprechende Zimmer, kleiner Wellnessbereich.

Die Südküste

Eidgenössisch – **Don León:** C. Sol, Tel. 971 65 55 61, im Winter geschl., DZ ab 150 € (Halbpension, Hochsaison), auch pauschal buchbar. Alteingesessenes Hotel mit gepflegter Atmosphäre an felsiger Bucht nahe Zentrum, Hallenbad, Schweizer Leitung.

Kinderfreundlich – **Isla de Cabrera Aparthotel:** C/ Rocio s/n, Tel. 971 65 50 00, www.hotelislacabrera.com/de, DZ mit HP ab ca. 120 €. In Hafennähe gelegene größere Anlage mit Appartements und Hotel, drei Pools, mehreren Restaurants, Spielplatz und speziellen Menüs für Kinder.

Mein Tipp

Zu abgelegenen Stränden und dem Cap de ses Salines ▶ G 8

Noch vom Fremdenverkehr völlig unberührt ist die Südspitze Mallorcas. Man kann den südlichsten Punkt der Insel, das Cap de ses Salines, zwar auf einer Stichstraße anfahren, darf von dieser aber nicht abweichen, da sie mitten durch die Besitzungen der allmächtigen Familie March führt.

Da aber das spanische Gesetz »Ley de Costas/Llei de Costes« gilt, das die Küstenstreifen der Öffentlichkeit zugänglich macht, kann man sich zu Fuß auf den Weg machen. Er beginnt an der **Platja de ses Roquetes** (s. S. 241), führt vorbei an Bunkern aus Zeiten des Spanischen Bürgerkriegs zur feinsandigen, etwa 1,2 km vom Startpunkt entfernten **Platja des Caragol** und weiter über den langen, recht einsamen Strand von Es Carbo zum **Kap.** Für den Hin- und Rückweg muss man mit gut 4 Std. rechnen und genug Wasser mitnehmen.

Essen & Trinken

Köstlichkeiten im Pinienhain – **Es Pinaret:** Ctra. Ses Salines–Colònia de Sant Jordi, km 10, Tel. 971 64 92 30, www.es-pinaret.de, April–Okt. Mi–Mo 19–23, März Fr/Sa 19–23, So 13–23 Uhr, Nov.–Feb. geschl. Das Restaurant des deutschen Ehepaars Peter und Elli Umbach ist bekannt für sein urgemütliches Ambiente, den zuvorkommenden Service und die exzellente Küche (wöchentlich wechselnde Speisekarte). Und sogar einen Pool gibt es. Hauptgerichte ab 20 €.

Versteckt – **Mirador de Cabrera:** Vallgomera (ein Stück östlich von Cala Pi), Tel. 971 12 33 38, www.mirador-de-cabrera.com, Di–So 12–15.30, 18–22 Uhr, Jan./Feb. geschl. Hier verwöhnt Jörg Klausmann die Gäste mit mediterran-deutscher Küche, Meerblick inklusive. Mittagsmenü 18,50 €, Hauptgerichte ab ca. 18 €.

Klein, aber fein – **Sa Foganya:** Av. Primavera, 35, Tel. 697 51 70 45, www.sa-foganya.com, tgl. außer Di 12–15, 18–24 Uhr, Dez.–Feb. geschl. Liebevoll geführtes Restaurant mit ausgezeichneter Küche und gemütlichem Ambiente, in deutscher Hand.

Frauenpower – **Sal de Cocó:** C/es Carreró, Tel. 971 65 52 25, www.restaurantsaldecoco.com, März–Mai Mi–So 13–15, 18–23 Uhr, Juni–Okt. tgl. außer Di, im Winter geschl. Marta Rosello kocht auf hohem Niveau zu zivilen Preisen. Das 7-Gänge-Menü kostet unter 40 €.

Aktiv

Radtouren – **teamdouble-j:** Av. Primavera, 9A, www.teamdoublej.com. Hier und in vielen Hotels kann man Fahrräder mieten. Im Hinterland verläuft der ausgeschilderte, ca. 15 km lange Radweg, die **Ruta dels Molins de Campos.**

Infos

Touristenbüro: C. Dr. Barraquer, 5, Centre Civic, 1. Stock, Tel. 971 65 60 73, Mo–Fr 9–13, 15–17 Uhr.
Bus: Mehrfach tgl. bestehen Verbindungen mit Palma, L 502 (www.tib.org), und nach Manacor.

Illa de Cabrera ▸ F 9/10

Über den Horizont im Südwesten steigen die gezackten Bergkämme der Illa de Cabrera, ein steinerner Vorposten, der seinen Namen Ziegeninsel bereits auf römische Zeiten zurückführt. Den allesfressenden Tieren ist denn auch die nahezu völlige Vegetationslosigkeit zu verdanken, beschränkt sich der Pflanzenwuchs doch auf duftende Rosmarinsträucher. Den mittelalterlichen Piraten war diese Lebensfeindlichkeit nur recht, konnten sie doch an der buchtenreichen Küste ungestört ihre Pläne für Überfälle auf das nur 18 km entfernte Mallorca schmieden. Durch Errichtung eines Kastells nahm die Obrigkeit den Seeräubern schließlich das Refugium und nutzte Cabrera später als Gefangenenlager in den Auseinandersetzungen mit den Franzosen 1808. Für fast 6000 Inhaftierte wurde Cabrera zum Friedhof.

Noch heute hat das Militär hier einen kleinen Posten, erlaubt aber Fremden – eingeschränkt – den Besuch. Das Parlament der Balearen hat auf Initiative der Umweltschützer Cabrera mit der gesamten Kette kleinerer Inseln zum **Nationalpark Land/Meer des Archipels von Cabrera** (Parc Nacional Marítim-terrestre de l'arxipèlag de Cabrera) erklärt und sich damit gegen das Militär und die Lobby der Baulöwen durchgesetzt.

Lohnend ist der Weg hinauf zum **Kastell** und der Besuch des kleinen, in einer Finca untergebrachten **Museums**. Ansonsten ist das freie Umherstreifen nicht gestattet. Die Ranger bieten jedoch kostenlose **Führungen** an. Als größte Attraktion gilt die nur vom Meer her erreichbare **Cova Blava** (Blaue Grotte), eine durch das vom Wasser blau reflektierte Licht verzauberte Höhle, bei der Boote auf der Rückfahrt eine Badepause einlegen.

Übernachten

Naturverbunden – Neuerdings gibt es sogar eine kleine Unterkunft mit 12 DZ, http://cvcabrera.es/albergue-de-cabrera, DZ 51–61 € (saisonabhängig), Dez./Jan. geschl.

Infos

Schiff: April–Okt. mit Ausflugsbooten, ab 40 € (www.excursionsacabrera.es) und Speed-Booten 6 x tgl., ab 45 € (www.marcabrera.com), Tickets auch an der Anlegestelle.

Das Hinterland

Banys de Sant Joan ▸ F 7

Diese einzige **Thermalquelle** Mallorcas, die schon den Römern bekannt gewesen sein soll, liegt unmittelbar an der Verbindungsstraße Campos–Colònia de Sant Jordi, etwa 3 km nördlich des Hafens von Colònia de Sant Jordi. Das 38 °C heiße, leicht radioaktive Wasser dient vor allem der Behandlung von Rheuma, Arthritis und Gicht. Die Vorzüge hat sich ein modernes **Wellnesshotel** zunutze gemacht (www.fontsantahotel.com). Aber auch Tagesbesucher können sich verwöhnen lassen. An der Zufahrt steht eine Hinweistafel zur Ruta dels Molins de Campos (s. Aktiv, S. 242).

Die Südküste

Salines de Llevant ▸ F 7

Die hinter dem Dünengürtel liegenden und als **Parc Natural Salobrar de Campos** unter Naturschutz stehenden Salinen sind Relikte eines Feuchtgebiets, das bereits im 19. Jh. z. T. trockengelegt wurde. Vor allem seltene Vogelarten haben hier ihr Refugium. Das Gebiet eignet sich gut für einen Fahrradausflug. Der Zugang erfolgt durch eine schmale Stichstraße, die ein wenig südlich von den Banys de Sant Joan abzweigt, an der Salzgewinnungsanlage vorbeiführt und auf einem gebührenpflichtigen Parkplatz nahe der Platja des Trenc endet. In den Salzpfannen wird auch das legendäre Flor de Sal gewonnen (s. S. 80). Kaufen kann man das Salz u. a. in der nahe gelegenen Feinkostboutique Flor de Sal (s. S. 245).

Botanicactus ▸ G 7

www.botanicactus.com, tgl. Nov.–Feb. 10.30–16.30, März 9–18.30, April–Aug. 9–19.30, Sept./Okt. 9–19 Uhr, 9,50 €
Der mit 18 ha größte botanische Garten Europas liegt ca. 500 m außerhalb der Ortschaft Ses Salines (kleines Hinweisschild) an der nach Cala Llombards und Santanyí führenden Straße. Kakteen, ein mallorquinischer Bauerngarten, eine Teichlandschaft, Obstplantagen, Bougainvilleahecken und ein Palmenhain in eine parkartige Anlage eingebettet.

Campos ▸ F/G 6

Die Furcht vor Piratenangriffen sieht man Campos noch immer an. Solide Mauern ohne Fenster und ein wehrhafter **Glockenturm**, einziger Rest der Kirche aus dem 16. Jh., prägen das mittelalterlich anmutende Zentrum.

Das Gotteshaus **Sant Julià** aus dem 19. Jh. im Carrer Major birgt in seinem Innern, in der ersten Kapelle rechts, einen Murillo (»El Sant Cristo de la Paciència/El Santo Cristo de la Paciencia«). Falls die Kirchentür verschlossen ist, können Sie auch den Schlüssel in der Casa de la Rectoria gegenüber erbitten.

Essen & Trinken

Gartenparadies – **Moli de Vent:** Calle norte, 34, Tel. 971 16 04 41, www.moli-de-vent.com. Fantasievolle, engagierte Küche unter deutscher Leitung zu angemessenen Preisen, traumhaftes Ambiente, professioneller Service. Hauptgerichte ab ca. 25 €, ein Menü gibt es ab 58 €.
Extravagant und kreativ – **Ca'n Calent:** Ronda Estació, 44, Tel. 971 65 14

Das Hinterland

45, www.cancalent.com, Di–So 18–24 Uhr, Feb. geschl. Einfallsreiche Küche inmitten der Provinz. So gibt es etwa leckeres Spanferkel mit Zimtsauce (18 €)., zudem ein gutes Weinsortiment. Hauptgerichte ab 18 €, Abendmenü ca. 45 €.

Einkaufen

Feines Salz – **Feinkostboutique Flor de Sal d'Es Trenc:** in den Salinen von Es Trenc, Ctra. De Campos – Colònia Sant Jordi, km 10, www.flordesaldestrenc.com. Als Souvenir der besonderen Art kann man hier das mallorquinische Edelsalz Flor de Sal erwerben und Führungen buchen (s. o.).

Sehr guter Käse – **Formatges Burguera:** Ctra. De Campos–Colònia Sant Jordi, km 6,8, www.formatgesburguera.com, Mo–Fr 8–17.30 Uhr. Hart- und Weichkäse hervorragender Qualität.

Aktiv

Radtouren: s. S. 242

Infos & Termine

Festa de Sant Blai: 1. So nach dem 3. Feb. Die sehr ursprüngliche Wallfahrt zur zwischen Campos und Colònia de Sant Jordi gelegenen Ermita Sant Blai ist dem hl. Blasius geweiht, dem Beschützer des Viehs. Der hl. Blasius, der im 3. Jh. Bischof im heutigen Sivas (Türkei) war, erlitt dort den Märtyrertod. Zuvor hatte er sich in einer Höhle verborgen und wurde dort von den Tieren des Waldes bewacht.
Bus: Mehrfach tgl. Verbindungen von/nach Palma und Colònia de Sant Jordi.

Zitrusfrüchte in üppiger Fülle auf einer Plantage bei Campos

Lieblingsort

Die Mühlen bei Campos ▶ F/G 6
Nur einen Steinwurf entfernt vom Touristenrummel der Strände erwartet man hier jeden Moment Don Quijote mit seinem Gefährten Sancho Pansa, wie sie aus dem Schatten einer der Mühlen hervorreiten. Man sollte mit dem Rad kommen, spät am Nachmittag, wenn das harte Blau des Himmels den zarten Pastellfarben der Dämmerung weicht. Die Berge liegen im abendlichen Dunst, es riecht nach Zwiebeln und Kohl, Mühlenflügel knarren, Dieselpumpen tuckern, hin und wieder kräht ein Hahn – Landleben pur.

Das Beste auf einen Blick

Die Ostküste

Highlights!

Cala Figuera: Fast kulissenhaft wirkt dieser kleine in zwei fjordartige, von Kalksteinfelsen gesäumte Buchten eingebettete Hafen, der sich harmonisch in die pinienbestandene Landschaft einfügt. S. 254

Artà: Wehrhaft und mittelalterlich präsentiert sich Artà inmitten seiner Felder und Gärten mit seinen engen Gassen unterhalb von Festung und Wallfahrtskirche auf dem Burghügel. Wer den Prozessionsweg hinauf bewältigt hat, wird mit einem weiten Blick über den Ort belohnt. S. 272

Auf Entdeckungstour

Die Höhlen bei Porto Cristo – unterirdische Kathedralen: Die Unterwelt der Stalaktiten und Stalagmiten wird in den Höhlen von Drac und Hams mit modernster Licht- und Tontechnik wirkungsvoll präsentiert. S. 268

Kultur & Sehenswertes

Santuari de Sant Salvador: Festungsartig thront der große Komplex der Wallfahrtskirche hoch oben auf einem Felssporn ca. 4 km östlich von Felanitx und in Sichtweite des Kastells von Santueri. S. 266, 265

Capdepera: Auf den Bastionen kann man die am besten erhaltene Befestigungsanlage Mallorcas hoch über dem Ort umrunden. S. 276

Aktiv unterwegs

Strandwanderungen: Viele Strände wie Caló des Moro oder die Cala Sanau sind nur zu Fuß erreichbar und versprechen somit ein ruhiges Plätzchen abseits des Massentourismus. S. 253, 260

Tauchen vor Portocolom: Eine deutsche Tauchschule vermittelt Grundkenntnisse und bietet interessante Tauchgänge für Fortgeschrittene. S. 264

Genießen & Atmosphäre

Relaxen an der Cala s'Almonia: Mallorca wie vor 50 Jahren – weit und breit kein Haus, Vogelgezwitscher, Pinienduft, türkisfarbenes Meer und weißer Sand. S. 253

The Port Pub in Cala d'Or: Das passende Ambiente, um dem Seemannsgarn der Jachtsegler zu lauschen, bei einem Drink von weiteren Reisen zu träumen oder vom Lottogewinn für das passende Boot. S. 260

Der Wochenmarkt von Felanitx: Keine nachgemachten Designerklamotten oder unechten Uhren, stattdessen frisches Gemüse, duftende Würste und verlockende Schinken. S. 265

Abends & Nachts

Cala Rajada – die Hochburg der Nachtschwärmer: Im östlichsten Badeort Mallorcas stehen mehrere Discos, dezentere Clubs und angesagte Bars zur Wahl. S. 281

Die Ostküste

Hinsichtlich ihrer landschaftlichen und kulturellen Vielfalt steht die Ostküste zwischen Santanyí und Cala Rajada den anderen nicht nach. Begrenzt wird sie in ihrem nördlichen Abschnitt von der Serra de Llevant, die parallel zur Tramuntana verläuft, allerdings nicht deren Höhe erreicht und nirgends bis unmittelbar an das Meer tritt. Den Südteil hingegen, katalanisch Migjorn genannt, prägen Ölbaumhaine, Mandelplantagen und Weideland, früher auch Salinen, deren Reste man bei Ses Salines unter Naturschutz gestellt hat (Salines de Llevant, s. S. 244).

Die Küste selbst gliedert sich in unzählige, zuweilen höchst romantische Buchten, von denen die größten zu Häfen ausgebaut wurden. Verkehrstechnisch und strategisch haben sie ihre Bedeutung aber längst verloren. Einheimische Fischer und ausländische Jachtsegler nutzen sie heute als geschützte Liegeplätze. Nur in Cala Millor zieht sich ein breiter Sandstrand am Meer entlang und wurde naturgemäß vom Massentourismus vereinnahmt. Die Kalkfelsen der Serra de Llevant sind von Höhlen durchzogen, die zu den bedeutendsten Sehenswürdigkeiten der Insel zählen.

Im Südabschnitt der Küste, im Umkreis von Santanyí und Cala Figuera, liegen einige der schönsten Badebuchten der Ostküste. Der zentrale Abschnitt zwischen Portocolom und Cala Millor zeigt ein recht abwechslungsreiches Bild. Hübsche Hafenstädte wechseln mit langen Badestränden, und im Hinterland locken großartige Höhlensysteme mit unterirdischen Seen und Stalaktitengewölben, die gekonnt ins rechte Licht gesetzt und mit Musik berieselt werden. Der Nordosten der Halbinsel bezaubert schließlich durch seine landschaftliche und kulturelle Vielfalt. Ob Badeurlauber, Wanderer, Radfahrer, Segler oder Kulturreisender, alle kommen hier auf ihre Kosten. Die Besiedlung reicht in prähistorische Zeiten zurück und hat sich in zahlreichen Relikten ihrer bewegten Geschichte verewigt. Schon früh hatten sich Eremiten in den Bergen niedergelassen. Auf den Hügeln entstanden wehrhafte kleine Städte – fern vom unmittelbaren Zugriff der Piraten, die Mallorca immer wieder in Angst und Schrecken versetzt haben.

Infobox

Anreise und Weiterkommen
Bus: Die Region ist gut erschlossen: Von fast jedem Ort kann man Palma mehrfach tgl. direkt erreichen. Eine Verbindung entlang der Küste gibt es im Sommer mit L 445 von Costa del Pins nach Port de Pollença.
Schiff: Zwischen Cala Rajada und Porto Cristo bestehen während der Saison auch regelmäßige Schiffsverbindungen, Abfahrtszeiten und Buchungen unter http://excursionenbarco.com.

Santanyí ▶ G 7

Die etwas im Landesinneren liegende Ortschaft Santanyí beherrscht als wichtiger Verkehrsknotenpunkt und Zentrum der Öl- und Mandelbaumkulturen den Südzipfel der Halbinsel. Bekannt ist der Ort überdies für den hier abgebauten besonders harten, goldbraunen Santanyí-Sandstein, der auch für die Bauwerke der Stadt Verwendung fand.

Zyklopisches Mauerwerk, das beim Hausbau Verwendung fand, lässt auf eine bis in die Talaiot-Zeit reichende Siedlungsgeschichte schließen. Der

Santanyí

Name Santanyí geht auf die römische Ortsbezeichnung Santi Annini zurück, die sich wohl – eindeutig geklärt ist die Herkunft des Ortsnamens nicht – vom lateinischen Sanctus Agnus (heiliges Lamm) herleitet, Synonym für Jesus Christus als Opferlamm Gottes.

Von dem historischen Stadtbild ist ansonsten wenig erhalten geblieben, hat doch Santanyí wie kaum eine andere Ortschaft unter den Piratenangriffen des 16. Jh. zu leiden gehabt. Von ihrem Versteck auf Cabrera war es für die Seeräuber nur ein Katzensprung bis zu den Buchten Cala Figuera oder Cala Santanyí. Am 3. Oktober 1531 brannten sie die Ortschaft nieder und verschleppten einen Großteil der Bewohner in die Sklaverei. Vorübergehend wurde Santanyí daraufhin aufgegeben, später mit einer Mauer befestigt. In den Jahren 1546 und 1571 kamen die Piraten erneut und führten Dutzende von Einwohnern in die Gefangenschaft.

Església de Sant Andreu Apòstol
Plaça Major, Mo/Di, Do/Fr 18–19.30, Mi, Sa 10–13, 18–19.30, So 8.30–12, 18–19.30 Uhr

Mittelpunkt des Ortes ist die Kirche, die erst 1811 nach 25-jähriger Bauzeit fertiggestellt wurde und ihren Turm sogar nicht vor 1850 erhielt. Bedeutend ist sie vor allem wegen ihrer **Orgel von Jordi Bosch** (1739–1800),

Goldgelber Sandstein dominiert bei den alten Häusern von Santanyí

Die Ostküste

> ### Mein Tipp
>
> **Ausflug zum Santuari de la Consolació** ▶ H 7
> Etwas unterhalb des 270 m hohen Puig Gros nördlich von Santanyí, dort wo die Serra de Llevant aus der Ebene zu steigen beginnt, liegt nahe der Ortschaft S'Alqueria Blanca ein Stück im Landesinnern diese kleine, gegen Piratenüberfälle befestigte Klause mit hübschem Innenhof und einem Bildnis der Scholastika, die hier als Mare de Déu de la Consolació verehrt wird. Die Schwester des hl. Benedikt gilt, wie die Madonna von Bonany (s. S. 232), als Retterin vor Dürrekatastrophen.

dem seinerzeit bedeutendsten Orgelbauer Spaniens. Er hatte sie für das Kloster von Sant Domènec in Palma geschaffen, von wo sie nach der Säkularisierung 1837 per Schiff nach Cala Figuera und von dort mit dem Pferdekarren zu ihrem neuen Bestimmungsort transportiert wurde. Möglicherweise musste die Orgel damals verkleinert werden, um in der Kirche Platz zu finden, denn sie weist nur zwei Manuale auf. Allein schon ihr Äußeres besticht mit reich ausgestaltetem Prospekt. Eine ausführliche Würdigung dieser Kostbarkeit findet man unter www.orgelbits.de/santanyi.html.

An die Kirche grenzt die **Capella Roser** aus der ersten Hälfte des 14. Jh. Um der Bevölkerung bei Piratenüberfällen Schutz zu bieten, wurde sie um 1310 befestigt und im 16. Jh. erweitert.

Porta Murada

Von der bewegten Vergangenheit Santanyís zeugt auch die **Porta Murada**, nördlich der Pfarrkirche. Sie war Teil der Stadtbefestigung und diente danach viele Jahre als Gefängnis.

Essen & Trinken

Einfallsreich – **Goli:** C/Portell, 14, www.goli-santanyi.com, Mi–Sa 18–22, Mi und Sa auch 10–15 Uhr. Eine von drei Deutschen geführte, sehr gelungene Kombination aus Restaurant, Café und Galerie mit tollem Ambiente. Hauptgerichte ab 18 €.

Kuschelig – **Sa Botiga:** C/ del Roser, 2, (neben der Kirche), Tel. 971 16 30 15, www.sabotiga-santanyi.com, Mo–Sa 9–23, So 12–23 Uhr. Deutsch geführtes Restaurant. Die Gerichte werden ebenso liebevoll präsentiert wie das Ambiente, unten ›Wohnzimmer‹, oben ›Bibliothek‹. Hauptgerichte ab ca. 15 €.

Einkaufen

Moderne Kunst – Santanyí ist für seine Kunstgalerien bekannt. Kunstinteressierte sollten sich wegen Führungen mit Ingrid Flohr (www.kunst-touren-mallorca.com) in Verbindung setzen, die in der Szene bestens vernetzt ist und sich auch dem Nachlass des Deutschen Bildhauers Rolf Schaffner widmet.

Termine

Festa de Sant Jaume: Im Juli. Bootsprozession in der Cala Santanyí, Umzüge durch den Ort mit Pferdekarren und Riesenfiguren, geselliges Beisammensein auf dem Marktplatz mit Musik und Folklore.

Festa de Sant Andreu: 3. Dez. Fest zu Ehren des Lokalheiligen. Nach einer Messe folgt eine Prozession mit den Riesenfiguren Bernat Cinclaus und Maria Ramis. Den Abschluss bildet ein fröhliches Schmausen mitten auf dem Rathausplatz.

Die Buchten südlich von Santanyí

Cala Santanyí ▶ H 8

Der feinsandige Strand von Cala Santanyí liegt in einer von steilen Felsen gesäumten Bucht, etwa 2 km westlich von Cala Figuera. Der 70 m breite und 100 m lange Sandstrand ist überwiegend Tagesziel der Touristen von Cala Figuera, hat aber auch selbst einige Hotels aufzuweisen, die sich die über Treppen erreichbare Steilküste mit Sommervillen teilen. Leider verschandeln zwei Hotelkästen das romantische Bild dieser weit gestreuten Ansiedlung ohne eigentlichen Ortskern. Im Sommer kann es hier recht voll werden.

Cala Llombards ▶ G 8

Der sich südlich anschließende Strand der Cala Llombards ist aufgrund der recht weiten Anreise auch während der Hochsaison weniger bevölkert als Cala Santanyí, obwohl sich in unmittelbarer Nähe eine kleine, von Einheimischen bevorzugte Feriensiedlung gleichen Namens befindet, die auch von öffentlichen Verkehrsmitteln bedient wird. Mit ca. 60 m Länge und 150 m Breite ist der Strand sogar noch etwas größer als der von Cala Santanyí. In den Sommermonaten sorgt eine Strandkneipe für das leibliche Wohl.

Cala de sa Comuna und Cala s'Almonia ▶ G 8

Wer es noch ruhiger mag, kann die südlich von Cala Llombards liegenden kleinen Strände Cala de sa Comuna und Cala s'Almonia aufsuchen, die über keinerlei Infrastruktur verfügen. Die **Cala de sa Comuna** erreicht man über Treppen vom Ortsende von Cala Llombards aus, die **Cala s'Almonia** über eine zur Ferienurbanisation Almonia führende Stichstraße, die am Ortseingang von Cala Llombards nach rechts abzweigt und an deren Ende ebenfalls Treppen hinunter zum Wasser führen. Von der Cala s'Almonia gelangt man über einen Fußweg in die kaum mehr als 200 m entfernte **Caló des Moro**, eine von steilen Felsen umgebene Bucht mit einem 40 langen und 20 m breiten Strand.

Übernachten

Über dem Meer – **Hotel Pinos Playa:** Costa d'en Nofre, 15, Tel. 971 16 50 00, www.pinosplaya.com, DZ ab 90 €, in der Vorsaison deutlich günstiger. Eine hübsche wie preiswerte, seit vielen Jahren bestehende Unterkunft an einer der schönsten Buchten der Insel. Das Hotel wird gern von Familien mit Kindern aufgesucht. Eine Klimaanlage gibt es nicht und für WiFi muss man

Mein Tipp

Der Felsbogen Es Pontàs ▶ H 8
Diesen fotogenen Natursteinbogen vor der Bucht erreicht man, wenn man am Supermarkt der oberhalb der Bucht liegenden Siedlung Cala Santanyí von der Carrer de sa Costa d'en Nofre nach rechts abbiegt (bergauf) und der nächsten Straße (Sackgasse) nach links folgt (ausgeschildert). Auf einem Trampelpfad gelangt man dann zum Aussichtspunkt, von dem aus man sogar bis zum Meer hinuntersteigen kann.

Die Ostküste

zahlen. Kleine Zimmer und größere Appartements.

Geruhsames Feriendomizil – **Apartamentos Playamar:** Costa d'en Nofre, zu buchen über Hotel Rocamar in Cala Figuera, Tel. 971 61 51 25, www.rocamarplayamar.com, 82 € (2 Pers., Hochsaison). Schön am Hang mit Blick auf die Bucht, ca. 300 m zum Wasser.

Essen & Trinken

Romantisch – **Café Bar Restaurant Drac:** Cova des Drac, 15, Tel. 629 79 13 41, tgl. 12–1 Uhr, im Winter geschl. Gepflegte Küche mit frischen Zutaten. Die nur kleine Speisekarte und längere Wartezeiten werden durch das Ambiente mit Kerzenschein und Traumblick über die Bucht wettgemacht. Hauptgerichte ab ca. 20 €.

Infos

Verkehr: Cala Santanyí ist über eine Stichstraße zu erreichen, die am Ortseingang (Kreisel) von Cala Figuera nach Süden abzweigt. Hier geht nach rechts auch eine Stichstraße zur Cala s'Amarador (Cala Font de n'Alis, einem Teilstück der Cala Mondragó) ab, die Teil des Naturparks Mondragó ist (s. S. 256). Zwischen Cala Santanyí und Palma besteht auch eine Busverbindung. Um zur Cala Llombards zu gelangen, muss man zunächst der Straße Santanyí–Ses Salines folgen und dann zur Küste abzweigen (ausgeschildert). Zu Fuß ist der Weg von der Cala Santanyí hingegen nur knapp 2 km lang.

Cala Figuera ! ▶ H 7/8

Bis zum nächsten landschaftlichen Höhepunkt, der Ortschaft Cala Figuera, sind es nur wenige Kilometer. Man sollte ihn nicht mit dem gleichnamigen Kap bei Magaluf verwechseln (s. S. 128), denn von der Lage her sucht dieser ehemalige Fischerort auf ganz Mallorca seinesgleichen. Fjordartig schneidet hier eine schmale Bucht tief ins Land und verzweigt sich in zwei Arme, gesäumt von steil aufragenden Kalksteinformationen. Auf den Klippen haben Häuser ihren Platz und ziehen sich an der weniger steilen Westseite bis zum Wasser hinab, wo sich schmale Anlegestellen und Bootsschuppen der Fischerboote an den Felsen klammern. Das Fahrwasser ist so eng, dass die Anlegeplätze teilweise stollenartig aus dem Gestein gearbeitet worden sind. Einen stimmungsvolleren Hafen gibt es auf ganz Mallorca nicht, zumal sich auch die Bebauung bis auf eine einzelne architektonische Entgleisung harmonisch in die pinienbestandene Landschaft einfügt.

Einzig gravierender Nachteil ist das Fehlen eines Strandes. Wer Badefreuden genießen will, muss sich zur benachbarten **Cala Santanyí** (ca. 3 km, s. S. 253) auf den Weg machen, mit dem Fahrrad oder zu Fuß. In Fahrradreichweite liegt auch die **Cala Mondragó** (ca. 7 km, s. u.). Lange war Cala Figuera beliebter Treffpunkt der jüngeren Generation. Leider macht der Ort abseits der schönen Promenade heute einen recht vernachlässigten Eindruck. Einige Kneipen sorgen dafür, dass die Lichter nicht schon bei Sonnenuntergang verlöschen.

Übernachten

Da sich der Ort zum Baden nur bedingt eignet, gibt es nur wenige, recht einfache Hotels.

Traumhafte Lage – **Villa Sirena:** C. Virgen del Carmen, 37, Tel. 971 64 53 03, www.hotelvillasirena.com, Appartements ganzjährig geöffnet, Nov.–März

Cala Figuera

Die schmalen Bootsanlegestellen mussten aus dem Fels herausgearbeitet werden

Hotel geschl., DZ 86 € (Hochsaison). Über der Hafenzufahrt gelegenes Hotel (45 Zimmer) mit fantastischer Aussicht, Sonnenterrasse mit Pool, sehr viele junge Gäste. Auch im Winter geöffnete Appartements (18 Zimmer) auf der anderen Straßenseite ab 91 € (2 Pers., Hochsaison). Im Hotel kann es nachts recht laut werden.
Weiter Blick – **Rocamar**: C. Joan Sebastià Elcano, 38, Tel. 971 64 51 25, www.rocamarplayamar.com, Nov.–April geschl., DZ 60 € (Hochsaison). Sehr ruhiges familiäres Hotel mit 42 einfachen Zimmern in herrlicher Lage oberhalb der Villa Sirena, kleiner Pool.
Zentral – **Hostal Can Jordi**: C. Virgen del Carmen, 58, Tel. 971 64 50 35, www.hostalcanjordi.webs.com. Einfache Zimmer mit Meerblick und Balkon an der Promenade sowie Appartements, Wohnungen und komplette Häuser. Im Hotel kostet das DZ das ganze Jahr über 45 €. Für ein Zwei-Personen-Appartement zahlt man 60 € ohne Verpflegung, für eine ›Villa‹ mit Garten, Terrasse und Meerblick (4 Pers.) 85 €.

Essen & Trinken

Für Geduldige – **Es Port**: C. Virgen del Carmen, 88, Tel. 971 16 51 40, während der Saison tgl. 13–15, 18–1 Uhr. Bekannt für seine italienische Küche. Wegen der Aussicht und der schnellen Abfertigung beliebt; mit Wartezeiten ist zu rechnen, keine Reservierungen, das Preis-Leistungs-Verhältnis könnte besser sein. Hauptgerichte ab 18 €.
Hafenblick – **Mistral**: C. Virgen del Carmen, 42, Tel. 971 64 51 18, www.mistral-restaurante.com, Ende März–Ende Okt. tgl. außer Mo ab 18.30 Uhr. Etwas oberhalb des Hafens gelegenes kleines Restaurant mit vorzüglichen Speisen zu vernünftigen Preisen. Hauptgerichte ab 18 €.

Die Ostküste

Einkaufen

Impressionen und Stilleben – **Atelier Camargo (ehem. Sirena):** C. Virgen del Carmen, 31. Das Atelier und Geschäft von Hein Driessen wurden von dem geschäftstüchtigen Maler Camargo übernommen. Hein Driessens Werke findet man nun in seiner Galerie in Emmerich (www.heindriessen.de).

Infos

O.I.T. Cala Figuera: C. Pintor Bernareggi, 26, Tel. 971 64 50 10, März–Okt. Mo–Fr 9–13, 16–19 Uhr.
Bus: Mehrfach tgl. mit L 502 (tib) nach Palma, über Cala Santanyí und Cala Llombards.
Schiff: Glasbodenschiffe (http://starfishboat.com) nach Cala d'Or und zur Cala Mondragó.

Cala Mondragó ▸ H 7

Der vielleicht schönste Badeplatz der ganzen Insel ist die Doppelbucht der Cala Mondragó/Cala s'Amarador. Pinienbewachsene Hügel umschließen die beiden durch einen Fußweg miteinander verbundenen, weitläufigen, aber schon stark frequentierten Sandbuchten (geöffnet tgl. 9–16 Uhr). Die Cala s'Amarador ist auch von Cala Figuera aus auf einer Stichstraße zu erreichen, die am Ortseingang abzweigt und auf einem Parkplatz endet, von dem aus man noch 10 Min. zu Fuß gehen muss.

Bisher haben an der Cala Mondragó nur zwei kleine Hotels ihren Platz, da eine weitere Bebauung durch die Aktivitäten der GOB (s. S. 51) glücklicherweise vereitelt wurde, obwohl man die Pläne dazu bereits in der Schublade hatte. Die Buchten wurden weiträumig zum **Naturpark Mondragó** erklärt und damit weiterer wirtschaftlicher Nutzung entzogen. Dafür haben sich viele Vogelarten, darunter auch Seeadler, den mit Pinien bestandenen Küstenstreifen zum Refugium erkoren.

Übernachten

Im Naturpark selbst existieren nur die erwähnten bescheidenen Hotels, die Bestandswahrung haben und somit aufgrund ihrer Lage sehr begehrt sind. Nur Gäste dürfen mit dem Wagen bis zum Hotel fahren
Naturnah – **Hostal Playa Mondragó:** Tel. 971 65 77 52, www.playamondrago.com, Nov.–Mitte März geschl., DZ ab 110 € (Hochsaison, mit Frühstück). Kleineres Hotel mit 41 Zimmern direkt am Strand der Cala Mondragó.
Im Schutz des Parks – **Hostal Condemar:** Tel. 971 65 77 56, www.hostalcondemar.com, Nov.–April geschl., DZ ca. 72 € mit Frühstück, 85 € mit HP. Etwas erhöht an der Cala Mondragó gelegenes Hostal mit 45 Zimmern.

Portopetro ▸ H 7

Portopetro gliedert sich in zwei malerische Hafenbuchten, angefüllt mit Fischerbooten und Jachten, gesäumt von kleinen Restaurants, die gern von Tagesausflüglern aus dem nahen Cala d'Or aufgesucht werden. Einen bedeutsamen Strand gibt es nicht. Von der Felskante der südlichen Bucht blickt das Nobelhotel Blau PortoPetro über die Bucht.

Übernachten

Nobel – **Puravida Resort Blau PortoPetro:** Av. des Far, 12, Tel. 971 64 82 82, www.blauhotels.com, Nov.–Jan. geschl., DZ ab ca. 260 €. Ausgedehnte moderne Anlage mit über 300 Zim-

mern auf der Spitze einer Halbinsel hoch über dem Ort mit Blick auf den Hafen. Drei Pools, Tennisplätze, breites Wellnessangebot.
Nur für Erwachsene – **Varadero Porto Petro:** C. Patrons Martina, 3, Tel. 971 65 72 23, www.hoteldeluxvaradero.com, Okt.–April geschl., DZ ab ca. 62 €. Nette Pension mit kleinem Pool.

Essen & Trinken

Herausragende Restaurants gibt es hier nicht, aber man sitzt schön am Hafen.
Familienbetrieb – **La Aventura:** C/ Punta Mitjana, 11, 12–15, 19–23 Uhr, im Winter geschl. Am Hafen gelegenes kleines Restaurant. Toller Blick, gute Tapas, ausgezeichneter Fisch zu zivilen Preisen – alles, was der Urlauber sucht. Hauptgerichte ab ca. 12 €.
Beliebt – **La Caracola:** Av. del Port, Tel. 971 65 70 13, tgl. ab 12 Uhr. Von Einheimischen bevorzugtes Lokal mit Fischgerichten und Terrasse am Hafen. Der Service könnte allerdings besser sein. Hauptgerichte ab ca. 12 €.

Infos

Bus: Mit L 501 (tib) mehrfach tgl. Verbindungen von/nach Cala d'Or und Palma.
Minitren: Während der Saison Verbindungen mit Cala d'Or, Cala Mondragó.

Cala d'Or ▶ H 7

Mit dem Feriengebiet der Cala d'Or hat die Südostküste in ihrem südlichen Abschnitt ihr zweites großes Touristenzentrum. Im Gegensatz zu Cala Millor (s. S. 270) mit seinem breiten, weißen Strand herrscht hier eine zerklüftete Steilküste entlang einer großen Bucht vor, von der aus immer wieder schmale Nebenarme mit tiefem Sandstrand ins Land greifen. Es gibt nur wenige Küstenstriche, an denen die Harmonie zwischen Land und Meer und der mediterrane Charakter besser zur Geltung kommen. Zu diesem positiven Eindruck trägt nicht unwesentlich die überwiegend flache Bebauung im sogenannten Ibiza-Stil bei. Mit ihren weißen, von üppigen Gärten umschlossenen villenartigen Unterkünften und der sehr ansprechenden Fußgängerzone beweist diese weit auseinandergezogene Urbanisation, dass man auf Mallorca durchaus landschaftsverträglich zu bauen versteht.

Besonders gelungen erscheinen auch das kleine Zentrum und die in der Cala Llonga angelegte **Marina Porto Cari** mit ihren Bootsstegen, gemütlichen Cafés, gepflegten Restaurants und modischen Boutiquen. An der südlichen Spitze der Bucht liegt die restaurierte Festung, **Forti** (freier Zugang), die früher das Hafenzufahrt bewachte. Der Komplex ist nicht spektakulär, sehr hübsch aber der Blick über die Bucht.

Einziger Nachteil ist die im Verhältnis zur Bettenzahl recht geringe Strandkapazität, die in den Sommermonaten zu einem schwimmbadähnlichen Gedränge führt. Es bieten sich allerdings einige lohnende Ausweichmöglichkeiten, etwa zur Cala Mondragó, überdies verfügen alle Hotels über eigene Pools. Somit empfiehlt sich dieses Ferienziel besonders für Reisende mit gehobenen Ansprüchen, die mehr Wert auf Ambiente als auf kilometerlange Strände legen.

Übernachten

Der Ort hat zahlreiche Unterkünfte zu bieten, die überwiegend der gehobenen Kategorie zuzurechnen sind und pauschal preiswerter als vor Ort zu buchen sind.

Lieblingsort

Cala S'Amarador – Natur pur
▶ H 7

Der Weg von den Hotels in Cala Figuera oder Portopetro ist recht weit, und das ist gut so. Glücklicherweise wurde die Doppelbucht von Mondragó (Cala Mondragó/Cala S'Amarador) mit ihren beiden Stränden und ihrem Hinterland auf Initiative der Umweltbehörde schon 1992 zum Naturschutzgebiet erklärt. Für mich gehört der kleinere, abgelegenere Strand Cala S'Amarador zu den schönsten der Insel. Man sieht kein Haus und auch keine geparkten Autos, die 10 Fußminuten entfernt auf einem riesigen Parkplatz warten müssen. Stattdessen weißer Sand, türkis-farbenes Meer, umschlossen von unberührter Natur – kurzum die Erfüllung aller Urlaubsträume, zumal die bescheidene Strandbar auch ein kühles Bier bereithält.

Die Ostküste

> ### Mein Tipp
>
> **Cala Sanau – eine abgeschiedene Bucht** ▶ H 7
> Wem es an den Ministränden von Cala d'Or zu eng wird, der kann sich ungefähr 5 km nach Norden zur Cala Sanau absetzen, obwohl auch sie längst kein Geheimtipp mehr ist. Von der nördlichsten Bucht von Cala d'Or, der Cala Ferrera, führt ein ausgeschilderter Weg dorthin, der sich gut mit dem Fahrrad zurücklegen lässt. Es gibt eine kleine Bude, die im Sommer die Grundbedürfnisse nach Trink- und Essbarem stillt. Da der Strand nicht, wie in Cala d'Or sonst üblich, in Ordnung gehalten wird, sollte man seine Butterbrotpapiere und Plastikflaschen nicht gerade hier entsorgen.

Cala Gran in geschmackvoll spanischem Stil, mit Hallenbad. Nicht zu verwechseln mit dem nicht ganz so guten **Rocador Playa** (Tel. 971 65 77 25) nebenan, das zur gleichen Gruppe gehört.

Essen & Trinken

Aufgrund des Jachthafens und des gehobenen Hotelangebots gibt es etliche gute Restaurants.
Exquisit französisch – **Port Petit**: Av. Cala Llonga, Tel. 971 64 30 39, www.portpetit.com, tgl. außer Di 15.30–19 Uhr, im Aug. auch Di abend geöffnet. Französische Küche auf hohem Niveau, serviert auf einer Terrasse mit Hafenblick, etwa Lammrücken im Brotpilzmantel (22 €). Hauptgerichte ab 20 €, Menü ab 38 €, preiswerteres Bistro-Menü mittags 19,50 €.
Maritimes Ambiente – **Sel Ani**: Av. de Cala Llonga, 5, Tel. 635 52 39 46, im Winter geschl. Nach einem neidischen Blick auf die Jachten wendet man sich den ausgezeichneten Tapas und der Paella zu. Hauptgerichte ab ca. 18 €.
Bodenständig mallorquinisch – **Can Trompe**: Av. de Bélgica, 12, Tel. 971 65 73 41, Mi–Mo 13–15.30, ab 19 Uhr, Nov.–März. geschl. Frische spanische Küche, auch Paella, zu günstigen Preisen. Hauptgerichte ab ca. 15 €.

Gartenparadies – **Melia Cala d'Or Boutique Hotel**: Portinatx, 16–18, Tel. 971 64 81 81, www.melia.com, DZ ab ca. 216 € (Hochsaison). In üppigem Garten gelegenes Hotel mit persönlicher Note (nur 49 Zimmer), nahe Zentrum und Cala Gran, zuvorkommender Service, schöne Zimmer, beheiztes Hallenbad.
Traditionsreich – **Cala d'Or**: Av. de Bélgica, 33, Tel. 971 65 72 49, www.hotelcalador.com, DZ ab ca. 167 € (mind. 5 Tage). Das im Ibiza-Stil gehaltene Hotel (95 Zimmer) entstand bereits 1935, bevor es die Siedlung gab, und konnte sich so einen privilegierten Platz an der Bucht Cala d'Or sichern. Mehrfach renoviert, ohne seinen Charme einzubüßen, gehört es heute sicherlich zu den schönsten Unterkünften.
Strandlage – **Rocador**: Av. Marquès de Comillas, 3, Tel. 971 65 70 75, Feb.–Okt., DZ 147 € (Halbpension, Hochsaison). Großer Komplex an der

Abends & Nachts

Hightech-Disco – **Farah's**: Av. Bien Venidos (Bén Vinguts), 44, am Ortseingang, Tel. 971 65 74 93, während der Saison tgl. ab ca. 22 Uhr. Gilt als beste Disco des Ortes, modernes Equipment und Top-DJs.
Maritim – **The Port Pub**: Port Petit, Tel. 971 65 90 06. Uriger Seglertreff am Jachthafen.
Musikmix – **El Cotton Club**: Club Edifició del Pueblo (Club Edifici de Poble),

Tel. 699 76 25 25. Beliebter Club mit Musik von Salsa bis Rock.
Teenytreff – **Chic-Palace:** C. Puntetes, 5, Tel. 971 64 35 57, während der Saison tgl. ab ca. 22 Uhr. Vor allem bei den Jüngeren beliebter Tanzschuppen.
Golden Sixties – **The Sound House:** C. Antonio Costa, 22, Tel. 971 58 03 35. Pub mit Musik der 1960er- bis 1980er-Jahre.

Infos & Termine

Infos
O.I.T.-Touristenbüro: C. Perrios Pomar, 10, Tel. 971 65 74 63, ajuntament@ ajsantanyi.net, Mo–Fr 9–13, 15–17 Uhr.

Termine
Jazzfestival: Letzte Woche im Mai mit namhaften Bands, die in den Pubs und auf Plätzen spielen.

Verkehr
Bus: Mit L 501 (tib) mehrfach tgl. nach Palma (über Portopetro und Santanyí), mit dem A 51 direkt zum Flughafen.
Minitren: Zu den einzelnen Buchten, nach Portopetro und zur Cala Mondragó (nur im Sommer).
Schiff: Bootsverbindungen nach Cala Figuera und Cala Llombards, nur während der Saison.

Portocolom ▸ H/J 6/7

Die etwas verschlafene Hafenstadt Portocolom, einer der reizvollsten Orte der Südostküste, verdankt ihre Existenz der weiten Bucht, die tief ins Land greift und Schutz vor Wind und Wetter bietet.

Am nördlichen Ende der Bucht hat der traditionelle Fischerort mit seinen malerischen hügeligen Gassen, der gedrungenen Kirche und den mit Bootsschuppen gesäumten Anlegestellen den hektischen Aufschwung Mallorcas fast unbeschadet überstanden. Um die Westseite der Bucht zieht sich eine breite, von Platanen gesäumte Allee, die immer wieder einen herrlichen Blick auf die weite Wasserfläche mit den unzähligen vor Anker liegenden Booten freigibt. Hier sind die unförmigen Motorjachten, die in Port Portals oder Palma ankern, kaum anzutreffen. Somit tritt unverfälschtes maritimes Flair noch deutlicher in Erscheinung als in den meisten anderen Häfen. Am östlichen Ufer windet sich von der Altstadt eine schmale Straße vorbei an einem kleinen, wenig besuchten Sandstrand durch das Villenviertel Sa Punta hinauf zum gleichnamigen Leuchtturm, der die Spitze der Halbinsel krönt.

Der Hafen
Seine Blütezeit erreichte der Hafen Ende des 19. Jh. als Hauptausfuhrhafen der Weine von Felanitx nach Frankreich. Die französischen Anbaugebiete waren damals von der um 1860 aus den USA eingeführten Reblaus fast vollständig vernichtet worden und Mallorca in die Bresche gesprungen (s. S. 74). Es liegt wohl am Namen, dass die Stadt nicht müde wird, darauf zu pochen, dass Christoph Kolumbus in ihren Mauern oder im benachbarten Felanitx geboren wurde, wenngleich die vorgebrachten Beweise mehr als dürftig erscheinen.

Cala Marçal ▸ H/J 7

Über einen Bergrücken gelangt man zur südlich von Portocolom gelegenen Bucht, Cala Marçal, wo sich ein bescheidener Tourismus rings um einen 150 m breiten und 90 m tiefen Sand-

Die Ostküste

Immer noch beschaulich wirkt die Hafenstadt Portocolom

strand, dem einzig nennenswerten Portocoloms, entwickelt hat.

Alle Hotels liegen erhöht und erfordern einen mehr oder weniger langen Fußweg. Das Angebot an abendlicher Unterhaltung hält sich in Grenzen. Daher werden sich hier all jene Touristen wohlfühlen, die einen ruhigen Urlaub in der traditionellen Atmosphäre eines kleinen, natürlich gewachsenen Hafens verbringen möchten. Wer Ausflüge in die Umgebung machen möchte, sollte über einen Mietwagen verfügen. Aber auch Fußgänger kommen in diesem Ort auf ihre Kosten, erschließen sich ihnen doch abgelegene Badebuchten mit so fremden Namen wie **Cala Brafi** (im Süden) oder **Cala Arsenau** (im Norden).

Übernachten

Aufgrund der geringen ›Strandkapazität‹ beschränkt sich das Angebot auf einige wenige Hotels.

Weitblick – **Cape Colom:** C. Assumpció, 1, Tel. 971 82 52 52, www.jshotels.com, Nov.–Apr. geschl., DZ ab ca. 140 € (Hochsaison), auch pauschal buchbar. Direkt über der Steilküste, weiter Blick über Bucht und Meer, 133 Zimmer.

Gemütlich – **Hostal Portocolom:** C. Cristofòr Colom, 5, Tel. 971 82 53 23, www.hostalportocolom.com, DZ 70 €. Am Hafen abseits des Touristenrummels gelegen, modern gestyltes Restaurant, gut für Kleinigkeiten und Pizza.

Sportlich – **Hostal Bahia Azul:** Rda. Crucero Balear, 78, Tel. 971 82 52 80,

Portocolom

www.bahia-azul.de, DZ 72 €. Deutsches Hostal, das in Verbindung mit einer Tauchbasis (s. u.) betrieben wird. 15 einfache, Zimmer und Pool direkt an der Bucht.

Essen & Trinken

Die Stadt kann sich einer erstaunlichen Vielzahl ausgesprochen guter Restaurants rühmen.

Mediterrane Spitzenküche – **Colón:** C. Cristofòr Colom, 7, Tel. 971 82 47 83, www.restaurante-colon.com, Do–Di 11–23.30 Uhr, im Aug. ab 19 Uhr, im Winter geschl. Kreative Spitzenküche wird in kolonialer Clubatmosphäre serviert. Seit der Österreicher Dieter Sögner, ein Schüler von Alfons Schuhbeck, hier regiert, gehört das Restaurant zu den Top Ten der Insel. Hauptgerichte ab 30 €. Man kann auch ein 10-Gänge-Menü zu knapp 100 € wählen, manchmal gibt es sogar Tafelspitz – Kenner sagen: »Besser als in der Heimat«!

Guter Durchschnitt – **VoraMar:** C/ Cristobal Colom N 27, Tel. 971 82 40 84, tgl. 8.30–24 Uhr, im Winter Mo geschl. Familienbetrieb mit solider einheimischer Küche zu moderaten Preisen und mit einer zuvorkommenden Bedienung. Auch hier stehen Fischgerichte im Mittelpunkt. Hauptgerichte ab ca. 10 €.

Feiner Fisch – **La Llotja:** C. Pescadores, s/n, Tel. 971 82 51 65, www.restaurantsallotjaportocolom.com, Di–So ab 10, Küche 13–15, 19–22.30 Uhr, im Winter Mo/Di geschl. Ableger des Restaurants Stay in Port de Pollença (s. S. 192). Man sitzt in einem sachlichen Interieur im großen Speiseraum im ersten Stock oder auf einer Terrasse, der Blick fällt auf den Hafen und die Altstadt. Auch hier ist frischer Fisch Programm, etwa Seehecht und Weißfisch (ca. 23 €). Das Menü mit Wahlmöglichkeiten zwischen Fisch und Fleisch kostet 38 € inkl. Wein und Kaffee.

Tapa-Spezialist – **Florian:** C. Cristofòr Colom, 11, Tel. 971 82 41 71, www.restaurant-florian.com, tgl. 11–22 Uhr, außerhalb der Saison Do Ruhetag, Nov.–22. Dez. geschl. Der geeignete Platz für eine ausgedehnte Siesta bei reicher Auswahl an Tapas, ebenfalls mit Terrasse und Blick über die Bucht, nur einige Meter neben dem Colón. Und auch der Inhaber Florian Billig ist ein mitteleuropäischer Nachbar – er stammt aus Bayern. Tapas gibt es ab 5 €, das Mittagsmenü zu 18 € (tgl. wechselnde Karte) und der Hauswein ist erfreulich preiswert. Der Service ist allerdings verbesserungsfähig.

Die Ostküste

Aktiv

Tauchen vor Portocolom – **Bahia Azul:** Im Hostal Bahia Azul (s. S. 262), www.bahia-azul.de. Kurse in einer deutscher Tauchschule.

Infos

O.I.T. Portocolom: Av. Cala Marçal, 15, Tel. 971 82 50 84, Mo–Fr 10–15, Sa 10–14 Uhr.
Bus: Verbindung mit L 490 (tib) mehrfach tgl. via Algaida und Felanitx nach Palma.

Felanitx ▶ H 6

Die durch Täler, die Hügel der Serra de Llevant und Flussläufe gekennzeichnete Landschaft zwischen Felanitx und der Küste wird seit alters landwirtschaftlich intensiv genutzt und war lange eines der bevorzugten Weinanbaugebiete. Zwischen 1870 und 1890 wurden die Erzeugnisse über Portocolom vor allem nach Frankreich exportiert. Heute bestimmen Mandelplantagen, Getreidefelder und nach wie vor der Weinanbau das Bild der Kulturlandschaft.

Die ca. 12 km westlich von Portocolom liegende Kleinstadt Felanitx hinterlässt aufgrund ihrer Lage am Rande der Serra de Llevant und der Verteilung der Häuser über vier Hügel nach wie vor einen recht malerischen Eindruck. Früher, als die 25 Windmühlen noch in Betrieb waren, deren Stümpfe sich auf einer Klippe an der östlichen Ortseinfahrt reihen, muss dieser noch nachhaltiger gewesen sein. Prähistorische Funde deuten auf eine frühe Besiedlung des Hügels. Sein Name soll allerdings römischen Ursprungs sein, abgeleitet aus Fenalicus (Ort, wo Heu gemacht wird). Unter den Arabern wurde Felanitx zum Zentrum der Azulejo-Herstellung, versank dann während der Reconquista in Schutt und Asche. Jaume II. veranlasste den Wiederaufbau, wodurch auch die Keramikherstellung wieder belebt wurde und bis heute blüht.

Església de Sant Miquel

Eng scharen sich die Häuser der Innenstadt um die barocke Pfarrkirche (1551–1603). Man erreicht sie über eine breite Freitreppe von der Plaça Font de Santa Margalida mit dem **Margareten-Brunnen**, dessen unablässig sprudelnder Quell als Symbol ewiger Liebe gedeutet wird und heilende Wirkung haben soll.

Wie auch andernorts üblich wurde Sant Miquel möglicherweise auf den Grundmauern einer Moschee errichtet. Das Hauptportal der Kirche, erst 1746 hinzugefügt, wird von einer Figur des hl. Michael in Gestalt des Drachentöters, des Vernichters der gottfeindlichen Mächte, geziert. Er war es auch, der in Engelsgestalt Adam und Eva mit dem Schwert aus dem Paradies vertrieben hat. An der Seitenwand der Kirche erinnert eine Tafel an den tragischen Tod von 411 Menschen, die eine einstürzende Mauer während der Osterprozession 1844 unter sich begrub.

Es Calvari

Im Südosten liegt auf einem 218 m hohen Hügel (Kalvarienberg) eine erst Mitte des 19. Jh. auf Initiative des Bürgermeisters von Felanitx errichtete **Wallfahrtskirche**, zu der ein Prozessionsweg hinaufführt. Er nimmt am Ende des Carrer des Call seinen Anfang. Das kleine Gotteshaus steht vor allem im Mittelpunkt des Erntedankfestes, das alljährlich am 3. Mai stattfindet und bei dem die Feldfrüchte gesegnet werden.

Felanitx

Castell de Santueri ▶ H 6

www.santueri.org, unregelmäßig geöffnet, Sommer tgl. 10.30–17.30, Dez.–Feb. nur So/Fei 10–17 Uhr, 4 €

Ca. 2 km südlich von Felanitx zweigt von der nach Santanyí führenden Straße ein schmaler Fahrweg ab, der sich zu der **Festung** hinaufwindet. Während der Reconquista hatten sich hier arabische Truppen ein Jahr lang verschanzt, ehe sie sich dem Belagerer Jaume I. ergeben mussten. Die mallorquinischen Könige nutzten die Festung weiterhin als Bastion, zunächst im Kampf gegen Aragón und später gegen die Piraten, die von der Insel Cabrera aus die Küste unsicher machten.

Von den zahlreichen Gebäuden auf dem Hochplateau ist kaum etwas erhalten. Beeindruckend sind aber insbesondere die Mauern sowie der großartige Blick bis hinüber zur Illa de Cabrera.

Übernachten

Landidylle – **Finca Es Pla Nou:** Carretera Felanitx–Petra, km 6 (ca. 1 km abseits der Straße), Tel. 600 69 62 40, www.finca-es-pla-nou.de, DZ ab 82 €, Appartements ab 102 €. Eine Oase der Ruhe mit Pool auf einem großen Gelände, das noch bewirtschaftet wird. Für Ausflüge ist ein Mietwagen angebracht.

Essen & Trinken

Auf hohem Niveau – **El Castillo de Bosque:** Ctra. Felanitx–Portocolom, km 8, Tel. 971 82 41 44, https://elcastillodelbosque.wordpress.com, tgl. außer Mi 12.45–15.45, 19.00–22.30 Uhr, Mitte Dez.–Ende Jan. geschl. Im Castillo wird exzellente Küche mit ausschließlich frischen Zutaten zubereitet. Für einen Besuch spricht auch die gute Auswahl an mallorquinischen Weinen. Das Abendmenü gibt es für ca. 35 €, das Mittagsmenü für ca. 14 €.

Deftig – **Es Mercat:** C. Major, 26, Tel. 971 58 00 08, So–Fr ca. 11–16 Uhr. Der rechte Ort, um am Markttag den kleinen oder auch größeren Hunger mit mallorquinischer Hausmannskost angenehm zu stillen. Hauptgerichte ab 9 €, Menü 8 €.

Einkaufen

Ursprünglich – **Sonntagsmarkt:** Der Markt rund um die Pfarrkirche gehört noch zu den weniger touristischen der Insel. Vor allem die Einheimischen nutzen ihn. Auch viele Geschäfte haben anlässlich des Marktes geöffnet.

Zerbrechliche Kostbarkeiten – **Cerámicas Mallorca:** C. Augusti, 50–58, Tel. 971 58 02 01, www.ceramicasmallorca.com, Mo–Fr 9–13, 15.30–19, Sa 10.30–13 Uhr. Handgearbeitete Keramik wird hier mit geschmackvollem Design präsentiert.

Infos & Termine

Infos
www.visitfelanitx.es: Recht informative Seite auch in Deutsch über Hotels, Restaurants und Sehenswürdigkeiten, aber auch Tipps zu Wanderungen.

Termine
Festa Patronal de Santa Margalida: 19./20. Juli. Patronatsfest mit *cavaletts* (Pferdetanz) – zwei Jungen des Ortes, die als Pferd verkleidet im Rahmen der Prozession einen Tanz auführen. Es findet ein Jahrmarkt statt.

Verkehr
Bus: Verbindungen mit L 490 (tib) mehrfach tgl. über Algaida nach Palma, in umgekehrter Richtung nach Portocolom.

Die Ostküste

Von Sant Salvador und Es Picot erstreckt sich der Blick weit über die Insel

Santuari de Sant Salvador ▸ H 6

Festungsartig thront der große Komplex der Wallfahrtskirche Sant Salvador hoch oben auf einem Felssporn ca. 4 km südöstlich von Felanitx in Sichtweite des Kastells. Der mehrstöckige, schmucklose Bau hat nichts von der Beschaulichkeit vieler kleinerer Eremitagen, zumal eine gut ausgebaute Zufahrt und ein großer Parkplatz die Anreise auch mit Bussen ermöglichen.

Im Jahre 1348 durfte die Verwaltung des Kastells von Santueri auf dem Plateau eine Kapelle zu Ehren des hl. Salvador errichten, dessen Name der Berg bereits trug, seit sich einige Eremiten am Hang in einer Höhle niedergelassen hatten. Ohne Wunder aber blieb auch dieses Heiligtum nicht. Wieder war es ein überirdisches Leuchten, das einen Hirten zu einer Höhle mit einem kleinen Madonnenbildnis führte, das frühe Christen hier bei der arabischen Conquista verborgen haben sollen. Die aus dem 13. Jh. stammende **Madonnenfigur** hat ihren Platz in der 1716 errichteten Klosterkirche gefunden. Eine künstlerische Meisterleistung ist das **Alabaster-Retabel** in einer der Seitenkapellen, das Passionsszenen in gotischer Strenge zeigt – obwohl es sich um eine erst 1942 fertiggestellte Kopie eines Werks aus dem Jahre 1794 handelt.

Im Gefolge der Säkularisierung wurde das Kloster 1851 aufgegeben, 40 Jahre später aber, als der Bau wieder in kirchlichem Besitz war, erneut von Mönchen bezogen.

Neben dem Gebäude erhebt sich ein 37 m hoher **Turm**, gekrönt von einer 7 m hohen Christusstatue, die 1937 gestiftet wurde. Ein Fußweg führt zu dem riesigen Steinkreuz **Es Picot** (1957), dessen erste (1897) und zweite (1927) Ausfertigung Stürmen zum Opfer fiel.

Der Blick vom Klosterberg gehört zu den besten ganz Mallorcas, kann man doch bei gutem Wetter fast die gesamte Insel überschauen.

Übernachten

Mit Weitblick – **Petit Hotel Hostatgeria Sant Salvador:** Puig Sant Salvador, Tel. 971 51 52 60, www.santsalvador hotel.com. Ehemalige Klosterherberge mit nach wie vor recht nüchternen, aber modernen Zimmern. DZ ab 62 € (Hauptsaison, ohne Frühstück). Im Kloster befindet sich ein auf Reisegruppen eingestelltes Restaurant. Spezialität Spanferkel (12 €).

Cales de Mallorca/ Cala Murada ▸ J 6

Nördlich von Portocolom erstrecken sich die Hotelurbanisationen der Cales de Mallorca sowie der Cala Murada, die vor allem bei Reisenden mit Ruhebedürfnis beliebt sind. Leider wurde die an sich schöne Steilküste an den Cales de Mallorca durch Hotelbauten verschandelt, ein geradezu abschreckendes Beispiel fehlgeleiteter Entwicklung.

Auch die südlich angrenzende Urbanisation Cala Murada kann trotz der hübschen Villen mit anderen Badeorten nicht mithalten.

Den als Sehenswürdigkeit angepriesenen **Jamaica Parque Tropical** (Ctra. Portocolom–Porto Cristo, km 4,5, 7 €) sollten Tierfreunde besser meiden. Interessant sind hier allenfalls die tropischen Pflanzen.

Porto Cristo ▸ J 5

Mit Porto Cristo schiebt sich dann wieder ein natürlich gewachsener Hafenort in diese Reihe der touristischen Fehlplanungen. Angesichts der tief ins Land greifenden Bucht ist es auch kaum vorstellbar, dass Seefahrern dieser perfekte Naturhafen entgangen wäre. Davon zeugen noch heute die Reste eines alten Wachtturms gegen Piratenangriffe, **Torre del Serral dels Falcons,** aus dem 16. Jh. Er liegt an der Avinguda Joan Severa Camps in Richtung Coves de Campanet. Letztmalig hatte der Hafen während des Spanischen Bürgerkriegs militärische Bedeutung, als im Sommer 1936 republikanische Truppen hier einen Landungsversuch unternahmen, um die Insel von den Franco-Anhängern zu befreien. Mithilfe der italienischen Luftwaffe wurden sie jedoch in einem blutigen Kampf zurückgeschlagen. Ein Denkmal, das General Franco für die gefallenen Verteidiger hat errichten lassen, wurde 2005 beseitigt.

Porto Cristo ist heute eine respektable Kleinstadt mit schönem Blick auf den Mastenwald der Jachten, die hier einen der besten Ankerplätze der Insel vorfinden. Abgesehen von der **Hafenpromenade** bietet der Ort für den landgebundenen Touristen relativ wenig Sehenswertes. Porto Cristo ist jedoch Ausgangspunkt für den Besuch der nahe gelegenen Höhlensysteme (s. S. 268). ▷ S. 270

Auf Entdeckungstour: Die Höhlen bei Porto Cristo – unterirdische Kathedralen

Bei Porto Cristo verzaubern unterirdische Kathedralen – in Millionen Jahren durch Regenwasser aus dem Karst gewaschen – durch Formenvielfalt und Akustik gleichermaßen.

Anfahrt: Ab Porto Cristo Bus L 412 oder L 414 (tib) zu den Höhlen (Busse Richtung Palma) oder mit Tourveranstalter.
Coves del Drac: Tel. 971 82 07 53, www.cuevasdeldrach.com, Sommer tgl. 10–17, Einlass 10, 11, 12, 14, 15, 16, 17 Uhr, Nov.–15. März tgl. 10.45, 12, 14, 15.30 mit, 16.30 Uhr ohne Konzert, Eintritt 15 €, Fotografierverbot. Wegen der irreführenden Ausschilderung (die Höhlen machen sich Konkurrenz) die Koordinaten fürs Navi: N39.535825, E3.330342.

Coves dels Hams: www.cuevas-hams.com, Sommer tgl. 10–18 Uhr, Führungen (1 Std., ca. alle 20 Min.), mit Konzert, Winter bis 17 Uhr, Eintritt 21 €.

In den überwiegend aus Kalkstein bestehenden Gebirgen Mallorcas, entstanden durch Auffaltung des Meeresbodens in der Folge des Zusammenpralls der afrikanischen mit der eurasischen Platte, haben sich im Zusammenspiel mit den klimatischen Besonderheiten karstartige Höhlen gebildet. In diesen führte das eindringende kohlensäurehaltige Regenwasser durch Ablagerung von Calcit zur Ausbildung von Stalaktiten (hängend) und Stalagmiten (stehend). Bisher sind auf der Insel fünf Höhlen bekannt, von denen die bedeutendsten bei Porto Cristo liegen.

Coves del Drac

Das größte Höhlensystem der Balearen, seit dem Altertum bekannt, diente später als Zuflucht bei Piratenüberfällen, war aber immer, wie es der Name Drachenhöhle andeutet, von Legenden umwoben. Bereits im 14. Jh. machte man sich im Auftrag des Gouverneurs auf die Suche nach den Schätzen des Templerordens, jener mächtigen Mönchsgemeinschaft, die der Papst 1312 auflöste. Später sollen auch Piraten das Labyrinth als Versteck für ihre Beute genutzt haben.

Erst Ende des 19. Jh. erforschte der Franzose Edouard-Alfred Martel im Auftrag und mit finanzieller Unterstützung Erzherzog Ludwig Salvators die gesamte Ausdehnung des Systems. Der Schatz, den er fand, wiegt heute alle Truhen voller Perlen und Goldmünzen auf, die hier vermutet wurden – es ist die Wunderwelt selbst, deren Marktwert angesichts der Touristenströme unermesslich scheint.

Durch stalaktitengeschmückte Säle läuft man vom Eingang hinab zum angeblich größten unterirdischen See der Welt. Licht- und Tontechnik setzen das 180 m lange, bis zu 40 m breite und 5–8 m tiefe Gewässer mit großem Aufwand in Szene. Lautlos gleiten mit Musikern besetzte Kähne aus dem Dunkel, und der Raum füllt sich mit den Klängen klassischer Musik, die im Zusammenspiel mit fantasievollen Lichteffekten eine einzigartige Wirkung erzielen, zumal sich die Höhlen hinsichtlich der Akustik mit den besten Konzerthallen messen können. Nach der auf den Geschmack der breiten Massen abgestellten Vorstellung kann der Besucher, sofern er Geduld aufbringt, zuweilen selbst ein Boot besteigen und sich zum anderen Ufer übersetzen lassen.

Coves dels Hams

Die in der Nähe, etwas abseits der nach Manacor führenden Straße liegenden Höhlen verdanken ihren Namen den wie Angelhaken (*hams*) geformten Stalagmiten. Das Höhlensystem weist zwar gut erhaltene, meistens hinter Gittern versteckte Tropfsteinformationen auf und ebenfalls einen See mit Kahn fahrenden Musikanten, kann aber mit den benachbarten Coves del Drac nicht konkurrieren – der Eintrittspreis ist kaum gerechtfertigt! Durch die virtuelle Show – Abenteuer des Jules Verne – will man das Geschäft beleben. Der französische Schriftsteller hatte in seinem Roman »Clovis Dardentor« (1896) Mallorcas Höhlen als Ort der Handlung gewählt. Eine Beschreibung erhielt er von seinem Freund und Erforscher der Höhlen von Drac, Martel, und aus dem Balearen-Werk des Erzherzogs.

Von den Höhlen ist es nur ein Katzensprung zum in der zentralen Ebene liegenden Manacor (s. S. 233).

Die Ostküste

S'Illot und Sa Coma ▸ J 5

Ca. 3 km nördlich von Porto Cristo liegt der ehemals populäre Badeort **S'Illot**, dem das nördlich angrenzende, künstlich aus dem Boden gestampfte **Sa Coma** aufgrund des schöneren Strandes jedoch allmählich das Wasser abgräbt, auch wenn beide durch eine Küstenpromenade miteinander verbunden sind. So findet denn die Konkurrenz ihren Niederschlag in einem deutlichen Preis- und Qualitätsgefälle zwischen den beiden Badeorten. Durch immer neue Hotelbauten erfreut sich Sa Coma zunehmender Beliebtheit, ist aber nach wie vor wesentlich ruhiger und landschaftlich reizvoller als Cala Millor mit den Betonklötzen einige Kilometer nördlich.

Übernachten

Ruhig – **Sentido-Mallorca Palace:** Calle Savines, 148, Sa Coma, Tel. 971 81 20 09, www.sentidohotels.com. Relativ kleines Fünf-Sterne-Hotel mit 113 Zimmern in dreistöckiger traditioneller Bauweise, großer Poolbereich, Hallenbad, Sauna, etwas plüschige aber gemütliche Zimmer, Büffet und A-la-carte-Restaurant. Wer auf Animation Wert legt, ist hier allerdings fehl am Platz. Pauschal buchbar, DZ ab ca. 175 € mit Frühstück.

Sportlich – **Sa Coma Playa & Spa:** C. Abedules, Urbanització El Dorado, Sa Coma, Tel. 971 81 01 59, www.proturhotels.com, DZ ab 160 € (Halbpension, Hochsaison), auch pauschal buchbar. Ca. 400 m vom Strand entferntes Hotel, große Poolanlage, beheiztes Hallenbad, großer Wellnessbereich. Im Sommer mit drei anderen Hotels des Betreibers unter der Bezeichnung **Club Protur Sa Coma Resort** zusammengefasst. Breit gefächertes Sportangebot (20 Sportarten, u. a. 18 Tennisplätze), geräumige Zimmer mit Klimaanlage und Balkon.

Infos

Bus: Mit L 412 Verbindungen nach Palma, Porto Cristo, Cala Millor. Mai–Okt. L 448 nach Port de Pollença, mit A 42 direkt zum Flughafen.

Cala Millor und Cala Bona ▸ J/K 4/5

Nur durch die unter Naturschutz stehende Halbinsel Es Cubells getrennt, schließt sich im Norden von S'Illot der bedeutendste Touristenort der Ostküste an, **Cala Millor**. Wer in dieser Hotelurbanisation an der langgestreckten Bucht von Artà absteigt, darf keine Ruhe erwarten, hat er doch eines der lebhaftesten Urlaubszentren der Ostküste zum Ferienziel gewählt. In mehreren Reihen drängen sich hier die Hotels entlang der Küste, die von einer ansprechenden Promenade begleitet wird und mit einem breiten Sandstrand auftrumpfen kann. Ein Großteil der strandnahen Straßen ist Fußgängern vorbehalten, doch zahlreiche Discos, Tanzlokale und Kneipen sorgen dafür, dass der Lärmpegel niemals absinkt. Leider sind auch hier den Baumaßnahmen weite, ehemals paradiesische Dünengürtel zum Opfer gefallen.

Nach Norden findet Cala Millor seine Fortsetzung im relativ neu erschlossenen **Cala Bona**, das jedoch hinsichtlich des aufgeschütteten Strandes kaum eine Konkurrenz darstellen dürfte, allerdings eine hübsche Fußgängerpromenade ins Feld führen kann und sich somit als Ziel eines Spaziergangs anbietet.

Cala Millor und Cala Bona

Ausflüge

Spaziergang zum Castell de n'Amer ▶ K 5
Zu Fuß oder mit dem Rad kann man das Naturschutzgebiet Es Cubells am Südrand des Ortes besuchen (ausgeschildert), wo den Wanderer am höchsten Punkt der kleine ehemalige, von einem Graben umschlossene Wachtturm Castell de n'Amer aus dem 17. Jh. erwartet, ergänzt durch ein bescheidenes Restaurant mit netter Terrasse. Bewegungsmuffel können auch mit dem Auto anreisen.

An der Südostspitze der Halbinsel liegt die aus frühgeschichtlicher Zeit stammende Wohnhöhle **Sa Cova de ses Crestes,** die von Land und vom Meer aus zugänglich war.

Coves d'Artà ▶ K 4
www.cuevasdearta.com, tgl. 10–19, im Winter nur bis 17 Uhr, Führungen ca. alle 30 Min., 14 €
Das etwa 10 km nördlich von Cala Bona am Meer gelegene, schon seit vielen Jahrhunderten bekannte Höhlenlabyrinth mit seinen riesigen Hallen und bizarren Stalaktiten- und Stalagmitenformationen ist durch einen etwa 400 m langen Rundweg für Touristen erschlossen.

Übernachten

An Hotels aller Kategorien, zumeist Häuser mit mehreren hundert Betten, herrscht kein Mangel. Die besseren und teureren liegen direkt an der Strandpromenade. Alle sind pauschal buchbar.
Für Golfer – **Petit Hotel Ses Cases de Pula:** Ctra. Son Servera–Capdepera, km 3, Tel. 971 56 74 92, www.pulagolf. com, DZ ab 195 € (Frühstück, Hochsaison). Edles Golfhotel in einer alten Finca auf dem Golfplatz gleichen Namens, luxuriöse Suiten, Hallenbad, Whirlpool, Sauna (im Preis inklusive), zwei Tennisplätze, Golf (Green Fee inbegriffen). Zum Strand ist es allerdings weit.
Ländlich – **Residencia Son Floriana:** Av. Magnolia, s/n, Urbanització Son Floriana, Cala Bona, Tel. 971 58 75 20, www.protur-hotels.com, DZ ab 195 € (Frühstück, Hochsaison). Exklusives Finca-Hotel in einem 200 Jahre alten Gebäude, etwa 800 m vom Strand.
Luxus im Großformat – **Hipocampo Park:** Av. s'Estenyol, Cala Millor, Tel. 971 58 70 02, www.hipotels.com, DZ ab 125 € (nur Übernachtung, Hauptsaison). Luxuriöses Hotel in gelungener Architektur am Ortsrand, elegante große Zimmer mit Teppichboden und Balkon, große Poollandschaft von 12 000 m². Gute Küche.

Essen & Trinken

Aufgrund der zahlreichen All-inclusive-Hotelanlagen im Bereich von Cala Millor und Cala Bona ist das Angebot herausragender Restaurants eher bescheiden, normale Touristenrestaurants, Cafés und Kneipen gibt es hingegen in großer Zahl.
Himmlisch – **Es Moli d'en Bou:** Carrer Liles Sa Coma, Tel. 971 56 96 63, www. esmolidenbou.es, Di–Sa ab 20, Sa auch 13 Uhr, im Winter geschl. In der exquisiten Küche des Sternekochs Tomeu Caldentey wird Wert auf mallorquinische Produkte gelegt. Großes Menü 190 € (inkl. Wein), kleines Menü (Mi und Sa) 97 € inkl. Wein.
Gegrilltes – **Amapola:** Av. Sa Coma, 39, Tel. 971 81 33 87, außer Mo 11–23.30 Uhr. Das Ambiente ist zwar nicht berauschend, dafür aber das Essen, insbesondere die Fisch- und Fleischgerichte vom Grill. Gute Weinauswahl. Für 12 € bekommt man das Mittagsmenü.

Die Ostküste

Abends & Nachts

Hier geht's rund – **Disco Karussel:** Passeig de la Mar, 14, Tel. 971 81 31 91. Seit 1965 bestehender Tanzschuppen mit drei Bars, sehr populär bei Touristen und Einheimischen.

Infos & Termine

Infos
O.I.T. Municipal Cala Millor (Son Servera): Passeig Marítim, s/n, Tel. 971 58 58 64, Mo–Fr 9–13, Sa 10–13 Uhr.
O.I.T. Municipal Cala Millor (Sant Lorenç): Bada de Llevant, 2, Tel. 971 58 54 09, Mo–Fr 9–13, Sa 10–13 Uhr.

Termine
Festa Virgen del Carmen: 16. Juli. Schiffsprozession anlässlich der Feierlichkeiten zu Ehren der Schutzheiligen der Fischer.
Setmana de Turista: Letzte Septemberwoche. Das Tourismusfestival präsentiert sich mit Musik, Grillständen und Misswahlen.
Sa Revetla: Folkloredarbietungen in der unvollendet gebliebenen Kirche von Son Servera, ca. 3 km nordwestlich von Cala Millor gelegen, nur im Sommer Fr ab 20/21 Uhr. Die genauen Termine der Veranstaltungen hält das Touristenbüro in Cala Millor bereit.

Verkehr
Bus: Mit L 412 mehrfach tgl. Verbindungen nach Palma über Porto Cristo, die Höhlen von Drac und bis Manacor. Der L 445 verkehrt zwischen 2. Mai und 31. Okt. entlang der Küste bis nach Port de Pollença über Artà, Can Picafort und Alcúdia. Mit dem L 441 kann man über Porto Cristo und die Höhlen von Drac ganzjährig nach Cala Figuera gelangen, der A 42 fährt direkt zum Flughafen. Fahrpläne unter www.tib.org.

Artà! ▶ J 3/4

Schon von Weitem ist die strategisch günstige Lage dieser von Bergen umgebenen Ortschaft erkennbar, und so ist es nicht verwunderlich, dass die Geschichte Artàs weit in die Talaiot-Kultur zurückreicht. Später haben hier Phönizier und Römer ihre Spuren hinterlassen, nicht nur im Namen, der aus Jartan (vom Arab. *gertan*, Garten) abgeleitet ist, sondern auch in Kleinfunden, die man heute im Museum besichtigen kann. Dank arabischer Bewässerungskunst war Artà eine bedeutende ländliche Siedlung, überragt von einem Regierungspalast, den König Jaume I. nach der Rückeroberung seinen Vorstellungen gemäß umgestalten ließ. Die Stadt blühte dank der intensiven Landwirtschaft auch weiterhin und zog damit trotz ihrer Entfernung vom Meer den begehrlichen Blick gieriger Piraten auf sich. Durch starke Befestigung versuchten die Bewohner der Gefahr zu begegnen. Die Maßnahmen wirkten wohl recht abschreckend, denn von größeren Überfällen und Plünderungen blieb die Stadt verschont. Dieser wehrhaft-mittelalterliche Charakter lässt sich noch heute beim Gang durch die schmalen Gassen mit ihren fensterlosen abweisenden Fassaden gut erkennen.

Das Ortszentrum
Über den Carrer Ciutat – an dieser Straße reihen sich etliche interessante Galerien – gelangt man ins Zentrum von Artà. Das Stadtzentrum liegt an der **Plaça d'Espanya**, auf die das schöne Rathaus blickt und in dessen Nähe das kleine **Museu Regional d'Artà** (C. Estrella, 4, Tel. 971 83 55 05, Di–Sa 10–14 Uhr, 2 €) seinen Platz hat. Im Museum werden vor allem Funde aus der Frühzeit und insbesondere aus dem in der Nähe gelegenen Ses Paï-

Artà

Über Artà thronen Festung und Wallfahrtskirche

ses gezeigt. Der lokalen Folklore widmet sich das private **Museum ArtArta** (C. Antonio Blanes, 19, www.artarta.es, Mo–Fr 10–21, Sa 10–16 Uhr, 4 €) mit den beeindruckenden Pappmaschee-Köpfen des Künstlers Pere Pujol (1934–2001).

Església de la Transfiguració del Senyor

Etwas oberhalb der Plaça legt die **Wehrkirche** Zeugnis ab von einstiger Bedrohung. Selbstbewusst thront sie mit ihrer von mächtigen Strebepfeilern gegliederten hangseitigen Fassade auf einer Terrasse über den Dächern der Stadt. Diesen Platz der Kirche der Verwandlung des Herrn hatte früher die Moschee inne.

Festung und Wallfahrtskirche

An der Kirche beginnt der von Zypressen gesäumte 180 Stufen zählende **Pilgerweg** hinauf zur Burganlage, die heute von der Wallfahrtskirche Sant Salvador beherrscht wird. Mit dem Auto kann man den Burghügel auf einer etwas weiter östlich verlaufenden Straße von der Rückseite her ebenfalls erreichen. Die barocke **Kirche** mit einer Fassade aus dem 19. Jh. verdient vor allem wegen ihrer Gemälde Beachtung. Darunter befinden sich ein Madonnenbildnis aus dem 17. Jh. sowie zwei historische Darstellungen, zum einen von der Übergabe Mallorcas an König Jaume I., zum anderen von der Steinigung des Ramón Llull in Algerien. Ob Letztere tatsächlich stattgefunden hat, ist nicht eindeutig geklärt. Vielleicht starb er auch hoch betagt auf Mallorca, denn verdienten Männern postum den Status eines Märtyrers zu verleihen gehörte damals durchaus zur Tradition kirchenhistorischer Biografen.

Von der zinnengekrönten Brüstung der **Wehranlage** genießt man einen

Die Ostküste

weiten Blick über die gewellte Landschaft der Serra de Llevant mit ihren Feldern und Gärten, denen Artà seinen Reichtum verdankt.

Übernachten

Stilvoll – **Sant Salvador:** C. Castellet, 7, Tel. 971 82 95 55, www.santsalvador.com, DZ ab 148 € (Hochsaison). Kleines Luxushotel mit hervorragendem Restaurant (s. u.). Acht individuell ausgestattete Zimmer mit allem Komfort. Das Hotel bietet zahlreiche kulturelle Veranstaltungen und Ausstellungen.

Gemütlich – **Jardi d'Arta:** C. Abeurador, 21, Tel. 971 60 98 78 46, www.hotel-arta.com, DZ ab 145 €. Familiäres Stadthotel (ehemals S'Abeurador) mit zwölf individuell gestalteten Zimmern und kleinem Innenhof.

Ländlich – **Finca-Hotel El Encinar:** Ctra. Artà–Son Servera (4041), km 3. Tel. 971 18 38 60, www.elencinardearta.com, DZ ab 130 € (Hochsaison). Liebevoll restaurierter Komplex aus dem 18. Jh., geführt von einem jungen engagierten Ehepaar. Doppelzimmer und Appartements. Herrlicher Fernblick.

Essen & Trinken

Für den recht kleinen Ort ist das Angebot guter Restaurants erstaunlich groß.

Vom Feinsten – **Gaudí:** Im Hotel Sant Salvador, Tel. 971 82 95 55, tgl. außer Di 12.30–15, 19–22 Uhr, Jan.–Mitte Feb. geschl. Gourmetrestaurant, Nachfolger des nicht minder beliebten C'an Epifanio. Hauptgerichte ab 18 €, 3-Gänge-Menü ca. 30 €, Mittagsmenü 16 €.

Rustikal – **Finca Es Serral:** Polígono 18, Parcela 43, Tel 971 83 53 36, tgl. außer Mo, 19–23 Uhr, Nov.–Feb. geschl. Zur gleichnamigen Finca zählendes Restaurant, abends auch für Nicht-Hotel-Gäste geöffnet. Bodenständige mallorquinische Küche in ländlichem Ambiente mit schöner Terrasse. Hauptgerichte ab ca. 15 €.

Pasta und Pizza – **Vino et Cucina:** Carrer Ciutat, 31, Tel. 971 83 55 22, www.vino-e-cucina-arta.com, mittags und abends geöffnet, Mi und So geschl. Uriges Restaurant. Hauptgerichte ab ca. 12 €.

Infos & Termine

Infos

Touristeninformation: Im alten Bahnhof an der Av. Costa i Llobera, Tel. 971 83 89 81, www.artamallorca.travel/de, Link zu Audio-Apps, Mo–Fr 10–14 Uhr.

Termine

Fiesta San Antonio: 16./17. Jan. Volkstümliches Fest mit Umzug der »Dämonen«.

Setmana Santa: Osterwoche. Umzug am Gründonnerstag, Kreuzabnahme auf dem Kalvarienberg am Karfreitag.

Festa de Sant Salvador: 6./7. Aug. Patronatsfest mit Prozession.

Artà – Labyrinth für Autofahrer

Mit seinen vielen engen Einbahnstraßen ist Artà für den Autofahrer ein wahres Labyrinth, sodass man gut beraten ist, den Wagen unterhalb des Ortes am alten Bahnhof (Av. Costa i Llobera) stehen zu lassen, in dem auch die Touristeninformation untergebracht ist (1921–1977 hatte der Ort Eisenbahnanschluss nach Palma).
Im Obergeschoss des Bahnhofs wird eine **Ausstellung** zur Flora und Fauna der Umgebung gezeigt, in der **Galerie** im Untergeschoss finden Wechselausstellungen statt.

Artà

Verkehr
Bus: Regelmäßige Verbindungen nach Alcúdia, Port de Pollença, Cala Rajada und Palma, außerdem 1–2 x tgl. nach Cala Millor.

Ausflüge von Artà

Talaiot de ses Païses ▶ J 4
April–Okt. Mo-Sa 10–13.30, 14.30–18.30 Uhr, Nov.–März Mo-Fr 9–13, 14–17 Uhr, 3 €, erm. 1,50 €, Audioguide zum Download unter: www.artamallorca.travel/audioguies/de/ses-paisses/
Am südlichen Ortsausgang in Richtung Capdepera führt eine schmale Straße über die Trasse der aufgegebenen Eisenbahnlinie durch Gärten zu einem kleinen Wäldchen, in dem sich der Talaiot de ses Païses verbirgt. Neben Capocorb Vell (s. S. 238) handelt es sich um die bedeutendsten Relikte der fremdartigen und noch rätselhaften Talaiot-Kultur. Die früheste Phase reicht bis ins 13. Jh. v. Chr. zurück, als erste Wohnhäuser entstanden.

Um 1000 v. Chr., der Epoche des Talaiotikums II, wurde die Siedlung mit der beeindruckenden zyklopischen Ringmauer umfriedet, durch die ein Tor aus drei Monolithen Zugang gewährte. Nach weiteren 500 Jahren gelangte phönizischer Einfluss nach Ses Païses, der sich in sorgsam gefügten Blöcken, aber auch in der hier gefundenen Keramik, den Waffen und Haushaltsgegenständen zu erkennen gibt. Etliche Gebäude weisen noch einen zentralen Pfeiler auf, der früher die Decke stützte und als typisches Merkmal dieser Architektur gilt.

Ermita de Betlem ▶ J 3
Artà ist auch Ausgangspunkt für den Besuch der nördlichen, durch Fahrstraßen kaum erschlossenen Halbinsel, der **Península de Llevant**. Die einzige längere Straße führt in zahlreichen Kurven über einen Pass mit schönem Fernblick durch eine noch ursprüngliche Landschaft zum Kloster von Betlem, das nur auf eine kurze Geschichte zurückblickt und zu den schönstgelegenen der Insel zählt.

Die Gründung der noch heute bewohnten Eremitage geht auf eine Landschenkung aus dem Jahre 1805 an einige Mönche zurück, die auch etliche Ruinen umfasste. Für ihren ersten Gottesdienst mussten sich die Eremiten mit einem Stall begnügen, sodass mit Blick auf die biblische Weihnachtsgeschichte der Name für das neue Domizil schnell gefunden war.

Ganz allmählich entstand eine kleine Kirche, zu deren Ausstattung Mönche anderer Klöster großzügig ihren Beitrag leisteten. Die Kapuziner aus Palma stifteten die Christusfigur, ein Kartäusermönch aus Artà trennte sich schweren Herzens von acht Heiligenbildern, später trugen reiche Familien aus der Umgebung zur Ausgestaltung bei. Im Laufe der Zeit entwickelte sich aus den bescheidenen Anfängen ein veritabler Komplex, zu dem sich immer mehr Wallfahrer hingezogen fühlten. Im Zeichen rückläufiger Religiosität, die auch in Mallorca erkennbar ist, liegt heute wieder ein Hauch von Einsamkeit über der noch immer bewohnten Einsiedelei.

Nicht entgehen lassen sollte sich der Besucher den überwältigenden Blick vom **Mirador Sa Coassa**, erreichbar in ca. 10 Min. vom Klosterparkplatz über die Bucht von Alcúdia, von der Ortschaft Colònia de Sant Pere bis hinüber zur markanten Silhouette des Cap de Formentor. Von der Ermita de Betlem führt auch ein Wanderweg über einen Pass zur Ortschaft **Betlem** nahe der Feriensiedlung Colònia de Sant Pere (s. S. 211).

Die Ostküste

> **Mein Tipp**
>
> **Cala Torta – abgelegener Traumstrand** ▶ K 3
> Bis vor wenigen Jahren galt dieser abgelegene Strand an der Nordküste noch als Geheimtipp, da die 10 km lange Anfahrt über holperige Feldwege nicht jedem zusagte. Seit 2006 der größte Teil asphaltiert wurde, zieht die sehr schöne, von Dünen gesäumte Bucht mit ihrem weißen Sand allerdings immer mehr Sonnenanbeter in ihren Bann. Die Abzweigung (ausgeschildert) befindet sich an der östlichen Ortsausfahrt von Artà in Richtung Cala Rajada. Man kann den Strand aber auch zu Fuß von der bekannteren Cala Mesquida bei Capdepera aus erreichen. Im Sommer gibt es sogar eine kleine Strandbar, und auf der Anfahrt kommt man am rustikalen Restaurant Sa Duaia vorbei. Die Zufahrt zu den beiden benachbarten Buchten Cala Estreta und Cala Mitjana ist hingegen extrem schlecht.

Capdepera ▶ K 3

Einen ähnlich martialischen Charakter wie Artà lässt die 11 km weiter östlich liegende Stadt **Capdepera** erkennen. Der historisch bedeutsame Ort liegt auf einem Bergrücken und wurde bereits von den Römern aufgrund der strategischen Bedeutung befestigt.

Die Araber erweiterten die Anlage zu einer **Festung** (im Sommer tgl. 9–20 Uhr, im Winter nur bis 17 Uhr, www.castellcapdepera.com, Eintritt 2 €), die noch lange den Angriffen König Jaumes I. standhielt. Unter König Jaume II. erfolgte eine weitere Verstärkung der Burganlage, die noch heute sehr gut erhalten ist und das Stadtbild von Weitem beherrscht. 1323 wurde in die Wehranlage die **Kapelle des hl. Petrus** integriert und mit einer Madonnenfigur versehen, die alsbald ihre schützende Kraft unter Beweis stellte. Kaum nämlich hatte man angesichts einer von Cala Rajada heranziehenden Piratenhorde die Figur auf den Wachtturm getragen, da zog so dichter Nebel auf, dass die Seeräuber unverrichteter Dinge wieder zu ihren Schiffen zurückkehrten. Die Esperança, wie die Figur seither hieß, brachte der Burg auch weiterhin Glück und bewahrte sie vor der Zerstörung, sodass wir uns heute an der besterhaltenen mallorquinischen Festungsanlage aus dem Mittelalter erfreuen können, die noch bis 1854 als Garnison diente.

Die Lage auf der Bergspitze bringt natürlich eine großartige Rundumsicht mit sich. Samstag (10–14.30 Uhr) gibt es eine Greifvogelschau gegen Gebühr und am 3. Maiwochenende findet auf der Burg ein Mittelalterfest statt (Mercat Medieval).

Infos

Infos: www.ajcapdepera.net.
Bus: Mehrfach tgl. Verbindungen mit Cala Rajada und Palma über Artà oder Manacor.

Cala Mesquida ▶ K 3

Am Ortsausgang führt eine 6 km lange Stichstraße zur Cala Mesquida, einer dünengesäumten weitläufigen

Badebucht, an der sich erst allmählich die übliche Infrastruktur herauszubilden beginnt. Dominierend ist die Clubanlage Cala Mesquida. Zwar wurde das Hinterland unter Naturschutz gestellt, 2011 aber verlor der Strand das Gütesiegel »Blauen Flagge«. Noch aber ist der breite Sandstrand weniger besucht als die näher an Cala Rajada liegenden Strände, zumal er sich mit dem Fahrzeug nur über Capdepera erreichen lässt, zu Fuß allerdings auch von Cala Rajada entlang der Küste. Von der Cala Mesquida führt auch ein Fußweg zur Cala Torta (s. S. 276)

Eine zweite Badebucht, die **Cala de sa Font** (▶ K 4), erreicht man auf einer weiteren Stichstraße, die von Capdepera nach Süden abzweigt.

Infos

Bus: Im Sommer bestehen Verbindungen von Cala Rajada und Capdepera zur Cala Mesquida.

Cala Rajada ▶ K 3

Die Serra de Llevant läuft wie ihr westliches Gegenstück, die Serra Tramuntana, in einer Halbinsel aus, die zwar nicht so dramatisch in Erscheinung tritt, dafür aber zu den am wenigsten erschlossenen Regionen der Insel zählt. Während die westlichen Abhänge des Gebirges zur Bucht von Alcúdia blicken und bis auf Colònia de Sant Père kaum besiedelt sind, liegt an exponierter Stelle unmittelbar vor Mallorcas östlichstem Kap das Städtchen Cala Rajada, das im Laufe der Jahre zu einem der beliebtesten Urlaubsziele vor allem deutscher Touristen aufgestiegen ist.

Anders als bei den meisten Touristenurbanisationen, die sich als künstliche Gebilde ohne Flair darstellen, scharen sich die Häuser Cala Rajadas um einen malerischen **Fischerei- und Jachthafen**, an dessen Mole man ein noch unverfälschtes Stück mediterraner Atmosphäre genießen kann. Zwar sind die Fangquoten in den letzten Jahren rings um die Balearen stark gesunken, noch immer aber ist Cala Rajada der nach Palma zweitwichtigste Fischereihafen der Insel. Der Ort gehört zu den wenigen Reisezielen Mallorcas, die hervorragende Bade- und Wassersportmöglichkeiten mit traditioneller Hafenatmosphäre verbinden, gute Hotels haben und zudem zahlreiche Ausflugsmöglichkeiten bieten. Die Hotelbauten liegen überwiegend am Rande des historischen Kerns Cala Rajadas, sodass der abendliche Stadtbummel nicht mit langen Wegen verbunden ist.

Zentrum des Ortes ist der **Hafen**, der gern von Jachtseglern angelaufen wird und von dessen langer Mole man das Treiben genießen kann. Auf der Landseite beginnt am Hafen eine Promenade, die zunächst durch den touristisch geprägten **Passeig Colom** mit seinen Restaurants und Cafés führt, die mit kühlem Bier und leckeren Kuchen immer wieder zum Verweilen einladen. Dann wird es ländlicher, Felsen und Gärten gewinnen die Oberhand, bis man die betriebsame **Platja de son Moll** erreicht. Etliche große Hotels haben sich hier im Strandbereich angesiedelt, sodass es in der Saison recht eng werden kann. Auch dieser Strand hat seine »Blaue Flagge« eingebüßt.

Casa March (Sa Torre Cega)

Skulpturenpark: Tel. 971 81 94 67 (Anmeldung zu Führungen; Oficina de Informació y Turismo); Führungen: Jan.–April Mi und Sa 11 und 12.30 Uhr, Mai–Nov. Mi–Fr 10.30 und 12 Uhr, Sa/So 11 und 18 Uhr, 4,50 €

Lieblingsort

Cala Rajada – ein Nachmittag am Leuchtturm Capdepera
▶ K 3

Durch den Pinienwald führt vom Ortsende der quirligen Hafenstadt ein Fahrweg in Serpentinen hinauf zum senkrecht abfallenden Kap, dessen Spitze der Leuchtturm krönt. Sich am späten Nachmittag auf die sonnendurchwärmte Mauer zu setzen, den Wolken und Schiffen nachzuschauen, die hier wartenden Katzen zu füttern und die Dämmerung heraufziehen zu sehen, ist Balsam für die Seele, gewissermaßen Wellness zum Nulltarif. Lange bevor sich das Meer tief unten schwarz färbt, beginnt der Lichtfinger des Leuchtturms lautlos über die Wellenkämme zu huschen und, so scheint es, mit dem Leuchtfeuer vom Cap Dartuch an der Südspitze Menorcas Zwiesprache zu halten.

Die Ostküste

Wendet man sich vom Ende der Hafenmole nach Norden, gelangt man zur **Cala Gat**, die vom 60 000 m² großen **Anwesen der Familie March** (s. S. 71) beherrscht wird. Bis ein Sturm im Jahre 2001 den Park verwüstete, war er mit seinen wertvollen Skulpturen (u. a. von Rodin und Henry Moore) ein Anziehungspunkt für Touristen. 43 zeitgenössische Skulpturen kann man im Rahmen von Führungen nach Voranmeldung wieder besichtigen.

Oberhalb der Bucht markiert der **Leuchtturm** von Capdepera die östlichste Spitze Mallorcas (s. S. 278). Bei klarer Sicht kann man die Küste Menorcas am Horizont ausmachen, und wer früh aufsteht, wird mit herrlichen Sonnenaufgängen belohnt.

Nördlich schließt sich an die Halbinsel die deutsch geprägte Hotelurbanisation **Cala Agulla** an, die von der bezaubernden nahe gelegenen Bucht gleichen Namens, auch **Cala Guya** genannt, profitiert.

Übernachten

Die Hotels bucht man am günstigsten über Reiseveranstalter.

Arabisch angehaucht – **Lago Garden:** Av. Bon Passeig, s/n, Tel. 971 56 36 16, www.lagogarden.com, DZ ab 240 € (mit Halbpension, Hochsaison). Sehr gepflegtes neueres Spa-Hotel in parkartiger Umgebung hinter der Bucht Son Moll. Viele Säulen und Bögen, ein von Bäumen beschatteter Pool, große Zimmer und ein breit gefächertes Wellness-Angebot machen den Reiz aus.

Toll gelegen – **Sensimar Aguait Spa:** Av. els Pins, 61, Tel. 971 56 34 08, www.grupotel.com, DZ ab 140 € (Halbpension, Hochsaison). Traumhaft gelegenes Hotel an der Felsküste ca. 1 km vom Strand Son Moll und 2 km vom Ortszentrum entfernt, große Terrasse mit Pool, beheiztes Hallenbad, Whirlpool, Fitnessraum. Tennis (11 Plätze) gegen Gebühr, geräumige Zimmer, teilweise mit Meerblick.

Persönlich – **Cala Gat:** Ctra. del Far, 5, Tel. 971 56 31 66, www.hotelcalagat.com, DZ ca. 146 € (Halbpension, Hochsaison). Kleineres 3-Sterne-Hotel (46 Zimmer) in geschmackvoll mediterraner Architektur, umgeben von Pinien, in ruhiger Lage unterhalb des Leuchtturms nahe der Cala Gat.

Gediegen – **Ses Rotges:** C. Rafael Blanes, 21, Tel. 971 56 31 08, www.sesrotges.com, Nov.–Ostern geschl., DZ ab 135 € (mit Frühstück). Gediegenes 3-Sterne-Stadthotel in historischem Gebäude mit geschmackvollen Zimmern, traumhaftem Garten und bekanntem Restaurant (s. S. 79).

Charmant – **Bella Playa:** Av. Cala Agulla, 125, Tel. 971 56 30 50, www.bellaplaya.com, DZ ab 130 € (mit Halbpension, Hochsaison). Beliebtes Hotel an der Cala Guya, etwas in die Jahre gekommen, mit recht kleinen Zimmern, aber viel Charme in toller Lage. Große Terrasse mit Pool und Schatten spendenden Bäumen, temperiertes Hallenbad, Sauna, Fahrradraum.

Essen & Trinken

In Cala Rajada gibt es zahlreiche Restaurants, die meisten bieten aber nur durchschnittliche Kost. Kleiner Ausgleich: Teilweise können sie mit schönen Terrassen am Meer aufwarten.

Familiär – **Coll d'Os:** Hernan Cortes/Verge de l'Esperanza, Tel. 971 56 48 55, www.escolldos.com. Mallorquinische Kochkunst auf hohem Niveau mit frischen Zutaten aus dem eigenen Garten. Dafür wartet man gern etwas länger. Wechselnde Menüs für 30 €, gute Weinauswahl, schönes Ambiente.

Frauenpower – **Café Son Moll:** Av. América, 36, Tel. 971 56 50 38, www.

Cala Rajada

sondemoll.de. Ein Team deutscher Frauen verwöhnt die Gäste mit spanischen Tapas, italienischer Pizza und deutschem Kuchen unter den entspannten Blicken asiatischer Buddhafiguren. Ein Platz am Meer zum Wohlfühlen, und das nicht nur zur Happy Hour. Hauptgerichte ab ca. 17 €.

Schlemmertempel – **Restaurante del Mar**: Passeig America, 31 (nahe Strand San Moll), Tel. 971 56 58 36, www.mallorca-delmar.com, 11–15, 18.30–22.30 Uhr, Juli/Aug. nur abends, Nov.–März geschl. Super Essen, tolle Lage am Meer, zuvorkommender Service sind die Zutaten dieses schweizerischen, sehr beliebten Restaurants. Die Fischplatte ist der Renner. Hauptgerichte ab ca. 17 €.

Pizza und Pasta – **Mama Pizza**: Av. America, 6, Tel. 971 56 37 40, www.mama-pizza.com, April–Okt. tgl. 12–0.15 Uhr. Bereits zur Institution gewordene Pizzeria an der Promenade, große Auswahl an Pizza und Pasta ab 11 €. Einen schönen Blick von der Terrasse gibt es gratis dazu. Zwischendurch wurde es zur »Lounge« aufgepeppt, nicht jedermanns Geschmack.

Abends & Nachts

Das Nachtleben in Cala Rajada ist ausgesprochen lebhaft und wird allenfalls noch von Platja de Palma oder Palma übertroffen. Geöffnet ist alles aber nur während der Saison.

After-Hour-Location – **Café Noah's**: Av. America, 2, Tel. 971 81 81 25, www.cafenoahs.com, tgl. ab ca. 10 Uhr. Tagsüber Bistro, nachts Treffpunkt der Nachtschwärmer, von der Terrasse hat man einen schönen Blick, vor allem auch bei Sonnenuntergang – ein Platz für Romantiker!

Flirttreff – **Chocolate**: C. Elionor Servera (Plaça dels Pins), Tel. 971 56 48 64, www.chocolate-calarajada.com, April–Okt. tgl. 20–4 Uhr. Freiluftbar mit Garten, seit Jahren Szenetreff der Jugend, ab 21 Uhr bekommt man keinen Platz mehr. Drinks mit ca. 6,50 € recht teuer.

Am neuen Platz – **Coconar 17**: Calle Coconar 17, Tel. 971 81 86 45, www.coconar17.com, tgl. 20–4 Uhr. Nachdem das sehr beliebte Cocos Pool schließen musste, hat das Coconar die Nachfolge angetreten. Es ist sogar im Winter offen.

Up to date – **Physical**: C. Coconar, 17, Tel. 971 56 52 00, www.grupo-physical.com, in der Saison tgl. 23–6 Uhr. Beliebteste Hightech-Disco der Region mit Go-Go-Girls und Show-Einlagen, vor allem Chart-Hits, Techno und Black Music.

Der Klassiker – **Bolero**: Leonor Servera 36, Tel. 971 55 55 55, www.bolero-angels.com. Etwas betagte Disco, recht dunkel und schlecht belüftet, plüschige Kuschelecken, Musikmix aus Alt und Neu, auch deutsche Schlager.

Infos

O.I.T. Municipal Cala Rajada: C. Hernán Cortez, Tel. 971 81 94 67, www.ajcapdepera.net, Mo–Fr 9–17, Sa nur 9–12 Uhr.

Bus: Mehrfach tgl. Verbindungen über Artà und Capdepera nach Can Picafort sowie nach Palma, im Sommer darüber hinaus mehrfach tgl. Verbindung mit der Cala Mesquida.

Minitren: Er pendelt einige Male tgl. zwischen der Cala Agulla (Cala Guya) und der Cala Son Moll.

Schiff: Im Sommer werden **Schiffsausflüge** angeboten, u. a. mit einem Glasbodenboot. Boote von **Crucero Barcelo** (www.crucerosbarcelo.com) verkehren tgl. bis nach Porto Cristo und Cala Millor mit Stops an den wichtigsten Stränden in diesem Küstenabschnitt.

Sprachführer katalanisch/kastilisch

Welche Sprache wählen?

In den größeren Ferienorten und an viel besuchten Ausflugszielen wird in Hotels, Restaurants usw. fast überall Deutsch verstanden. Viele jüngere Mallorquiner, auch wenn sie nicht im Tourismus arbeiten, sprechen Englisch. Verkehrssprache ist nach wie vor in weiten Teilen der Insel Spanisch (Kastilisch). Mit einigen Grundkenntnissen des Spanischen kommt man auf jeden Fall immer zurecht. Es ist nützlich, sich zumindest ein paar Höflichkeitsfloskeln und die richtige Aussprache (z. B. wegen der Ortsnamen) anzueignen:
Betont wird meist auf der vorletzten Silbe. Andernfalls gibt oft ein Akzent die betonte Silbe an.

c vor a, o und u wie k
c vor e und i wie ss
ç wie ss
g vor a, ue, ui, o und u wie j in Journalist
ei wie äi
j wie j in Journalist
ll wie j
ny wie nj
qu vor e und i wie k
ua, üe, üi und uo wie uá, ué, uí und uó
uig wie udsch
tg und tj wie dsch
tx wie tsch
x wie sch
z ist ein stimmhaftes s

deutsch	katalanisch	kastilisch
Allgemeines		
danke/vielen Dank	gràcies/moltes gràcies	gracias/muchas gracias
gern geschehen	de res	de nada
entschuldigen Sie bitte	perdoni	perdone
gestatten?	em permet?	¿permiso?
ja/nein	sí/no	sí/no
wer?/was?	qui?/qué?	¿quién?/¿qué?
wo?/wohin?/woher?	on?/cap a on?/d'on?	¿dónde?/¿a dónde?/¿de dónde?
wie?/wie viel?	com?/quant?	¿cómo?/¿cuánto?
wann?/warum?	quan?/perquè?	¿cuándo?/¿por qué?
gut/schlecht	bo/dolent	bueno/malo
billig/teuer	barat/car	barato/caro
schnell/langsam	ràpid/a poc a poc	rápido/despacio
Begrüßung, Verabschiedung		
guten Morgen/Tag	bon dia	buenos días
guten Abend	bona tarda,	buenas tardes
		bon vespre (Mallorquin)
gute Nacht	bona nit	buenas noches
auf Wiedersehen	adéu; adéu-siau	adiós
Hallo, wie geht's?	Hola, com va aixó	Hola, ¿qué tal?
Wie heißt du?	Com et dius?	¿Cómo te llamas?
Wie heißen Sie?	Com es diu, vostè?	¿Cómo se llama usted?
Ich heiße …	em dic …	me llamo …

Unterwegs

rechts/links	a la dreta/a l'esquerra	a la derecha/a la izquierda
geradeaus	tot dret; recte	todo recto
Stadt/Stadtviertel	ciutat/barri	ciudad/barrio
Straße (innerorts)	carrer	calle
Fernstraße/Allee	carretera/avinguda	carretera/avenida
Touristeninformation	informació turística	información turística
Polizei	policia	policía
Flughafen	aeroport	aeropuerto
zum Flughafen, bitte	A l'aeroport, si us plau!	!Al aeropuerto, por favor!
Zug/Bahnhof	tren/estació	tren/estación
Busbahnhof	estació d'autocars	estación de autobuses
Schiff/Hafen	vaixell/port	barco/puerto
Fahrkarte(nschalter)	bitllet/taquilla	billete/taquilla
Um wie viel Uhr kommt der Zug in ... an?	A quina hora arriba a ... el tren?	¿A qué hora llega el tren ... a?
Wo hält der Bus nach ...?	On para l'autocar que va a ...?	¿Dónde para el autobús que va a ...?
Was kostet die Fahrkarte nach ...?	Quant costa el bitllet a ...?	¿Cuánto cuesta el billete para ...?
hin/und zurück	anada/i tornada	ida/y vuelta
Wo muss ich umsteigen?	On he de canviar?	¿Dónde tengo que cambiar?
Ist geöffnet/geschlossen?	Està obert/tancat?	¿Está abierto/cerrado?
Wo ist eine Tankstelle?	On hi ha una benzinera?	¿Dónde hay una gasolinera?

Zeit

Montag/Dienstag/Mittwoch	dilluns/dimarts/dimecres	lunes/martes/miércoles
Donnerstag/Freitag	dijous/divendres	jueves/viernes
Samstag/Sonntag	dissabte/diumenge	sábado/domingo
Datum/Stunde	data/hora	fecha/hora
Tag/Woche	dia/setmana	día/semana
Monat/Jahr	mes/any	mes/año
Morgen/am Morgen	matí/al matí	mañana/por la mañana
Nachmittag/am Nachmittag	tarda/a la tarda	tarde/por la tarde
Abend/abends	tarda/a la tarda	tarde/por la tarde
Nacht/nachts	nit/a la nit	noche/por la noche
gestern/heute/morgen	ahir/avui/demà	ayer/hoy/mañana
früh/spät/früher/später	aviat/tard/més aviat/més tard	pronto/tarde/más pronto/más tarde

Geld/Einkaufen/Post

Preis/Wechselgeld	preu/canvi	precio/cambio
Trinkgeld	propina	propina
Was kostet das?	Això, què val?	¿Cuánto vale esto?
Ich brauche ...	Necessito ...	Necesito ...

Ich suche ...	Cerco/busco ...	Busco ...
Postamt	correus	correos
Brief/Karte	carta/postal	carta/postal
Briefmarke	segell	sello
Telefon/Anruf/telefonieren	telèfon/trucada/telefonar	teléfono/llamada/llamar

Übernachten

Haben Sie ein Zimmer frei?	Tenen habitacions lliures?	¿Tienen habitaciones libres?
Einzelzimmer	habitació individual	habitación individual
Doppelzimmer	habitació doble	habitación doble
Hotel/Pension	hotel/pensió	hotel/pensión

Notfall

Arzt/Zahnarzt	metge/dentista	médico/dentista
Krankenhaus	hospital	hospital
Apotheke	farmàcia	farmacia
Medikament	medicament	medicamento
Ich habe Fieber/	Tinc febre/	Tengo fiebre/
eine Erkältung/	un refredat/	un resfriado/
Kopfschmerzen/	mal de cap/	dolor de cabeza/
Bauchschmerzen	mal de ventre	dolor de estómago

Zahlen

1	u, un, una	uno, un, una
2	dos, dues	dos
3	tres	tres
4	quatre	cuatro
5	cinc	cinco
6	sis	seis
7	set	siete
8	vuit	ocho
9	nou	nueve
10	deu	diez
20	vint	veinte
30	trenta	treinta
40	quaranta	cuarenta
50	cinquanta	cincuenta
60	seixanta	sesenta
70	setanta	setenta
80	vuitanta	ochenta
90	noranta	noventa
100	cent	cien/ciento
200	dos-cents, dues-centes	doscientos, doscientas
1000	mil	mil

Kulinarisches Lexikon

katalanisch	kastilisch	deutsch
Zubereitung/Spezialitäten		
albergínies farcides	berenjenas rellenas	gefüllte Auberginen
all i oli, aioli	alioli	Knoblauchmayonnaise
entrepà	bocadillo	belegtes Brötchen
brou	caldo	(Kraft-)Brühe
bullit, bollit	cocido	Eintopf mit gekochtem Fleisch und Gemüse
caldereta	caldereta	Eintopf meist auf Fischbasis
empanades/panada	empanadas	gefüllte Teigtaschen
ensaladilla	ensaladilla	Kartoffelsalat
fideuà	fideuá	ein Nudelgericht, ähnlich wie Paella
pa amb oli	pan con aceite	Brot mit Öl, Tomaten, Käse oder Schinken
paella	paella	Reispfanne
peix a la sal	pescado a la sal	Fisch in Salzkruste
sarsuela	zarzuela	Fischtopf
sobrassada	sobrasada	mallorquinische Paprikawurst aus Schweinefleisch
salsa	salsa	Sauce
sopa	sopa	Suppe
Gewürze		
mel	miel	Honig
mostassa	mostaza	Senf
pebre	pimienta	Pfeffer
sal	sal	Salz
Fisch und Meeresfrüchte		
anfós	mero	Zackenbarsch
anxoves	anchoas	Sardellen, Anchovis
bacallà	bacalao	Kabeljau/Stockfisch
boquerons	boquerones	Sardellen
bunyols	buñuelos	Krapfen
calamars	calamares	Tintenfisch
cloissa	almejas	kleine Muscheln
gamba	gamba	Garnele
llenguado	lenguado	Seezunge
lluç	merluza	Seehecht
musclos	mejillones	Miesmuscheln
ostra	ostra	Auster
peix	pescado	Fisch

rap	rape	Seeteufel
salmó	salmón	Lachs
sípia	sepia	Tintenfisch

Fleisch

botifarra	butifarra	Blutwurst
cabrit	cabrito	Zicklein
carn de vaca	carne de vaca	Rindfleisch
carn de porc	carne de cerdo	Schweinefleisch
conill	conejo	Kaninchen
costella	chuleta	Kotelett
escalopa	escalope	Schnitzel
llom	lomo	Schweinelende
llom	solomillo	Filet
xai	cordero	Lamm
porc	cerdo	Schwein
porcella	lechona	Spanferkel
pernil dolç	jamón york	gekochter Schinken
pernil serrà	jamón serrano	luftgetrockneter Gebirgsschinken
mandoguilles	albóndigas	Hackfleischbällchen
salsitxa	salchicha	Würstchen

Geflügel und Wild

ànec	pato	Ente
perdiu	perdiz	Rebhuhn
pollastre	pollo	Hähnchen

Gemüse und Beilagen

all	ajo	Knoblauch
arròs	arroz	Reis
bleda	acelgas	Mangold
bolet	setas	Pilze
carabassons	calabacines	Zucchini
carxofa	alcachofas	Artischocken
ceba	cebolla	Zwiebel
ciuróns	garbanzos	Kichererbsen
col	col	Kohl
espàrrecs	espárragos	Spargel
espinacs	espinacas	Spinat
faves	habas	weiße Bohnen
fonoll	hinojo	Fenchel
macarrons	macarrones	Makkaroni
mongetes	judías	grüne Bohnen
olives	aceitunas	Oliven
patata	patata	Kartoffel

pèsol	guisantes	Erbsen
pebrot	pimientos	Paprikaschoten
tàpera	alcaparra	Kaper
tomàtigues/tomàquets	tomates	Tomaten

Obst

figa	higo	Feige
llimona	limón	Zitrone
macedonia	macedonia	Obstsalat
maduixa	fresa	Erdbeere
préssec	melocotón	Pfirsich
pinya	piña	Ananas
poma	manzana	Apfel
raïm	uva	Traube
taronja	naranja	Orange

Eier und Milchprodukte

formatge	queso	Käse
mantega	mantequilla	Butter
nata	nata	Sahne
ou	huevo	Ei

Nachspeisen und Backwaren

coca	coca	Blechkuchen bzw. eine Art Pizza
gató	tarta de almendras	mallorquinischer Mandelkuchen
gelat	helado	Speiseeis
pa	pan	Brot
pastís	pastel	Kuchen

Getränke

aigua amb gas	agua con gas	Mineralwasser mit Kohlensäure
cafè amb llet	café con leche	Milchkaffee
cafè americà	café americano	schwarzer Kaffee
cafè tallat	café cortado	Kaffee mit einem Schuss Milch
cafè sol	café solo	Espresso
canya	caña	Bier vom Fass
cava	champán, cava	Sekt
cervesa	cerveza	Bier
herbes	licor de hierbas	Kräuterlikör
llet	leche	Milch
orxata	horchata	Erdmandelmilch
pal	palillo	inseltypischer Aperitif
suc	zumo	Saft
xerez	jerez	Sherry

Register

Aktivurlaub 31
Alaró 172
Alcúdia 196
Alfons III. 176
Algaida 226
Andratx 134
Angelat, Joan 157
Anreise 21
Araber 44
Architektur 63
Artà 272
Ärztliche Versorgung 36
Ausrüstung 21

Badia de Alcúdia 15, 182
Badia de Pollença 15, 182
Banyalbufar 144
Banys de Sant Joan 245
Behinderte auf Reisen 38
Bendinat 125
Ben Jakober 69, 203
Bevölkerung 43
Biniaraix 164
Binissalem 216
Bodega José Luis Ferrer 217
Bóquer-Tal 189, 193
Borges, Jorge Luis 56
Botanicactus 244
Bunyola 177
Burwitz, Nils 96, 147

Caimari 219
Cala Arsenau 262
Cala Bona 270
Cala Brafi 262
Cala de Formentor 195
Cala de sa Comuna 253
Cala d'Or 257
Cala Figuera, Bucht 196
Cala Figuera, Ort 254
Cala Llombards 253
Cala Mago 128
Cala Major 124
Cala Marçal 261
Cala Mesquida 276
Cala Millor 270
Cala Mondragó 256
Cala Murada 267
Cala Pi 236
Cala Rajada 277
Cala s'Almonia 253
Cala S'Amarador 258
Cala Santanyí 253
Cala Sant Vicenç 187
Cala Torta 276
Cala Tuent 168, 169
Cala Vall de Bóquer 192
Caldentey, Tomeu 79, 272
Cales de Mallorca 267
Caló des Moro 253
Camarasa, Anglada 106
Campanet 178
Camping 27
Campos 244, 248
Can Picafort 208
Cap de Cala Figuera 128
Cap de Ferrutx 210
Capdepera 276
Cap de ses Salines 242
Cap des Pinar 201
Capella Nostra Senyora del Refugi 173
Capocorb Vell 238
Casa March 277
Castell d'Alaró 173
Castell dels Reis 186
Castell de n'Amer 271
Castell de Santueri 265
Castro, Macarena de 80
Chopin, F. 47, 81, 146
Christie, Agatha 82
Ciutat Jardin 119
Coll de Biniamar 169
Coll de Puig Major 165
Coll de sa Bastida 144
Coll de sa Batalla 219
Coll de sa Battalla 129
Coll de sa Gremola 143
Coll de son Gallard 153

Colònia de Sant Jordi 240
Colònia de Sant Pere 211
Costa de la Calma 129
Costitx 224
Cova de la Mare de Déu 128
Coves d'Artà 271
Coves de Campanet 178
Coves de l'Alzinaret 188
Coves del Drac 268
Coves dels Hams 268

Deià 151
Diehl, Adán 195
Diplomatische Vertretungen 37
Douglas, Michael 149

Einreisebestimmungen 21
Els Calderers 230
Embassament de Cúber 165
Embassament de Gorg Blau 168
Ermita de Betlem 211, 275
Ermita de la Santíssima Trinitat 151
Ermita de Nostra Senyora de Bonany 232
Ermita de Nostra Senyora de la Victòria 201, 202
Es Capdellà 130, 172
Es Pla (Zentralebene) 15, 49, 212
Es Pontàs 253
Essen & Trinken 28, 78
Estellencs 143

Felanitx 264
Ferrer, Josep Miquel 46
Feste 34
Festival Park 216
Finca 63

Register

Flora und Fauna 48
Formentor 195
Fornalutx 164
Fosh, Marc 79
Fra Juníper Serra 232
Fremdenverkehrsämter 18
Fundación Yannick i Ben Jakober 203
Fundació Pilar i Joan Miró 124

Gaudí, Antoni 67, 95, 170
Geld 37
Geschichte 42, 45
Gold, Betty 69
Golf 31
GR 221 (Wanderweg) 31, 134
Graves, Robert 82, 151, 155

House of Katmandu 127

Igreja Santa Creu 111
Illa de Cabrera 243
Illa des Conills 129
Illetes 125
Inca 217
Informationsquellen 18
Isman al Jaulani 44

Jardins d'Alfàbia 177
Jaume I. 42, 45, 66, 88, 272
Jaume II. 46, 176
Jaume III. 46
Jumaica Parque 267

Karl der Große 44
Kessler, Harry Graf 83

Lado, Torrents 93
Lesetipps 19, 83
Llucmajor 231
Llull, Ramón 46, 151, 227, 273

Ludwig Salvator, Erzherzog von Österreich 56, 150, 151, 152, 269

Märkte 37
Magaluf 127
Malgrats 129
Manacor 233
March, Juan 71, 280
Marineland 127
Marjals de sa Pobla 221, 223
Marratxí 215
Martel, Edouard-Alfred 269
Medien 37
Mirador Coral de Bous 153
Mirador de Foradada 129
Mirador de la Creueta 195
Mirador de ses Barques 165, 169
Mirador de ses Pites 151
Mirador de ses Puntes 153
Mirador Ricard Roca 143
Miró, Joan 68, 89, 100, 125
Monestir de Miramar 151
Muro 222

Necrópoli son Real 210
Nin, Anaïs 82
Notruf 37

Öffnungszeiten 38
Oratori de Sant Miquel 179
Oratori Santa Margalida de Crestatx 179
Orient 176
Ostküste 15
Otten, Karl 83

Palau 64
Palma 14, 88
– Ajuntament 101
– Almudaina-Bogen 93
– Altstadt 89
– Avinguda Jaume III 106, 107
– Bahnhof 102
– Banys Àrabs 97
– BBVA-Bank 102
– CaixaForum 105
– Cal Marquès de Palmer (Can Catlar) 97
– Can Belloto 106
– Can Berga 105
– Can Bordils 93
– Can Fortezza Rei 68
– Can Juny 100
– Can Marquès 93
– Can Oms 93
– Can Socies-Gradoli 106
– Carrer Apuntadores 106
– Casal Solleric 105
– Castell de Bellver 112
– Castell de Sant Carles 112
– Consolat de Mar 108
– Convent de la Puríssima Concepció de Monges Caputxines 107
– Convent de Santa Clara 97
– Convent de Sant Antoni Abat 102
– Convent de Sant Francesc 97
– Denkmal für Ramón Llull 89
– Edificis Cassayas 105
– Es Jonquet 110
– El Temple 100
– El Terreno 111
– Es Baluard – Museu d'Art Modern i Contemporani de Palma 108

289

Register

- Església Santa Eulàlia 101
- Església Monti-sion 97
- Església Santa Magdalena 107
- Església Sant Miquel 102
- Església Sant Nicolau 105
- Es Jonquet 110
- Fundació Barceló 107
- Fundación Juan March 102
- Hotel Born 107
- Jardí del Bisbe 93
- Jardins de Natzaret 111
- Kathedrale Sa Seu 94
- Mercat de Santa Catalina 111
- Mercat Olivar 103
- Militärmuseum 112
- Museu de Mallorca 93
- Museu d'Història de la Ciutat 112
- Museu Palau March 92
- Neustadt 101
- Nuevo Poble Espanyol 111
- Palau de Marquès de Vlvot 100
- Palau de s'Almudaina 89
- Palau Episcopal 93
- Palau March 73
- Parc de la Mar 89
- Passeig des Born 105
- Passeig Marítim (Passeig Sagrera) 107
- Plaça de Cort 101
- Plaça de la Reina 103
- Plaça del Mercat 105
- Plaça del Rei Joan Carles I 105
- Plaça d'Espanya 102
- Plaça Drassanes 108
- Plaça Major 102
- Plaça Weyler 105
- Portopí (Hafen) 111
- Rambla 106_
- Sa Llotja 108
- Santa Catalina (Stadtviertel) 111
- Ses Voltes 89
- S'Hort del Rei 89
- Spielzeugmuseum 101
- Teatre Principal 106
- Torre de Pelaires 111
- Touristenbüros 88
- Vila Baixt 106
- Vila Dalt 101

Palma Aquarium 119
Palmanova 127
Parc Natural de s'Albufera 204, 221
Parc Natural Salobrar de Campos 244
Pedro III. 46
Peguera 130, 172
Península de Llevant 275
Penya Rotja 202
Petra 231
Pla des Pouet 153
Platges de Muro 208
Platja d'Alcúdia 207
Platja de Muro 207
Platja de Palma 119
Platja des Caragol 242
Platja des Coll Baix 202
Platja de Sa Canova 211
Platja de ses Roquetes 241, 242
Platja des Trenc 237, 240
Platja els Dols 241
Pollença 183
Porreres 229
Portals Nous 125
Portals Vells 128
Port d'Alcúdia 203
Port d'Andratx 132
Port de Pollença 189
Port de Sóller 162
Port de Valldemossa 149
Portixol 119

Portocolom 261
Porto Cristo 267
Pórtol 215
Portopetro 256
Puig d'Alaró 172
Puig de Massanella 168
Puig de Nogue 165
Puig de Randa 225, 226
Puig de s'Alcadena 172
Puig de Santa Maria 185
Puig des Pouet 153
Puig Major 142, 165
Puigpunyent 172

Radfahren 32
Radtouren 130, 172, 178, 207, 242
Randa 225
Rauchen 38
Reisekasse 38
Reisezeit 20
Reserva Puig de Galatzó 172
Riera, Carme 83
Römer 44, 66, 88
Roter Blitz 102, 157, 160
Royo, Koldo 79
Rubió, Joan 157
Rusiñol, Santiago 82

Sa Cabaneta 215
Sa Calobra 166, 168
Sa Coma 270
Sa Dragonera 136, 138
Sa Granja 172, 174
Salines de Llevant 244
Sanç I. 46
Sanctuari de Santa Magdalena 218
Sand, George 47, 56, 81, 146
Santa Margalida 222
Santa Maria del Camí 215
Santanyí 250
Santa Ponça 129

Register

Sant Elm 134, 136
Sant Joan 230
Santuari de la Consolació, Santanyí 252
Santuari de la Consolació, Sant Joan 230
Santuari de Lluc 165, 169
Santuari de Montision 229
Santuari de Sant Salvador 266
Sa Pobla 219
Sa Raixa 178
Sa Ràpita 237
S'Arenal 120
Sassu, Aligi 69
Sa Trapa 134
Sauerschell, Josef 79
Schaffner, Rolf 252
Schwaiger, Gerhard 79, 126, 127
Scott, George 83
Selva 219
Serra de Llevant 49
Serra de Tramuntana 14, 49, 140
Ses Covetes 237

Sicherheit 38
S'Illot 270
Sineu 223
Sóller 156
Son Bauló 208
Son Marroig 151
Son Moragues 150
Son Serra de Marina 211
Souvenirs 39
Sprache 43
Südküste 15

Talaia d'Alcúdia 202
Talaiot de ses Païses 275
Talaiot-Kultur 42, 44, 66, 222, 238, 272
Teix 154
Telefonieren 39
Tétard, Gérard 79, 280
Thelen, Albert V. 83
Theroux, Paul 83
Torrent de Pareis 166, 168
Tourismus 56

Touristensteuer (Ecotasa) 39
Tramvía 161
Trinkgeld 39
Tropical 267

Übernachten 25

Valldemossa 81, 146, 149
Valle de Manzanos 176
Verkehrsmittel 22
Verkehrsregeln 23
Verne, Jules 269
Victòria, Halbinsel 201
Vu, Yannik 69

Wandern 31, 135, 136, 152, 166, 169, 189, 202, 210, 244
Wassersport 33
Wein 74
Wellness 33
Western Waterpark 127
Wetter 20
Wirtschaft 43

Das Klima im Blick — atmosfair

Reisen bereichert und verbindet Menschen und Kulturen. Wer reist, erzeugt auch CO_2. Der Flugverkehr trägt mit einem Anteil von bis zu 10 % zur globalen Erwärmung bei. Wer das Klima schützen will, sollte sich für eine schonendere Reiseform (z. B. die Bahn) entscheiden – oder die Projekte von *atmosfair* unterstützen. *Atmosfair* ist eine gemeinnützige Klimaschutzorganisation. Die Idee: Flugpassagiere spenden einen kilometerabhängigen Beitrag für die von ihnen verursachten Emissionen und finanzieren damit Projekte in Entwicklungsländern, die dort den Ausstoß von Klimagasen verringern helfen. Dazu berechnet man mit dem Emissionsrechner auf *www.atmosfair.de*, wie viel CO_2 der Flug produziert und was es kostet, eine vergleichbare Menge Klimagase einzusparen (z. B. Berlin – London – Berlin 13 €). *Atmosfair* garantiert die sorgfältige Verwendung Ihres Beitrags. Klar – auch der DuMont Reiseverlag fliegt mit *atmosfair!*

Autor/Abbildungsnachweis/Impressum

Der Autor: Reisen, Fotografieren, Schreiben – dies sind die drei Leidenschaften von Hans-Joachim Aubert. Er tut im Grunde nichts anderes als das, man kann ihn mit Fug und Recht als Globetrotter bezeichnen. Häufig ist er über Monate am Stück unterwegs, vor allem in Südamerika, Indien und eben auch immer wieder auf Mallorca. Der Grund, warum es ihn immer wieder nach Mallorca verschlägt: »Die Vielfalt der Landschaft, das mediterrane Ambiente und – als Fotograf – das besondere Licht.«

Abbildungsnachweis

Hans-Joachim Aubert, Bonn: S. 6, 8, 12 o. li., 12 u. li., 13 o. re., 13 u. li., 13 u. re., 45, 48/49, 53, 58/59, 60, 133, 136/137, 174, 190/191, 204, 212 re., 213 li., 220, 225, 226, 231, 235 li., 238, 258/259, 278/279, 292

Bilderberg/Avenue Images, Hamburg: S. 104 (H. & D. Zielske)

Dieter Bork, Köln: S. 125

Oliver Breda, Duisburg: S. 248 li., 251

DuMont Bildarchiv, Ostfildern: Umschlagklappe vorn, S. 12 u. re., 16/17, 24, 36, 40/41, 55, 56/57, 65, 77, 113, 122 re., 126, 140 (2x), 141 li., 145, 146, 156, 160, 171, 180 li., 194, 197, 212 li., 215, 237, 246/247, 248 re., 249 li., 255, 262/263, 273 (Heuer); 70, 177, 180 re., 187 (Schwarzbach)

Fotolia, New York (USA): S. 50 (Maurer)

Getty Images, München: Titelbild (Cultura RM Exclusive/Gu)

Huber-Images, Garmisch-Partenkirchen: S. 181 li., 183, 209 (R. Schmid)

laif, Köln: S. 68/69, 78 (Celentano); 13 o. li., 166/167 (Gerber); 29, 63, 75, 87 li., 107 (Heuer); 123 li., 128 (Huber); 12 o. re., 98/99, 116, 120 (Knechtel); 84/85 (Lengler); 86 li., 94 (Modrow); 108/109, 234 re., 244/245 (Zanettini)

Look, München: S. 11, 81, 148 (age fotostock); 152 (Dressler); 7 (Greune); 122 li., 138, 268 (Richter)

Whitestar, Frankfurt a. M.: S. 86 re., 103, 266 (Gumm)

Ernst Wrba, Wiesbaden: S. 73, 234 li., 240/241

S. 125: Miró, Joan: Werke im Atelier, © successió Miró/VG Bild-Kunst, Bonn 2017

Kartografie

DuMont Reisekartografie, Fürstenfeldbruck
© DuMont Reiseverlag, Ostfildern

Umschlagfotos

Titelbild: In der Nähe von Cala Sant Vicenç
Umschlagklappe vorn: Im Künstlerdorf Deià

Hinweis: Autor und Verlag haben alle Informationen mit größtmöglicher Sorgfalt geprüft. Gleichwohl erfolgen alle Angaben ohne Gewähr. Bitte schreiben Sie uns! Über Ihre Rückmeldung und Ihre Verbesserungsvorschläge freuen wir uns: **DuMont Reiseverlag**, Postfach 3151, 73751 Ostfildern, info@dumontreise.de, www.dumontreise.de

6., aktualisierte Auflage 2018
© DuMont Reiseverlag, Ostfildern
Alle Rechte vorbehalten
Redaktion/Lektorat: Britta Rath, Susanne Pütz
Grafisches Konzept: Groschwitz/Blachnierek, Hamburg
Printed in China